Primeiros escritos filosóficos

FUNDAÇÃO EDITORA DA UNESP

Presidente do Conselho Curador
Mário Sérgio Vasconcelos

Diretor-Presidente
Jézio Hernani Bomfim Gutierre

Superintendente Administrativo e Financeiro
William de Souza Agostinho

Conselho Editorial Acadêmico
Danilo Rothberg
João Luís Cardoso Tápias Ceccantini
Luiz Fernando Ayerbe
Marcelo Takeshi Yamashita
Maria Cristina Pereira Lima
Milton Terumitsu Sogabe
Newton La Scala Júnior
Pedro Angelo Pagni
Renata Junqueira de Souza
Rosa Maria Feiteiro Cavalari

Editores-Adjuntos
Anderson Nobara
Leandro Rodrigues

THEODOR W. ADORNO

Primeiros escritos filosóficos

Tradução

Verlaine Freitas

© Suhrkamp Verlag Frankfurt am Main 1973
© 2007 Editora Unesp
Título original: *Philosophische Frühschriften*

Direitos de publicação reservados à:
Fundação Editora da Unesp (FEU)
Praça da Sé, 108
01001-900 – São Paulo – SP
Tel.: (0xx11) 3242-7171
Fax: (0xx11) 3242-7172
www.editoraunesp.com.br
www.livrariaunesp.com.br
feu@editora.unesp.br

Dados Internacionais de Catalogação na Publicação (CIP)
de acordo com ISBD
Elaborado por Vagner Rodolfo da Silva – CRB-8/9410

A241p
    Adorno, Theodor W.
        Primeiros escritos filosóficos / Theodor W. Adorno; traduzido por Verlaine Freitas. – São Paulo: Editora Unesp, 2018.

        Tradução de: *Philosophische Frühschriften*
        ISBN: 978-85-393-0761-6

        1. Filosofia alemã. 2. Adorno, Theodor W. 3. Escola de Frankfurt. 4. Fenomenologia. 5. Husserl, Edmund. I. Freitas, Verlaine. II. Título.

2018-1436   CDD 193
                                                                         CDU 1(430)

Editora afiliada:

Sumário

Introdução à Coleção . *9*

Apresentação à edição brasileira . *13*

A transcendência do coisal e do noemático na fenomenologia de Husserl . *41*

Prefácio . *43*

A. O problema: contradição na teoria husserliana de coisa . *45*

B. A transcendência do coisal e do noemático na fenomenologia de Husserl . *53*

    I. A teoria da coisa de Husserl . *53*

    II. A transcendência do noema . *74*

    III. A coisa e a "jurisdição da razão" . *99*

C. Reflexão final e resumo . *119*

O conceito de inconsciente na doutrina transcendental da alma . *125*

Prefácio . *127*

Introdução. Problema e método . *131*

Primeiro capítulo. Considerações críticas preliminares . *159*
1. Sobre a problemática imanente das doutrinas do inconsciente . *159*
2. As antinomias das doutrinas do inconsciente e o método transcendental . *192*

Segundo capítulo. O conceito de inconsciente na doutrina transcendental da alma . *223*
1. A doutrina kantiana dos paralogismos psicológicos e a ideia da doutrina transcendental da alma . *223*
2. Elementos da doutrina transcendental da alma . *249*
3. O conceito de inconsciente . *275*

Terceiro capítulo. O conhecimento do inconsciente e o método psicanalítico . *307*
1. Psicanálise como problema epistemológico . *307*
2. O conhecimento psicanalítico do inconsciente . *328*
3. Sobre a interpretação epistemológica da psicanálise . *361*

Considerações finais . *403*

Palestras e teses . *429*

A atualidade da filosofia . *431*

Ideia da história natural . *457*

Teses sobre a linguagem do filósofo . *485*

Anexo . *493*

Resumo da dissertação . *495*

Índice onomástico . *499*

Introdução à Coleção

Figura maior no panorama filosófico do século XX, Theodor W. Adorno foi responsável por uma experiência intelectual gerada pela confrontação incessante da filosofia com o "campo da empíria", em especial a Teoria Social, a Crítica Literária, a Estética Musical e a Psicologia. Nessa desconsideração soberana pelas fronteiras intelectuais, estava em jogo a constituição de um conceito renovado de reflexão filosófica que visava livrá-la da condição de discurso que se restringe à tematização insular de seus próprios textos. Sempre fiel a um programa que traçou para si mesmo já em 1931, quando assumira a cadeira de professor de Filosofia da Universidade de Frankfurt, Adorno construirá uma obra capaz de realizar a constatação de que: "plenitude material e concreção dos problemas é algo que a Filosofia só pode alcançar a partir do estado contemporâneo das ciências particulares. Por sua vez, a Filosofia não poderia elevar-se acima das ciências particulares para tomar delas os resultados como algo pronto e meditar sobre eles a uma distância mais segura. Os problemas filosóficos encontram-se contínua e, em certo sentido, indissoluvelmente presentes nas questões mais determinadas das ciências particulares".[1] Essa característica interdisciplinar do pensamento adorniano permitiu que seus leitores desenvolvessem pesquisas em campos distintos de saberes, colaborando com isso para a transformação da Teoria Crítica em base maior para a reflexão sobre a contemporaneidade e seus desafios. Uma transformação que influenciou de maneira decisiva a constituição de tradições de pesquisa no Brasil, a partir sobretudo da década de 1960.

No entanto, o conjunto limitado de traduções das obras de Adorno, assim como a inexistência de uma padronização capaz de fornecer aparatos críticos indispensáveis para textos dessa complexidade, fez que várias facetas e momentos do pensamento adorniano ficassem distantes do público leitor brasileiro. Foi o desejo de suprir tal lacuna que nos levou a organizar esta Coleção.

A Coleção editará os trabalhos mais importantes de Theodor Adorno ainda não publicados em português, assim como algumas novas traduções que se mostraram necessárias tendo em vista padrões atuais de edição de textos acadêmicos. Todos os seus volumes serão submetidos aos mesmos critérios editoriais. Registrarão sempre a página original da edição canônica das *Gesammelte Schriften* e dos *Nachlaß*, indicada por duas barras verticais inclinadas (//) no texto. Serão sempre acompanhados por uma Introdução, escrita por especialistas brasileiros ou estrangeiros. Tal Introdução tem por função contextualizar a importância da obra em questão no interior da experiência intelectual adorniana, atualizar os debates dos quais esta fazia

---

[1] T. W. Adorno, Die Aktualität der Philosophie. In: *Gesammelte Schriften I*, Frankfurt a. M.: Suhrkamp, 1973, p.333-4.

parte, assim como expor os desdobramentos e as influências da referida obra no cenário intelectual do século XX. Ao final, o leitor encontrará sempre um índice onomástico. Em todos os volumes serão inseridas apenas notas de contextualização, evitando-se ao máximo a introdução de notas de comentário e explicação. Trata-se de uma convenção que se impõe devido à recusa em interferir no texto adorniano e em projetar chaves de interpretação.

Há quatro coletâneas exclusivas desta Coleção. Duas seguem a orientação temática das *Gesammelte Schriften*: *Escritos sobre música* e *Escritos sobre sociologia*. Nesses dois casos, os critérios de escolha dos textos foram: importância no interior da obra adorniana ou ineditismo de abordagem (assuntos relevantes, porém pouco abordados em outros textos).

As duas outras coletâneas, *Indústria cultural* e *Ensaios sobre psicologia social e psicanálise* justificam-se em virtude de algumas especificidades da recepção brasileira da obra de Theodor Adorno. Sabemos que um dos públicos mais importantes de leitores universitários de Adorno encontra-se em faculdades de Comunicação e pós-graduações de Estudos de Mídia. Por isso, a edição de uma coletânea com alguns textos fundamentais sobre indústria cultural e cultura de massa visa, sobretudo, a alimentar o debate que ali se desenvolve. Isso também vale para outro importante público-leitor de Adorno no Brasil: os pesquisadores de Psicologia Social e Psicanálise.

Se a dialética pode ser pensada como a capacidade de insuflar vida no pensamento coagulado, então uma abordagem dialética do legado de Adorno não pode abrir mão dessa perspectiva crítica, como já sugeria o Prefácio de 1969 à segunda edição da *Dialética do esclarecimento*, obra escrita em parceria com

Theodor W. Adorno

Max Horkheimer: "não nos agarramos a tudo o que está dito no livro. Isso seria incompatível com uma teoria que atribui à verdade um núcleo temporal, em vez de opô-la ao movimento histórico como algo de imutável". Pensar o atual teor de verdade do pensamento de Adorno significa, portanto, a dupla tarefa de repensá-lo em face dos dilemas do mundo contemporâneo e refletir sobre o quanto esses dilemas podem ser iluminados sob o prisma de suas obras.

Comissão Editorial

Eduardo Socha
Jorge de Almeida
Ricardo Barbosa
Rodrigo Duarte
Vladimir Safatle

Apresentação à edição brasileira

Os *Primeiros escritos filosóficos* de Theodor Adorno são compostos por cinco de seus textos produzidos entre 1924 e 1932. O primeiro, intitulado *A transcendência do coisal e do noemático na fenomenologia de Husserl*, constitui sua tese de doutorado (a que nos referiremos como *Dissertação*) entregue à universidade de Frankfurt sob orientação de Hans Cornelius. O segundo, finalizado três anos depois com o título *O conceito de inconsciente na doutrina transcendental da alma*, deveria ser sua tese de habilitação docente (a que nos referiremos como *Habilitação*), mas foi recusado por Cornelius, sob o argumento de que as duas primeiras partes não apresentariam suficiente distanciamento em relação às ideias contidas em sua obra *Sistemática transcendental*, reconhecida na apresentação dos dois textos por Adorno como não apenas a base conceitual para eles, mas à qual se referiam tão proximamente que seria dispensável realizar referências pontuais. O texto da *Habilitação*, porém, possui uma terceira parte, em que se fazem aplicações dos conceitos da *Sistemática transcendental* à teoria psicanalítica de Sigmund Freud, o que extrapola o marco teórico de Cornelius, mas que não foi considerado por ele como justificativa suficiente para aprovar o texto final. Tanto a *Dissertação* quanto a *Habilitação* somente puderam ser publicadas postumamente, por indicação do autor.

O terceiro texto, "A atualidade da filosofia", corresponde à palestra inaugural da Universidade de Frankfurt, proferida em 1931, em que Adorno dialoga criticamente com as ontologias fenomenológicas e propõe uma concepção da tarefa filosófica que antecipa diversos de seus temas. O quarto texto, "Ideia da história natural", de 1932, refere-se a outra palestra, realizada na seção frankfurtiana da Sociedade Kant, em que, mais uma vez, o autor faz críticas às ontologias daquela época, apropria-se de conceitos-chave de Lukács e Benjamin e encaminha a discussão para um delineamento da superação dialética entre natureza e história. Em um conjunto de palestras preparatórias para a *Dialética negativa*, publicadas sob o título *Geschichte und Freiheit* ("História e liberdade"), Adorno citou esse seu escrito de juventude, observando, com satisfação, o quanto ainda se mostrava válido, apesar de decorridas mais de três décadas. O quinto texto, intitulado "Teses sobre a linguagem do filósofo", embora curto, é relevante por nos indicar as primeiras formulações programáticas da escrita constelatória e sua imbricação com a objetividade histórica.

I.

A *Dissertação* e a *Habilitação* constituem o que Carlo Pettazzi (1979) denominou como "fase transcendental" do pensamento adorniano. De fato, nessa época, o filósofo, escrevendo sobre a maciça influência de seu orientador, procurou defender e ressaltar a importância das condições transcendentais do conhecimento, tanto ao ler e criticar a fenomenologia de Husserl, quanto ao fazer a mesma investigação crítica das teorias do inconsciente. O complexo [*Zusammenhang*] do âmbito da consciência constitui o plano a partir do qual se investigará toda pretensão de validade do conhecimento, seja relativo aos objetos externos, como na *Dissertação*, seja relativo aos elementos inconscientes, como na *Habilitação*. Em ambos os casos, o par conceitual transcendência/imanência será o ponto de ancoragem do posicionamento crítico, na medida em que, ao analisar a fenomenologia de Husserl, Adorno defenderá a imanência da coisa ao complexo da consciência em contraste com seu caráter transcendente e, ao se dirigir às doutrinas do inconsciente, criticará a inobservância dos preceitos fundamentais da concepção transcendental do sujeito de origem kantiana. Na *Dissertação*, trata-se de criticar a transcendência da coisa externa (os objetos), enquanto na *Habilitação*, a da "coisa" interna (o inconsciente) (PEF 136, nota[1]).

Para os estudiosos da obra de Adorno, a *Dissertação* é muito significativa por constituir a primeira abordagem sistematizada que o filósofo fez da fenomenologia de Husserl, a partir da qual se poderão seguir suas outras etapas até a escrita de *Para a metacrítica da teoria do conhecimento*, tomada pelo autor, junto à *Dialética negativa*, como sua obra mais significativa.[2] Essa trajetória resultará no delineamento do conceito de não-idêntico (Aoyagi, 2013) e na constituição de uma lógica materialista (Escuela

---

[1] O texto dos *Primeiros escritos filosóficos* será referido com a sigla PEF, seguida do número de página do original alemão.
[2] Cf. *Zur Metakritik der Erkenntnistheorie. Drei Studien zu Hegel*: "Editorische Nachbemerkung". Gesammelte Schriften, vol.5, p.386.

Cruz, 2015), na medida em que Adorno, analisando profundamente as contradições e antinomias fenomenológicas, proporá uma nova dialética entre sujeito e objeto, afastando-se tanto de Husserl quanto de Hegel, mas nutrindo-se profundamente dos nós, impasses e tensões de ambas as "fenomenologias": a do espírito e a do retorno às coisas mesmas.

Considerando a si mesma uma crítica definitiva ao idealismo alemão, a teoria husserliana será vista por Adorno como, ao mesmo tempo, realizando e contradizendo seu propósito, pois nega a prepotência da subjetividade, apoiando-se em dados imediatos da consciência, mas termina por reafirmar a subjetividade transcendental como critério último de validação do conhecimento (Römer, 2012, p.70). O núcleo da linha argumentativa da *Dissertação* consiste em mostrar que Husserl, insistindo em marcar o caráter transcendente da coisa – a qual somente é passível de se dar de modo mediato na consciência –, termina por lhe conferir uma existência independente, incompatível com todo o procedimento da *epoché* fenomenológica. Esta última, colocando entre parênteses a dimensão fenomênica dos objetos de conhecimento, não poderia ainda se valer do caráter transcendente das coisas. Vigora, assim, uma relação antinômica entre os elementos idealista-transcendental e realista-transcendente, na medida em que se busca legitimar a transcendência material das coisas em um âmbito fenomênico que, por princípio, se recusou a fazer referência a ela. Não é difícil perceber que se trata de uma petição de princípio, em que se procura afirmar a consciência como "esfera do ser de origens absolutas", sem deixar de apelar para o que a ultrapassa inexoravelmente.

Esse mesmo tensionamento antinômico é percebido por Adorno no conceito de noema, operador relevante no interior da teoria de Husserl ao demarcar o teor "coisal" no horizonte da redução fenomenológica. Ao se contrapor ao momento noético, o noemático negaria o caráter solipsista da consciência, apontando para o que ultrapassa o círculo da imanência radical da esfera consciente. Essa estratégia, porém, fracassa necessariamente, oscilando entre noemas de realidades dadas mediadas e apenas as de coisas. O noema de coisa mostra-se um híbrido entre a coisa imanente à consciência e a naturalista, que já deveria ser descartada pela ideia de *epoché*. Isso se mostra claramente quando Husserl diz que o noema da percepção de uma árvore não poderia queimar: ora, caso a diferença entre noese e noema fizesse algum sentido, a impossibilidade de se submeter a um complexo de leis como a da combustão deveria ser imputada apenas ao primeiro, e não ao segundo, pois este, o momento noemático, foi concebido precisamente como ligado à transcendência da coisa. "Como, porém, ele não é compreendido como regra constituída pelo complexo da consciência para o curso dos fenômenos, pois deve ser dado 'corporeamente' à consciência, torna-se por fim totalmente incompreensível onde ele possa ter seu lugar: o noema de coisa de Husserl não é nem imanente nem transcendente, flutua por assim dizer livre no ar" (PEF 74).

Esses dois conjuntos de inconsistências, relativos à coisa e ao noema, perfazem menos contradições do que antinomias, cuja solução será buscada por Adorno de diferentes formas e em vários planos conceituais, desde a *Dissertação* até *Para a metacrítica da teoria do conhecimento*. Todo esse esforço filosófico demonstra a importância da fenomenologia como uma herdeira do idealismo alemão que, ao criticá-lo, coloca o ponto de vista do sujeito transcendental em impasses e aporias que permitem uma contundente crítica da filosofia idealista por dentro. O fracasso do empreendimento husserliano demonstra o quanto deve fracassar necessariamente todo pensamento que se arrogue a pretensão de ser uma *prima philosophia*, baseada em uma origem absoluta (Römer, 2012, p.70).

Dentre os diversos argumentos de Adorno para ressaltar a origem do caráter antinômico da fenomenologia, destaca-se a crítica de que Husserl praticaria uma "psicologia de mosaico",[3] atomística, que considera cada vivência e cada dado imediato da consciência sem levar em conta o *Zusammenhang* de todas as vivências, ou seja, seu complexo, contexto, entrelaçamento, conjunto. Nenhum dado da consciência é absolutamente imediato, pois com cada um deles é também dado um conjunto de outros rememorados, de modo que a coisa não deve ser concebida como transcendente ao entrelaçamento dos componentes de impressão atuais com os da memória, e com os da expectativa de acontecimentos futuros. Disso resulta a necessidade de se considerar a coisa em si como imanente a este complexo de leis que perfaz o âmbito da consciência, e não como transcendente a ele. As coisas, assim, jamais são vivências, ou seja, não se resumem aos dados imediatos da consciência, sendo, na verdade, regras para as vivências, e não causas delas (PEF 376).

O desdobramento ulterior das reflexões de Adorno sobre a fenomenologia conduzirá à sua concepção vertiginosamente dialética do vínculo entre sujeito e objeto, em que a mediação pelo conceito, pela história e pela matéria se condensará em sua ideia programática de primado do objeto, momento em que as antinomias e os impasses fenomenológicos se revelam como

---

3 Expressão que remonta a Avenarius; cf. Aoyagi, 2013, p.27.

uma verdade intrínseca do entrelaçamento inexpugnável entre mediação e mediado, entre a aparência de absoluto e a inapelável condição de determinidade, tanto de sujeito quanto de objeto (cf. Römer, 2012). A tese de habilitação constitui um segundo capítulo dessa trajetória.

2.

A afirmação de que os dois primeiros escritos acadêmicos de Adorno aqui reunidos constituam sua fase transcendental não possui valor apenas descritivo, pois qualificam um posicionamento engajado por parte do autor na defesa da validade da filosofia de matriz kantiana. Estando em voga o conceito de inconsciente nas duas primeiras décadas do século XX, o jovem filósofo, baseando-se nos argumentos de seu orientador, aderiu à sua perspectiva de que as filosofias que faziam uso sistemático daquele conceito, colocando-o em seu núcleo teórico, como as de Arthur Schopenhauer e Henri Bergson, constituíam uma ameaça à validade dos preceitos do idealismo transcendental. Isso se daria em virtude de que tanto seu objeto privilegiado quanto os mecanismos epistêmicos para sua evidenciação arrogavam uma independência perante as condições transcendentais, que tornam todo conhecimento passível de legitimação. Assim, Adorno tomou como tarefa demonstrar que o inconsciente e seu conhecimento não são independentes da filosofia transcendental da consciência (esta definida em um sentido bastante amplo, como um complexo de vivências e suas leis, e não apenas no sentido restrito do campo de atenção temporalmente decorrido), operam tacitamente a partir de seus pressupostos, e quando renunciam a eles incorrem em impasses e contradições somente elucidáveis a partir de sua remissão ao solo filosófico de onde partiram. – Nada disso, porém, implica a refutação do conceito de inconsciente, pois basta seu suficiente esclarecimento crítico (tal como é colocado logo ao início da *Habilitação*), que inclui remover a própria obscuridade do que ele significa, para que possa ser apropriado pela filosofia transcendental de forma legítima (PEF 86); essa tarefa implica também a ideia de desencantamento, na medida em que Adorno se dedica especialmente a combater o misticismo ideológico do inconsciente situado em uma transcendência absoluta e inexpugnável perante a consciência (PEF 320). Há que se considerar, ainda, que as críticas de Adorno se dirigem ao inconsciente absolutamente transcendente (PEF 133-4), cuja plena separação perante a consciência torna agudos todos os problemas levantados com base na filosofia transcendental, pois, da mesma forma que ele é transcendente de forma absoluta, não se medindo em nada com a consciência, não se sabe qual forma de acesso cognitivo a ele poderia se dar no plano consciente (PEF 124-5) – a esse ponto se liga a crítica de Adorno ao conceito de intuição, de matriz bergsoniana (PEF 125-9).

Não se trata, por outro lado, de contrapor as filosofias do inconsciente ao ponto de vista transcendental, tratando ambas as perspectivas como anistóricas e independentes uma da outra, pois importa mostrar o quanto seus posicionamentos e suas respectivas diferenças nascem e se desenvolvem ao longo da história (PEF 90). Tampouco é o caso de proceder a uma exposição sistemática e diacrônica daquelas filosofias, mas sim a uma demonstração de seu vínculo por assim dizer genealógico a aparentes brechas, falhas e lacunas na teoria transcendental de Kant, que proporcionaram o ensejo para a hipóstase ilegítima do conceito de inconsciente a partir das noções de *coisa em si, caráter inteligível, espontaneidade subjetiva* e *teleologia*. Os dois primeiros se conectam à perspectiva kantiana, já criticada por Schopenhauer, de que a coisa em si, tanto do mundo dos objetos quanto do sujeito, possui poder de causalidade sobre os fenômenos, externos e internos da consciência, respectivamente. O conceito de inconsciente seria resultado de uma positivação dogmática do que no âmbito da filosofia transcendental permanece um conceito-limite meramente negativo (no plano cognitivo), revelando uma vontade *ontológica* de fundamentar a existência e a realidade dos dados fenomênicos em um substrato que teria poder de causalidade sobre eles, sendo ao mesmo tempo transcendente e imanente à subjetividade. A *espontaneidade*, por sua vez, serviu como uma espécie de alavanca na materialização do poder de causalidade do sujeito como coisa em si, na medida em que se trata de uma propriedade inerente ao sujeito de produzir sínteses e iniciar um complexo fenomênico para além (ou aquém) das relações de causa e efeito naturais. A *teleologia*, por fim, impulsionou as teorias vitalistas, quando estas unificam a espontaneidade e o princípio de organização dos seres vivos de acordo com um princípio regulativo, mais uma vez, subtraído às relações de causalidade mecânicas da natureza como submetida às leis do entendimento. – Adorno procurará demonstrar o quanto tais brechas da teoria kantiana são apenas aparentes, obtendo suficiente resolução ao se empregarem seus próprios instrumentos conceituais.

Em todo o percurso da *Habilitação* Adorno procurará realizar uma crítica imanente às teorias do inconsciente, pois seus problemas são detectados em sua gênese, como desdobramentos internos de questões em aberto da filosofia kantiana

(PEF 113). Não se trata de dizer, por outro lado, que tudo em tais teorias, legítimo ou ilegítimo, tenha derivado apenas do kantismo, mas a atenção de Adorno se volta especificamente para essa derivação. Tal estratégia se justifica pelo fato de que todos os elementos a serem criticados nas teorias do inconsciente possuem uma analogia expressiva com o alvo da crítica de Kant às pretensões ontológicas dos sistemas metafísicos que o antecederam, em especial o de Leibniz e Wolff (PEF 114).

O ponto de apoio mais abrangente para a crítica daqueles quatro elementos constitutivos das teorias do inconsciente (a saber: *coisa em si, caráter inteligível, espontaneidade subjetiva e teleologia*), a partir do qual se investigará um conceito de inconsciente que não incorra nessa falha (o psicanalítico), é a demonstração de que aqueles elementos baseiam-se em um pensamento antinômico, cuja contradição deve ser resolvida com as mesmas armas usadas por Kant em relação às metafísicas que o antecederam. A antinomia mais fundamental é assim expressa por Adorno: "todas as realidades de minha consciência são, enquanto pertencentes a essa consciência, cognoscíveis; mas como nós, na progressão de nossa experiência, nunca podemos estar seguros de alcançar o complexo total de nossa consciência, logo nem todas as realidades pertencentes à minha consciência são cognoscíveis" (PEF 139). O conceito de um inconsciente absolutamente transcendente, a partir do qual todos os atos psíquicos seriam referidos como seus efeitos, abarca em si os dois polos dessa antinomia, situando-se para fora, além e aquém, do complexo da consciência. Como, ao mesmo tempo, as doutrinas do inconsciente necessitam considerá-lo como imanente à consciência, logo essas doutrinas se mostram inconsistentes, realizando a mesma "extrapolação para mundos inteligíveis" de que Kant acusava o pensamento ontológico de seu tempo.

Baseando-se nos princípios da filosofia de Hans Cornelius, Adorno irá insistir em que o complexo regido por leis que constituem necessariamente minha consciência (nas palavras de Kant: o sujeito transcendental) deve ser um fundamento inelimínavel de qualquer ser psíquico cuja existência se diga como independente de minha percepção (PEF 140), ser que se deve admitir, posto que não se nega que haja elementos constituidores de tal complexo que não sejam vivências, isto é, não se tornem conscientes (PEF 152). A consequência mais significativa de toda essa trajetória é a confirmação de que o conceito de inconsciente não é incompatível com a filosofia transcendental, mas somente aquele que recusa os princípios transcendentais de constituição do complexo da consciência, ao conceberem o inconsciente como um absolutamente-outro, que não deve nada a tais princípios, arrogando-se passível de conhecimento a partir de uma "intuição" quase mística, intimamente aparentada à fé religiosa. Grande parte do sentido da investigação adorniana reside no esforço de combater este misticismo, recorrendo aos dados imediatos da consciência e seu complexo submetido a leis.

Se, porém, as doutrinas do inconsciente se originaram de elementos da doutrina kantiana, haveria nela espaço, em seus próprios termos, para uma psicologia racional, uma doutrina transcendental da alma que acolhesse o conceito de inconsciente? Por paradoxal que seja, a resposta é "não". A análise do capítulo relativo aos paralogismos da *Crítica da razão pura* demonstra não haver "espaço para o conceito de inconsciente no âmbito do conhecimento transcendental", pois ele seria criticado como um resíduo da concepção ontológica da alma, ou como um mero conceito empírico, algo ilegítimo como objeto de investigação científica (PEF 174-5). Dentre os vários argumentos empregados por Adorno, o mais desenvolvido, e ao mesmo tempo mais claro, é o de que o eu, objeto por excelência de uma psicologia que se pretenda científica, é completamente esvaziado de substância por Kant, convertido apenas em uma forma ou unidade lógica, de modo que o "eu penso", que deve poder acompanhar todas as representações subjetivas, é concebido meramente como condição formal de todas as vivências, não lhe correspondendo nenhuma intuição que o torne comparável a quaisquer outros objetos intuíveis.

Em contraste com essa doutrina, Adorno advogará a concepção do eu como "a unidade efetiva de minha vivência no fluxo empírico da consciência", unidade que, a rigor, pode ser separada abstratamente de todas as vivências particulares, mas não como uma possibilidade da atividade consciente em geral, mas sim como ligada à consciência na medida em que esta é concebida a partir de leis empiricamente válidas e compreensíveis no complexo geral das vivências. Em outras palavras, todo o fluxo da consciência somente é concebível se referido a alguma unidade, mas esta, por sua vez, necessita ser apreendida como indissoluvelmente vinculada ao complexo das vivências (PEF 163). Entre a hipóstase neo-ontológica das doutrinas do inconsciente e a dessubstantivação do eu como mera forma lógica em Kant, a concepção transcendental da consciência como um complexo de vivências submetidas a leis permite a Adorno trilhar uma espécie de caminho do meio, que o autoriza a dizer que o conceito de inconsciente tem "seu legítimo lugar em uma doutrina transcendental da alma" (PEF 175).

Depois das críticas às doutrinas do inconsciente absoluto e às falhas da teoria kantiana, Adorno apresenta sua concepção das coisas psíquicas que integram o complexo submetido a leis da consciência, delineando – de forma geral e não unificada como uma definição concisa – o inconsciente como objeto de investigação cientificamente legítima, o que prepara o terreno para a aplicação dos conceitos da Sistemática transcendental à psicanálise, tomada como a única forma de conhecimento rigoroso e válido das realidades psíquicas inconscientes.

Na medida em que o inconsciente é constituído por um complexo de vivências pretéritas, sua atualização liga-se necessariamente à capacidade de elas serem lembradas (PEF 205), momento em que a diferença entre uma lembrança clara e distinta e outra rudimentar constitui um ponto de apoio conceitual relevante. Trata-se, na verdade, até mesmo de um critério para se diferenciar uma realidade inconsciente de outra consciente, pois esta, embora não atual, poderá sê-lo com clareza e distinção (PEF 201).

Tendo criticado as teorias do inconsciente absolutamente transcendente, apontado as falhas aparentes na psicologia transcendental de Kant e exposto as linhas gerais de sua concepção das realidades inconscientes, Adorno passa finalmente a aplicar os resultados desta investigação à teoria psicanalítica de Freud. Na medida em que insiste na vinculação das realidades inconscientes ao plano transcendentalmente concebido do complexo da consciência, tornou-se para ele legítimo aproximar os objetivos epistêmicos e os métodos de investigação da doutrina transcendental da alma aos de uma psicologia empírica, como é o caso da psicanálise (PEF 224). Esta foi escolhida como objeto de investigação, principalmente por recusar uma concepção atomística dos fenômenos psíquicos, como a praticada pela psiquiatria, que consideraria cada um deles de forma isolada (PEF 229). Segundo Adorno, a psicanálise concorda radicalmente com o método de investigação transcendental da alma por insistir em que cada uma das realidades psíquicas possui um sentido, que consiste precisamente em sua inserção necessária na totalidade articulada segundo leis de todos os conteúdos psíquicos. Nesse contexto, é importante ressaltar que os fenômenos conscientes são vistos como efeitos dos inconscientes e apenas explicáveis, em seu sentido mais próprio, por eles, enquanto estes somente são acessíveis pelo caráter imediatamente dado dos primeiros, o que configura um componente nuclear da concepção transcendental esposada por Adorno (PEF 230-1).

Outro motivo para a escolha da teoria freudiana são os objetos psíquicos com os quais ela se defronta mais tipicamente: sonhos, atos falhos e sintomas neuróticos, pois eles caracterizam-se por um importante isolamento em relação à exterioridade espacial da vida psíquica desperta, constituindo por assim dizer um núcleo de coisas psíquicas mais "puras" e revelando de forma privilegiada leis imanentes ao complexo da consciência (nas palavras de Freud, imanentes ao *psiquismo*) (PEF 234-5). Além disso, tais objetos não restringem o sentido da psicanálise ao trabalho terapêutico de doentes neuróticos, a começar pelo fato de sonhos e atos falhos serem compartilhados universalmente, mas o argumento de Adorno focaliza a insistência freudiana em que todo efeito terapêutico está integral e inapelavelmente fundado no conhecimento do complexo das realidades psíquicas, de forma que a própria cura "equivale ao pleno conhecimento por parte dos doentes do sentido de seus sintomas; equivale ao êxito da descoberta da colocação dos sintomas no complexo da consciência e das leis às quais obedece a 'formação do sintoma', ou seja, o surgimento dos fatos isoladamente incompreensíveis, que tornaram a psicanálise necessária" (PEF 236). Como este conhecimento não é o do médico, mas do próprio paciente, logo isto concorda com o princípio epistemológico da filosofia transcendental de que todos os fenômenos do complexo da consciência devem ser referidos ao imediatamente dado, às vivências (PEF 237).

Partindo do princípio de que todas as realidades inconscientes são sempre mediadas, e portanto inseridas em um complexo, de tal forma que sua recordação é sempre rudimentar, deduz-se que o conhecimento do inconsciente configura-se como uma *tarefa*, um empreendimento de análise na acepção etimológica do termo, a saber, como desmembramento produtivo de significado (o que constitui uma defesa da psicanálise contra a acusação de ela se basear em afirmações naturalísticas da existência de causas e efeitos diretas, simples, entre conteúdos inconscientes e manifestações conscientes). Outra implicação é a de que os processos inconscientes não dependem das vivências atuais, situando-se em um plano de articulação das coisas anímicas que subjaz como fundamento (obscuro) daquelas vivências (PEF 243). A leitura de Adorno do método psicanalítico de conhecimento do inconsciente irá articular esses dois aspectos epistemológicos, seguindo de perto as formulações freudianas sobre a atuação de forças psíquicas opositoras no mecanismo de recalque, particularmente nos três campos elucidados por Freud em suas *Conferências introdutórias*: os atos falhos, os sonhos e os sintomas neuróticos.

Nesse percurso, o elemento-chave recorrente é o princípio de que todo e qualquer fenômeno psíquico, por mais bizarro e contingente que pareça, possui um sentido, obedece a uma necessidade somente tornada consciente por meio de sua inserção no complexo da consciência (desconsiderando-se a intricada questão da viabilidade de se produzir essa tomada de consciência para todos os conteúdos psíquicos) (PEF 246). A técnica da associação livre, mobilizada na análise daqueles três tipos de atos psíquicos, mostra-se plenamente concordante com o que se afirmou sobre as lembranças claras e distintas e as rudimentares, de tal forma que o trabalho analítico consistirá em seguir as trilhas de vinculação simbólica entre os conteúdos psíquicos, partindo de vivências atuais, como o ato falho ou a recordação clara e distinta do sonho, alcançando uma análise produtiva de significado na articulação do complexo da consciência, de modo a produzir uma nova vivência atual, relativa ao sentido do ato falho e do sonho.

A parte final da *Habilitação* dedica-se, fundamentalmente, a mostrar como não apenas os pressupostos, mas também os princípios norteadores da investigação psicanalítica, seus objetos e seus resultados estão de acordo com a filosofia transcendental (PEF 276). Da mesma forma que as leis da natureza codificadas pela física constituiriam especificações das leis transcendentais, as da psicanálise, como a dinâmica das pulsões e do recalque, seriam formas reduzidas de princípios mais amplos da filosofia transcendental (PEF 278-9). Não se contentando apenas em ser uma psicologia descritiva, tal como definia a si mesma a fenomenologia, a teoria freudiana sempre insistiu no caráter dinâmico dos elementos inconscientes, articulando uma concepção unitária do material da experiência

(PEF 269), de forma que – e isso é especialmente relevante para Adorno – o objeto de pesquisa psicanalítica, o inconsciente, e seu método investigativo, a análise do complexo unitário da consciência, situam-se na mesma lógica descortinada pela teoria de matriz kantiana. Que a descoberta do sentido dos sintomas signifique para Freud o desaparecimento dos sintomas é traduzido por Adorno com a ideia de que a coisa anímica inconsciente deixa de existir "ao se tornarem conscientes tanto os fenômenos singulares passados até então inconscientes quanto a lei de sua conexão" (PEF 294), pois, a rigor, todas as coisas psíquicas seriam inconscientes, constituindo complexos que vigoram na medida em que são independentes da vivência atual (PEF 313).

Essa concordância entre psicanálise e filosofia transcendental mostra que a corriqueira separação entre teoria do conhecimento e psicologia, ou entre psicologia transcendental e empírica, não procede. Ela se baseia na diferenciação do valor de verdade dos juízos *a priori* e os empíricos, recusando a estes últimos a capacidade de produzir conhecimentos universais. Do ponto de vista de Adorno, tanto a psicanálise quanto a filosofia transcendental partem do dado imediato da consciência alcançando leis gerais, não por indução, mas por análise do complexo unitário e empírico da consciência.

Nas páginas finais da *Habilitação*, vemos uma interessantíssima exposição crítica do caráter ideológico das filosofias do inconsciente absoluto. Essa análise aponta que a transcendência radical do inconsciente estaria a serviço da manutenção da realidade socioeconômica, na medida em que desvia o olhar da racionalidade das relações de poder para um princípio obscuro e completamente destacado da realidade social. Toda injustiça econômica e política seria vista como fundamentada não apenas em sua própria racionalidade, mas substancialmente em uma força mística e obscura que comandaria o sistema de forma transcendente e inexorável, fatalista, escusando a todos os atores reais e concretos por sua atuação no plano empírico. Na medida em que se assegure ao indivíduo isolado e impotente um acesso, também místico, a esse núcleo obscuro do real, ele ganharia um refúgio e como que um oásis em meio à atribulação da vida, sentindo-se independente dela e desistindo de sua real modificação. Não é difícil perceber que este complexo de coisas se coaduna intimamente com as correntes fascistas, que querem evadir-se da crítica racional, relegando a poderes místicos e divinos a destruição cega da ordem econômica.

Nesse cenário, a psicanálise contribui decisivamente para o desencantamento anti-ideológico não apenas do conceito de inconsciente, mas de seu conhecimento, mostrando que a transcendência deste núcleo fundador do real é ilusória. O esclarecimento psicanalítico, assim, coloca-se a serviço da desmistificação de seu conceito nuclear, removendo o *páthos* metafísico que alcançou com as neo-ontologias pós-kantianas, momento em que sempre encontrará resistências por parte daquelas correntes que querem manter o inconsciente na obscuridade que lhes é proveitosa.

Apesar de a abordagem da teoria psicanalítica na *Habilitação* ser fruto de um recorte temático deliberado e coerente com o propósito de relacioná-la à concepção da filosofia transcendental, demonstrando consistência na exposição dos temas sob esse viés, no último ano de sua vida Adorno manifestou seu desconforto com esse seu texto de juventude, dizendo que seu "erro principal" seria "relacionar Freud de forma unilateral à epistemologia da escola de Mach e Avenarius, e negligenciar, desde o início, o momento materialista existente em Freud, que se manifesta nele mediante o conceito fundamental de prazer de órgão".[4] A consideração dessa temática seguramente teria contribuído para não apenas aproximar o texto de uma concepção filosófica materialista, mas também enriquecê-lo. Por outro lado, parece-nos especialmente difícil conceber uma articulação entre o teor epistemológico do texto e este conceito de prazer de órgão, ligado a considerações biológicas em Freud, as quais foram explicitamente retiradas do escopo do texto da *Habilitação* (PEF 314). Como uma espécie de meio-termo, pensamos na teoria das pulsões exposta por Freud em seu texto "A pulsão e seus destinos", em que a ideia central da *Habilitação*, o complexo unitário da consciência, poderia ser aplicada na concepção dinâmica do psiquismo.

3.

A aula inaugural da universidade de Frankfurt por Adorno, "A atualidade da filosofia", faz a primeira apresentação mais consistente de temas, conceitos e questões que retornarão de forma central em sua filosofia posterior, até mesmo em suas últimas obras: constelação, o estado fragmentário e caótico da realidade, a necessidade da dialética e a defesa da forma do ensaio na escrita filosófica. A palestra se inicia com a crítica, bastante cara ao filósofo, à pretensão dos grandes sistemas filosóficos do idealismo alemão em abarcar com o conceito a

---

4 Adorno. *Philosophische Frühschriften*. "Editorische Nachbemerkung", p.382.

totalidade do real, projeto que já teria se mostrado como irrealizável em virtude da própria fragmentação e do evidente caráter contraditório da realidade. Grande parte da argumentação subsequente reside na apresentação dos impasses, das insuficiências e das ilusões contidas em diversos programas filosóficos, como da Escola de Marburg, de Husserl, Scheler, Heidegger, Simmel e Kierkegaard. A todos é comum o fracasso na tentativa de ultrapassar os impasses do idealismo e do círculo da subjetividade, seja por apelarem ao transcendentalismo, à noção ominosa de ser, às categorias vitalistas e impulsivistas, além de princípios derivados da cristandade, como "ser lançado no mundo" e "ser para a morte". Todas elas pecam pela pretensão, já demonstrada como irrealizável, de constituir doutrinas grandiosas e totais ("grandes narrativas", diríamos hoje), e a pergunta pela atualidade da filosofia deve ser respondida por sua capacidade de superar esse estado de coisas, que aponta para uma verdadeira ruína do empreendimento filosófico.

Por outro lado, as filosofias que se contentam em fornecer apoio epistemológico às ciências, como a escola de Viena (composta por Moritz Schlick, Rudolf Carnap e Walter Dubislav, entre outros), não se saem melhor, na medida em que contrapõem princípios abstratos gerais fundamentalmente tautológicos, meramente analíticos, à adesão positivista aos fatos colecionados pela experiência. Não se trata de dizer que a filosofia deva recusar toda relação com a ciência, mas sim que não deve se limitar a uma propedêutica às suas metodologias, e muito menos transformar-se em um pensamento científico. A distinção fundamental consiste em que "a ideia da ciência é pesquisa, a da filosofia, interpretação" (PEF 334), sendo a tarefa desta última responder às questões do mundo, ler seu enigma mediante a ordenação constelatória e crítica de elementos conceituais trazidos pela ciência e por toda a tradição filosófica. Não se almeja decifrar um "em si" do mundo que residiria por trás dos fenômenos ou descortinar um sentido preestabelecido, mas sim produzir um gesto inventivo e transformador do jogo do enigma, que implica em uma práxis materialista somente tornada possível dialeticamente pelas imagens históricas da realidade e pelo poder da imaginação filosófica em sua ordenação através de modelos (PEF 337-40). Recusando grandes questões, grandes problemas e relações simbólicas entre o absoluto e os particulares, mas também evitando o extremo nominalismo de certas tendências sociológicas, com seu apego a elementos descritivos mínimos, cabe à filosofia abrir a realidade encontrando categorias-chave adequadas a ela: nem grandes demais, como as do idealismo, nem pequenas demais, como as do positivismo (PEF 342). Isso resulta no elogio à prática ensaística filosófica, na assunção de que a filosofia se exerce como um experimento eternamente renovável, sem garantias ou apoios grandiosos como o ser (PEF 434-4). A partir desse texto de Adorno, podemos dizer que, se a filosofia é atual, ela o é como reordenação dialética das ruínas que a história nos legou, com vistas à construção materialista e transformadora, a um só tempo inventiva e rigorosa, de um projeto de humanização a se consumar no futuro.

4.

O quarto texto, "Ideia da história natural", pode ser considerado o mais denso desta coletânea, na medida em que, em apenas vinte páginas, realiza uma proveitosa confluência de várias críticas às ontologias fenomenológicas do início do século XX – principalmente de Scheler e Heidegger –, exposição e apropriação de conceitos centrais de Lukács e Walter Benjamin, e por fim uma rica conceituação da ideia da história natural como suprassunção, ou seja, negação dialética, da diferença entre natureza (tomada como o solo mítico e ontológico, ancestral e perene da realidade) e a história (concebida como o lugar de emergência do novo, como a tradição sempre passível de desvio, mudança).

A crítica às ontologias fenomenológicas ataca três pontos-chave: a categoria do ser e a pergunta por seu sentido, o problema da historicidade e sua negação, e por fim a tautologia como expressão da identidade idealista.

De forma análoga a Husserl, os ontologistas tentaram ultrapassar os impasses do idealismo alemão servindo-se de categorias sumamente aparentadas às dele. Pretenderam sair do círculo subjetivista e alcançar uma esfera transubjetiva, ôntica, mas acabaram por se apoiar na mesma razão supostamente autônoma e ainda subjetiva. Na medida em que a pergunta pelo sentido do ser se descortina como inserção de significados subjetivos nos entes, temos uma crise nos desdobramentos ontológicos iniciais da fenomenologia que não pôde ser revertida por seus estágios ulteriores. O conceito de "sentido" mostrou-se essencialmente ambíguo, incerto, apontando para algum conteúdo transcendente do ser, residente atrás dele e descortinável por análise, ou indicando alguma forma de interpretação do ente a partir do próprio ser (PEF 347-8).

Se a ontologia, do ponto de vista tradicional da história das ideias, discursava sobre o ser de acordo com formas e princípios imutáveis, eternos como as ideias platônicas, as novas ontologias fundiram a história e o ser, concebendo a primeira como uma estrutura ontológica por si, não mais sucessão e conjunto de fatos contingentes, mas sim como *historicidade*: uma categoria abstrata que pretende abarcar tanto a imutabilidade do ser quanto a contingência e efemeridade dos entes. Essa pretensão, porém, fracassa por deixar escapar de forma flagrante a infinidade de elementos factuais de qualquer evento histórico determinado (PEF 350-1).

A categoria de historicidade e a de Heidegger do ser para a morte configuram exemplos da estratégia tautológica das novas ontologias, pois tudo o que, na realidade concreta, não se subordina à conceituação geral é elevado a princípio ontológico, sem que com isso se diga nada de novo, mas apenas se recorra a um princípio supostamente mais substantivo que, na verdade, apenas diz mais uma vez o que já se percebe na realidade. Isso significa instituir, com outros meios, a velha identificação entre sujeito e objeto do idealismo, pois o conceito é de tal forma alargado, que se arroga o direito de abarcar o real em sua concretude a partir de uma estrutura ontológica, baseada essencialmente no campo infinitamente aberto das possibilidades do ser (PEF 353-5). Trata-se de uma identidade *abstrata* entre história e natureza, ser e ente, sujeito e objeto, que precisa ser substituída por uma que seja *concreta*, de tal forma que onde a história se mostre mais radicalmente determinada como tal, seja concebida como natureza, ao passo que esta, nos momentos em que se apresente mais obstinadamente fixada, revele-se como partilhando da mutabilidade histórica (PEF 354-5).

A via de passagem e apoio essencial para o delineamento de uma história natural são as concepções de segunda natureza de Lukács e de alegoria histórica de Benjamin. O filósofo húngaro concebe a segunda natureza como o mundo das convenções, das mercadorias, regido pelas relações abstratas de troca, em que todas as realidades culturais apresentam uma alienação radical perante a vivacidade do espírito. Trata-se de um mundo mortificado, submetido a uma tal reificação que impede uma correlação culturalmente produtiva entre a interioridade espiritual e os objetos, momento em que somente uma espécie de ressurreição teológica poderia trazer novamente à tona os conteúdos petrificados. A concepção de alegoria em Benjamin conecta-se a essa problemática ao conceber a natureza como transitoriedade, transiência, como contendo a efemeridade própria do ser histórico, apresentando a contraface da história paralisada de Lukács (PEF 355-7). Tal apresentação se faz primordialmente pela força expressiva da alegoria barroca, que transparece como seu significado a história enquanto ruína mortal, desvelando sua face mortuária como o que jaz soterrado na realidade vivida. A natureza se mostra o signo de uma história primordial, outrora efetiva, e que reaparece sob o influxo da constelação de conceitos que ressoam em seu interior esse cruzamento dialético de realidades – natureza e história – que, em sua separação, superam sua dicotomia solidificada pelo saber racional-científico (PEF 357-60).

O que conecta a história natural ao conceito de segunda natureza e de alegoria histórica é o sofrimento acumulado, a vida ossificada que exige uma interpretação dialética, capaz de demonstrar a imbricação entre um passado mítico-arcaico e a possibilidade de emergência do novo, do diferente, do que escapa ao sortilégio das origens ancestrais. Em vez de um olhar ominoso, total, que insere os fatos históricos em uma estrutura conceitual prévia, trata-se de mostrar a diferença e possibilidade de articulação entre o teor aparentemente inamovível dos símbolos primevos e os passíveis de interpretação dinâmica, intra-histórica, de forma análoga a como Freud concebia um inconsciente herdado da espécie e o constituído na história individual. A solidez pétrea dos mitos arcaicos, porém, é apenas *aparente*, derivada da ontologia das ideias eternas de Platão, pois o tecido mitológico é atravessado por uma dialética conflituosa e que admite formas internas de ultrapassagem de suas contradições, tal como vemos na articulação trágica dos mitos gregos. Por outro lado, a pura mutabilidade e emergência do novo a cada instante na história também é mera aparência, constitui uma imagem mítica, e como todas as imagens míticas, funda-se em seu caráter fantasmagórico, assustador, incompreensível. Ao mesmo tempo em que é capaz de conjurar o perigo, anunciando uma suposta reconciliação, apresenta-se como inalcançável. A ideia de uma história natural não significa apenas uma reinterpretação de fatos históricos, mas sim o suficiente discernimento da imbricação vertiginosa dos momentos concretos e aparentes de historicidade da natureza e de inércia natural-mítica da história (PEF 361-5).

5.

O último texto deste volume, "Teses sobre a linguagem do filósofo", faz uma apresentação inicial de um tema que percorrerá grande parte da obra de Adorno, desembocando em suas considerações sobre a objetividade histórica da dialética negativa e da articulação constelatória dos conceitos.

Inicialmente, trata-se de negar a perspectiva idealista da contingência e da arbitrariedade da relação entre conceito/palavra, por um lado, e coisa/objeto, por outro, ou seja, é preciso criticar o nominalismo extremo das doutrinas que separam radicalmente o âmbito subjetivo-espiritual do empírico-material. Importa perceber o quanto a dinâmica histórica que se consolida nas palavras e nos conceitos imprime-lhes um significado e um conteúdo de verdade que pesam de forma objetiva para a escolha do material linguístico pela filosofia. Isso significa que as palavras não são neutras, não são meros signos-receptáculos que poderiam ser preenchidos com quaisquer conteúdos subjetivamente concebidos.

A queixa de que a linguagem da filosofia é desnecessariamente difícil também possui cunho idealista, pois supõe que se poderiam encontrar arbitrariamente palavras para os conteúdos pretendidos, ao passo que o que torna a linguagem filosófica compreensível é a mesma objetividade que lhe impõe a escolha das palavras. Heidegger procurou evadir-se desse peso histórico ao criar diversas palavras-conceito, supostamente capazes de apreender significados abrangentes e ontologicamente fortes, mas isso demonstra a grande ingenuidade de se posicionar como independente da carga histórica que necessariamente impregna cada palavra: estas não são preestabelecidas, como que fusionadas a seu objeto, tampouco devem ser criadas como se pudessem, por um ato de liberdade radical, desvelar magicamente conteúdos até então ocultos.

Como terceiro termo dialético entre a adesão a palavras preestabelecidas da linguagem coloquial, científica e filosófica, por um lado, e a inventividade arbitrária, por outro, mas também entre conceito e coisa, Adorno denomina como *con-*

figurativa a linguagem que mais tarde desenvolverá por meio do conceito de constelação. A ideia é que, por sua articulação constelatória ao redor da verdade pretendida, a linguagem ressoe a objetividade da coisa mediante a força estética de suas palavras, que são avaliadas em grande parte pelo seu poder de sedimentar conteúdos históricos.

Verlaine Freitas
Universidade Federal de Minas Gerais

Referências bibliográficas

ADORNO, Theodor Wiesengrund. *Philosophische Frühschriften*. Gesammelte Schriften, vol.1. Frankfurt am Main: Suhrkamp, 1997.

ADORNO, Theodor Wiesengrund. *Zur Metakritik der Erkenntnistheorie. Drei Studien zu Hegel*. Gesammelte Schriften, vol.5, Frankfurt am Main: Suhrkamp, 1997.

AOYAGI, Masafumi. Phenomenological Antinomy and Holistic Idea. Adorno's Husserl-Studies and Influences from Cornelius. *Investigaciones Fenomenológicas*, vol. Monográfico 4/II, 2013, *Razón y vida*, p.23-38.

ESCUELA CRUZ, Chaxiraxi Mª. La crítica adorniana a la fenomenología como preludio dialéctico de una lógica materialista. *LOGOS. Anales del Seminario de Metafísica*. Vol. 48, 2015, p.83-97.

PETTAZZI, Carlo, Th. Wiesengrund Adorno. *Linee di origine e di sviluppo del pensiero (1903-1949)*. Firenze: La Nuova Italia, 1979.

RÖMER, Inga. Gibt es eine "geistige Erfahrung" in der Phänomenologie? Zu Adornos Kritik an Husserl und Heidegger. *Phänomenologische Forschungen*, 2012, p.67-85.

WOLFF, Ernst. From phenomenology to critical theory The genesis of Adorno's critical theory from his reading of Husserl. *Philosophy & Social Criticism*. vol.32, n.5, p.555-572.

Theodor W. Adorno

Traduções cotejadas

ADORNO, Theodor Wiesengrund. *Escritos tempranos*. Trad. Vicente Gómez. Madrid: Ediciones Akal, 2010. (Para todos os textos deste volume.)

_____. The Actuality of Philosophy. Trad. Benjamin Snow. *Telos*, 1977, p.120-33.

_____. A atualidade da filosofia. Trad. Bruno Pucci. Inédita.

_____. Idea of Natural-History. Trad. Robert Hullot-Kentor. *Telos*, 1984, p.111-24.

_____. Ideia de história natural. Trad. Bruno Pucci e Newton Ramos de Oliveira. Inédita.

_____. Teses sobre a linguagem do filósofo. Trad. Douglas Garcia Alves Júnior. Ouro Preto: *Revista Artefilosofia*, n.9, 2010, p.205-9.

A transcendência do coisal
e do noemático na fenomenologia
de Husserl

// Prefácio

Neste trabalho, pretende-se examinar, do ponto de vista de uma filosofia pura da imanência, a teoria de Husserl da coisa em si, tal como desenvolvida nas *Ideias para uma fenomenologia pura e para uma filosofia fenomenológica*; o recurso ao "imediatamente dado" é o ponto de partida positivo de toda a crítica aqui oferecida. Embora a influência exercida pela fenomenologia atualmente em grandes círculos seja contrária a tal início, os trabalhos iniciais de Husserl, sobretudo das *Investigações lógicas*, testemunham que ele queria que a fenomenologia (designada originalmente por ele como "psicologia descritiva") fosse compreendida em um sentido próximo a como ela é vista aqui, e que fosse contrastada como contrafigura [*Gegenbild*] crítica aos desdobramentos das *Ideias*.

Nas *Ideias* entrecruzam-se linhas de pensamento de diversas estruturas e origens; entrelaçam-se motivos kantianos e platônicos, aristotélicos e positivistas. Como, no entanto, nossa perspectiva se afasta por completo de toda intenção histórica, não tentaremos fazer todas essas diferenciações. Em vez disso, destacaremos determinado grupo de problemas, oferecendo uma exposição crítica segundo uma unilateralidade consciente. O parâmetro crítico da exposição, todavia, é aquele conceito da psicologia descritiva ou fenomenologia que apreende o "complexo do imediatamente dado como última pressuposição do método transcendental". Esse conceito da fenomenologia transcendental foi exposto por Hans Cornelius – já em explícita oposição a Husserl – em sua *Sistemática transcendental*. Nós nos vinculamos a esta última, bem como à sua terminologia, e concebemos propriamente nossa tarefa como sendo tornar clara a oposição entre os conhecimentos nela expostos e as *Ideias* de Husserl, no que concerne à da teoria da coisa em si. // Mesmo quando não explicitado, subsiste uma evidente conexão entre nossa investigação e a *Sistemática transcendental*.

A unilateralidade e limitação de nosso modo de examinar o problema acarretam o fato de não adentrarmos no conceito de Husserl da "intuição das essências" [*Wesensschau*], que para muitos é o conceito central da fenomenologia, nem em todo o debate sobre a teoria da *abstração*, mesmo quando a teoria husserliana de coisa se entrelaça ao conceito de "intuição das essências". No curso de nossa investigação principal, deverão ser inseridas, de forma breve, observações sobre a teoria da abstração, mas apenas quando se trata de demonstrar que as condições psicológicas da abstração possuem um significado *demonstrador de sentido* [*sinnausweisende*] para o conceito de coisa, como, por exemplo, no conceito de identidade da coisa.

Agradeço aqui sinceramente a meu estimado mestre, prof. dr. Hans Cornelius, por seu amável auxílio.

13 // A. O problema: contradição na teoria husserliana de coisa

A fenomenologia de Husserl quer ser compreendida como *idealismo transcendental*. A consciência é para ela a "*esfera do ser de origens absolutas*" (IFF 107);[1] a consciência "*julga* sobre a realidade, pergunta por ela, supõe, duvida dela, decide sobre a dúvida e realiza, assim, '*jurisdições da razão*'" (IFF 281); no "complexo essencial da consciência transcendental", "a essência desse direito" – da razão que julga – "e, correlativamente, a essência da 'realidade' [...] devem poder se tornar claras" (IFF 281); "*por princípio*", lemos mais à frente, "na esfera lógica, as expressões '*ser-verdadeiro*' ou '*ser-real*' e '*ser-racionalmente demonstrável*' estão em *correlação*" (IFF 282). Não é aqui o caso de se perguntar como se demonstra a legitimidade epistemológica do "complexo essencial da consciência transcendental" e também a "essência do direito da razão que julga"; como também não é o caso de se perguntar se o conceito da "esfera lógica" contém um sentido claro e distinto. Deve-se examinar, no entanto, se Husserl de fato

---

[1] As *Ideias para uma fenomenologia pura e para uma filosofia fenomenológica* serão referidas como IFF, seguido do número de página da edição indicada ao final, na bibliografia. Todos os itálicos constam nos originais citados. (N. T.)

realiza suas análises epistemológicas no quadro de uma fenomenologia orientada puramente à consciência como o fundamento da legitimidade do conhecimento, se sua filosofia satisfaz à pretensão do idealismo transcendental. Essa questão é posta de modo indireto pela *démarche* argumentativa das próprias *Ideias para uma fenomenologia pura*: na principal obra teórico-cognitiva de Husserl, entretanto, evidencia-se uma contradição fundamental, que somente se explica através da resposta àquela pergunta. Devemos agora salientar essa contradição.

Todo conhecimento, para Husserl, está fundado na // "intuição originariamente doadora": "o '*ver*' *imediato*, não apenas o ver sensível, que experiencia, mas sim o *ver em geral como consciência originariamente doadora, qualquer que seja sua forma*, é a fonte última de legitimação de todas as afirmações racionais" (IFF 36). Se deixarmos de lado o fato de que a distinção entre o "ver que experiencia" e o "ver em geral" não alcança total clareza, então se pode, em todo caso, afirmar como sentido da tese husserliana que: os fatos imediatamente dados da consciência, nossas vivências, são o fundamento de todo conhecimento. A isso corresponde também o "*princípio dos princípios*", segundo o qual "*toda intuição originariamente doadora*" seria "*uma fonte de legitimação do conhecimento*", e que "*tudo o que se nos oferece originalmente* (por assim dizer em sua realidade corpórea) *na 'intuição'*" deveria ser "*simplesmente tomado tal como se dá*", mas também *apenas nos limites nos quais se dá*" (IFF 43ss.). Também aqui reside uma obscuridade: o conceito da "realidade corpórea" designa evidentemente um complexo *coisal* [*dinglich*],[2] enquanto

---

2 Embora a palavra "coisal" (e sua respectiva substantivação: "coisalidade", referente a *Dinglichkeit*) soe um tanto estranha em português,

a "realidade dada [*Gegebenheit*] originária" é *fenomenal*; o princípio ulterior, que postula que se devem acolher os dados originários apenas nos limites nos quais eles são oferecidos – ou seja, precisamente como fatos de consciência –, parece se defender radicalmente de todo mal-entendido naturalista. A isso corresponde também a intenção da "*epoché* fenomenológica", que deve tornar acessível a região da consciência pura, livre de transcendências coisais; na verdade, "*não abandonamos a tese*" – da "atitude natural" (IFF 52ss.), isto é, a "imagem natural de mundo"[3] –, mas nós a colocamos "*por assim dizer 'fora de ação'*, nós '*a desligamos*', nós a '*colocamos entre parênteses*'" (IFF 54ss., cf. Id. 55ss.). Husserl procura distinguir a *epoché* fenomenológica "da que é exigida pelo positivismo"; trata-se, "agora, não do desligamento de todos os preconceitos perturbadores da pura objetividade da pesquisa, nem da constituição de uma ciência 'livre de teorias', 'livre de metafísica', através da remissão de todo fundamento aos dados [*Vorfindlichkeiten*] imediatos" (IFF 57), mas sim do fato de que "todo o mundo posto na atitude natural, efetivamente encontrado na experiência, tomado integralmente // 'livre de teorias', como é efetivamente experimentado e é claramente comprovado no complexo das experiências, [...] nada vale para nós agora" (IFF 57). Essa delimitação, no entanto, não é realizada com precisão e nem pode sê-lo. Nenhuma teoria do conhecimento, qualquer que seja seu aspecto positivista, iria se apoiar em "teorias ou ciências (que se re-

---

não dispomos de um vocábulo dicionarizado para traduzir *dinglich*, que significa propriamente "aquilo que tem o caráter ou qualidade de coisa". Quando a construção frasal permitiu, substituímos "coisal" por "de coisa", sem perda para a tradução. (N. T.)

3 *Introdução à fenomenologia*, p.17ss.

lacionam com este mundo) fundadas positivistamente ou em outra perspectiva" (IFF 57), pois ela submete à crítica as pretensões de conhecimento de tais teorias e ciências; por outro lado, não é dito o que Husserl pretende contrapor à "remissão de todo fundamento aos dados imediatos" (isto é, decerto as vivências), pois ele próprio sempre reconhece de novo a intuição originariamente doadora como fonte de legitimação do conhecimento – a não ser que sua polêmica contra a remissão do fundamento aos dados imediatos se dirigisse, na verdade, contra a concepção naturalista, que identifica "coisas" e "coisas naturais" (IFF 35), contra *a* concepção, portanto, que coloca uma realidade natural e exterior como fundamento para os "dados imediatos". Em todo caso, a pergunta de Husserl *"O que pode então restar quando todo o mundo, incluindo a nós mesmos com todo o cogitare"* – isto é, o eu naturalista –, *"é desligado?"* (IFF 57) deve ser respondida totalmente nos limites de uma análise dos "dados imediatos", e sua resposta é: "Em vez de *realizar* de modo ingênuo os atos pertencentes à consciência constituidora da natureza, com as teses transcendentes deles, e nos deixarmos conduzir, através das motivações neles presentes, sempre a novas teses transcendentes, colocamos todas essas teses 'fora de ação', não colaboramos com elas; dirigimos nosso olhar compreensivo e de pesquisa teórica à *pura consciência em seu ser próprio absoluto"* (IFF 94), que deve restar como "o almejado *'resíduo fenomenológico'"* (IFF 94); essa resposta é uma consequência da remissão ao imediatamente dado e é também encontrada na investigação de Husserl sobretudo através de uma análise do complexo da consciência.

A fenomenologia de Husserl, no entanto, não é constituída integralmente no sentido // dessa resposta. Os motivos conceituais que estabelecem a intuição originariamente doadora como fundamento de legitimação do conhecimento, e que compreendem a conquista da "esfera da consciência pura" como descrição do complexo dos dados, são contraditos por motivos conceituais de uma espécie totalmente diferente. Coisas, como se disse certa vez, são "por princípio transcendências" (IFF 76); na transcendência da coisa anuncia-se "propriamente a diversidade por princípio dos modos de ser, a mais fundamental que existe, a saber, entre *consciência e realidade*" (IFF 77); mais adiante, em uma agudização extrema: "*a existência da coisa jamais é exigida como necessária através de seu dar-se*, mas sim, de certa forma, é sempre *contingente*" (IFF 86), e: "*à tese do mundo, a qual é contingente, contrapõe-se* [...] *a tese* – '*necessária*', simplesmente indubitável – *de meu puro eu e de sua vida. Todo coisal corporeamente dado pode também não existir; nenhuma vivência corporeamente dada pode também não existir*" (IFF 86). Por fim: "entre consciência e realidade abre-se um verdadeiro abismo de sentido. Aqui, um ser apenas a se matizar [*abschattendes*],⁴ jamais a ser dado absolutamente, apenas contingente e relativo; lá, um ser necessário e absoluto, dado por princípio e não através de matização e fenômeno" (IFF 93).

A contradição entre tais linhas de pensamento e as reproduzidas anteriormente é manifesta. Por um lado, "o autêntico conceito da transcendência da coisa, o qual é a medida de toda afirmação racional sobre a transcendência, não pode ser criado a partir de nenhum outro lugar a não ser do próprio conteúdo essencial da percepção, isto é, dos complexos determinados

---

4 O verbo alemão *abschatten* significa nuançar, realçar com sombras (*Schatten*). Sempre traduzimos o verbo *abschatten* como matizar, o substantivo correspondente *Abschattung* como "matização" e o particípio *abgeschattet* como "matizado". (N. T.)

em sua natureza, que denominamos de experiência comprovante" (IFF 89). Por outro lado, coisas devem ser "por princípio transcendências (IFF 76). – O *"ser imanente"* – isto é, o *"ser da própria consciência"* (IFF 92) – seria, *"indubitavelmente, ser absoluto no sentido de que, por princípio,* nulla 're' indiget ad existendum [não precisa de outra coisa para existir]", e *"o mundo das* res [coisas] *transcendentes está integralmente referido à consciência, e na verdade não a uma consciência concebida logicamente, mas sim atual"* (IFF 92); em oposição a essa perspectiva, a essência de toda cogitatio – // também das impressões, das vivências parciais da classe a no sentido da *Sistemática transcendental* (cf. Id. 50, TS⁵ 64) – seria a de ser "consciência *de* algo" (IFF 64). – Ou ainda: *"Jamais um objeto existente em si é tal que não seja em nada afetado pela consciência e pelo eu da consciência"* (IFF 89), e, em contraste com isso, a frase citada anteriormente: *"A existência da coisa jamais é exigida como necessária através de seu dar-se"* (IFF 86). Em outras palavras: à consciência, cujos dados, para Husserl, são as únicas fontes de legitimidade do conhecimento, ele contrasta, desde o início, um mundo transcendente, que na verdade só pode ser legitimado epistemologicamente por se referir à consciência, mas cuja existência não seria constituída através do complexo da consciência. Quando Husserl fala que *"tudo o que se oferece* a nós em sua realidade corpórea *deveria ser simplesmente admitido"* (IFF 43), então aquele mundo transcendente já é também posto. A colocação de um mundo transcendente, no entanto, contradiz o pressuposto da consciência como "esfera do ser de origens absolutas". Ela contradiz o princípio fundamental do idealismo transcendental.

---

5 *Transzendentale Systematik.* (N. T.)

A tarefa da investigação a seguir será compreender o surgimento dessa contradição a partir de sua raiz epistemológica, corrigi-la criticamente e apontar suas consequências no interior da fenomenologia sistemática. Em conexão com a estrutura do primeiro tomo das *Ideias* de Husserl, que condensa sua teoria do conhecimento, alcançamos uma tripartição do tema: a partir da "consideração fenomenológica fundamental" (IFF 48-119), a teoria da coisa de Husserl será trabalhada de modo crítico. No âmbito das elaborações de Husserl "sobre a metodologia e a problemática da fenomenologia pura" (IFF 120-264), serão discutidas as consequências da contradição central para a teoria geral do conhecimento. A seção sobre "razão e realidade" (IFF 265-323), por fim, enseja o tratamento da correção parcial dessa contradição nas *Ideias* e o esclarecimento, pelo menos de forma geral, de importantes consequências surgidas para o idealismo transcendental. // Essa tripartição, tal como a disposição das *Ideias*, não reivindica uma dignidade sistemática. — Por princípio, exclui-se da investigação a pergunta de se o princípio da transcendência da coisa em Husserl está em relação com o conceito da "intuição das essências": essa relação exigiria análises específicas, que se ramificam ulteriormente. Aqui, a fenomenologia de Husserl é compreendida como um método de "estabelecimento de complexos com legalidade ideal" (TS 49), em um sentido estritamente correspondente à "fenomenologia transcendental" proveniente da *Sistemática transcendental* de Hans Cornelius. Na medida em que as considerações epistemológicas de Husserl se realizam de fato, elas também se orientam a "complexos com a legalidade ideal" (cf. *Ideias* 58).

// B. A transcendência do coisal e do noemático na fenomenologia de Husserl

I. A teoria da coisa de Husserl

Husserl parte da imagem de mundo natural: "estou consciente" do mundo, "isso quer dizer, sobretudo, que: eu o encontro imediatamente de forma intuitiva, eu o experiencio. Através do ver, do tatear, do ouvir etc., nos diversos modos da percepção sensível, as diversas coisas corpóreas [...] existem[1] *simplesmente para mim*, '*existem*'[2] em sentido literal ou figurado, se eu me ocupo com elas de forma especialmente atenta, ao contemplá-las, reflito sobre elas, sinto-as, quero-as ou não" (IFF 35). O "mundo natural" é caracterizado como um mundo de *coisas*, como ser permanente: "eu encontro a 'realidade' [...] como *existente* ["estando aí": *daseiende*] e *a tomo, tal como ela se ofere-*

---

[1] *sind... da*. A expressão *da sein* pode ser traduzida, de forma literal, por "ser (ou estar) aí", como se opta normalmente na leitura do substantivo correspondente *Dasein*, nos textos de Heidegger: "ser-aí". (N. T.)
[2] *sind 'vorhanden'*. O vocábulo *vorhanden* (= existente) provém diretamente de *vor* (perante) + *Hand* (mão), de modo que o significado de *vorhandensein*, em termos etimológicos, seria "estar à mão". (N. T.)

ce, também como existente [*daseiende*]. Toda dúvida e recusa de dados do mundo natural não altera em nada a tese geral da atitude natural. 'O' mundo sempre existe ["está aí": *ist... da*] como realidade, ele é, no máximo, 'de forma diferente' do que eu suponho, isto ou aquilo deve ser retirado *dele*, ele que é sempre o mundo existente" (IFF 52ss.). Em uma perspectiva epistemológica, no entanto, essa atitude é radicalmente alterada: "*colocamos fora de ação a tese geral pertencente à essência da atitude natural*, colocamos entre parênteses tudo e cada coisa que ela [...] abrange: *portanto, todo esse mundo natural*, que permanentemente 'está aí', 'existe' para nós [*'für uns da', 'vorhanden' ist*], e que invariavelmente permanecerá como 'realidade' conforme a consciência, quando nos aprouver colocá-lo entre parênteses" (IFF 56). Esse procedimento de "colocar entre parênteses" é chamado por Husserl "*epoché* fenomenológica" (IFF 56).

Ora, pergunta-se Husserl, o que resta após uma radical execução da *epoché*? Que ela deve dar acesso a "*uma nova região do ser, ainda não delimitada em sua peculiaridade*" (IFF 58): // a consciência pura, purificada das transcendências. Husserl nomeia como transcendência todo o *cogito* cartesiano: portanto, também todo "eu percebo"; "à essência de todo *cogito* atual" pertence o fato de "ser a consciência *de* alguma coisa" (IFF 64). O conceito de atualidade é determinado por Husserl através da análise de uma percepção de coisa. Quando vejo e toco um papel em branco à minha frente em uma penumbra, então, segundo Husserl, "este ver e tocar perceptivo do papel, como a experiência totalmente concreta *do* papel que está aqui, e na verdade do que é precisamente dado nessas qualidades, [...] é uma *cogitatio*, uma experiência de consciência" (IFF 61); "o próprio papel", porém, "com suas propriedades objetivas, [...] não é *cogitatio*, mas sim *cogitatum*, não uma experiência de percepção, mas sim um percebido" (IFF 65ss.). Em uma expressão um tanto questionável e ambígua, Husserl prossegue dizendo que "o próprio percebido pode muito bem ser uma experiência da consciência, mas" seria "evidente que algo como uma coisa material, por exemplo, esse papel dado da experiência perceptiva, por princípio, não seria nenhuma vivência, e sim um ser de uma espécie totalmente diferente" (IFF 62). "Toda percepção de coisa", prossegue no sentido da conhecida teoria de James, teria "um halo de *intuições de pano de fundo*" (IFF 62), inatualidades. Seria possível transformar "a consciência no *modo de direcionamento atual* para a consciência no *modo da inatualidade* e vice-versa" (IFF 63). O "*fluxo de vivências*" – ou seja, o complexo da consciência pessoal no sentido da *Sistemática transcendental* – "*jamais poderia consistir de puras atualidades*" (IFF 63). Apenas as atualidades "determinam [...], em contraste efetivo com as inatualidades, o sentido *exato* das expressões '*cogito*', 'tenho *consciência* de algo', 'realizo um *ato* de consciência'" (IFF 63). Em plena consonância com uma análise do complexo da consciência pessoal, Husserl acrescenta: "vivendo no *cogito*, não temos a própria *cogitatio* conscientemente como objeto intencional; ela, no entanto, pode a cada momento // tornar-se isso, pois pertence à sua essência a possibilidade, por princípio, de um *redirecionamento* '*reflexivo*' *do olhar*" (IFF 67). Disso resulta a diferenciação entre atos dirigidos de forma imanente e transcendente. Concebemos por *atos orientados de forma imanente* aqueles a cuja *essência* pertence o fato de *seus objetos intencionais, se em geral existem, pertencerem ao mesmo fluxo de vivências que eles*. [...] São *orientadas de forma transcendente* aquelas vivências intencionais para as quais isso *não* se realiza" (IFF 68). Husserl entende como "*percepção imanente*" aquela em que "*percepção e percebido formam essencialmente uma unidade imediata, de uma única e concreta* cogitatio" (IFF 68). Se, depois que Husserl designou a "simples" [*schlichte*] percepção como "consciência de alguma coisa", tornou-se totalmente obscuro o sentido da restrição "os objetos intencionais de atos orientados de forma imanente [...], se eles em geral existem", então – como observado anteriormente – o conceito da "percepção imanente", ligado a essa restrição, está em franca contradição com o que havia sido falado antes.

As "características essenciais de vivência e de consciência", pelas quais Husserl se esforça, são para ele "etapas iniciais [...] para se alcançar a essência da *consciência 'pura'*" (IFF 69). A fim de distinguir esta "consciência pura", Husserl quer investigar "a fonte última", "da qual se nutre a tese geral do mundo que eu concebo na atitude natural. [...] Obviamente, essa fonte última é a *experiência sensível*" (IFF 70). A "*percepção sensível*" desempenharia, "entre os atos de experiência, em um bom sentido do termo, o papel de uma experiência originária" (IFF 70). O conceito da "consciência perceptiva" é determinado por Husserl explicitamente por ser "consciência da *própria presença corpórea de um objeto individual*" (IFF 70). Percepção "sensível" e "de coisa" são tratadas por Husserl como sinônimas (cf. Id. 71). No "âmbito da simples intuição e das sínteses a ela pertencentes", seria evidente que "intuição e intuído, percepção e // coisa percebida certamente estariam relacionadas reciprocamente em sua essência, mas, segundo uma necessidade por princípio, não estariam *ligadas nem se unificariam de forma real e segundo a essência*" (IFF 73).

Isso pode ser esclarecido com um exemplo. "Sempre vendo essa mesa, circulando-a, sempre variando minha posição no espaço, tenho continuamente a consciência da existência corpórea desta mesma mesa, e decerto da mesma que permanece completamente inalterada" (IFF 73). "A percepção da mesa" seria "uma continuidade de percepções cambiantes" (IFF 74). Quando fecho os olhos e os abro de novo, então *"a"* percepção "não retorna em hipótese alguma" como "individualmente a mesma" (IFF 74). "Apenas a mesa" seria "a mesma, como idêntica conscientemente na consciência sintética, que conecta a nova percepção com a memória. A coisa percebida pode existir sem ser percebida e também sem nem sequer ser potencialmente consciente [...]; e ela pode existir sem se alterar. A própria percepção, entretanto, é o que ela é, em constante fluxo da consciência, e ela mesma é um fluxo constante: continuamente o agora-da-percepção se transforma na respectiva consciência do-que-acabou-de-ocorrer, e ao mesmo tempo surge um novo agora" (IFF 74). O resultado normativo ideal de sua análise de exemplos é sintetizado por Husserl na seguinte tese: *"Segundo uma necessidade essencial, a uma consciência de experiência (da mesma coisa) 'multifacetada', contínua e unitariamente confirmando-se a si mesma, pertence um variegado sistema de multiplicidades de fenômenos contínuos e de matizações, nas quais todos os momentos objetivos que incidem na percepção, com seu caráter de um dar-se por si mesmo corpóreo, apresentam-se, isto é, matizam-se em determinadas continuidades"* (IFF 74ss.). E ainda: "Enquanto a coisa é a unidade intencional, o que é idêntica e unitariamente consciente no fluxo continuamente regrado das multiplicidades de percepção que se transformam uma na outra, essas multiplicidades possuem elas mesmas sempre sua *permanência determinada e descritiva*, que, ordenada de *forma essencial*, é a daquela unidade" (IFF 75). "Dados de sensações, que exercem a função de matizar cores

23 etc.", seriam "por princípio // diferentes das meras cores [...], em suma, diferentes de todas as espécies de momentos *referentes à coisa*. A *matização, embora tenha o mesmo nome*", seria "*por princípio não da mesma espécie que o matizado*" (IFF 75).

"A partir dessas reflexões", conclui Husserl, "resultou a transcendência da coisa perante sua percepção e, além disso, perante toda consciência em geral que a ela se relacione" (IFF 76). Surge, assim, "uma diferença essencial [...] entre *ser como vivência* e *ser como coisa*" (IFF 76). Todas as coisas seriam "por princípio transcendências" (IFF 76). "À coisa como tal [...] pertence essencialmente e totalmente 'por princípio' a incapacidade de ser perceptível de forma imanente e, assim, encontrável, em geral, no complexo vivencial. A coisa, portanto, é denominada própria e simplesmente transcendente. Anuncia-se, assim, a diversidade por princípio dos modos de ser, a mais fundamental que existe, a saber, entre *consciência* e *realidade*" (IFF 77).

Husserl procura distinguir sua concepção da transcendência da coisa do conceito metafísico de coisa em si. Seria "um erro por princípio pensar que a percepção não alcançaria [...] a própria coisa" (IFF 78), que a coisa em si "não nos seria dada em seu ser-em-si", enquanto, porém, "pertenceria a todo ente a possibilidade por princípio de simplesmente intuir algo, tal como existe, e percebê-lo especialmente em uma adequada percepção, que ofereceria o si-mesmo corpóreo *sem qualquer mediação por 'fenômenos'*" (IFF 78). O contrassenso dessa perspectiva reside em que ela esqueceria a diferença essencial entre transcendente e imanente através da crença de que a coisa em si poderia ser uma vivência para a postulada intuição divina. Aquela teoria seria possível apenas pela suposição de uma consciência de imagem ou de signo, enquanto, porém, "a coisa espacial que vemos, [...] apesar de toda a sua transcendência, seria algo percebido, dado em sua *corporeidade* conforme a consciência, [...] e *não* nos seria dado, em vez dela, uma imagem ou signo" (IFF 79). "A percepção da coisa // não" tornaria presente "um não presente, como se ela fosse uma lembrança ou fantasia; ela torna presente, ela apreende um si-mesmo em seu presente corpóreo" (IFF 79). A relação entre o matizado e a matização condiciona, segundo Husserl, certa *inadequação* da percepção de coisa. "Uma 'coisa'" seria "necessariamente dada no mero '*modo fenomênico*'; necessariamente um *núcleo do 'efetivamente apresentado'* seria circundado, conforme a apreensão, por um *horizonte de 'dados adjacentes' impróprios* e de uma *indeterminação* mais ou menos vaga" (IFF 80). "*Pertence à insuprimível essência da correlação entre coisa e percepção de coisa o fato de ela ser imperfeita dessa forma* in infinitum" (IFF 80). Enquanto na "essência da realidade dada através dos fenômenos" deve estar incluído "que nenhum deles oferece a coisa como o 'absoluto'", residiria na "essência da realidade imanente dada fornecer precisamente um absoluto, que de forma alguma poderia ser apresentado e matizado por partes" (IFF 82). A impossibilidade de uma percepção de coisa, "ainda que perfeita, oferecer um absoluto liga-se essencialmente ao fato de que cada experiência, por mais abrangente seja, deixa em aberto a possibilidade de que o que é dado, apesar da constante consciência de sua própria presença corpórea, *não* exista" (IFF 86). Husserl pensa poder exprimir isso em geral da seguinte forma: "*A existência da coisa nunca é exigida através de sua realidade dada*, mas sim, de certa forma, é sempre *contingente*" (IFF 76). O que existir [ou: estiver aí, *da sei*] no mundo das

coisas seria "por princípio *apenas uma realidade presumida* [...];
que, ao contrário, *eu mesmo*, para quem ela existe [ou: está aí,
da ist] (excetuando-se o que, 'de mim' conta como do mundo
das coisas), ou seja, que minha atualidade de vivência seja uma
realidade *absoluta*, é dado através de um incondicional, puro e
insuprimível pôr-se" (IFF 86). "*À tese do mundo, a qual é contingente, contrapõe-se* [...] *a tese* – '*necessária*', simplesmente indubitável – *de meu puro eu e de sua vida. Tudo o que é da coisa, corporeamente dado, pode também não existir; nenhuma vivência corporeamente dada pode também não existir*" (IFF 86). Daí se segue "que não se podem
conceber provas criadas a partir da observação da experiência
do mundo // que nos assegurassem com absoluta certeza da
existência do mundo" (IFF 87).

Para Husserl, o que é relativo à coisa é objeto da pesquisa
fenomenológica apenas em sua relação à consciência. "*O que as
coisas são*, as únicas coisas das quais podemos fazer afirmações,
discutir e nos decidirmos de forma racional sobre seu ser ou
não ser, ser-assim ou ser-diferente, estas *são coisas da experiência*"
(IFF 88). "Não nos enganemos pelo discurso sobre a transcendência da coisa perante a consciência ou sobre seu 'ser-em-
-si'. O autêntico conceito da transcendência da coisa, o qual
é a medida de toda afirmação racional sobre a transcendência,
não pode ser criado a partir de nenhum outro lugar a não ser
do próprio conteúdo essencial da percepção, isto é, dos complexos determinados em sua natureza, que denominamos de experiência comprovante" (IFF 89). "*Jamais um objeto existente em si
é tal que não seja em nada afetado pela consciência e pelo eu da consciência*"
(IFF 89). Em contrapartida, "*o ser da consciência seria necessariamente modificado por uma aniquilação do mundo das coisas, mas não afetado em sua própria existência*" (IFF 91). O "*ser imanente* [...]" seria,

"*sem dúvida, ser absoluto no sentido de que, por princípio,* nulla 're' indiget ad existendum [não precisa de outra coisa para existir]", e "*o mundo das res* [coisas] *transcendentes está integralmente referido à consciência, e na verdade a uma consciência não concebida logicamente, mas sim atual*" (IFF 92). "Entre consciência e realidade abre-se um verdadeiro abismo de sentido. Aqui, um ser apenas matizado, jamais a ser dado absolutamente, apenas contingente e relativo; lá, um ser necessário e absoluto, dado por princípio e não através de matização e fenômeno" (IFF 93). Assim, Husserl pensa ter legitimado a "*consciência pura em sua absoluta existência própria*" como "'*resíduo fenomenológico*'" (IFF 94); ao mesmo tempo, pensa ter respondido com isso à questão pelo que restaria após a radical consumação da *epoché*.

Dificilmente se pode objetar contra o fato de as análises de Husserl começarem pelo "mundo natural". A crítica // da imagem de mundo natural é, pelo menos segundo sua gênese, a primeira tarefa de toda teoria do conhecimento, embora o contraste entre mundo natural e "reduzido" não seja propriamente um resultado novo da fenomenologia husserliana. Submeter, porém, a imagem de mundo natural à crítica significa: examiná-la segundo a medida do que nos é indubitavelmente correto, investigar se ela é necessariamente exigida pelo complexo de nossas vivências. Como dissemos (cf. p.14ss. [do original alemão]), Husserl se volta contra a exigência da remissão de todo fundamento ao que encontramos imediatamente; apenas se abstrairmos o fato de ele procurar satisfazer essa exigência através da realização da própria exigência fenomenológica, sua objeção será compreendida corretamente como sendo contra a "explicação causal naturalista do funcionamento psíquico real" (TS 49). Também no sentido da pesquisa de Husserl deve-se exigir que a imagem de mundo natural se comprove, em última instância, no conhecido imediatamente, ou seja, em nossas vivências e seu complexo. O mundo natural é um mundo de *coisas*. Estas, porém, não nos são conhecidas imediatamente, mas apenas mediatamente: coisas não são vivências. Trazer à luz a disjunção entre o ser das coisas e o fenomênico é um dos principais propósitos da "consideração fenomenológica fundamental". A demanda de garantir ideias cientificamente fundamentadas, entretanto, só pode ser feita por tal disjunção quando a estrutura do ser das coisas for analisada com base no ser fenomênico. Essa análise só pode ser feita com sentido quando a existência do ser da coisa não for posto conjuntamente na descrição da vivência; caso contrário, o procedimento comete o erro lógico de uma *petitio principii* [petição de princípio], pois o ser da coisa é que deve ser legitimado. A objeção dessa *petitio* deve ser levantada contra Husserl. Nada se altera aí através da realização da *epoché* fenomenológica, como logo mais veremos. A epoché é "*certa suspensão do juízo, que se coaduna com a convicção da verdade inabalada e eventualmente inabalável, porque evidente*" (IFF 55). Pelo menos de um ponto de vista epistemológico, é indiferente se, no âmbito de tal suspensão do juízo ou meditação ingênua, // a existência do ser da coisa é também inserida na análise da consciência. As investigações a seguir deverão confirmar que, de fato, Husserl faz uma suposição inadmissível do ser das coisas.

A consciência, como tema da pesquisa fenomenológica, é tomada por Husserl "em um sentido exato e que se oferece imediatamente, que designamos da forma mais simples através do *cogito* cartesiano, o 'eu penso'. Sabe-se que ele foi compreendido de forma tão abrangente por Descartes de modo a abarcar todo 'eu percebo, eu me lembro, eu fantasio, eu julgo, sinto, desejo, quero', e assim toda e qualquer outra semelhante vivência do eu nas inumeráveis e fluidas figurações específicas" (IFF 61). As expressões *cogitatio* e "vivência da consciência em geral" são usadas por Husserl de forma sinônima. Podemos inicialmente desconsiderar que Husserl restringiu posteriormente o sentido do termo *cogito* a "atualidades" (IFF 63, cf. "Apresentação", 19ss.), pois: "Quando falamos do 'saber da vivência atual', exprimimos apenas com palavras diferentes o mesmo que queremos dizer quando falamos da *existência* atual dessa vivência (da parte atual da multiplicidade temporal). [...] Não há que se diferenciar, por exemplo, o saber do objeto atual imediatamente dado como uma parte específica da vivência *ao lado* deste objeto" (TS 61ss., cf. também 112). Mais à frente, mostraremos o que obriga Husserl a assumir essa distinção em meio à diferenciação entre *cogitationes* "atuais" e "inatuais". Por ora, devemos afirmar que Husserl emprega a expressão *cogitatio* de forma tão ampla quanto Descartes: como nome para "vivências da consciência em geral". As "vivências parciais reais da classe a", no sentido da *Sistemática transcendental*, são chamadas por Husserl de *cogitationes*.

Ao mesmo tempo, porém, todas as cogitationes *são chamadas de "vivências intencionais".* "Pertence universalmente à essência de todo *cogito* atual ser consciência de alguma coisa. Ao seu modo, porém, [...] a *cogitatio modificada*" – isto é, a vivência "inatual" – "*é consciência igualmente, e da mesma coisa* que a vivência não modificada correspondente. // A propriedade essencial universal da consciência, assim, permanece contida na modificação. Todas as vivências que possuem em comum essa propriedade essencial chamam-se também '*vivências intencionais*' (atos no sentido *mais amplo das Investigações lógicas*); na medida em que são consciência de alguma coisa, são ditas como *'relacionadas intencionalmente'* a essa alguma coisa" (IFF 64). Isso é contradito imediatamente pela passagem das *Ideias* que se segue a essa que citamos: "compreendemos como *vivências* no *sentido mais amplo* tudo aquilo que se encontra na corrente vivencial, portanto não apenas as vivências intencionais, as *cogitationes* atuais e potenciais, tomadas em sua plena concreção, mas sim tudo o que seja encontrado como momentos reais nesse fluxo e suas partes concretas" (IFF 65). Se Husserl dividiu as vivências em geral em *cogitationes* atuais e potenciais, mas subsumiu *todas as cogitationes* à designação "vivências intencionais", quais vivências, portanto, *não* devem ser "vivências intencionais"? Em todo caso, segundo Husserl, atribui-se intencionalidade aos componentes da impressão: "O problema que abrange toda a fenomenologia chama-se intencionalidade. Ele exprime precisamente a propriedade fundamental da consciência, e abrange todos os problemas fenomenológicos, até mesmo os hyléticos"[3] – os "materiais", portanto as sensações. – "Assim, a fenomenologia começa com problemas da intencionalidade" (IFF 303).

A ambiguidade da *cogitatio* como "vivência da consciência em geral" e como "vivência intencional" não é uma inexatidão efêmera da terminologia; ela se enraíza nas coisas. Husserl conhece *somente* vivências intencionais, *somente* consciência de alguma coisa; os conteúdos que possuem função simbólica, as "vivências parciais da classe α" no sentido da *Sistemática transcendental* (TS 64ss.), são de fato compreendidos por ele como "*um saber atual* de objetos que não são vivências atuais" (TS 64), mas as

---

3 Termo cunhado a partir de *hylé*, que significa "matéria" em grego. (N. T.)

"vivências parciais da classe a", no entanto, são compreendidas como *consciência de coisas*. Husserl se defende em vão da teoria das imagens e dos signos (cf. p.23ss. [do original alemão]): quando ele diz que "a percepção de coisa" não // torna presente "algo que não é atual como se ela fosse uma lembrança ou fantasia; ela torna presente um em-si em sua presença corpórea" (IFF 79), então se deve, ao contrário, notar que, na verdade, a consciência de uma coisa pressupõe sim (e necessariamente) "*lembrança*" – ou a hipótese da existência de algo com o caráter de coisa independente da consciência. Trata-se, de fato, de um princípio de tal transcendência da coisa em Husserl, e vale contra ele o que é dito na *Sistemática transcendental* contra Franz Brentano: "Sobretudo a dificilmente superável tendência de *coisificar*[4] *imediatamente* todos os objetos conduziu à [...] falsa pressuposição" de que mesmo para os conteúdos imediatamente dados precisariam ainda ser fornecidos "atos" do "vivenciar" ou do "observar" ao lado daqueles conteúdos. "Para o conhecimento de todos os objetos com caráter de coisa, é de fato sempre necessária uma vivência mediadora, pois tais objetos [...] apenas podem ser dados mediatamente, segundo sua natureza" (TS 90ss.).

A suposição de um ser com caráter de coisa oculta-se na obscuridade do *conceito* husserliano *de percepção*. Em nenhum momento das *Ideias* é dito se "percepção" designa "componentes da impressão" ou "componentes da representação" de nossas

---

4 Embora a tradução mais usual para o verbo *verdinglichen* e seu substantivo, *Verdinglichung*, sejam "reificar" e "reificação", Adorno frequentemente emprega tais palavras em associação com *Ding* (coisa) e *dinglich* (coisal), de modo que preferimos usar "coisificar" e "coisificação", que são vocábulos já dicionarizados em português. (N. T.)

Theodor W. Adorno

vivências; a determinação da "percepção imanente", em cujo caso *"percepção e percebido devem formar essencialmente uma unidade imediata"* (IFF 68), parece referida a componentes da impressão, tal como o princípio de significado bastante obscuro de que "um percebido poderia muito bem ser ele próprio uma vivência da consciência" (IFF 62); só que, no caso de tal "percepção imanente", a cisão entre percepção e percebido é realizada, em geral, de forma supérflua e até mesmo falsa, uma vez que o *existir* e o *ser observado* de um imediatamente dado são o mesmo. Além disso, aqueles princípios permanecem, entretanto, em flagrante contradição com outras passagens das *Ideias*. *"Por princípio, a matização"* – isto é, a percepção – *"não é do mesmo gênero que o matizado"* (isto é, o percebido) (IFF 75). Isso talvez pudesse ser dito com algum direito dos "componentes da representação", // mas Husserl não poderia de forma alguma dizer isso de forma universal de "percepções", às quais ele, no entanto, inclui também os componentes da impressão. Se Husserl tivesse realizado de forma consequente a diferenciação entre percepção imanente e transcendente, ele se defrontaria com a fusão das últimas com as primeiras e teria de se decidir por separar claramente os "componentes da impressão" dos "componentes da representação". Em vez disso, porém, ele coordena percepção imanente e transcendente como fontes igualmente autônomas do conhecimento. Por isso, ele torna erroneamente *imediata* a realidade dada das *coisas*, que, também segundo sua concepção (uma vez acolhida a questionável ampliação do conceito de percepção), apenas podem ser dadas em percepção *transcendente*, portanto em partes vivenciais da classe α. Na observação das análises de exemplos por Husserl isso se torna cristalino.

Primeiros escritos filosóficos

O "ver e o tocar perceptivos" de um papel à minha frente deve ser "a total vivência *do* papel que aqui está" (IFF 61, cf. p.20 [do original alemão]). O que, porém, significa o "perceber" aqui? Nada mais do que um "re-conhecer[5] da segunda categoria": "A impressão atual é re-conhecida como parte constitutiva *de uma espécie já conhecida de sucessivos complexos*, nos quais *outros* conteúdos determinados se seguiram a conteúdos semelhantes a tal impressão no sentido da primeira categoria" (TS 106), ou seja, independentemente da posição de objetos anteriores na conexão de complexos mais amplos. O re-conhecer, porém, como "fato do conhecimento da semelhança de um conteúdo com um dado anterior" (TS 94), é ao mesmo tempo *o saber de um dado anterior*; dito de forma universal: "toda a impressão de qualidade conhecida é [...] *ao mesmo tempo uma vivência de lembrança*" (TS 95). O significado da "função simbólica" para a consciência de coisas é totalmente desconsiderado por Husserl. Se a levarmos em conta, a cisão entre *cogitatio* e *cogitatum* adquire imediatamente um sentido claro: ela se transforma na cisão entre o ser-dado imediato e mediado. *Cogitata* podem ser, assim, tanto objetos "universais" – ou seja, aqueles que // "não se inserem em um determinado lugar na ordem temporal" (TS 139) – quanto conteúdos "individuais" – que são "sem-

---

5 Em alemão, há duas palavras que podem ser perfeitamente traduzidas por "reconhecer": *anerkennen* e *wiedererkennen*. A primeira tem o sentido de conceder valor a algo, tal como se diz: "reconhecer o mérito de alguém"; a segunda, que ocorre nesta frase do texto, tem o sentido de perceber semelhança ou correlação de alguma coisa com outra, quando se diz: "reconheceu um amigo de infância". Como as duas palavras ocorrem ao longo dos textos, optamos por traduzir *wiedererkennen* por "re-conhecer" (e seus correlatos, como "re-conhecimento"), para demarcar mais claramente a diferença. (N. T.)

pre dados com alguma determinação temporal, em uma *relação temporal do antes e depois* para com outros determinados conteúdos individuais" (TS 139) –, objetos "*ideais*" e "*reais*" (TS 140). O conceito da "*cogitatio*" deverá ser restringido legitimamente a partes de vivências com função simbólica. Se relacionarmos, porém, como faz Husserl, "percepção" a "percebido", sem compreendermos essa relação como saber de *vivências anteriores*, então compreendemos erroneamente essa relação como saber de *coisas transcendentes*, as quais, no entanto, deveriam ser desligadas precisamente através da *epoché*. A diferenciação de Husserl entre a "subsistência real da percepção" e seu "objeto transcendente" (IFF 73ss., cf. p.22 [do original alemão]) permite salientar de modo evidente a suposição de uma transcendência da coisa. Se eu "vejo continuamente essa mesa", circulo ao seu redor etc. e tenho "continuamente a consciência da existência corpórea dessa mesma mesa" – de onde mais deve provir essa consciência além do complexo comprovante do decurso de minha consciência pessoal? Husserl, porém, despreza tal comprovação como pertencente "à mera *constituição psicológica*" (LU[6] II, I, 208) do objeto, mas precisa recorrer a essa mesma "constituição psicológica" no momento seguinte, uma vez que, a fim de esclarecer a identidade da coisa mesa, vê-se obrigado a introduzir a "consciência sintética, que conecta a nova percepção" – a nova impressão – "com a lembrança" (IFF 74). Logo depois, entretanto, ele abandona esse método: "A coisa percebida pode existir sem ser percebida e também sem nem sequer ser potencialmente consciente [...]; e ela pode existir sem se alterar. A própria percepção, entretanto,

---

6 *Logische Untersuchungen.*

é o que ela é, em constante fluxo da consciência e ela mesma é um fluxo constante: continuamente o agora-da-percepção se transforma na respectiva consciência do-que-acabou-de-ocorrer, e ao mesmo tempo surge um novo agora etc." (IFF 74). No entanto: quem entende o complexo da consciência pessoal como um "vir à luz" pontual de um agora isolado // e sempre novo, precisa procurar a "coisa percebida, que pode existir sem ser percebida", além dessa consciência pontual.

Assim se alcança o último motivo que força Husserl à suposição da transcendência da coisa: os restos de uma psicologia atomística (psicologia no sentido do método para estabelecimento de complexos de leis ideais, segundo o qual a fenomenologia de Husserl também deveria ser chamada de psicologia) são o que torna impossível a constituição da coisa em si como constituição do nexo conforme a lei dos fenômenos. "Quando uma pluralidade de impressões é re-conhecida como totalidade, esse re-conhecimento da totalidade não deve ser deduzido de um re-conhecimento de seus *componentes individuais*. Em toda a pluralidade são dadas qualidades não atribuíveis a cada uma das partes da pluralidade" (TS 95). Essas "qualidades de forma [*Gestaltqualitäten*]" possuem um significado fundamental para a realidade da "expectativa" (TS 106, cf. p.30 [do original alemão]): as qualidades de forma, através das quais a pluralidade das partes é caracterizada como pertencente ao complexo de uma consciência pessoal, delineiam precisamente os "*sucessivos complexos conhecidos previamente*", nos quais a conteúdos semelhantes, segundo o sentido da primeira categoria, seguiram-se ainda outros. Se negligenciarmos essas qualidades de forma, então a expectativa do surgimento de conteúdos determinados como uma realidade conforme a leis transforma-se em milagre, e, para explicar aquela expectativa, precisa-se hipostasiar um correlato transcendente das impressões, que, em seu isolamento, jamais poderiam promover um determinado complexo de expectativa.[7]

33 // Como fruto da psicologia atomística, concebe-se também – diga-se de passagem – a distinção de Husserl entre atos "atuais" e "potenciais", entre vivências "observadas" e "não observadas". Apenas o mediatamente dado pode ser "não observado"; como, porém, para Husserl, apenas conteúdos parciais diferenciados podem ser mediatamente dados, mas não complexos, então ele pressupõe de modo errôneo o não ser observado do imediatamente dado – quando se trata de um saber de complexos através de qualidades de forma, sem que as partes sejam diferentes.

---

[7] Parcelas constitutivas [*Bestandstücke*] atomísticas não são de forma alguma infrequentes em Husserl, embora não se tornem tão funestas em outras passagens nas *Ideias* quanto na que citamos; como exemplo, citemos ainda a seguinte passagem: "Podemos, em uma afirmação reflexiva adequada, atentar para o modo de se dar conforme a consciência das vias de vivência pertencentes a diversas sessões da duração da vivência, e dizer, assim, que a consciência inteira, que constitui essa unidade temporal, compõe-se continuamente de sessões, nas quais se constituem as sessões vivenciais da duração" (IFF 245). Assim, as "sessões" seriam o elemento primário. Ou, em relação à "percepção
33 da coisa": // "[...] a rigor, elas possuem em sua concreção apenas *uma fase*, mas também sempre continuamente fluida e *absolutamente originária*, o momento do *agora vivo*" (IFF 149ss.). – Em contraste, lemos em outra passagem: "De nossas observações podemos também deduzir o princípio de que *nenhuma vivência concreta, considerada em sentido pleno*, pode valer *como autônoma*. Cada uma é 'carente de complemento' relativo a um complexo que, segundo sua espécie e forma, não é arbitrário, mas determinado" (IFF 167). Husserl não extraiu dessa concepção as consequências teóricas para o conceito de coisa.

Das observações anteriores, segue-se em primeiro lugar uma crítica da doutrina husserliana da *matização* e do *matizado*. Se essa distinção fosse compreendida como entre objetos "reais" – "que em qualquer tempo sempre devem ser pensados como imediatamente dados" – e objetos "ideais" – "que apenas podem ser dados mediatamente" (TS 140) –, então seria totalmente legítima a afirmação de que "*a matização* [...], *por princípio, não é do mesmo gênero do matizado*" (IFF 75). Entretanto, a distinção de Husserl não se dá apenas nesse sentido claro, pois, uma vez que, segundo ele, os momentos objetivos incidem "*na percepção com o caráter do que se dá de forma corpórea*" (IFF 74ss.), eles devem ser, porém, imediatamente dados – *na* percepção, da qual eles são ao mesmo tempo distintos. O contrassenso é evidente, e foi produzido pela tentativa desesperançada de legitimar a transcendência pressuposta do coisal no fenomênico. As coisas são tão pouco transcendências quanto vivências. São leis para as vivências, constituídas unicamente pelo complexo de nossa consciência pessoal.

Se Husserl foi levado em sua teoria da matização a compreender erroneamente o que é relativo à coisa como vivência, então a disjunção entre ser como // vivência e ser como realidade – que está conectada a ela – constrange-o a expulsar novamente o que é relativo à coisa do âmbito do complexo vivencial. A obscura transcendência do coisal perante sua percepção transforma-se em transcendência dogmática da coisa perante a consciência. "À coisa como tal, a toda realidade em um sentido autêntico [...], pertence por essência e completamente 'por princípio' a incapacidade de ser perceptível de forma imanente e de ser dado previamente em geral no complexo de vivências" (IFF 67, cf. p.23 [do original alemão]). Perceptível imanentemente? Decerto, coisas não são vivências (IFF 67ss.). Segue-se efetivamente daí, porém, que elas não são "dadas em geral no complexo de vivência"? De forma alguma. Basta ter presente de forma clara o conceito de coisa criticamente purificado. Coisas não são vivências isoladas, mas sim relações *entre* vivências — leis para seu decurso. Como tais, porém, elas são de forma plena e em sentido estrito imanentes ao complexo da consciência. O discurso da "transcendência pura e simples" da coisa é, assim, interditado, tanto quanto o da "diferenciação por princípio dos modos de ser", da "mais fundamental que existe", aquela "entre consciência e realidade" (IFF 67). Que mais pode aspirar à designação "realidade" se não nossas vivências? De que outra realidade saberíamos?

Ao mesmo tempo, corrige-se o discurso da indubitabilidade da percepção imanente e dubitabilidade da percepção transcendente (IFF 180ss., cf. p.24 [do original alemão]). Concedemos de bom grado a Husserl que "uma coisa seja dada necessariamente em meros modos fenomênicos", e também de maneira "inadequada". A diferenciação entre "forma da coisa" e "forma do fenômeno" (TS 199) na *Sistemática transcendental* tem o mesmo objetivo, e a "existência objetiva" da "lei real que existe independente do eventual surgimento dos fenômenos inerentes a ela ou que caem sob ela" (TS 196) designa explicitamente a relação entre coisa e fenômeno. Entretanto, apesar de nenhum fenômeno "fornecer a coisa como um 'absoluto'" (IFF 82), não estamos autorizados a dizer que "*a existência da coisa* [...] *nunca é exigida como necessária // através da realidade dada*, mas é sempre de certa forma *contingente*" (IFF 86). Contra a tese husserliana, vale rigorosamente que: *na medida, e apenas na medida em que se pode comprovar como exigida pelas realidades dadas, a realidade da coisa se afirma*. Todos os nossos juízos individuais sobre coisas podem ser falsos, isto é, podem ser contraditos pelo complexo de nossas vivências. Com isso, porém, o âmbito das coisas não se submete *toto genere* [em sua totalidade] à *dubitatio*, mas sim permanece durante esse tempo como legítimo, tal como estabelecem nossas concepções no sentido da primeira e da segunda categoria. Este, no entanto, é um fato *transcendental* no sentido kantiano, que necessariamente tem de ocorrer sempre em todos momentos (cf. TS 107ss.). Apenas uma teoria que parte do ser da coisa como *transcendente* pode duvidar desse ser como tal.

Além disso, corrigimos a tese metafísica da "contingência do mundo" (IFF 86ss., cf. p.25 [do original alemão]). Pode-se querer, no entanto, denominar "acaso" o fato de que tenhamos, em geral, vivências, embora com isso se diga pouco mais do que nada, pois simplesmente não se pode imaginar um complexo de consciência que não se referisse a vivências. Quando, porém, vivências nos são dadas, logo a existência de coisas não é contingente, mas exigida pelo complexo das vivências. A frase de Husserl: "*Todo coisal corporeamente dado pode também não existir; nenhuma vivência corporeamente dada pode também não existir*" (IFF 86) é também falsa; abstraindo o fato de que – como dissemos – o coisal em geral não pode ser "corporeamente" dado, e também do fato de que, ao contrário, todas as nossas vivências têm de nos ser dadas, em algum momento "corporeamente", isto é, imediatamente; abstraindo essas imprecisões, a frase de Husserl se equivoca diante do fato de que sempre e em todo lugar tem de existir um ser coisal onde o complexo das vivências o exige. Assim, nem da "contingência" do mundo se pode falar. Nenhuma experiência futura pode contradizer o que é "condição de possibilidade da experiência" (KdrV[8] 172). Uma tal condição transcendental, no entanto, é a de que "apreendemos — *temos* de apreender — o que se move no fenômeno flutuante" (TS 198). O coisal é tão pouco duvidoso quanto // contingente. O fato de sempre e em toda parte termos de emitir juízos sobre coisas corrige, por fim, a antítese de Husserl: *"O ser imanente é indubitavelmente ser absoluto no sentido de que, por princípio*, nulla 're' indiget ad existendum. *Por outro lado, o mundo das* 'res' *transcendentes está integralmente referido à consciência, e na verdade não a uma consciência concebida logicamente, mas sim atual"* (IFF 92). As "*res*" não são objetos transcendentes, mas se constituem com base nas condições transcendentais da experiência; por isso a consciência precisa tanto das "*res*" quanto as "*res*" da consciência. O "abismo do sentido" entre a "consciência" e "realidade" é apenas um mero engodo. O âmbito de pesquisa da fenomenologia não é uma "consciência pura 'contraposta' à realidade": ela realiza sua tarefa na descrição das leis do complexo de nossa experiência.

II. A transcendência do noema

O contraste entre "consciência" e "realidade" é o motivo central da teoria do conhecimento de Husserl. Uma vez que ele acredita que a "*res*" necessariamente está relacionada à consciência, mas não a consciência à "*res*", ele é forçado a procurar na própria consciência o fundamento daquela "diferença mais fundamental dos modos de ser", enquanto, porém, uma análise no âmbito do complexo da consciência pessoal necessaria-

---

8 *Kritik der reinen Vernunft.* (N. T.)

Primeiros escritos filosóficos

mente demonstra a nulidade daquela diferença. A suposição da transcendência da coisa coloca Husserl diante do problema insolúvel, por princípio, de uma teoria do conhecimento orientada a transcendências, um problema que se revela de imediato como um *pseudoproblema*, quando se descobre que coisas nada mais são do que regras para fenômenos. Uma teoria do conhecimento, no entanto, que desconhece isso cai em contradições sempre maiores; ela pensa eliminar a coisa em si naturalista, mas não pode alcançar o conceito da "coisa em si imanente" – o conceito da reconhecida legalidade dos fenômenos –; // ela deve admitir que as coisas não são dadas imediatamente, mas não ousa conceber as coisas como dadas mediatamente. No conceito de *noema* e sua problemática, torna-se claro o quanto a equivocada teoria da coisa de Husserl domina sua teoria do conhecimento.

Falamos anteriormente que, para Husserl, *toda* consciência é "consciência *de* alguma coisa" (cf. p.20, e a crítica p.27ss. [ambas as referências do original alemão]); e esta "consciência de alguma coisa" é entendida por ele não no sentido de que sempre e em todos os momentos vivências parciais da classe a e da classe α sejam diferenciadas, mas sim que *todas* as vivências parciais sejam subsumidas à classe α; em outras palavras, que aos *componentes da impressão* se deva atribuir função simbólica, que então só pode ser admitida para transcendências de coisa. Essa relação é explicitamente delineada como não naturalista, devendo ocorrer no âmbito da *epoché*, e também subsistir para a consciência reduzida, purificada das transcendências de coisa. O tema da fenomenologia deve ser a "consciência de alguma coisa", tal como se apresenta ao estudo após a realização da *epoché*. "*O desligamento tem* [...] *o caráter de uma alteração de* sinal reavaliativa, e através desta o que é reavaliado é reinserido na esfera fenomenológica. Dito de forma figurada: o que é colocado entre parênteses não é eliminado da tábua fenomenológica, mas sim apenas colocado entre parênteses e, desse modo, adquire um índice, com o qual se insere no tema principal da pesquisa" (IFF 142). Assim, já se explicita o absurdo postulado de uma "teoria do conhecimento de transcendências"; Husserl formula-o claramente na seguinte frase: "Todo transcendente, na medida em que se torna uma realidade dada conforme a consciência, é objeto da investigação fenomenológica, não apenas pelo lado da *consciência dele* (por exemplo: os diversos modos de consciência em que chega a ser uma realidade dada como sendo o mesmo), mas também – embora entrelaçado com o anterior de forma essencial – como o que é dado e acolhido nas realidades dadas" (IFF 142).

A diferença entre os "modos de consciência nos quais o transcendente chega a ser uma realidade dada" e as próprias // "realidades dadas transcendentes" torna-se o cânone da teoria do conhecimento de Husserl. A ele se liga o discurso do que está implicado "real e intencionalmente" (IFF 145) nas vivências, sem ser, porém, determinado imediatamente de modo claro. A "intencionalidade" não é atribuída de forma rigorosa às vivências com "função simbólica": "a intencionalidade é aquilo que caracteriza a *consciência* no sentido exato do termo e que legitima, ao mesmo tempo, designar toda a corrente de vivências como sendo a de consciência e como unidade *de uma* consciência" (IFF 168). Em uma terminologia hesitante, profundamente caracterizadora da incerteza do próprio objeto, Husserl restringiu em seguida o conceito de intencionalidade, que, porém, segundo a p.64 das *Ideias* e a última passagem citada, deve ser atribuído a *todas* as *cogitationes*; seria preciso "diferenciar por princípio: 1. todas as vivências designadas nas *Investigações lógicas* como 'conteúdos primários'; 2. as vivências, isto é, os momentos vivenciais, que comportam o específico da intencionalidade. Às primeiras pertencem certas [...] vivências *'sensíveis'*, *'conteúdos de sensação'''* (IFF 171ss.). Husserl deixa aqui em aberto se "tais vivências sensíveis comportam, na corrente vivencial, em todos os lugares e necessariamente alguma 'apreensão vivificante' [...], ou, como também dizemos, se elas permanecem sempre em *função intencional*" (IFF 172). "Em todo caso, essa notável duplicidade e unidade de *hylé* ["matéria"] *sensível* e *morphé* ["forma" física] *intencional*" (IFF 172) desempenha um papel predominante em todo o âmbito fenomenológico. O que, porém, "forma as matérias em vivências intencionais e fornece o específico da intencionalidade é precisamente o mesmo que dá ao discurso da consciência o sentido específico dela" (aqui deveria ser "dele"):[9] "de acordo com aquilo para o que precisamente a consciência *eo ipso* aponta, aquilo de que ela é consciência" (IFF 174). Uma vez que "falar dos momentos de consciência, estados de consciência e todas as formações semelhantes e igualmente falar de momentos intencionais é totalmente inútil devido a múltiplos [...] equívocos, introduzimos o termo *momento noético* ou, de forma abreviada, *noese*" (IFF 174). "*A corrente do ser fenomenológico tem uma camada material e uma noética*" (IFF 175). Os maiores problemas da // fenomenologia são, segundo Husserl, os *"problemas funcionais*, isto é, da 'constituição das objetalidades da consciência'" (IFF 176). "De forma universal mais abrangente, trata-se

---

9 Essa observação entre parênteses é do próprio Adorno. (N. T.)

de investigar como unidades objetivas de cada região e categoria 'constituem-se conforme a consciência'" (IFF 177).

A distinção mais geral e fundamental, porém, com que nos defrontamos "concernente à intencionalidade", é a que se dá "entre os *componentes propriamente ditos* das vivências intencionais e seus *correlatos intencionais*, ou seja, seus componentes" (IFF 181). "Por um lado, temos de [...] distinguir as partes e momentos que encontramos através de uma *análise real* da vivência, de modo que tratamos da vivência como o objeto tal como qualquer outro, questionando suas parcelas ou momentos não independentes, que o constroem de forma real. Por outro lado, no entanto, a vivência intencional é a consciência de alguma coisa [...]; e assim podemos perguntar pelo que se deva dizer, de modo essencial, segundo o lado deste 'de alguma coisa'" (IFF 181). "Toda vivência intencional, em função de seu momento noético, é propriamente noética; é sua essência abrigar em si algo como um 'sentido' e eventualmente um sentido múltiplo, produzir outras realizações com base nessas doações de sentido e em concordância com elas, tornando-se 'com sentido' precisamente através delas" (IFF 181). "No entanto, por mais que essa série de momentos exemplares" – os noéticos – "refira-se a componentes reais das vivências, também aponta a momentos *não reais*, propriamente através do elemento 'sentido'. Aos múltiplos dados do conteúdo real, noético, corresponde sempre uma multiplicidade [...] de dados demonstráveis em um correlativo '*conteúdo noemático*', ou, dito de forma resumida, o '*noema*'" (IFF 181ss.). "A percepção, por exemplo, tem seu noema; tem no ponto mais baixo seu sentido perceptivo, ou seja, o *percebido como tal*. De igual forma, cada recordação tem seu *recordado como tal* precisamente como seu noema, como está em seu 'visado' [*Gemeintes*], 'consciente' [...]. O correlato noemático deve ser sempre [...] tomado *exatamente tal* como reside 'de forma imanente' na vivência da percepção, isto é, tal como, *quando questionamos puramente essa própria vivência*, ele nos é oferecido" (IFF 182).

// Isso deve "tornar-se totalmente claro através da análise de um exemplo" (IFF 182).

"Suponhamos que, em um jardim, dirigimos nosso olhar a uma macieira em flor, ao verde fresquinho do gramado etc. É óbvio que a percepção [...] não é simultaneamente o percebido [...]. Na atitude natural, a macieira é um existente [*Daseinendes*] na realidade espacial transcendente, e a percepção [...], um estado psíquico pertencente a nós, seres humanos reais. Entre um real e outro: o ser humano real, isto é, a percepção real, e a macieira real subsistem relações reais [...]. Agora passemos à atitude fenomenológica. O mundo transcendente mantém-se entre 'parênteses', praticamos uma *epoché* em relação ao seu ser-efetivo. Questionamos agora sobre o que se encontra no complexo de vivências noéticas da percepção. Juntamente com todo o mundo físico e psíquico, a subsistência efetiva das relações reais entre percepção e percebido também é desligada; e, no entanto, restou, evidentemente, uma relação entre percepção e percebido [...], uma relação que chega a ser realidade dada essencial em 'pura imanência', ou seja, puramente com base na vivência de percepção fenomenologicamente reduzida, tal como ela se subsume à corrente vivencial [...]. A vivência perceptiva fenomenologicamente reduzida é percepção '*desta macieira em flor, neste jardim etc.*' [...]. A árvore não perdeu a menor nuance de todos os momentos, qualidades, características *com as quais ela apareceu nesta percepção*" (IFF 182ss.). Como

resultado de sua análise, Husserl anuncia a tese: "Em nossa atitude fenomenológica, podemos e devemos levantar a questão essencial: *o que é 'o percebido como tal' que abriga em si mesmo momentos essenciais, enquanto noema de percepção?"* (IFF 183).
Segundo Husserl, a coisa na natureza é fundamentalmente diversa da coisa reduzida. "A *árvore pura e simplesmente*, a coisa na natureza, é nada menos do que essa *árvore percebida como tal*, que, como sentido da percepção pertence a ela, e // de modo inseparável. A árvore pura e simplesmente pode queimar, dissolver-se em seus elementos químicos etc. O sentido, porém – o sentido *dessa* percepção, algo que pertence necessariamente à sua essência –, não pode queimar, não possui nenhum elemento químico, nenhuma força, nenhuma propriedade real" (IFF 184). O noema deve ser tão pouco confundido com a coisa pura e simplesmente, quanto não deve ser pensado como incluído de modo real [*reell*][10] na vivência intencional. Se tentássemos inserir de forma real [*reell*] o objeto reduzido na vivência como objeto "imanente" da percepção, cairíamos "na dificuldade" de que agora deveriam subsistir duas realidades contrapostas uma à outra, enquanto, porém, somente uma é possível e encontrável. "Percebo a coisa, o objeto natural, a árvore lá no jardim; isso e nada mais é o objeto efetivo da 'intenção' perceptiva. Uma segunda árvore imanente ou também uma 'imagem interna' da árvore efetiva, que permanece lá fora diante de mim, no entanto, não é dada de forma alguma, e supor algo

---

10 Na fenomenologia de Husserl, distinguem-se dois conceitos: "real" e "reell", para os quais não há duas palavras equivalentes em português, e cuja diferença teórica se dá no interior da qualificação de "real". Nos casos em que "real" corresponder à tradução de *reell*, colocaremos o termo original entre colchetes. (N. T.)

semelhante hipoteticamente conduz apenas a absurdos" (IFF 186). Husserl já havia refutado a suposição de uma consciência da imagem (IFF 78ss., cf. p.23ss. [do original alemão]). "Diante de tais equívocos", deveríamos nos "ater ao dado na pura vivência e tomá-lo precisamente no marco da clareza com que ele se dá" (187). Assim, "reside precisamente na percepção também o fato de ela possuir seu sentido noemático, seu 'percebido como tal', 'essa árvore em flor lá no espaço' [...], precisamente o *correlato* pertencente à essência da percepção fenomenologicamente reduzida. Dito de forma figurada: o 'colocar entre parênteses' que a percepção experimentou impede todo juízo sobre a realidade percebida (isto é, todo aquele que se funda na percepção não modificada, portanto que acolhe em si sua tese); não impede, porém, nenhum juízo sobre o fato de a percepção ser consciência *de* uma realidade efetiva (cuja tese, entretanto, não deve ser 'realizada' conjuntamente); nem impede nenhuma descrição dessa 'realidade como tal' que aparece conforme a percepção" (187ss.).

Para Husserl, de tudo isso se segue que, "com certeza, à essência da vivência perceptiva em si mesma pertence a 'árvore percebida // como tal', isto é, o noema pleno, que não é afetado pelo desligamento da realidade efetiva da própria árvore e de todo o mundo; mas se segue, por outro lado, que esse noema com sua 'árvore' entre aspas está *tão pouco contido de forma real [reell] na percepção quanto a árvore da realidade*" (202). Assim, a investigação volta ao que foi dito anteriormente: "a cor do tronco da árvore, consciente de forma pura como conforme à percepção, é exatamente 'a mesma' que aquela que tomamos, antes da redução fenomenológica, como a da árvore efetivamente real [...]. Ora, *essa* cor, colocada entre parênteses, pertence ao noema. Como parte constitutiva real [*reell*], porém, não pertence à experiência perceptiva, embora também encontremos nela 'algo como uma cor': a saber, a 'cor como sensação', ou momento hylético da vivência concreta, no qual se 'matiza' a cor noemática, isto é, 'objetiva'" (IFF 202, cf. Id. 73 e p.22ss. e 33 [do original alemão]). "Ao realizar a redução fenomenológica, alcançamos até mesmo a compreensão essencial geral de que o objeto árvore em uma percepção *em geral* apenas pode aparecer, *objetivamente*, tão mais determinado quanto ele aparece nela, se se tratar de momentos hyléticos e não de outros" (IFF 203).

"A partir disso tudo, é também indubitável que aqui 'unidade' e 'multiplicidade' pertencem a *dimensões totalmente diferentes*, e na verdade *todo elemento hylético* pertence à vivência concreta como parte constitutiva real [*reell*], enquanto o múltiplo que se 'apresenta', que se 'matiza' nele pertence ao *noema*" (IFF 203). E ainda: "não apenas os momentos hyléticos (as cores, sons etc. como sensação), mas também as apreensões que os vivificam" – noeses –, "portanto *ambos conjuntamente*: também o *aparecer* das cores, dos sons e de qualquer qualidade do objeto – pertence ao componente 'real' [*reell*] da vivência" (IFF 203ss.).

Husserl resume da seguinte forma: "a caracterização da redução fenomenológica e, igualmente, da pura esfera da vivência como 'transcendentais' fundamenta-se no fato de que encontramos nessa redução uma esfera absoluta de matérias e formas noéticas, a cujo entrelaçamento especificamente determinado *segundo uma necessidade essencial imanente* pertence este maravilhoso ter-consciência // de algo determinado ou determinável, dado de uma forma ou outra, que é, para a consciência mesma, algo contraposto, um outro por princípio, um irreal, transcendente, e que aqui é a fonte originária para a solução unicamente pensável para o problema cognitivo mais profundo, vinculado objetivamente à essência e à possibilidade de um conhecimento válido do transcendente. A redução 'transcendental' pratica a *epoché* relativamente à realidade efetiva: mas àquilo que ela mantém desta última pertencem os noemas com a unidade noemática que reside neles mesmos, e assim também o modo como o que é real se dá precisamente de forma consciente e especial na consciência" (IFF 204). – Em conexão com isso, Husserl exige distintas *doutrinas de formas* para noeses e noemas, que ele aborda nas sessões seguintes das *Ideias*; essas doutrinas de formas não devem "relacionar-se reciprocamente como *imagens especulares* ou transformar-se uma na outra como se através de uma mera mudança de designação, substituindo, por exemplo, cada noema N por 'consciência de N'" (206). Isso "já deriva do que indicamos acima a respeito do copertencimento entre qualidades unitárias no *noema* de coisa e suas multiplicidades de matização hylética nas possíveis percepções de coisa" (206, cf. 201ss., p.41ss.).

A relação entre *cogitatio* e vivência intencional, a doutrina de que toda consciência é "consciência de alguma coisa", já foi discutida criticamente (cf. p.25ss. [do original alemão]). Trata-se agora de esclarecer o que essa doutrina significa especialmente no âmbito da *epoché* fenomenológica. Nossa questão é: se toda consciência é consciência *de alguma coisa*, mas se, ao mesmo tempo, nossa consideração é remetida à consciência depurada de todas as transcendências – de que é, então, a consciência? Nossa resposta tem de ser: na medida em que nossa consciência é consciência de alguma coisa, ela é consciência de objetos reais ou ideais dados mediatamente no sentido da *Sistemática transcendental*.

Husserl concede ocasionalmente que nem toda vivência seja intencional. Se toda vivência fosse intencional, então seria necessário distinguir, também nos meros componentes da impressão, // entre vivência e aquilo de que ela é a vivência; na quinta *Investigação lógica* do segundo volume, Husserl havia se voltado contra essa distinção através da identificação entre sensação e seu conteúdo. Com frequência, porém, ele é levado a transpor, sem mais, para tudo que é fenomênico, os fatos que ele havia constatado inicialmente no *âmbito do juízo*; a crença na onipotência da "lógica pura", da qual ainda falaremos, o conduz a isso. Em todo lugar, entretanto, onde ele passa ao fenomênico, em vez de partir deste, incorre no perigo de supor a transcendência da coisa.

Se o conceito de "vivência intencional" permanece reservado apenas às partes de vivência da classe α, então não há que se falar mais de uma transcendência do objeto intencional; e precisamente a exclusão de toda transcendência deveria ser favorecida também no sentido da *epoché*. A frase de Husserl: "Todo transcendente, na medida em que se torna uma realidade dada conforme a consciência, é objeto da investigação fenomenológica, não apenas pelo lado da *consciência dele* (por exemplo: os diversos modos de consciência em que chega a ser uma realidade dada como sendo o mesmo), mas também – embora entrelaçado com o anterior de forma essencial – como o que é dado e acolhido nas realidades dadas" (IFF 142) –, essa frase, como resultado provisório diante de tudo o que está por vir, necessita de várias correções. Por um lado, no marco da *epoché* não se deve falar de transcendências, mas sim de realidades dadas mediatas. A diferença, porém, entre "modos das realidades dadas" e "transcendências dadas" transforma-se, para nós, em diferença entre símbolo e simbolizado. Que o simbolizado mesmo não possa ser de forma alguma da natureza de uma coisa, mas pode ser também fenomênico, isso deve ser explicitamente afirmado. Tudo que é dado mediatamente, porém, deve ser concebido apenas do modo como chega a ser uma realidade dada: como objeto de uma análise epistemológica, portanto indissociável, por princípio, de seu modo de se dar. Com certeza esse dado é diferente de seu modo de se dar, como o simbolizado difere do símbolo. Sabemos dessa distinção, porém, apenas e tão somente através do dar-se imediato do símbolo. A exigência de que o correlato objetivo de uma vivência "seja *exatamente //* tomado, tal como reside de forma 'imanente' na vivência, isto é, tal como ele se nos oferece *quando questionamos puramente essa própria vivência*" (IFF 182), deve ser compreendida, portanto, de forma mais rigorosa do que o próprio Husserl a compreendia. A vivência nos indica não apenas como o dado nos é dado, mas seu próprio dar-se – na terminologia de Husserl o "que" [*das "Was"*][11] da realidade dada – é unicamente referido através da vivência com função simbólica. O fato de objetos darem-se mediatamente se explica apenas através da atuação recíproca dos fatores transcendentais de nossa consciência.

---

11 *das "Was"*, que corresponderia a *the "What"* em inglês, pode ser traduzido mais propriamente como *o "o que"*, uma vez que tanto em *was* quanto *what* incluem a ideia indicada pelo artigo definido em português, e não apenas a partícula "que". Como, porém, a redação fica por demais deselegante, optamos por manter apenas a tradução por *o "que"*, indicando entre colchetes o original. (N. T.)

A teoria de Husserl sobre *hylé*, noese e noema falha em relação a esse princípio. Designemos (contra isso não subsiste nenhuma dúvida) os momentos hyléticos como componentes das vivências da classe a, e os noéticos como tais, da classe α. Digamos em seguida que a vivência da percepção de uma macieira florida, como Husserl a descreve (IFF 132ss., cf. p.40 [do original alemão]), não é de forma alguma "simples" (aliás, o que significa exatamente "simples"?), mas sim já bastante complexa; digamos também que tal vivência contém componentes a e α necessariamente entrelaçados, tal como, em geral, nos fatos de nossa consciência os componentes a e α necessariamente estão entrelaçados e são separáveis apenas de forma abstrata, uma vez que a qualidade de forma [*Gestaltqualität*] ligada a *todo* conteúdo atual o coloca em relação a conteúdos anteriores. Husserl tem isso em mente também quando subordina os dados "hyléticos" ao problema da intencionalidade; sua psicologia atomística, porém, impede-o de visualizar claramente essa relação de forma abrangente, e, assim, ele atribui erroneamente função simbólica aos componentes a estabelecidos de modo abstrato. Nós afirmamos: na vivência atual, o saber de conteúdos anteriores é dado em conjunto. Vivências anteriores são recordadas e semelhanças com vivências anteriores são reconhecidas como membros de um complexo sucessivo, e no sentido desse re-conhecer espera-se o surgimento de novas vivências; o complexo de expectativa é designado linguisticamente, a expressão em um significado idêntico é estabelecida, e afirma-se que, sempre que um fenômeno incide sobre o conceito de um complexo de expectativas, há de se seguir o surgimento da vivência esperada.

46 // Tudo isso pertence *necessariamente* à percepção "dessa árvore", mas não, como Husserl pensa, como "mera constituição psico-

lógica" do objeto, e sim como sua justificação racional; isto é: falar "dessa árvore" é *sem sentido* quando não se fundamenta no complexo já delineado, e para isso não há nenhum fundamento a não ser esse complexo. O que, porém, Husserl designa como "noema" da vivência de percepção não é nada mais do que a lei individual que compreende nosso complexo de expectativa. O "objeto" de nossa vivência perceptiva é esse complexo de expectativa apenas na medida em que ele nos é simbolicamente dado em nossa vivência atual, mas não como uma transcendência a que nossa vivência atual estaria orientada como a algo independente da consciência, ou mesmo como uma transcendência que nos fosse partilhada de forma imediata, fenomênica, "corpórea". É assim, entretanto, que Husserl pretendeu compreender o noema. A relação entre uma realidade dada imediata e uma mediada transforma-se, para ele, no caso do "noema", diretamente em uma relação do ser imanente e transcendente. A independência da coisa – da lei – perante seu fenômeno transforma-se, para ele, em independência da coisa perante sua constituição conforme a consciência, a qual ele gostaria de relegar à psicologia empírica, sem reconhecer que nós, no caso da redução ao complexo da consciência, estamos remetidos precisamente a esse complexo e suas leis como fontes de legitimação do conhecimento. Quando Husserl exige que se deveria tomar "o correlato noemático" exatamente "tal como reside 'de forma imanente' na vivência da percepção" (132), ele parece estar bem próximo de nossa concepção. As divergências, entretanto, logo aparecem de forma crassa.

A separação entre a coisa não reduzida e reduzida, entre "árvore pura e simplesmente" e "árvore percebida como tal", tem seu fundamento último na suposição da transcendência da coisa, e o conceito de noema revela-se como uma tentativa insuficiente de lançar uma ponte entre um conceito-de-coisa-em-si flagrantemente naturalista e a consciência. Aqui também se pode aprender na análise de exemplos de Husserl // algo sobre a problemática de sua teoria. Ele diz: "A árvore pura e simplesmente pode queimar, dissolver-se em seus elementos químicos etc. O sentido, porém – o sentido *dessa* percepção, algo que pertence necessariamente à sua essência –, não pode queimar, não possui nenhum elemento químico, nenhuma força, nenhuma propriedade real" (IFF 184). Em relação a isso, pode-se inicialmente perguntar: o que é a "árvore pura e simplesmente"? Talvez a "causa desconhecida de seus fenômenos"? Então não se poderia falar dela legitimamente nas ciências. – Ou talvez a árvore de que se fala na "atitude natural"? Dela se pode sempre dizer que "poderia queimar". Se essa possibilidade, no entanto, for compreendida como *científica*, se ela recebe a forma: "é *verdade* que essa árvore pode queimar", então a "árvore pura e simplesmente" transforma-se, sem mais, na "árvore percebida como tal"; pois: onde mais a verdade daquela afirmação poderia legitimar-se, a não ser no complexo de nossa consciência pessoal? – Além disso: o que significa dizer que o "sentido de nossa percepção", a "árvore percebida como tal", o sentido dessa percepção seria "algo pertencente de forma necessária à sua essência? – O que significa dizer que seria *apenas* sentido "dessa percepção"? Como isso poderia concordar com o fato de que a árvore é consciente como algo *idêntico*, um fato que não pode certamente ser desconsiderado por uma descrição realizada puramente no marco de uma realidade dada, se ela pretende descrever *tudo* o que chega a se dar em uma vivência? – Por fim, entretanto – e isso é decisivo –, é propriamente *falso* dizer que a "árvore percebida como tal" não poderia queimar. O que não pode queimar é a *vivência* de percepção – do complexo de coisa que ela simboliza; porém, pode-se muito bem dizer que "pode queimar", ou seja, subordinar-se a um complexo de leis superior, e a este são atribuídas certamente determinadas propriedades. Quando Husserl contesta isso e pensa o sentido do discurso sobre o noema árvore como ligado ao surgimento factual de determinados fenômenos ("nessa percepção"), então ele não percebe, inicialmente, que "*a relação entre condição e condicionado* [...] *é apenas ideal*" (TS 150); // não percebe que apenas *quando* eu satisfaço as condições exigidas pela lei individual, os fenômenos esperados devem surgir; nisso se baseia precisamente a "existência objetiva" das coisas, sua "independência do fenômeno" no sentido da *Sistemática transcendental*. O juízo: "essa árvore não está queimada", porém, significa que, *depois* que eu satisfiz as condições predeterminadas pela lei individual em questão, os fenômenos esperados não surgiram. Se os fenômenos esperados não surgiram, logo precisamos tentar compreender o desvio da lei individual como caso de um complexo conforme a leis ou, como se diz usualmente, "explicá-lo por relações causais". Uma vez que também essa nova conformidade a leis tem de ser fundamentada exclusivamente no âmbito fenomênico, então podemos falar da modificação de uma coisa sem extrapolarmos um milímetro do complexo de nossa consciência pessoal. A "árvore percebida como tal" *pode*, portanto, "queimar", isto é, nossa coisa em si imanente pode modificar-se segundo a medida de um complexo conforme a leis superior. Contestar isso significa: ou confundir a coisa com seu fenômeno, ou compreender erroneamente de forma naturalista a expressão "queimar".

É fácil se deixar enganar pela formulação de que o "sentido" da percepção não pode queimar-se. Diante disso, deve--se ter claro o que "sentido" significa aqui. *Nós* entendemos como sentido o complexo *coisal* que a vivência atual nos proporciona simbolicamente: esse "sentido" pode "queimar", isto é, alterar-se no sentido indicado. Só não se deve acreditar que uma "imagem psíquica" naturalista poderia "consumir-se em chamas" de forma naturalista. A expressão verbal "queimar" também recebe, obviamente, seu significado de acordo com o complexo de consciência – Husserl, no entanto, parece pensar no que é *fenomênico* e, assim, diferenciar "sentido do ato" e "ato", de acordo com o procedimento de Brentano de diferenciar o dado imediatamente e o ato através do qual ele é dado. Esse sentido do ato, porém, não existe. Ele não pode, assim, // alterar-se. – Além disso, devemos nos precaver de um erro que surge facilmente da *expressão linguística*. Está claro que o "noema" ou também a "coisa em si imanente" não poderia "queimar-se", alterar-se. Confunde-se, porém, em tal hipótese, o conceito de "noema em geral" ou de "coisa em si imanente em geral" com os noemas, ou seja, coisas particulares que caem sob esse conceito. O *conceito* de coisa em si segue necessariamente das condições transcendentais de nossa consciência e é, como tal, inalterável. As coisas individuais, porém, que caem sob esse conceito de coisa em si podem perfeitamente se alterar. *Coisas individuais podem queimar-se*.

O que descobrimos na análise de exemplos de Husserl sobre a impropriedade da distinção entre coisa não reduzida e reduzida tem suas consequências epistemológicas de longo alcance. Se não se pode diferenciar "a coisa percebida como tal" e "a coisa pura e simplesmente", então que sentido existe em remeter ao conceito de noema a "coisa percebida como tal" e, de modo semelhante, o "recordado, sentido, ajuizado como tal"? Se tudo isso é compreendido através da categoria "noema", como podem separar-se, então, conteúdos reais mediatamente dados e conteúdos ideais mediatamente dados, tal como separar o que é fenomênico do que é coisal? E se o conceito de noema não abriga em si tal distinção, podemos tomá-lo como cânone do que Husserl considera a disjunção epistemológica fundamental? Tudo isso deverá ser examinado, e a crítica finalmente irá retroceder ao conceito da própria *epoché* fenomenológica, que abre espaço para conceitos tão duvidosos quanto o de transcendências noemáticas.

Husserl procura, através do contraste entre componentes da experiência "real" [*reell*] e "intencionais", fazer justiça à diferença entre o que é dado de forma mediata e imediata. Esse contraste, porém, é pouco feliz, e o é tanto menos quanto a obscuridade do termo "real" [*reell*] leva Husserl a atribuir a adversários teóricos concepções que eles não adotam. Husserl emprega a palavra "real" [*reell*] em oposição a "real" e introduz, desse modo, por assim dizer, // dois conceitos de realidade; isso é surpreendente, sobretudo porque ele, em sua luta contra a teoria das imagens e dos signos, voltou-se – com razão – contra a duplicidade do conceito de realidade. Na quinta investigação lógica do segundo volume, encontra-se uma observação excepcionalmente esclarecedora quanto à terminologia. Ela diz: "'real' soaria, ao lado de 'intencional', muito melhor" – do que 'real' [*reell*] –, "mas traria consigo de forma decisiva o pensamento de uma transcendência da coisa, que precisamente deveria ser desligado através da redução à imanência da vivência. Agimos certo ao atribuir a palavra 'real' à relação ao coisal" (IL II, I, 399). Estas seriam precisamente as duas realidades que Husserl contesta tão enfaticamente: a realidade das "coisas transcendentes" e a realidade das "vivências imanentes". Husserl estaria livre do dilema se ele se decidisse por desligar não apenas o "pensamento de uma transcendência da coisa", mas também o nome dela; ele então se satisfaria com a palavra "real", que, assim, abrigaria sob si todos os objetos que em "qualquer tempo são pensáveis como imediatamente dados" (TS 140). Se Husserl pretende caracterizar nossa intuição de tal maneira a se supor que, "na vivência, a intuição seria dada conjuntamente com seu objeto intencional, que pertenceria a ela de forma inseparável, sendo-lhe inerente de forma *real* [*reell*]; seria e permaneceria para ela algo visado, representado etc., mesmo se o correspondente 'objeto efetivo' exista ou não na realidade, entrementes seja destruído etc." (IFF 186), então se deve lembrar inicialmente que nós *não* acreditamos que o objeto intencional seja inerente à sua intenção "de forma real [*reell*]", ou, como preferimos dizer, ele seria "real", ou seja, imediatamente dado. Ele nos é dado mediatamente, ou seja, através da vivência intencional. Se o próprio objeto é um objeto "real" ou "ideal", se ele, em qualquer tempo, foi uma vivência, é outra questão – que é impossível de resolver, segundo as colocações gerais de Husserl. – Também não atinge nossa concepção a ideia de que o objeto permaneça como o que visamos etc., mesmo quando do a "coisa na realidade" é aniquilada. Uma outra coisa além

51 // "da que visamos" não existe; se ela é aniquilada (cf. p.46ss. [do original alemão]), então ela não permanece a mesma, mas sim altera-se de acordo com o complexo conforme a leis superior; referente à lei individual, o juízo quanto à existência é

suspenso. Se mantivermos o juízo existencial, então ajuizamos de modo errôneo.

A polêmica de Husserl contra a teoria das imagens também não pode abalar em nada nossa concepção. Nós não falamos de uma "segunda árvore imanente", não dizemos que "uma 'imagem interna' da árvore real, que está lá fora diante de mim" (IFF 76) nos seja dada de algum modo. A coisa em si imanente não é nenhuma vivência e não pode, assim, ser consciência *de* alguma outra coisa – apenas vivências possuem função simbólica. Por outro lado, entretanto, não há nenhuma coisa transcendente da qual ela pudesse ser consciência em geral. Na radical realização da *epoché*, a coisa naturalista se ausenta por completo, o "objeto intencional" mostra-se apenas na consciência, e apenas na medida em que é mostrado na consciência é conhecido de forma legítima. O termo "realidade" será reservado apenas para nossas vivências. O ser da coisa é, portanto, não uma "segunda" realidade transcendente à consciência, mas sim imanente à consciência como a respectiva lei individual para fenômenos. Uma vez que coisas nunca são vivências, teremos de designá-las não como objetos "reais", mas sim como objetos "ideais".

Por outro lado, deve-se reprovar a Husserl ter contraposto reciprocamente duas realidades, realidades no sentido *dele*: a saber, as coisas pura e simplesmente e os noemas. Sem dúvida, seu conceito de noema é mais amplo do que o nosso de coisa em si imanente; ele contém também em si, como mostra o exemplo da vivência rememorada, conteúdos *reais* dados de forma mediada ("real" tomado em nosso significado elucidado de forma crítica). Entretanto, o que, segundo a disjunção entre objetos mediatamente dados e ideais, permanece do lado dos objetos ideais e, na verdade, mais perto dos coisais, Husserl contrapõe às "coisas pura e simplesmente": a "árvore percebida como tal" (que, segundo nossa análise, p.46ss. [do original alemão], deve valer como ser da coisa) é contraposta à "árvore pura e simplesmente". Ora, Husserl não quis que essa relação seja compreendida como se a "árvore percebida // como tal" fosse a consciência *da* "árvore pura e simplesmente"; na verdade, para ele, a noese "percepção da árvore" é a consciência do noema "árvore percebida como tal". Permanece, porém, completamente obscuro de onde nós podemos, em geral, alcançar o conceito da "coisa pura e simplesmente", se permanecermos na pura imanência. A distinção entre "árvore percebida como tal" e "árvore pura e simplesmente" deve ser a distinção entre coisa não reduzida e reduzida. A questão: "o que nos autoriza a fazer essa distinção?" conduz a observação crítica ao conceito da *epoché* fenomenológica.

A *epoché* tem *"o caráter de uma alteração de sinal reavaliativa, e através desta, o reavaliado insere-se novamente na esfera fenomenológica*. Dito de forma figurada: o que é colocado entre parênteses não é eliminado da tábua fenomenológica, mas sim precisamente apenas colocado entre parênteses e, assim, marcado com um índice. Com esse índice, porém, ele se encontra no tema principal da pesquisa" (IFF 142). O que significa isso? É evidente: a teoria do conhecimento precisa examinar a reivindicação racional de legitimidade da imagem natural de mundo. A fim de realizar esse exame, a teoria do conhecimento precisa desligar todas as afirmações dirigidas à imagem natural de mundo e recorrer às realidades dadas imediatas. No quadro das realidades dadas imediatas, porém, ela reencontra toda a imagem natural de mundo – apenas com a restrição de que não sabemos nada sobre sua "realidade efetiva" [*Wirklichkeit*] (em um sentido de forma alguma mais especificado por Husserl). A fenomenologia, portanto, tem de descrever o mundo natural da forma como ele se apresenta sobre o fundamento de uma análise do complexo da consciência: isto é, sem consideração para com sua "realidade efetiva". Logo, a pergunta pela "realidade efetiva" deve ser decidida pela "razão ajuizadora".

Essa argumentação tem vários pontos fracos. Em primeiro lugar, não está de forma alguma garantido que, após o desligamento da imagem natural de mundo, reencontremos todas as estruturas dessa imagem no complexo de nossa consciência. Podemos até mesmo nos assegurar de algo totalmente diferente: por exemplo, o conceito-de-coisa-em-si elucidado criticamente, do qual chegamos a falar quando da discussão da análise husserliana da percepção, // não tem nada a ver com o conceito ingênuo de coisa. Se supusermos, porém, que tudo se passa como Husserl entende, logo não se pode distinguir de forma alguma a descrição do que já está dado e a questão por sua "realidade efetiva", ou, antes, como é necessário dizer, a questão por sua indubitável fundamentação nas realidades dadas imediatas, senão cairíamos em um círculo: para examinarmos a reivindicação de legitimidade da imagem natural de mundo, seríamos remetidos à mera descrição dessa imagem de mundo. Ou teríamos de descrever sem querer examinar o que é descrito. Isso, porém, não nos é adequado; não nos importa a questão de como aparece a imagem natural de mundo – para respondê-la, não carecemos de nenhuma fenomenologia nem de reduções –, mas sim a questão de como ela se legitima. Na medida em que essa questão é separada por Husserl da descrição dos estados de consciência e de seu complexo, ele hipostasia um critério para a legitimidade do "mundo natural", que é válido *independentemente* do recurso aos dados imediatos. Assim, a *epoché* torna-se, para ele, um mero meio heurístico de elucidar a relação entre a consciência e uma "realidade efetiva" que a transcende. De acordo com Husserl, podemos realizar ou não a *epoché*; nada muda na "realidade efetiva".

Em contraste com isso, asseveramos que o recurso às realidades dadas imediatas e o exame da reivindicação de legitimidade do mundo natural são uma e a mesma coisa. Recusamos o conceito vago de "realidade efetiva" com o qual Husserl opera e que se fundamenta, em última instância, na suposição de um transcendente mundo das coisas. A correlação falada por Husserl entre "ser efetivamente real" [*Wirklichsein*] e "ser-racionalmente-comprovável" tem para nós o claro sentido de que temos de examinar tudo o que é coisal como nexo conforme a leis dos fenômenos, tal como esse nexo se nos apresenta na pura descrição dos fenômenos. Para exemplificar: "a 'colocação entre parênteses' experimentada pela percepção" não impede "qualquer juízo sobre a realidade efetiva percebida" (IFF 187), pois as coisas se constituem apenas na "colocação entre parênteses", ou seja, na pura realidade dada, e a // decisão sobre a *verdade* de um juízo sobre a coisa (devemos falar assim, e não de uma "realidade efetiva das coisas" independente da consciência) depende de se as vivências esperadas surgem ou não, ao se satisfazerem as condições exigidas pela lei individual. Nosso conceito de *epoché* – se quisermos empregar algum – seria, portanto, bem mais radical do que o husserliano; para nós, não se trata de um meio heurístico de alcançar um discernimento na relação entre "realidade efetiva" e "consciência", mas sim da única demonstração possível de legitimidade dos conhecimentos de coisas.

Dado que para nós o recurso às realidades dadas à consciência não significa a colocação entre parênteses do mundo das coisas, mas sim a fundamentação desse mundo, nem sequer precisamos dos termos *"epoché"* e "reduções". Todas as afirmações que levantam pretensão de validade científica, isto é, para as quais faz sentido colocar a questão pela verdade, possuem seu critério último no complexo de nossa consciência pessoal.

A insuficiência da distinção entre coisa reduzida e não reduzida confirmou-se para nós sob um ponto de vista novo e mais geral. Se anteriormente (cf. p.46ss. [do original alemão]) confrontamos o noema de coisa com nossa coisa em si imanente e, assim, alcançamos o discernimento de que ambos não devem ser legitimamente separados, então nossa crítica da *epoché* husserliana nos forneceu o conhecimento de que não se sustenta o discurso de uma "realidade efetiva" natural, a que se deveriam contrapor os noemas de coisas, uma "realidade efetiva" que subsiste independentemente do complexo da consciência. Apenas à investigação histórica, não sistemática, é permitido assumir a "atitude natural"; para a investigação sistemática, essa atitude se torna necessariamente *objeto* da crítica. Se tentarmos, como Husserl, separar a descrição e a pergunta pela realidade efetiva do mundo natural, então nos evadimos de forma apenas aparente à tarefa crítica: a "realidade [*Realität*] de uma lei individual" (TS 196ss.), portanto a realidade efetiva [*Wirklichkeit*] das coisas (realidade efetiva compreendida rigorosamente no sentido que "realidade" [*Realität*] possui na citada passagem da *Sistemática transcendental*), legitima-se apenas no // complexo da consciência pessoal, cuja descrição é tarefa da fenomenologia.

A relação entre o noema de coisa e a coisa em si imanente está indissoluvelmente ligada ao problema da suposta transcendência da coisa, e precisaria, portanto, ser tratada aqui também em conjunção com tal problema. Na medida em que se reconheça que "coisa pura e simplesmente" e noema de coisa são o mesmo, então se pode deixar de perguntar por uma coisa transcendente. O conceito de noema em Husserl desfez-se completamente para nós. Uma vez que o noema não deve ser imanente nem transcendente à consciência, não se sabe onde mais se deve procurá-lo. Não havendo transcendências de coisa, o noema não pode ser contrastado a elas e é completamente supérfluo como conceito contrastante. O noema, entretanto, não pode ser aceito sequer como outra expressão para a nossa "coisa em si imanente", considerando que em Husserl esse termo eventualmente é empregado para *todas* as realidades dadas mediatas, para *todos* os "conteúdos de vivências intencionais". Se quisermos denominar noema *todo* mediatamente dado, sem levar em consideração se ele mesmo já fora ou não uma vivência, pode-se também fazê-lo. Apenas precisamos ter clareza de que, com a distinção entre esses noemas e as noeses (as vivências intencionais), de forma alguma alcançamos a disjunção epistemológica fundamental, e precisamos evitar associá-la à distinção entre imanência e transcendência, tal como é a intenção última de Husserl. Não pode haver nenhum discurso sobre um "ter consciência maravilhoso" de realidades dadas mediatas; o ter consciência de dados mediatos funda-se, claramente, nas condições transcendentais de nossa consciência pessoal.

É evidente que a oposição entre noema e noese não deve ser tomada como princípio condutor da teoria do conhecimento; esse princípio condutor é, antes, a oposição entre o ser *coisal e fenomenal*. Dos "noemas", no sentido em que podemos empregar essa palavra, ou seja, como conjunto de *todas as* realidades dadas mediatas, sabemos apenas através das vivências intencionais, nas quais eles chegam a ser uma realidade dada; as noeses // e os noemas são indissociáveis. Podemos, entretanto, dispensar totalmente o conceito "noema" no resto de nossa investigação. Também a exigência de Husserl de morfologias diferentes para os noemas e as noeses não pode nos confundir. Husserl fundamenta sua exigência dizendo que essas morfologias não se comportariam "reciprocamente como *imagens especulares*" (IFF 206); isso deriva já do que foi exposto referente ao copertencimento entre qualidades unitárias no noema de coisa e suas multiplicidades de matização hylética nas possíveis percepções de coisa. Nessa fundamentação se vinga, porém, a ambiguidade do conceito husserliano de noema, no qual não se diferenciam conteúdos mediatamente dados reais e ideais. A distinção entre matizado e matização é a distinção entre coisa e vivência. E do fato de que a multiplicidade dos fenômenos se contrapõe à unidade do complexo da lei individual não se segue, de forma alguma, que o ser-dado imediato e mediato se relacionem de forma inadequada. Se quisermos sistematizar as realidades dadas mediatas, então devemos nos guiar pelo imediatamente dado e seu complexo, pois todo mediatamente dado, do qual podemos falar com pretensão à verdade, tem sua fundamentação última nos fenômenos, e deve poder ser remetido a eles.

III. A coisa e a "jurisdição da razão"

O primeiro capítulo investigou criticamente o princípio da transcendência da coisa na fenomenologia de Husserl. No segundo, extraímos as consequências desse princípio para o conceito de noema e, por fim, para o de *epoché* fenomenológica. Foi necessário mostrar como a análise das condições transcendentais da consciência é separada por Husserl da questão pela legitimidade epistemológica do mundo das coisas, e tivemos de rejeitar essa separação como ilegítima. Resta considerar o modo como Husserl procura fundamentar a legitimidade do mundo das coisas. Uma vez que ele // invoca a *razão* – a mesma de cujo âmbito ele quis libertar as "transcendências" de coisa – como juíza sobre a "realidade efetiva" das coisas ou, como é necessário dizer, sobre a pretensão à verdade dos juízos sobre coisas, logo serão corrigidos vários erros de sua teoria da coisa e de sua doutrina da estrutura noético-noemática; o pensamento sistemático de sua "teoria da razão", como ficará claro, também deverá ser propriamente contraposto ao princípio das transcendências de coisa. Em virtude do fato de Husserl separar a "jurisdição da razão" da análise estrutural do complexo da consciência pessoal, porém, muitos daqueles erros ainda subsistem e se tornam fatais para a "teoria da razão" de Husserl.

O fato de Husserl deduzir uma "fenomenologia da razão" da doutrina das estruturas noético-noemáticas é expressão metodológica daquela separação. Tendo procurado elaborar como disjunção fundamental a relação entre "razão" e "realidade efetiva", na "Consideração fundamental fenomenológica" e nas elucidações "Sobre o método e a problemática da fenomenologia pura", Husserl levanta a questão: com que direito supomos aquela "realidade efetiva"? O círculo em que ele incorre, ao esperar *da* razão a resposta a essa pergunta, confirma de forma involuntária, embora forçada, os argumentos com que procuramos revelar o problema de "razão" e "realidade efetiva" como pseudoproblema. Não nos ocuparemos, porém, desse círculo agora. Devemos antes investigar como a transcendência da coisa é apresentada à luz da "fenomenologia da razão" e do respectivo capítulo das *Ideias* de Husserl.

Husserl quer solucionar "*o problema fenomenológico da relação da consciência a uma objetividade*" (IFF 266), o problema daquele "maravilhoso ter consciência do transcendente", que, segundo nossa concepção, não possui nada de maravilhoso em si, para cuja solução já apontamos várias vezes, ou seja, quando o caracterizamos como pseudoproblema. A questão: "como o 'sentido'-da-consciência alcança o 'objeto' que é seu e que pode ser 'o mesmo' em vários atos de conteúdos[12] noemáticos bastante distintos" (IFF 266) conduz Husserl "finalmente à questão do que significa a 'pretensão' da consciência de realmente se 'referir' a algo objetivo, de ser 'correta'; à questão de como se esclarece fenomenologicamente, segundo a noese e o noema, a relação objetiva 'válida' e 'inválida'; e, assim, estamos diante dos grandes *problemas da razão*, cujo esclarecimento a partir do solo transcendental e cuja formulação como problema *fenomenológico*" (IFF 266) são tentados por Husserl.

Nossa apresentação do fluxo argumentativo husserliano terá de se restringir ao que é imprescindível para compreendermos sua solução "teórico-racional" do problema da coisa.

A extensão imprecisa do conceito de "noema", cuja constatação não pudemos evitar, impele Husserl à questão sobre tudo o que, propriamente, está contido no "noema". Com isso, ele se depara com o problema de como se deve descrever um complexo noemático. Tal descrição se desdobra em "determi-

---

12 Sobre a diferença entre coisa e noema, cf. o Capítulo II, p.36ss. [do original alemão].

nada circunscrição [...], a saber: em uma tal que *evita todas as expressões 'subjetivas' como descrição da 'objetalidade visada, tal como ela é visada'"* (IFF 269). Portanto, devem ser excluídas todas as expressões "como 'conforme a percepção', 'conforme a memória', 'intuitivamente claro', 'dado' 'conforme o pensamento' – elas pertencem a uma outra dimensão de descrições, não à objetalidade *que* é consciente, mas ao *modo como ela é consciente*" (IFF 269ss.). Assim, deve ser "delimitado um *conteúdo* totalmente *fixado em cada noema*". "Toda consciência tem seu *o que* e toda ela visa 'sua' objetalidade; é evidentemente necessário que possamos realizar, em toda consciência, uma tal descrição noemática sua, 'exatamente como é visado'; adquirimos, através de explicação e apreensão conceitual, um conjunto fechado de [...] *'predicados'*, e estes, em sua // *significação modificada*, determinam o 'conteúdo' do cerne objetivo do noema de que se fala" (IFF 270).

Ora, em tal descrição, "distingue-se, *como momento noemático central*: o *'objeto'*, o *'idêntico'*, o sujeito determinável de seus predicados possíveis – *o puro X com abstração de todos os predicados* – e ele se separa *desses* predicados ou, mais precisamente, dos noemas predicativos" (IFF 271).

Esse "objeto" torna-se, para Husserl, o ponto de partida de seu problema "teórico-racional". "Como toda vivência intencional tem um noema e, portanto, um sentido, através do qual se relaciona ao objeto, assim também, em sentido inverso, tudo o que denominamos *objeto* – sobre o que falamos, o que temos como realidade efetiva diante dos olhos, tomamos como possível ou provável, pensamos ainda de forma tão indeterminada – já é, por tudo isso, objeto da consciência; e isso significa que tudo o que se pode em geral chamar mundo e realidade efetiva deve ser representado no quadro da consciência real e possível através de sentidos correspondentes, preenchidos por conteúdos mais ou menos intuitivos, ou seja, proposições" (IFF 278) (juízos). Desse modo, Husserl acredita ter fornecido a última fundamentação para o fato de tudo que foi desligado pertencer, com "sinal trocado", ao âmbito da fenomenologia (cf. *Ideias* 142; cf., em especial, p.33ss. [do original alemão]), pois "as realidades efetivas reais e ideais, que passam pelo desligamento, são representadas na esfera fenomenológica através de suas respectivas multiplicidades totais de sentido e proposições" (IFF 279). Por exemplo: "toda coisa real da natureza" deve ser "representada através de todos os sentidos e proposições preenchidas de modo alternado, em que aquela coisa, como determinada de um ou outro modo – e ainda por se determinar –, é o correlato de vivências intencionais possíveis; deve ser também representada pelas multiplicidades de 'núcleos plenos', ou, o que aqui significa a mesma coisa, de todos os 'modos fenomênicos subjetivos' possíveis, nos quais a coisa pode ser noematicamente constituída como idêntica" (IFF 279). A essa unidade da coisa – segundo a teoria do matizado e da matização – "defronta-se uma multiplicidade ideal infinita de // vivências noéticas de um conteúdo essencial totalmente determinado e, apesar da infinidade, apreensível, todas elas reunidas ao serem consciência do 'mesmo'. Essa unicidade chega a ser uma realidade dada na própria esfera da consciência, em vivências que, por sua vez, pertencem novamente ao grupo" (IFF 279) que Husserl delimitou como o grupo das noeses. O objeto, "o X nos diversos atos, ou seja, nos noemas de atos providos com diversos 'conteúdos de determinação', é necessariamente consciente como o mesmo. Mas *ele é realmente o mesmo?*

E *o próprio objeto é 'real'*? Não poderia ele ser irreal, enquanto as proposições múltiplas, coerentes e até mesmo preenchidas de maneira intuitiva [...] decorrem conformes à consciência?" (IFF 280).

Husserl pensa indicar o caminho nas seguintes frases: "A consciência, ou seja, o próprio sujeito da consciência, *julga* sobre a realidade efetiva, pergunta por ela, supõe-na, duvida dela, decide a dúvida e realiza *'jurisdições da razão'*. Não deverá ser possível esclarecer, no complexo essencial da consciência transcendental, portanto de forma puramente fenomenológica, a essência desse direito e correlativamente a essência da 'realidade efetiva' – referente a todas as espécies de objetos?" (IFF 281). "A questão, portanto, é como, na ciência fenomenológica, todos os complexos de consciência são descritíveis noética ou noematicamente, que tornam necessário um objeto pura e simplesmente (o que, no sentido da linguagem usual, significa sempre um objeto *real*), precisamente em sua realidade efetiva" (IFF 281).

Com essa questão, Husserl retorna ao ponto de partida de sua fenomenologia, bem como de nossa crítica, ao conceito da realidade dada imediata, da "intuição doadora originária"; entretanto, ele o faz de uma forma essencialmente divergente de nossa concepção: "o que quer que se exprima sobre os objetos – exprimindo-se em termos racionais –, tanto o visado quanto o expresso, devem se *'fundamentar'*, *'demonstrar'*, diretamente *'ver'* ou mediatamente *'compreender'*. *Por princípio, estão* em correlação *ser-verdadeiro ou ser-real* e ser-comprovável racionalmente" (IFF 282). "Um // caráter racional específico é próprio ao caráter posicionante" – em nossa linguagem: um juízo é verdadeiro – "como uma *demarcação*, que lhe corresponde *essencial-*

mente quando e apenas quando ele é um pôr fundamentado em um sentido originariamente doador" (IFF 283). "O pôr tem seu *fundamento de legitimidade originária* na realidade dada originária" (IFF 284). "Para cada tese racional caracterizada por uma relação motivacional à originariedade da realidade dada" – em nossa linguagem: para todo juízo fundamentado em um imediatamente dado –, Husserl escolhe a expressão *"evidência originária"* (IFF 286).

À diferença entre realidades dadas mediatas "reais" e "ideais", no sentido da *Sistemática transcendental*, que não se destacou muito na doutrina do noema e que foi erroneamente assimilada na "contraposição da morfologia noética e noemática" – a essa diferença Husserl procura fazer justiça através da distinção entre evidência adequada e inadequada. "O pôr fundamentado no fenômeno corpóreo da *coisa* com certeza é racional, mas o aparecer é sempre unilateral, 'incompleto'; como corporeamente consciente, subsiste não apenas o que aparece 'propriamente', mas apenas essa própria coisa, o todo conforme o sentido total, embora unilateralmente intuitivo e, além disso, multiplamente indeterminado. Aqui, o que aparece 'propriamente' da coisa não deve ser separado como, por exemplo, uma coisa por si" (IFF 286); em vez disso, ele seria meramente uma *parte não autônoma* da consciência da coisa, que, por sua vez, seria relativamente indeterminada de forma necessária.

Disso Husserl conclui – e aqui reside uma retificação parcial de sua teoria da coisa tratada no primeiro capítulo –: "por princípio, uma realidade de coisa [...] pode aparecer apenas *'inadequadamente'*. Isso se conecta essencialmente ao fato de que *nenhum pôr racional baseado em um tal fenômeno que se dá de forma inadequada é 'definitivo'*, 'insuperável'; ao fato de que nenhum é equivalente, em sua particularização, ao simples: 'a coisa é real'; mas sim equivalente ao: 'é real' – pressupondo-se que o *curso da experiência não produza* 'motivos racionais mais fortes', // que constituam o pôr original como um pôr 'a se eliminar totalmente' [*'durchzustreichende'*][13] no complexo mais amplo" (IFF 286ss.).

Ora, "*a cada objeto 'verdadeiramente existente'*" deve corresponder "*a ideia de uma consciência possível*, na qual o próprio objeto é *originariamente* apreensível e, assim, de forma total e adequada" (IFF 296). A isso se contrapõe a afirmação de que haveria "por princípio apenas objetos que aparecem inadequadamente (portanto também perceptíveis apenas de forma inadequada)" (IFF 297). A contradição, porém, seria mera aparência: "nós dissemos perceptível inadequadamente *em um aparecer fechado*. Há objetos – e todos os objetos transcendentes, todas as '*realidades*', abarcadas pela natureza ou pelo mundo, estão incluídas aqui – que não podem ser dados em nenhuma consciência fechada em completa determinidade nem em completa intuitividade. – Como '*Ideia*' (no sentido kantiano), *porém, a realidade dada completa está delineada*; como um sistema, absolutamente determinado em seu tipo essencial, de infinitos processos de apareceres contínuos, ou seja, como campo desses processos, um *continuum de apareceres* determinados *a priori* com dimensões diversas, mas determinadas" (IFF 297). Pois: "A ideia de uma infinidade essencialmente motivada não é, ela mesma, uma infinidade; a compreensão de que essa infinidade não pode ser

---

13 O verbo alemão empregado, *durchstreichen*, significa, em sentido próprio, riscar, taxar, tal como se usa em algumas revisões de texto para indicar que uma parte deve ser eliminada. (N. T.)

dada por princípio não exclui, mas sim exige, a realidade dada compreensível da *Ideia* dessa infinidade" (IFF 298).

Se "ser-verdadeiramente é correlativamente de mesmo valor a [...] ser-adequadamente-dado e ser-evidentemente-posto", então, segundo Husserl, essa realidade dada adequada é também possível "no sentido de uma realidade dada finita ou realidade dada na forma de uma ideia" (IFF 298). Os termos "imanente" e "transcendente" serão compreendidos por Husserl de agora em diante de acordo com esta última disjunção: "Em um caso, o ser é um ser 'imanente', ser como vivência fechada ou correlato vivencial noemático; no outro caso, é um ser transcendente, ou seja, um ser cuja 'transcendência' está posta precisamente na infinidade do correlato noemático" (IFF 298).

"*O problema da 'constituição' geral da objetividade da região coisa na consciência transcendental*" (IFF 309), // ou, como podemos dizer, a constituição epistemológica geral das coisas, torna-se, para Husserl, o fio condutor para o tratamento do problema da constituição de "objetos em geral". "A ideia de coisa [...] é [...] representada conscientemente através do pensamento conceitual 'coisa' com certo teor noemático" (IFF 309). Segundo Husserl, deve-se atentar para o fato de "que aqui certamente o ser 'coisa' está originariamente dado, mas que esse ser-dado, por princípio, não pode ser adequado. Para a realidade dada adequada, podemos recorrer ao noema ou ao sentido de coisa; mas os múltiplos sentidos de coisa [...] não contêm, como um teor originariamente-intuitivo imanente a eles, o ser regional coisa" (IFF 310, cf. Id. 297ss.). Ora, é "uma evidência essencial geral que *toda a realidade dada incompleta* (todo noema inadequadamente dado) *abriga em si uma regra para a possibilida-*

de ideal de completação" (IFF 311). "*A região 'coisa' inadequadamente dada prescreveria regras para o curso de intuições possíveis*" (IFF 311). Isso "significa fenomenologicamente": "à essência de um tal noema são inerentes, de forma evidente, possibilidades ideais da '*ilimitação na progressão*' [KdrV 80] *de intuições concordantes*, e na verdade segundo direções tipicamente designadas de forma determinada" (IFF 311). A "transcendência" da coisa "exprime-se naquela ilimitação na progressão de suas intuições" (IFF 311). "É uma evidência essencial que *toda* percepção e multiplicidade perceptiva é passível de ampliação; o processo, assim, é sem fim; desse modo, nenhuma [...] apreensão do ser da coisa pode ser tão completa que uma posterior percepção não possa adicionar-lhe algo noematicamente novo. – Por outro lado, apreendemos com evidência e adequadamente a 'Ideia' coisa" (IFF 312). "Com base na consciência exemplar" da ilimitação "apreendemos, ainda, a 'Ideia' das direções determinadas da infinidade [...]. Novamente, apreendemos *a 'ideia' regional da coisa em geral* como a Ideia do idêntico, conservando-se nas determinadas infinidades do // decurso *assim especificado* e anunciando-se nas correspondentes [...] séries de infinidade de noemas" (IFF 312).

Husserl questiona, finalmente: "*como se devem descrever sistematicamente as noeses e os noemas pertencentes à unidade da consciência de coisa intuitivamente representante?*" (IFF 314). Sua resposta é: "*a ideia regional* de coisa, seu idêntico X com o conteúdo de sentido determinante, posto como existente – *prescreve regras às multiplicidades de apareceres.* Isso significa: não são multiplicidades em geral que coincidem de forma contingente, como já se deduz do fato de que elas têm, em si mesmas, puramente de acordo com sua essência, uma relação à coisa, à coisa determinada. A

Ideia da região" – a Ideia "coisa em geral" – "prescreve séries firmemente fechadas de apareceres totalmente determinadas, coordenadas de forma determinada, progredindo ao infinito, tomadas como totalidade ideal, uma organização interna determinada de seus percursos, que se coadunam às ideias parciais de forma essencial e pesquisável, as quais são delineadas universalmente nas ideias regionais de coisa como seus componentes" (IFF 314ss.).

O resultado positivo da teoria aqui esboçada deverá ser visto na correção pela qual o conceito da coisa em si transcendente passou pelo menos de forma parcial. Quando Husserl define o "ser transcendente" como tal, "cuja 'transcendência' se apoia precisamente em uma infinidade dos correlatos noemáticos" (IFF 298), quando ele, portanto, quer compreender o coisal não como independente *da* consciência, mas inesgotavelmente compreendido *na* consciência, então ele parece estar em expressiva concordância com os resultados da *Sistemática transcendental*; também através de suas reflexões finais "as coisas em si tornam-se – pelo menos parcialmente – objetos *desconhecidos*: a saber, na medida em que a possibilidade de novas experiências sempre coloca em vista o conhecimento de novas propriedades das coisas. Como não estamos em condição de prever as ilimitadas possibilidades de tais experiências, as coisas sempre permanecerão para nós parcialmente estranhas – uma estranheza que // pode aumentar até o fantasmagórico" (TS 261). Por mais que essa concordância ocorra, porém, ela tem seus limites bem determinados. Husserl não se livra da suposição de um mundo das coisas transcendentes; apenas a desconexão de sua fundamentação teórico-racional do conceito de coisa em relação à descrição propriamente fenomenológica mostra isso. A coisa em si transcendente é mantida em Husserl – na verdade, de forma semelhante à escola kantiana de Marburg, reduzida a um mero *conceito-limite*. Na crítica dessa concepção, devem nos guiar as proposições da *Sistemática transcendental* acrescentadas complementarmente ao discurso da incognoscibilidade parcial dos objetos: "o hábito naturalista de pressupor como essências *previamente dadas* as coisas com todas as suas propriedades nos conduziria a considerar essa plenitude infinita das possibilidades como completamente dada na coisa; ou seja, conduziria a uma contradição lógica, pois o infinito, precisamente segundo seu conceito, é aquilo que jamais pode ser pensado como completamente dado. Abarcar possibilidades ilimitadas somente é possível na forma da lei que não contenha em si o conceito da infinidade completa" (TS 261ss.). Antes, porém, de nos voltarmos para o sentido da diferença, que consiste em que, para Husserl, a *ideia* da coisa está completamente dada, a coisa está posta infinitamente como problema, ao passo que, na *Sistemática transcendental*, a ideia da coisa não se separa da coisa (a não ser que se separem o conceito de coisa em geral e a coisa singular subordinada a ele) – antes de nos voltarmos para essa diferença e tocarmos em suas consequências, precisamos investigar criticamente, desde seus pontos de partida, a tentativa de Husserl de uma "constituição teórico-racional da região coisa".

Depois que foi necessário constatar a insustentabilidade do conceito husserliano de noema, perdeu também legitimidade sua exigência de "evitar todas as expressões subjetivas" na descrição de complexos noemáticos. O complexo do que é dado constitui-se através da unidade da consciência pessoal e é caracterizado como "subjetivo" precisamente por isso. Decerto temos de distinguir // nossas vivências e as realidades dadas mediatas, mas essa diferença não é, de forma alguma, entre "subjetivo" e "objetivo", pois o mediatamente dado também se determina apenas por sua colocação no complexo de nossa consciência pessoal. O "que" [*das "Was"*] de cada consciência, que segundo Husserl pode ser "puramente apresentado", é apresentável apenas como o mediatamente dado e em sua realidade dada mediata, e assim é separável do "como", no qual ele surge, apenas pelo modo como é distinto *daquele na* vivência; a perspectiva epistemológica é remetida à vivência intencional para legitimar o mediatamente dado. Se Husserl caracteriza o "idêntico" como o "momento noemático central" (IFF 271), então pode tornar-se claro, nesse momento, precisamente a impossibilidade de separar "isso, *que* é consciente" do "modo *como* é consciente", pois o discurso da identidade de uma coisa só tem sentido quando ela é consciente em uma pluralidade de *vivências*; apenas com referência a uma pluralidade de eventos pode-se em geral falar de identidade de um objeto, e a pluralidade de eventos, nos quais a identidade da coisa aparece, são precisamente os fatos de nossa consciência. As vivências, portanto, não pertencem de forma alguma apenas à "constituição psicológica" das coisas, pois é só essa constituição psicológica que confere um sentido racional ao discurso sobre a coisa. Segundo a opinião de Husserl (embora não esteja explícito nas *Ideias*), pode-se supor que as formas *lógico-formais* devem ser colocadas como fundamento da sistematização dos noemas. Com esse propósito, entretanto, Husserl não percebe que aquelas proposições tradicionalmente atribuídas à "lógica formal", sem exceção (incluindo-se o princípio da não contradição e do terceiro excluído), só alcançam seu sentido através das leis do complexo de nossa consciência pessoal; não percebe também que os axiomas lógicos nada mais são do que "juízos sintéticos *a priori*, que encontram sua fundamentação nos conhecimentos fenomenológicos universais" (TS 190). Embora tenha obstinadamente lutado pela "elucidação fenomenológica da lógica pura", // Husserl, no entanto, jamais conseguiu se libertar totalmente da contraposição entre os "nexos psicológicos do pensar" e a "unidade lógica do conteúdo do pensamento" (LU I, VII); a psicologia que teoriza sobre a causalidade, com a qual ele lidou, tem uma parcela de culpa por isso. Uma psicologia purificada de colocações naturalistas, ou, como podemos dizer, a fenomenologia, é, porém, a única fonte legítima também da "lógica formal". Já em função disso a contraposição entre descrições noéticas e noemáticas é falha; estas últimas também teriam de encontrar sua fundamentação nas leis do complexo de nossa experiência, mesmo se elas (o que contestamos) pudessem ser realizadas separadamente das primeiras.

A reciprocidade da referência de "cada noema a sua vivência intencional" e "cada consciência a algo objetivo" não pode, para nós, que nos recusamos a separar o "como" do "que" [*von dem* "*Was*"] do conhecimento, constituir um problema que exige a resolução isolada, tal como também não podemos considerar o problema da "relação entre consciência e realidade" como o "problema central da teoria do conhecimento". Isso já havia sido almejado por nós quando recusamos de antemão a solução "teórico-racional" do problema da coisa, pois aqui começa, de fato, o problema "teórico-racional". A questão pela "realidade efetiva" em geral só é possível através da separação do mediatamente dado perante seu modo de se dar. Se a verdade de um juízo sobre coisas é medida pela possibilidade de, na satisfação das condições exigidas pelo juízo, ocorrerem ou não os fenômenos afirmados e esperados de acordo com as leis, então conectamos precisamente a verdade do juízo à posição que toma seu conteúdo no complexo da consciência – portanto, segundo Husserl, conectamos essa verdade ao "'como' do modo de se dar". Husserl, no entanto, crê poder decidir algo sobre a verdade de um juízo sem se referir à sua posição no complexo da consciência; e, dado que também no noema de coisa de Husserl trata-se não da coisa em si naturalista, mas sim de uma "coisa de pensamento" no sentido da *Sistemática transcendental*, então para ele a verdade de juízos sobre coisas torna-se um problema que, paradoxalmente, deve // colocar-se independentemente do complexo da consciência e, entretanto, deve ser resolvido com base nesse mesmo complexo. É necessário elucidar esse contrassenso.

A questão de Husserl: a coisa identicamente consciente é "realmente a mesma, e o objeto é mesmo 'real'?" (IFF 280) não poderia, portanto, ser feita por nós de forma alguma. Não apenas a forma naturalista de dizer nos assusta. O que significaria para nós que uma coisa identicamente consciente não fosse a mesma? Pressupondo-se que se tenha reconhecido como legítimo o complexo individual de leis, ou, como podemos dizer, que a coisa exista, então isso significa apenas que agora, na satisfação das condições exigidas, os fenômenos esperados não ocorrem, que a coisa demonstra, no sentido da *Sistemática transcendental*, uma "propriedade modificada", que deve ser compreendida segundo leis (cf. TS 224ss.). Entretanto, a legalidade causal também deve ser explicada apenas a partir do complexo do que é dado. Se, portanto, como diz Husserl, o objeto é *necessariamente consciente* como o mesmo, isto é, se surgem os fenômenos no quadro da lei individual, então ele *é* também o mesmo. Se a lei individual vale, então a coisa também é "real" — caso não se prefira, como o fazemos, reservar a palavra "real" apenas para as realidades dadas *imediatas*. Todo discurso sobre a "realidade efetiva" da coisa, que não se comprova no complexo do que é dado, é especulação metafísica ou preconceito naturalista.

Não somos obrigados, assim, a realizar propriamente uma crítica específica à solução de Husserl ao "problema da realidade". Apenas o procedimento circular, que leva Husserl a investigar a constituição de "transcendências" na consciência, corrige, em parte, a suposição dessas transcendências; um erro suprime, de certa forma, o outro. Por isso, sua solução será vista abreviadamente.

Já indicamos que o conceito de Husserl da intuição originariamente doadora, que ele coloca como fundamento da "jurisdição da razão", não deve, sem mais, ser igualado ao nosso conceito do imediatamente dado. Husserl denomina, por exemplo, // a vivência de lembrança como "não originariamente doadora" (IFF 282); nós denominaríamos a vivência de lembrança como "imediatamente dada", e o lembrado como "mediatamente dado". A distinção de Husserl caminha em uma direção diferente da nossa: ele gostaria de designar apenas os "componentes da impressão" (partes vivenciais da classe a) como originariamente dadas; uma vez que, porém, como falamos antes, para ele os componentes da impressão também são "consciência de alguma coisa", então elas não são denominadas "originariamente dadas", mas sim "originariamente doadoras". Esse desvio aparentemente minúsculo relativo à *Sistemática transcendental* tem implicações de longo alcance. Elas aparecem imediatamente no problema da "indeterminidade do mediatamente dado", pois os objetos dados em "conceitos primitivos" (cf. TS 122ss.) podem *apenas* ser dados mediatamente; como Husserl, porém, em lugar do ser dado imediato das vivências, conhece apenas a realidade dada originária dos componentes da impressão, logo ele simplesmente não pode determinar os objetos dados em conceitos primitivos (que, por princípio, só se encontram como conteúdos intencionais de vivências-α) baseando-se em seu conceito da "realidade dada originária". Ele se vê forçado, assim, a introduzir o par conceitual de evidência adequada e inadequada, um par conceitual de que não precisamos, uma vez que dividimos, em total disjunção, os objetos dados mediatamente em reais e ideais.

Husserl, porém, pode estabelecer apenas a distinção entre evidência adequada e inadequada, na medida em que novamente supõe um ser de coisa, que se matiza em um "fenômeno unilateral e incompleto", enquanto, todavia, a relação da coisa a seus fenômenos pode ser determinada apenas com base no *fenomenal*. Podemos admitir de bom grado a proposição de Husserl de que *"nenhuma colocação racional baseada em um tal fenômeno inadequadamente doador seria 'definitiva'"* (IFF 287), ou seja, que "a possibilidade de novas experiências sempre coloca em vista novas propriedades da coisa" (TS 261); nela está contida uma correção essencial de diversos erros, como da concepção de que coisas poderiam ser dadas "corporeamente", isto é, imediatamente; o enganoso "abismo do sentido" entre // "consciência" e "realidade" parece superado no instante em que a coisa é reconhecida como regra dos fenômenos. Não podemos seguir

Husserl, porém, quando ele nos ensina que corresponderia "*a cada objeto 'verdadeiramente existente' a ideia de uma consciência possível, na qual o objeto mesmo é apreensível originariamente e, assim, de forma totalmente adequada*" (IFF 296). Uma coisa não pode, em absoluto, ser dada originariamente, mas sim sempre mediatamente; o próprio Husserl se refere a isso de forma bastante frequente, e de forma mais enfática com as seguintes palavras: "Está claro [...] que algo como uma coisa espacial, não somente para nós seres humanos, mas também para Deus – como representante ideal do conhecimento absoluto –, só é intuível através de fenômenos, nos quais ela está e tem de ser dada 'em perspectiva' em múltiplos, mas determinados, modos alternantes e, assim, em 'orientações' alternantes" (IFF 315). E como fica a "adequação"? *Nós* não havíamos precisado de forma alguma do conceito de evidência adequada; Husserl teve de introduzi-lo apenas porque seu conceito de intuição originariamente doadora não era suficiente. Se – segundo as próprias palavras de Husserl – também para os "representantes ideais do conhecimento absoluto" uma coisa espacial "só é intuível através de fenômenos", então isso significa, ao mesmo tempo, que essa coisa não pode ser dada de maneira adequada. Como, porém, chegamos à "ideia de uma consciência originária e adequada de coisas", se recusamos tal consciência aos "representantes ideais do conhecimento perfeito"? Não pretendemos, todavia, apoiarmo-nos na contradição teórica de Husserl. Ele crê afastar a contradição (que, aliás, não vê com total acuidade), ao afirmar que, apesar de toda consciência de coisa ser inadequada, a realidade dada completa seria certamente caracterizada como "Ideia" no sentido kantiano. Essa "Ideia", porém, só é possível com base na pressuposição de um infinito completamente dado – o qual, precisamente, não pode ser pensado como completamente dado. Aqui surge, mais uma vez, em Husserl, a suposição de uma transcendência da coisa, pois apenas se a coisa é pressuposta – embora nunca como completamente dada em seu aparecer –, a realidade dada completa da coisa pode ser exigida // como tarefa, pode ser colocada como "Ideia"; para uma reflexão que parte do fenomenal, a própria coisa (a lei individual) é "ideal", a coisa e a "Ideia da coisa" são o mesmo. A diferença de concepção que encontramos aqui é a mesma entre a *Sistemática transcendental* e a doutrina kantiana do "objeto transcendental como regra para os fenômenos". Tal como para Kant, para Husserl "o objeto transcendental é um X" (KdrV 281); para Husserl, a "ideia" da coisa é algo distinto da lei individual conhecida, é a própria regra desconhecida dos fenômenos, incapaz de se tornar consciente e completamente dada na coisa transcendente. Para nós, entretanto, não existe nenhuma "Ideia da coisa" no sentido de Husserl; a coisa é ideal, a mesma que a lei individual conhecida, compreendida como regra dos fenômenos, imanente à consciência e submetida a correção. A proposição de Husserl: "em um caso o ser é um ser 'imanente', ser como vivência fechada ou correlato vivencial noemático; em outro caso, um ser transcendente, isto é, um ser cuja 'transcendência' se apoia precisamente na infinidade do correlato noemático, que o exige como 'matéria' do ser" (IFF 298) – tal proposição não pode ser aceita por nós. Seu contrassenso evidencia-se ao se concluir que a "Ideia" da coisa deve ser adequadamente dada em oposição à própria coisa, pois o que mais essa "Ideia" poderia ser senão a coisa, a regra para os fenômenos? Essa regra, porém, nunca é completamente conhecida.

Assim, por um lado, afirmamos: não é a Ideia da coisa que prescreve regras à multiplicidade dos fenômenos, pois a própria coisa é a regra ideal para o complexo dos fenômenos. Como tal, porém, a coisa "não é, como o conceito kantiano da 'regra dos fenômenos', apenas um X, mas sim um objeto cognoscível de forma bem determinada segundo suas diversas características" (TS 194). Nenhuma transcendência nos é colocada como um problema infinito por trás dos fenômenos; sua regra constitui-se unicamente segundo as leis do complexo de nossa consciência.

Por outro lado, porém, essas leis imanentes jamais nos são completamente conhecidas, e já o conceito de seu // "ser-dado adequado" significa "extrapolação em mundos ininteligíveis", pois, como o conceito de uma infinidade completamente dada é necessariamente contraditório, logo todo conceito derivado dele necessariamente também o é; e a ideia da realidade dada adequada da coisa deriva dele. Sua contradição reside no fato de que a coisa em si imanente, para poder ser completamente conhecida, teria de ser transcendente à consciência. Ao contrário, somente a pressuposição de uma coisa transcendente torna possível conceber-se a Ideia da coisa completamente dada. Nossa última investigação pretende elucidar essa relação.

// C. Reflexão final e resumo

O resultado de nossa investigação pode ser resumido em proposições concisas. Nosso *problema* consistiu em esclarecer e corrigir a contradição entre os componentes transcendentais-idealistas e transcendentais-realistas na teoria husserliana da coisa. Essa contradição já se fundamenta no ponto de partida da teoria do conhecimento de Husserl: ao designar os componentes de impressão como consciência *de* alguma coisa, ele pressupõe o ser das coisas, *das* quais aqueles componentes devem ser a consciência. A suposição da transcendência das coisas exprime-se no fato de que Husserl concebe percepção "imanente" e "transcendente" como fontes de legitimidade equivalentes para o conhecimento, em vez de admitir que percepção transcendente, no sentido de sua definição, necessariamente está fundada na percepção imanente. Toda consciência de coisas é necessariamente um saber de vivências anteriores. Na medida em que contrapõe ao "teor real [*reell*] da percepção" seu "objeto transcendente", Husserl se esquece de que "o objeto da percepção", entendido como coisa, nada mais é do que a regra imanente para o curso dos fenômenos. Husserl é levado à suposição da transcendência da coisa por uma "*psicologia de mosaico*", à qual é estranho o conceito das "qualidades de forma". Sem o conceito das qualidades de forma, porém, a formação de um complexo de expectativas conforme a leis converte-se em um milagre incompreensível – a não ser que se suponham precisamente transcendências de coisas.

A distinção de Husserl entre ser como consciência e ser como realidade é a consequência mais importante dessa suposição de um mundo de coisas independentes da consciência. Em contraste com ela, deve-se afirmar: decerto as coisas jamais são vivências, mas sim regras *para* vivências, não são causas *de* vivências, e, por isso, são estritamente imanentes à consciência. Também não cabe falar da dubitabilidade da // percepção transcendente e da indubitabilidade da percepção imanente. Na medida em que complexos de fenômenos conformes a lei são confirmados por nossa experiência, somos indubitavelmente certos quanto a eles; resulta necessariamente das condições transcendentais de nossa consciência o fato de que concebemos os fenômenos em geral segundo seu nexo conforme a leis. Também por isso o mundo não deve ser qualificado como "contingente".

A distinção entre ser como consciência e ser como realidade torna-se a distinção fundamental da teoria do conhecimento husserliana na oposição entre noese e noema. O conceito de noema liga-se a equívocos fatais: ora designa *todas* as realidades dadas mediatas, ora apenas as de coisas. O noema de coisa revela-se à crítica como um híbrido da coisa em si imanente e naturalista. Na medida em que o noema de coisa pretendia satisfazer o conceito da coisa em si imanente, torna-se insuficiente em virtude da confusão com os meros componentes da impressão. Quando diz do noema de uma "percepção de árvore", por exemplo, que ele não pode "queimar", Husserl pensa na *vivência*, enquanto a coisa, nossa coisa imanente, pode perfeitamente "queimar", ou seja, modificar-se no sentido de uma conformidade a leis superior. Aquela confusão também deriva da suposição da transcendência da coisa: pois, se a análise se limita ao complexo do que é dado, então seria necessário – caso o discurso do "queimar" tenha algum sentido – dizer-se precisamente do noema de coisa que ele "poderia queimar". Por outro lado, o noema não pode ser a coisa naturalista, mas a "reduzida", tal como se apresenta na pura imanência. Como, porém, ele não é compreendido como regra constituída pelo complexo da consciência para o curso dos fenômenos, pois deve ser dado "corporeamente" à consciência, torna-se por fim totalmente incompreensível onde ele possa ter seu lugar: o noema de coisa de Husserl não é nem imanente nem transcendente, flutua por assim dizer livre no ar. O conhecimento de que coisas não podem ser fenômenos leva Husserl a banir completamente da consciência o noema de coisa, enquanto este, porém, é imanente em sentido estrito à consciência como regra para os fenômenos. // Todos esses motivos, e também o frequente equívoco entre realidades dadas mediatas reais e ideais através da palavra "noema", levaram-nos a eliminar completamente o conceito de noema e substituir o noema de coisa de Husserl pelo conceito de coisa em si imanente. De acordo com nossa crítica à contraposição de Husserl entre ser como consciência e ser como realidade, não pudemos reconhecer a contraposição entre noese e noema como princípio condutor da teoria do conhecimento, e tivemos, assim, de rejeitar também a exigência de "morfologias separadas de noeses e noemas".

Ao mesmo tempo, nossa crítica se volta imediatamente contra o conceito husserliano da *epoché* fenomenológica. Dado que em Husserl a distinção entre coisa reduzida e não reduzida não é compreendida apenas de maneira genética, mas também objetiva, na medida em que também após a realização da *epoché* a "coisa pura e simplesmente" se contrapõe ao noema de coisa, Husserl torna a *epoché* um mero meio heurístico de elucidar a relação entre "consciência" e "realidade". Em contraste com isso, afirmamos que o recurso aos dados imediatos é a única comprovação de legitimidade dos juízos sobre coisas; que todo discurso sobre coisas que não se possa comprovar no âmbito fenomênico não se sustenta. Uma vez que nosso método do recurso ao imediatamente dado não pode prescindir do juízo sobre a realidade efetiva do mundo das coisas, pois é a única comprovação racional deste mundo, logo tivemos de rejeitar também a expressão *"epoché"*.

Com isso, torna-se totalmente supérflua uma particular "jurisdição da razão" sobre a "realidade efetiva" ou "irrealidade" da coisa concebida como complexo de fenômenos conforme a leis. A introdução da "jurisdição da razão" significa, em Husserl, um círculo metodológico, uma vez que ela exige da consciência a comprovação das supostas transcendências, que Husserl havia se esforçado anteriormente por expulsar do complexo da consciência. Entretanto, esse procedimento circular corrige parcialmente, pelo menos, o erro fundamental da suposição da transcendência da coisa. Apesar disso, a coisa transcendente ainda desempenha seu papel também na tentativa de solução "teórico-racional" husserliana do problema da coisa. Na ideia // da consciência, na qual a coisa deve ser originariamente dada e adequadamente apreensível, isso se torna manifesto: pois apenas a coisa transcendente pode ser pensada como completamente dada, enquanto a coisa como regra dos fenômenos submete-se a uma correção perpétua. A distinção husserliana entre coisa e ideia da coisa ainda pressupõe, pelo menos em última instância, a transcendência da coisa. Para nós, entretanto, a própria coisa é ideal, embora não indeterminada como a Ideia husserliana da coisa, mas sim muito bem determinada como complexo dos fenômenos conforme a leis. Como tal, porém, submete-se à correção através da experiência.

Referências bibliográficas

CORNELIUS, Hans. *Einleitung in die Philosophie*. 2.ed. Berlim: Leipzig, 1911. (EidPh)
_____. *Transzendentale Systematik*. München: Reinhardt, 1916. (TS)
HUSSERL, Edmund. *Logische Untersuchungen*. Vol. 1. *Prolegomena zur reinen Logik*. 3. Halle: Max Niemeyer, 1911. (LU I)
_____. *Logische Untersuchungen. Zweiter Band. Untersuchungen zur Phänomenologie und Theorie der Erkenntnis*. 1ª parte. 3.ed. Halle: Max Niemeyer, 1922. (LU II, 1)
_____. *Logische Untersuchungen. Zweiter Band. Untersuchungen zur Phänomenologie und Theorie der Erkenntnis*. 2ª parte. 2.ed. Halle: Max Niemeyer, 1921. (LU II, 2)
_____. *Ideen zu einer reinen Phänomenologie und phänomenologischen Philosophie*. Erstes Buch. 2ª impressão. (Impressão especial do *Jahrbuch für Philosophie und phänomenologisdte Forschung*, v.I). Halle: Max Niemeyer, 1922. (Id.)
KANT, Immanuel. *Kritik der reinen Vernunft*. Ed. Theodor Valentiner. 10.ed. Leipzig: Insel, 1913. (KdrV)

O conceito de inconsciente na doutrina transcendental da alma

// Prefácio

Esclarecimento [*Aufklärung*] é a intenção deste trabalho, esclarecimento em um duplo sentido:[1] de início, esclarecimento de um conceito problemático, mas também como meta em um significado mais abrangente, tomado de empréstimo à história do conceito: destruição de teorias dogmáticas e formação, em seu lugar, daquelas fundadas na experiência e que são indubitavelmente certas para a experiência. Poderemos cumprir a segunda intenção só se realizarmos a primeira: nossa investigação tem o propósito epistemológico, não histórico. Apenas ao final de nossa investigação procuraremos formular brevemente a função de nossos conhecimentos no contexto mais amplo do esclarecimento filosófico.

Não pode ser nossa tarefa desdobrar aqui o próprio conceito de esclarecimento, a cujo serviço nos colocamos. Nossas

---

[1] A palavra alemã *Aufklärung* tem a dupla significação de um esclarecimento racional, teórico e cognitivo, e também designa o movimento histórico do Iluminismo, caracterizado pela derrubada de dogmas e preceitos tradicionais e sua substituição por princípios racionais, científicos e filosóficos baseados no uso da própria razão. (N. T.)

explanações não carecem em absoluto de tal conceito explícito de esclarecimento; como análises epistemológicas empiricamente válidas, elas se sustentam por si mesmas. O ponto de vista epistemológico que aqui pressupomos é representado por Cornelius em suas obras, principalmente a *Sistemática transcendental*. Sempre pressupomos esse ponto de vista e abdicamos de nos referirmos explicitamente a ele em todo o texto. Além do método e dos conceitos epistemológicos principais, o trabalho deve a Cornelius sobretudo a análise dos fatores constantes do eu, com o recurso ao teor da lembrança inadvertida, uma análise que tem significado decisivo para a constituição transcendental do conceito de inconsciente.

A seção sobre a doutrina kantiana dos paralogismos já estava finalizada antes da publicação do comentário sobre Kant por Cornelius. Se nós – devido à escolha de nosso ponto de partida, obviamente –, apesar da coincidência dos // resultados, não renunciamos a essa parte de nosso texto, isso se deve ao fato de que o complexo total de nossa investigação deve permanecer compreensível a cada um de nossos leitores e também porque nossa investigação da doutrina dos paralogismos se dá sob o ponto de vista particular do inconsciente e da antinomia das doutrinas naturalistas do inconsciente.

Devo agradecer sobretudo a meu estimado professor, sr. prof. dr. Hans Cornelius, cujas aulas foram indispensáveis tanto para as questões aqui levantadas quanto para as respostas; agradeço também as importantes sugestões por parte do sr. *Privatdozent* dr. Max Horkheimer. Quem conhece os trabalhos de Horkheimer sobre os conceitos de limite e mediação no sistema kantiano, verá – mais à frente na concepção do conceito de inconsciente como *tarefa* – a conexão de seus trabalhos com a resolução, aqui procurada, para a antinomia do inconsciente, na medida em que ela possui seu fundamento na hipóstase do conceito kantiano de limite.

Kronberg i. T., agosto de 1927.

// Introdução
Problema e método

Se as investigações seguintes dedicam-se a determinar transcendentalmente o conceito de inconsciente e fundamentar transcendentalmente a ciência dos objetos inconscientes, então são necessários, antes, alguns esclarecimentos sobre o método que será seguido. Por mais que seja justificada a advertência relativa à obscuridade metodológica dos problemas objetivos encontrados hoje em dia nos amplos domínios do conhecimento, a saber: de que se deve começar com a apreciação da própria coisa, não se deve seguir tal advertência em todos os casos. Ela pressupõe, inicialmente, clareza sobre o objeto da reflexão, e essa clareza não pode ser suposta de forma alguma no problema do inconsciente, uma vez que sob o conceito de inconsciente abrigam-se hoje em dia, de forma bem difundida, diversas acepções, e uma determinação unívoca do conceito só será alcançada no curso de nossa investigação, não podendo servir, assim, de antemão como baliza de nosso empreendimento. Se, por outro lado, tomássemos o próprio conceito de inconsciente inicialmente apenas de forma vaga e indeterminada, e tentássemos, em uma análise progressiva, elaborá-

-lo de forma exata, mesmo assim não se poderia prescindir de considerações metodológicas preliminares, caso se realizasse a investigação do conceito com os meios da teoria do conhecimento transcendental, pois não está inicialmente resolvido se o método transcendental possui de alguma forma o direito de decidir sobre o conceito de inconsciente. Enquanto a pesquisa empírica que se volta aos fatos inconscientes, semelhante a toda pesquisa empírica, desinteressa-se pela constituição filosófica de seus objetos, ou até mesmo percebe ceticamente o esforço filosófico ao redor daqueles objetos como uma tentativa de retirar a precisão de seus resultados claros e inequívocos através de um arbítrio teórico; enquanto, assim, não se deve esperar da pesquisa empírica nenhum outro impulso, // do ponto de partida transcendental, do que resultados objetivos transcendentalmente aproveitáveis, as filosofias que possuem em seu centro o conceito de inconsciente encontram-se totalmente em flagrante contradição ao método transcendental, e veem no conceito de inconsciente bem propriamente um instrumento para refutar a filosofia transcendental. O tratamento transcendental do conceito de inconsciente encontra-se, por isso, incumbido da tarefa de solidificar perante as filosofias do inconsciente sua reivindicação de legitimidade crítica ao tratamento daquele conceito. No entanto, não pode ser mais sua intenção demonstrar a si mesma como sendo base da teoria do conhecimento e, assim, como fundamento de toda ciência particular e como instância suprema de todos os conceitos científicos particulares. Essa demonstração parece já ter sido suficientemente realizada com a construção da posição kantiana, e repeti-la *in extenso* seria muito pouco frutífero, uma vez que essa demonstração jamais foi reconhecida pelas filosofias do inconsciente, pois elas reivindicam, em suas afirmações e demonstrações, ser independentes dos pressupostos e demonstrações a que a filosofia transcendental necessariamente se vê compelida. A luta pelo direito da filosofia transcendental ao esclarecimento do conceito de inconsciente precisa, portanto, ser resolvida no campo das filosofias do inconsciente. Apenas quando se consegue mostrar: que a independência das filosofias do inconsciente em relação à filosofia transcendental na verdade não se sustenta; que as filosofias do inconsciente operam secretamente de forma profícua com os pressupostos da filosofia transcendental, mas sem os clarificar e retirar deles as necessárias consequências; ou ainda que as filosofias do inconsciente, que de fato renunciam aos pressupostos da filosofia transcendental, incidem com isso em contradições que somente a filosofia transcendental é capaz de resolver – apenas assim a filosofia transcendental estará a salvo dos ataques das filosofias do inconsciente e poderá apoderar-se do conceito de inconsciente de forma legítima. A discussão do conceito de inconsciente, resultante da contraposição com a // hipóstase filosófica do conceito de inconsciente nas filosofias que se orientam de forma unilateral a ele, ao mesmo tempo tornará mais preciso o problema do inconsciente, na medida em que a investigação transcendental já se municia com tarefas claramente formuladas e precisamente circunscritas, cuja solução ela pode empreender sem demais preâmbulos.

A fim de compreender a relação entre filosofia transcendental e filosofia do inconsciente, precisamos em primeiro lugar de um conhecimento mais detalhado do que se entende com aquele conceito. Em conexão com o vocabulário kantiano mais geral, filosofia transcendental significa para nós uma filosofia que tem como objeto a investigação da possibilidade de juízos sintéticos *a priori*; mais propriamente, uma filosofia que alcança o conhecimento de tais possibilidades através de uma análise do complexo da consciência, a partir da qual lhe resultam as condições últimas e irredutíveis de toda experiência – os "fatores transcendentais". A legitimidade para a determinação daquelas condições constitutivas é sempre oferecida, e de forma exclusiva, pelo recurso ao material da vivência, o "imediatamente dado". As determinações fundamentais da filosofia transcendental, que são expostas aqui, vinculam-se estritamente às investigações epistemológicas de Hans Cornelius, cuja fundamentação da *Sistemática transcendental* é pressuposta para tudo o que se segue e com cujas pesquisas nossas reflexões pretendem concordar, mesmo quando aquelas não são explicitamente referidas.

Na medida em que a filosofia transcendental, no sentido que delimitamos, só reconhece como saber seguro aquele cuja proveniência do imediatamente dado está sem dúvida alguma assegurada e exclui todo o pressuposto dogmático, a consciência se converte para ela em fundamento de todo conhecimento. Pois todo ser pressuposto de forma transcendente é remetido à consciência para encontrar sua legitimação, e os conceitos principais da imagem natural de mundo (os conceitos de eu, de causalidade e de coisa) encontram sua fundamentação apenas através da demonstração de que eles nada mais são do que complexos conformes a leis de nossa vivência e que eles só podem ser empregados na medida em que // são ratificados após surgirem os fenômenos compreendidos através deles. Desse modo, porém, a consciência é declarada fundamento de toda a ordem conceitual subsistente e de todo conhecimento em seu conjunto.

Inicialmente, designamos em geral filosofias do inconsciente todas as doutrinas que afirmam a independência da validade de suas assertivas perante a consciência e que reivindicam que lhes é dada alguma forma de conhecimento independente da consciência – na maioria das vezes referido ao fundamento transcendente da "coisa em si" –, que lhes capacite fazer afirmativas absolutas, por princípio superiores às fundamentadas na consciência. Com isso já se estabelece uma oposição radical à filosofia transcendental, que se agudiza no problema das condições transcendentais. Chamamos de condições transcendentais as condições fundamentais de todo conhecimento possível que encontramos nas condições fundamentais da consciência; essas condições são, diante da plenitude móbil dos fenômenos, constantes. A filosofia transcendental, assim, coloca na consciência o fundamento de todo ser permanente. Isso, porém, nunca pode ser fornecido por uma filosofia que contesta a dignidade fundamental da consciência. Ela precisa, assim, necessariamente negar os fatores transcendentais e seu significado por princípio; precisa ou supor de forma transcendente o fundamento do ser permanente, removendo por completo a comprovação pela consciência, ou tentar negar o ser permanente e as condições constitutivas de tal ser, caso ela considere impossível uma fundamentação do ser permanente independentemente da consciência. Teremos de investigar para onde a tentativa dessa negação conduz e, além disso, se um pensamento assim constituído é de fato capaz de operar, como pretende, de forma independente de qualquer conceito de um ser permanente. Por agora, temos de lidar apenas com o fato de que o contraste entre filosofia transcendental da consciência e filosofia do inconsciente não se limita ao método do conhecimento, sem modificar essencialmente os resultados objetivos, mas sim condiciona necessariamente um posicionamento totalmente diverso perante os grandes problemas ontológicos da filosofia – inicialmente, como indicado, o da coisa em si, mas também o problema do eu e da causalidade, tal como resulta facilmente como // consequência da demonstrada recusa da filosofia do inconsciente em relação ao conceito dos fatores transcendentais. Assim, o conflito entre filosofia do inconsciente e a filosofia transcendental converte-se de metodológica em essencialmente filosófica. De sua solução depende tanto a possibilidade de o conceito de inconsciente ser mantido legitimamente de um modo cientificamente dotado de sentido ou precisar ser abandonado, quanto qual acepção deve ser dada a esse conceito. Elaborar essa questão mostra-se tanto mais urgente quanto mais se constata que o conceito de inconsciente não é um domínio apenas da filosofia do inconsciente, pois os resultados da psicologia empírica, totalmente independentes de tais filosofias, tornam necessária a formação de um conceito de inconsciente, que interromperia a continuidade e economia de todo pensar científico, caso este não consiga garantir a tal conceito um lugar no edifício doutrinal da teoria do conhecimento. Nosso propósito não se limita, portanto, a contrapor filosofia transcendental e filosofias do inconsciente e comparar os conceitos de inconsciente inerentes a elas, pois se dirige essencialmente a examinar filosoficamente o conceito de inconsciente, que, de início de forma independente de toda interpretação filosófica, marca a ciência empírica. Esse exame só pode ser empreendido com perspectiva de sucesso se a disputa filosófica pelo conceito de inconsciente for decidida de forma inequívoca.

Com a assimilação da oposição geral entre filosofia transcendental e filosofias do inconsciente, porém, não contribuímos muito para aquela decisão do conflito, pois, na generalidade de nossas definições, não se disse nada, com aquela oposição, sobre seus motivos determinantes em termos de conteúdo, os quais produzem essa oposição e sobretudo com os quais precisa contar nosso esclarecimento do conceito de inconsciente. Filosofia transcendental e filosofias do inconsciente não são, como duas distintas possibilidades do pensamento humano, anistóricas e contrapostas reciprocamente de forma independente uma da outra, pois sua antítese // resulta necessariamente da história, e apenas a compreensão de sua referência histórica mútua torna possível conhecer o sentido daquela antítese e resolvê-la.

Ora, o motivo central para a formação de todas as filosofias do inconsciente é a resistência contra a primeira filosofia da consciência consequente: a doutrina de Kant. Os conteúdos filosóficos, nos quais incide a crítica kantiana e que não puderam inserir-se em uma filosofia da consciência, confluíram e formaram as filosofias inconscientes; os conteúdos das filosofias *dogmáticas*, construídas segundo as exigências da teologia positiva, são os que particularmente se afirmam como não ingênuos perante a crítica kantiana e que podem tentar satisfazer as exigências da crítica filosófica e também as teológicas, mas são também os que gostariam de se subtrair aos resultados objetivos da filosofia kantiana através de uma – igualmente pretendida como filosófica – inflexão ao inconsciente. Com certeza o conceito de inconsciente foi cunhado antes de Kant. Todas as filosofias metafísicas, que operam com posicionamentos ontológicos das "faculdades de conhecimento" humanas, supõem tal faculdade como a mais elevada, que é mais do que consciência, pois esta sempre nos forneceria apenas um conhecimento condicionado, e não absoluto. Na disputa entre os platônicos e os aristotélicos da filosofia renascentista e na discussão interaristotélica do conceito de imortalidade entre averroístas e alexandrinos, já se exprime muitas vezes uma oposição semelhante à que se dá entre filosofia transcendental e filosofias do inconsciente; sua semelhança consiste principalmente no fato de que a diferença se apoia nos diversos modos de conceber uma "doutrina racional da alma", o princípio da substancialidade e imaterialidade da alma; assim, a suposição de faculdades inconscientes da alma corresponde às doutrinas da alta escolástica, e o recurso à unidade da consciência como fato da experiência de si corresponde aos motivos da ciência da natureza e da filosofia da natureza que se colocavam pela primeira vez. O próprio conceito de consciência, na verdade, não está longe de ser apreendido de forma suficientemente clara a fim de precisar criticamente a colocação do problema. O conceito de intuição de Espinoza, que as filosofias do inconsciente reivindicaram para si, // tentou conciliar as hipóteses ontoteológicas das faculdades superiores de conhecimento e o conceito moderno de conhecimento regido por leis. Leibniz seguramente conhece um *inconscient*, a fim de assegurar a permanência da alma exigida pela psicologia racional — e com certeza também pela empírica — independentemente das vivências particulares, e, assim, já chegou bem próximo ao problema nuclear do inconsciente, mas sem submeter as próprias realidades [*Tatbestände*][1] inconscientes a uma análise epistemo-

---

[1] O substantivo alemão *Tatbestand* admite várias traduções, e às vezes nem é traduzido, a depender do contexto. Sua tradução mais usual

lógica. Kant também não realizou tal análise, por motivos dos quais nos ocuparemos com mais atenção. Foi precisamente a ausência dessa análise, em conjunto com o emprego ambíguo do conceito de coisa em si, que forneceu os maiores pontos de ataque aos adversários da filosofia crítica, em especial os teólogos. Não é por acaso que a metacrítica protestante de [Johann Gottfried von] Herder, bem como a oposição da filosofia jacobina da fé de inspiração católica, voltam-se precisamente contra a primazia da consciência na filosofia crítica; já a doutrina de [Friedrich Heinrich] Jacobi o fez, com suas ênfases panteístas, que, mais tarde, caracterizaram as filosofias do inconsciente até o intuicionismo e vitalismo contemporâneos. – Não pode ser a tarefa de nossa investigação, que se volta apenas a seu objeto de estudo, fornecer a história da filosofia do inconsciente desde Kant. Não nos cabe também sistematizar essas filosofias. Uma vez que invocamos o mate-

---

é "fato", e na edição espanhola com que cotejamos nossa tradução usou-se *hecho* na maior parte de suas ocorrências. Como as palavras *Tatsache*, cuja tradução é quase sempre "fato", e *Faktum* ocorrem em algumas passagens junto com *Tatbestand*, optamos por traduzir *unbewußte Tatbestände* por "realidades inconscientes". Essa opção se justifica pelo fato de que *Tatsache* refere-se, na maioria das vezes, a um fato isolado, como um evento ocorrido em tempo específico, ao passo que *Tatbestand* se refere, também na maioria das vezes, a um conjunto de fatos, a um tipo de elementos, conteúdos ou coisas, de acordo com o que vemos na primeira definição fornecida pelo dicionário Duden para *Tatbestand*: "*Gesamtheit der unter einem bestimmten Gesichtspunkt bedeutsamen Tatsachen*" ["totalidade dos fatos significativos sob um determinado ponto de vista"]. Naturalmente, como quase sempre é o caso em traduções, não é possível manter a mesma palavra para seu correlato alemão, pois o sentido de cada construção frasal pode exigir outras soluções mais específicas. (N. T.)

rial histórico apenas para formular claramente o problema de nosso objeto de estudo, então é mais importante para nós o delineamento dos pontos de ataque *objetivos* das filosofias do inconsciente contra Kant; em outras palavras, a indicação dos lugares no sistema kantiano para os quais as filosofias do inconsciente se voltam, principal e necessariamente. Precisamos levar em conta a dupla dependência das filosofias do inconsciente perante a posição kantiana; no início, agrupavam-se sob o ponto de vista do inconsciente todas as correntes de pensamento cujo caminho foi interditado pela filosofia kantiana da consciência; no sentido inverso, porém, as teorias do inconsciente procuram preencher as lacunas e corrigir falhas do sistema kantiano; ou, precisamente, aquelas falhas, // através de uma reinterpretação dos conceitos kantianos fundamentais, são aproveitadas como ponto de partida positivo de uma filosofia que deve ser independente da imanência da consciência; ou, por fim, aquelas imprecisões fornecem impulso para uma crítica radical que pretende aplacar todos os perigos trazidos pela filosofia kantiana à dogmática.

Não levamos em consideração os motivos pré-críticos como tais, nem mesmo os da metafísica racionalista, pois se trata, em nossa discussão, do problema do inconsciente apenas como problema *científico*; posicionamentos dogmáticos só são de nosso interesse na medida em que apresentam caráter científico. Os motivos pré-críticos contra a filosofia da consciência de Kant, porém, nada mais são do que secularizações de princípios religiosos ou mitológicos. Onde o conhecimento não é procurado, mas sim medido por outros parâmetros, independentes de critérios cognitivos, a crítica científica perdeu sua legitimidade e seu interesse. Vemos a oposição pré-crítica à filosofia da consciência de Kant expressa de forma mais pura em [Johann Georg] Hamann, cujo conceito mitológico de linguagem — instrumento de luta contra a dualidade kantiana entre sensibilidade e entendimento e, assim, contra um dos princípios fundamentais de uma análise da consciência que demonstra sua legitimidade — foi tomado da doutrina da revelação de forma imediata e acrítica. Parece-nos também pré-crítica a metacrítica de Herder inspirada por Hamann e, de igual modo, a doutrina do sentimento da fé de Jacobi não tem seu ponto de partida em uma determinada forma de problematizar a crítica da razão como uma fundamentação de conhecimento *científico*, a qual tornou necessário o tratamento dessa doutrina no marco de uma contraposição às filosofias do inconsciente como filosofias científicas.

Em vez de apresentar em termos históricos a confluência de motivos pré-críticos com os de uma polêmica contra Kant já conforme ao estado científico da crítica da razão — aliás uma tarefa histórico-intelectual altamente profícua —, recorremos imediatamente ao problema da *Crítica da razão pura* e indicamos a extensão em que aqueles problemas // tornaram possível a formação de uma filosofia do inconsciente com pretensão a cientificidade. Deve-se recordar, de início, aquela incoerência cuja crítica inaugurou, não o conceito de inconsciente, e sim a construção dos sistemas idealistas pós-kantianos: a afirmação kantiana de uma *coisa em si* que afeta a consciência e sobretudo o direcionamento ao *caráter inteligível*. Pois, em primeiro lugar, com o conceito da coisa em si transcendente como causa dos fenômenos, coloca-se um fato visto como fundamento conforme a leis dos fatos da consciência (no vocabulário kantiano: os fenômenos), sem que aquele fato fosse alguma vez comprovável através da consciência, de tal forma que se abre um abismo intransponível entre consciência e coisa. Na medida, porém, em que a própria coisa, por sua vez, é imanente à consciência em Kant, é delineada como "objeto", e deveria ser considerada, no sentido das analogias da experiência, de forma consequente como lei para os fenômenos, Kant se vê forçado a pôr o abismo entre consciência e coisa no psíquico. No tratamento da terceira antinomia, ele chega ao conceito de um "caráter inteligível" essencialmente independente da causalidade, à qual se submete o "eu empírico" constituído fenomenicamente, conceito que não representa nada claro, mas que tem a função – como uma "coisa em si da alma" permanente e essencialmente independente dos "fenômenos", nossas vivências – de resolver a contenda entre o dogma da coisa em si transcendente e o conhecimento da coisa em si imanente. Não foi necessária nenhuma outra operação conceitual, além de resolver a contradição daqueles dois conceitos de coisa em si no âmbito do psíquico em direção ao lado dogmático, para assim transformar o conceito do caráter inteligível em um conceito dogmático do inconsciente. Na verdade, o próprio Kant declarou o caráter inteligível como incognoscível, embora tenha tornado o conceito de liberdade e, assim, a fundamentação da filosofia prática dependentes daquele conceito. Na medida, porém, em que Kant reconhece a razão humana como um poder permanente e independente de suas vivências cambiantes, e afirma // que o ser humano poderia conhecer a si mesmo como ser racional na "mera apercepção", portanto independentemente de toda realidade dada factual, mas então concebe positivamente o resultado daquela "mera apercepção", que, no sentido da dedução das categorias, nada mais nos pode fornecer que a unidade da consciência como condição de toda experiência possível, e afirma que nos seria dada a compreensão de uma causalidade própria da razão, independente do nexo causal dos fenômenos – na medida em que ele tira, desse modo, consequências de longo alcance do caráter inteligível, que, segundo sua concepção, é incognoscível, prepara a inflexão dogmática do conceito de caráter inteligível e a torna até mesmo necessária para toda teoria que se relaciona criticamente de forma não radical com a doutrina kantiana da coisa em si. Este dilema, a saber, de que a coisa em si deve ser a causa desconhecida e transcendente dos fenômenos, mas também, como "objeto", deve ser imanente à consciência, só pode ser evitado por tal teoria na medida em que ela converte a coisa em si em algo psíquico, mas ao mesmo tempo independente de nossos fenômenos e, portanto, incognoscível. Assim, o conceito de inconsciente, que parece satisfazer ambas as exigências, transforma-se em uma ponte sobre o hiato entre as duas doutrinas de Kant, que, consideradas de um ponto de vista transcendente, se opõem de forma contraditória; uma ponte, entretanto, instável, pois uma das doutrinas, a da coisa em si incognoscível, carece de qualquer sentido assimilável e implica inúmeras contradições. Todavia, enquanto a filosofia idealista pós-kantiana, seguindo os passos de seus primeiros críticos, sobretudo de [Salomon] Maimon, reconheceu rapidamente a insuficiência do princípio de uma coisa em si transcendente e tentou eliminar a transcendência da coisa, não conseguiu tirar a mesma consequência perante o conceito de caráter inteligível, construído, porém, unicamente com base na suposição de coisa em si transcendente. É necessária uma profunda compreensão da situação histórico-intelectual do idealismo pós-kantiano para compreender a necessidade de tal inconsequência. Precisamente o ímpeto de eliminar, junto com a coisa em si transcendente, também a "multiplicidade sensível", através da qual, segundo Kant, a coisa em si "afeta a mente", // levou agora o idealismo à suposição de uma transcendência certamente não espacial, mas subtraída à comprovação através de nossas vivências. Pois restou da doutrina kantiana da coisa em si a concepção do "mundo enganoso dos sentidos", ou seja, da depreciação da experiência; concepção que não poderia se dar por satisfeita com o reconhecimento do imediatamente dado como um estado de coisas último e irredutível. Após a eliminação do conceito de coisa em si transcendente, essa concepção levou a se contrapor aos dados sensíveis supostamente de menor valor um reino espiritual absoluto e independente da experiência, que não subsume em si os fenômenos, mas os condiciona de forma originária. Parecia muito evidente construir como um inconsciente esse âmbito espiritual suposto necessariamente, embora de forma alguma verificável: ele deveria ser, ao mesmo tempo, imanente e independente das vivências. O conceito de [Friedrich Wilhelm Joseph von] Schelling de indiferença e, assim, toda a filosofia da natureza especulativa tem aqui sua origem, e foi necessário apenas um retorno aos motivos psicológicos da dedução kantiana para que Schopenhauer transformasse o inconsciente em coisa em si. Seria errôneo, entretanto, pretender atribuir aquele desdobramento unilateralmente ao ímpeto de resolver uma contradição central do sistema kantiano. Para afastar aquela contradição, outras possibilidades teriam bastado; tanto o conceito de coisa em si transcendente quanto do caráter inteligível seriam elimináveis, sem que os fundamentos do sistema kantiano fossem afetados. Que a crítica, de início, não tenha realizado aquela inflexão tem sua causa na vontade de redimir a metafísica atingida pela *Crítica da razão pura* e de utilizar as incoerências do sistema, preenchendo-as com elementos daquela metafísica. É sobretudo a vontade *ontológica* que se exprime tanto na afirmação da pouca importância da experiência quanto na suposição de uma indiferença do subjetivo e do objetivo no inconsciente; procuraram-se entidades objetivamente válidas e independentes da experiência que não apenas deveriam se subtrair às alterações fenomênicas – como, em certa // medida, também seria o conceito kantiano de objetos, criticamente elucidado –, mas nas quais o hiato entre o próprio ser fenomênico e coisal fosse suprimido. Considerando que a suposição de uma ontologia transcendente à consciência, de coisas espaciais existentes em si como causas eficientes do fenômeno, conduz necessariamente a contradições, então se coloca na própria consciência o fundamento ontológico que não se está disposto a abandonar depois de Kant nem a substituir pela apresentação dos fatores constitutivas da experiência. Lá, porém, ele deve encontrar seu ponto de partida como fundamento inconsciente da consciência, a fim de não se tornar evidente em sua necessária referência ao dado, à experiência. Com a inflexão da coisa em si para o inconsciente, pretende-se manter a legitimidade da transcendência da coisa perante seus fenômenos, uma transcendência que, para a "coisa em si imanente" – o objeto como regra da experiência –, não é possível de se manter legitimamente do mesmo modo, uma vez que a constituição e subsistência da coisa imanente depende do material de nossa experiência, do imediatamente dado; em sentido inverso, porém, a inflexão da coisa em si para o inconsciente pretende satisfazer as exigências do idealismo transcendental na medida em que ela elimina os "objetos em si" como causas externas. É possível, assim, tomar a coisa em si inconsciente como tentativa de uma síntese entre ontologia pré-crítica, cujo racionalismo reviveu de forma desimpedida no idealismo pós-kantiano, e a redução de todo ente à imanência da consciência, à qual não se pôde renunciar após a crítica da razão de Kant. Torna-se obscuro, porém, o que se quer dizer com o próprio conceito de inconsciente; o conceito não chega a ser definido, pois só se torna reconhecível em seu posicionamento no contexto construtivo daquela filosofia pós-kantiana. Será necessário examinar se de fato foi bem-sucedida a busca da reconciliação das contradições da coisa em si transcendente externa no conceito da coisa em si no inconsciente ou se as contradições persistiram de forma alterada, e, ainda, se se deve em geral atribuir um sentido racional ao conceito da coisa em si inconsciente, e, por fim, se a lacuna sistemática kantiana no conceito de // inconsciente não fornece, por princípio, outras possibilidades de solução além daquelas: soluções que, ao mesmo tempo, possuem seu significado positivo para a teoria do inconsciente.

Um segundo problema da *Crítica da razão pura*, importantíssimo para a formação das filosofias do inconsciente e também estreitamente aparentado ao problema da coisa em si, parece-nos o problema da *espontaneidade* do sujeito cognoscente. A suposição kantiana de que a coisa, propriamente o "objeto" imanente, seria produzida pelo eu contém em si um elemento dogmático semelhante à suposição de que a coisa em si afetaria a consciência. Depois que a causa transcendente dos fenômenos foi abandonada, ou pelo menos depois que sua suposição foi expulsa para a margem do sistema, Kant só pôde compreender a constituição das coisas através da atividade do sujeito.

O impulso para isso foi fornecido mais uma vez pela suposição da transcendência da coisa: segundo a concepção kantiana, das coisas em si nos devem provir representações, a saber, a "multiplicidade indeterminada" dos dados sensíveis, que são pressupostas como material disforme e heterogêneo, pois sua verdadeira constituição, ou seja, as coisas em si, deve ser incognoscível a nós. Para ordenar este material supostamente heterogêneo é necessária, segundo Kant, uma atividade que o modifique e o forme. Essa doutrina é dogmática, sob diversas perspectivas. A suposição de que os sentidos nos forneçam um material amorfo nos é justificada apenas com base em uma psicologia atomística, que desconhece que cada vivência pertence necessariamente ao complexo da consciência e apenas com base nesse pertencimento situa-se em relação a outras vivências, sendo, assim, já "formada". Por sua vez, a suposição de uma atividade a ser exercida no "material", ou seja, de uma alteração desse material, é naturalista; nós nem conhecemos alguma coisa sobre um sujeito modificador – pois na filosofia crítica formamos o conceito de sujeito apenas com base no conhecimento do complexo da experiência – nem podemos decidir alguma coisa sobre a espécie daquela atividade – pois não conhecemos de forma alguma o material *independentemente* de sua *"formação"* por parte do sujeito; por fim, os próprios conceitos de atividade // e da modificação provêm da imagem natural de mundo, cuja explicação suficiente deve ser produzida precisamente apenas por aquela análise da consciência, cujo fundamento Kant pressupõe serem aqueles conceitos, na medida em que ele considera como "atividade" a constituição subjetiva da coisa, o objeto mesmo daquela análise. O naturalismo do conceito de espontaneidade fica, desse modo, sem grandes consequências em Kant, pois a assim chamada espontaneidade permanece restrita ao material das sensações, tem no dado sua limitação e, por fim, não é propriamente usada em um sentido positivo, mas sim serve como metáfora para o "mecanismo transcendental", ao qual todos os dados sensíveis pertencem em função da unidade da consciência pessoal. Foi necessário, porém, apenas mais uma ultrapassagem daquela limitação kantiana – uma ultrapassagem que surgiu por si mesma através da concepção idealista da inferioridade do material da experiência – para hipostasiar o conceito de espontaneidade. Como a espontaneidade, segundo a concepção kantiana, nada mais é do que o "eu penso, que deve acompanhar todas as minhas representações", então não foi possível concebê-la como vivência; ao mesmo tempo, porém, foi-se além da determinação kantiana ao se pensá-la como atividade que produz as próprias sensações, sendo, desse modo, colocada em estreita relação com o conceito de coisa em si. Ela foi concebida como a atividade inconsciente e forneceu o fundamento não apenas para o conceito de Fichte de ato-ação [*Tathandlung*], pois tornou-se fundamental para todas as filosofias do inconsciente, como para o conceito de Schopenhauer de vontade. A doutrina kantiana do caráter inteligível serviu novamente para a apropriação daquela inflexão do conceito de espontaneidade; a "causalidade da razão" afirmada por Kant, que deve ser independente da causalidade natural, foi buscada precisamente na espontaneidade, que foi hipostasiada metafisicamente como atividade criadora da razão humana. A pressuposição de tal atividade criadora inconsciente da razão humana, cuja origem em um problema kantiano é facilmente rastreável, influenciou de forma decisiva todas as filosofias do inconsciente no século XIX. Não apenas Nietzs-

99 che acolheu o conceito de vontade de Schopenhauer, empregou-o positivamente e // tomou a tese da espontaneidade criadora como inspiração exclusiva para sua teoria moral; também o conceito de *vida*, no sentido do vitalismo moderno até o *élan vital* de Bergson, baseia-se na pressuposição daquela espontaneidade como causa transcendente dos fenômenos, e mesmo as hipóteses de trabalho da biologia materialista são dominadas pela suposição de uma tal espontaneidade, concebida totalmente no sentido dos grandes sistemas idealistas como atividade inconsciente, mas agora para tornar compreensível o surgimento das formas naturais. Dificilmente se erra ao se considerar, junto ao problema da coisa em si, o da espontaneidade como o mais importante ponto de partida das filosofias do inconsciente, e dedicamos explicitamente uma análise daquele conceito à teoria do inconsciente. Junto com ele está dado também um dos elementos mais essenciais de todas as filosofias tardias do inconsciente: a crença na independência da "vida" perante os fatores transcendentais constantes. Pois, na medida em que se compreenderam erroneamente os argumentos fundamentais da "Dedução das categorias" kantiana no sentido de um procedimento que opera causalmente desde a unidade da consciência até alcançar as categorias particulares – enquanto para Kant, na verdade, a unidade da consciência nada mais é do que precisamente o complexo de toda a nossa experiência, que certamente precisamos pressupor a fim de alcançar o conhecimento das formas particulares daquele complexo, que não é, porém, por exemplo, uma explicação causal ou mesmo metafísica daquelas formas do complexo, mas sim apenas a totalidade do complexo, a partir da qual abstraímos as formas particulares – na medida, portanto, em que se compreenderam erroneamente,

de forma radical e naturalista, os argumentos fundamentais da "Dedução", acreditou-se de posse de um absoluto positivamente utilizável, ao qual as categorias poderiam ser remetidas e que não se submeteria à validade delas. A pretensão, levantada pelas filosofias do inconsciente, dessa independência de suas afirmações perante as condições transcendentais será o centro de nossas contraposições críticas àquelas teorias; a reivindicação da filosofia transcendental à constituição do conceito de inconsciente deverá ser defendida.

Um terceiro problema kantiano, a ser considerado para a formação das filosofias // do inconsciente, é a relação entre o *todo* e as *partes*, tal como se exprime na relação da *Crítica da faculdade do juízo teleológico* à *Crítica da razão pura*. Nesta última, o conhecimento de uma coisa não significa nada mais do que conhecimento de suas características em sua conformidade a leis. Esse conhecimento parece a Kant insuficiente em relação aos *organismos*, cuja determinação objetivamente válida com certeza é possível também apenas com base no conhecimento de características, e a determinação a ser compreendida cientificamente em sua estruturação não possui outra possibilidade do que a consideração causal; cujas partes, porém, agrupam-se de um modo tornado possível pela suposição de um princípio regulativo que, como faculdade de julgar teleológica, parte do particular, que nos é dado, e reflete em direção a um todo, e vê esse todo em uma causa final, *causa finalis*, que na verdade não pode ser deduzido como princípio constitutivo do conhecimento do objeto, mas, segundo a doutrina kantiana, deve recobrir o abismo entre o conhecimento teórico e prático, entre o reino da natureza e da liberdade, na medida em que, para um "entendimento intuitivo" concebido como conceito-limite, demonstra-se a possibilidade de que a explicação da natureza concorde com a explicação através dos fins da razão. Essa concordância é possibilitada no âmbito da faculdade do juízo teleológico pelos "objetos", a saber, pelos organismos e, assim, pelas próprias realidades dadas, sendo concebida, portanto, em oposição ao conceito de belo, como um princípio *ontológico*, que certamente não pode ser empregado para uma explicação positiva do mundo, mas indica o caminho ao conhecimento dos organismos como princípio regulativo. Aqui também foi preciso, mais uma vez – como no caso dos conceitos de caráter inteligível e da espontaneidade subjetiva –, apenas a ultrapassagem dos limites da experiência colocados ao conhecimento científico por Kant, portanto uma "extrapolação em mundos ininteligíveis", para introduzir na filosofia o conceito da relação teleológica entre partes de um organismo e seu todo como um conceito positivo, e hipostasiar tal conceito, que, segundo a concepção de Kant, é essencialmente inacessível ao conhecimento discursivo, como fundamento inconsciente do ser do

101 organismo, // momento em que ele coincide facilmente com o conceito da espontaneidade, precisamente na qual se supõe a força que produz a cada vez a relação entre as partes do organismo ao todo. Particularmente o *vitalismo* moderno unifica a hipóstase da espontaneidade e a teleologia ao perceber a única possibilidade de explicação dos organismos em uma teleologia que se impõe espontaneamente como força impulsionadora vital. A irreversibilidade das relações entre partes e todo torna-se veículo da doutrina do inconsciente como fundamento daqueles organismos: certamente podemos derivar o conhecimento das partes individuais a partir do todo, mas nunca derivar o conhecimento do todo das partes individuais.

Uma vez que também para a concepção vitalista as coisas não são transcendentes, e sim constituídas subjetivamente, mas, ao mesmo tempo, o princípio da formação de organismos não é possível com os meios do conhecimento de características e, assim, com o método discursivo, pois deve abdicar ao recurso das vivências particulares que o legitimem, então supõe-se também que a realidade da constituição do organismo é inconsciente. Em relação a isso, deve-se levantar a questão de se a relação entre partes e todo e a irreversibilidade do todo à soma de suas partes não permitiria outra interpretação, concordante com os resultados da análise da consciência, e se, para além daquela interpretação, ainda precisamos, de alguma forma, de um conceito de teleologia. Nas filosofias vitalistas, ao conceito de teleologia subordina-se o de *intuição* [*Intuition*] [2] como aquele conhecimento que, através da renúncia ao conhecimento discursivo – ou, como se exprime a linguagem artificial vitalista, "sem símbolos" –, nos assegura o acesso aos

---

2 Aqui e em vários outros momentos, Adorno emprega a palavra "Intuition", cuja tradução não tem como ser outra além de "intuição". Mais à frente, porém, dirá que a *Intuition* é uma *Anschauung* imediata, sendo que tradicionalmente se traduz essa última palavra por "intuição", considerando, por exemplo, a colocação de Kant na *Crítica da razão pura* de que *Anschauung* é uma forma de conhecimento imediato dos objetos (cf. §1 da "Estética transcendental"), citada neste texto pelo próprio Adorno. Para manter a possibilidade de diferenciação, optamos por traduzir *Anschauung* por "apreensão" nas próximas páginas. Como Adorno irá se referir várias vezes a *Anschauung* ao comentar a *Crítica da razão pura*, voltaremos a traduzir essa palavra por "intuição", levando em conta que a palavra *Intuition* ocorrerá bem menos vezes no texto, momentos em que indicaremos sua ocorrência entre colchetes. (N. T.)

objetos que estão fechados ao conhecimento conceitual; trata-se, assim, de uma forma de conhecimento *inconsciente*, que deve ser adequada a seus objetos, supostamente constituídos de forma inconsciente. Teremos de examinar tanto a constituição "inconsciente" dos organismos quanto a possibilidade de um conhecimento inconsciente deles, e confrontar ambos ao método transcendental; estamos de antemão atentos para o fato de que a contraposição ontológica da constituição de um objeto e // o modo de seu conhecimento, que o vitalismo realiza e que já está posto na doutrina kantiana da faculdade do juízo teleológico, não é compatível com o ponto de vista transcendental, uma vez que a compreensão transcendental da constituição de um objeto significa a mesma coisa que seu conhecimento, e não tem sentido, do ponto de vista da filosofia transcendental, separar uma coisa em si de sua comprovação de legitimidade transcendental, ou seja, do conhecimento da coisa como um complexo de seus fenômenos.

Estão esboçados, assim, os três complexos de problemas essenciais do sistema kantiano, que determinam o surgimento das filosofias do inconsciente ou pelo menos o favorecem. Eles não são os únicos que contribuem para a formação daquelas filosofias; é o caso, também, particularmente, do problema da individualidade histórica, inacessível a partir da concepção de leis universais, formulado como objeção contra a doutrina kantiana do conhecimento e solucionado do ponto de vista das filosofias do inconsciente; isso se dá sobretudo na doutrina do conhecimento de orientação vitalista de [Georg] Simmel, mas também em [Ernst] Troeltsch, em Max Weber e, em certa extensão, até mesmo na escola do Sudoeste alemão. Entretanto, não foi nenhuma falha do sistema kantiano que inaugurou esses questionamentos; pode-se perfeitamente conciliar o conhecimento do evento histórico único com a epistemologia kantiana, e foi essencialmente a má interpretação naturalista de Kant no século XIX que subordinou o conceito de individualidade histórica ao de inconsciente. Com isso, porém, não estaria excluído o tratamento daquele conceito. Nosso propósito foi, entretanto, demonstrar que a contradição entre as doutrinas do inconsciente dominantes tem seu ponto de partida nos problemas de Kant, alcançando, assim, os fundamentos iniciais tanto para a contraposição da filosofia transcendental ao conceito de inconsciente, quanto, em primeiro lugar, para a análise imanente precisamente daquelas teses das filosofias do inconsciente que conflitam com a filosofia transcendental, e que mais claramente resultam da consideração dos pontos de partida sistemáticos daquele conflito na própria filosofia transcendental. E, para essa tarefa, o problema da individualidade histórica é irrelevante.

103 // O tratamento preliminar dos complexos de problemas da filosofia transcendental que possibilitaram as filosofias do inconsciente permite-nos uma formulação mais precisa de nosso método e de nosso problema. Permite-nos realçar o espaço da contraposição entre filosofia transcendental e filosofias do inconsciente. Trata-se de mostrar se aquelas teorias, nas quais a vontade ontológica se serviu das falhas do sistema kantiano a fim de se imporem novamente, são em si contraditórias ou não; além disso, se elas, de fato, segundo seu conteúdo objetivo, são independentes (como afirmam ser) ou não das colocações da filosofia transcendental; por fim, trata-se de responder à questão de se tanto aquelas falhas da doutrina kantiana quanto a desconsideração dos conteúdos inconscientes em seu conjunto

por Kant originam-se necessariamente no idealismo transcendental. Se chegarmos ao resultado de que as teorias do inconsciente, na medida em que se colocam como opostas ao método transcendental, não são em si desprovidas de contradição e também não são independentes das pressuposições cardinais do método transcendental, pois, de alguma forma, colocam elas mesmas aquelas pressuposições; se, além disso, alcançamos a compreensão de que aquelas indicadas "falhas" da doutrina kantiana não são necessariamente falhas do sistema do idealismo transcendental, pois são solucionáveis no marco da sistemática transcendental, então conseguimos, assim, *remeter nosso problema ao método transcendental*. Se, ao pretendermos realizar essa remissão, partimos da contradição entre a filosofia transcendental e as filosofias do inconsciente, então podemos também formular nosso problema dizendo que descobrimos ser mera aparência a contradição colocada como necessária, com base nas referidas teorias do inconsciente, entre o conceito do idealismo transcendental e o conceito do inconsciente, e podemos não apenas formular em geral a compatibilidade de ambos os conceitos, mas sim demonstrá-la em uma análise epistemológica concreta. Para isso é necessária, no entanto, além daquela "remissão", a compreensão do problema do inconsciente como um problema real, não apenas gerado pelas disputas entre as // teorias do conhecimento, mas sim pelos próprios fatos, portanto pelos resultados da pesquisa psicológica. Nós vamos nos certificar dessa compreensão. Se conseguirmos remeter o conceito de inconsciente ao método transcendental, então nossa tarefa será alcançar uma teoria transcendental do inconsciente. Naturalmente, essa teoria terá de ser vinculada a Kant; porém, também com intenção crítica, pois precisamos demonstrar a independência de uma solução transcendental do problema do inconsciente em relação às investigações de Kant, nas quais o inconsciente não aparece de forma alguma. Conduziremos nossa análise transcendental em concordância com os resultados e o método da *Sistemática transcendental* de Hans Cornelius e, inicialmente, precisamos realizar uma discussão transcendental geral daquela espécie de formações conceituais psicológicas, às quais pertence o conceito de inconsciente, antes de progredirmos a uma determinação transcendental exata do conceito de inconsciente. Finalmente, nossa tarefa será comparar o conceito de inconsciente constituído de um ponto de vista transcendental com o elaborado pela ciência empírica, examinar sua aplicabilidade e, em sentido inverso, investigar a relevância epistemológica dos conceitos empírico-psicológicos do inconsciente, depois de termos já submetido à crítica a distinção usual entre psicologia transcendental e empírica. Nossa consideração da ciência empírica do inconsciente irá se estabelecer onde a pesquisa empírica se serve de forma central do conceito de inconsciente: na psicanálise. Uma vez que consideramos que a psicanálise não tem a ver com nada mais do que com o conhecimento das realidades inconscientes, então o problema final, a que chega nossa investigação, pode ser formulado também com uma questão: como a psicanálise é possível como ciência?

A *divisão* de nossa investigação, naturalmente, está dada com o esboço do método. O trabalho se divide em três capítulos. No *primeiro*, faremos a contraposição entre filosofia transcendental e filosofias do inconsciente; esse capítulo tem o caráter de uma consideração preliminar crítica e possibilita // a teoria positiva do inconsciente. Em sua primeira parte, fazemos uma crítica imanente às teorias do inconsciente, na medida em que elas se colocam como contrapostas à filosofia transcendental – tal como, portanto, elas serão aqui derivadas dos problemas kantianos –; uma crítica que se dirige à coerência daquelas teorias e à sua independência perante as colocações da filosofia transcendental. Nesse momento, serão apontadas e formuladas de forma antitética uma série de contradições, que permanecem sem solução no marco daquelas teorias. A segunda parte do primeiro capítulo empreende a resolução daquelas contradições e passa a uma crítica transcendente, que independe dos pressupostos daquelas teorias; essa parte é a que realiza propriamente a remissão do problema do inconsciente à filosofia transcendental e, ao mesmo tempo, demonstra os motivos pelos quais Kant não pôde chegar essencialmente a uma teoria do inconsciente. – O *segundo* capítulo empreende a constituição de uma teoria transcendental do inconsciente. Sua primeira parte continua a contraposição a Kant, ao tratar de forma mais detalhada a parte da doutrina kantiana em que haveria espaço para a teoria do inconsciente: a doutrina dos paralogismos psicológicos, a luta de Kant contra a "doutrina racional da alma". Depois de evidenciarmos que aquela crítica kantiana se restringe à doutrina ontológica da alma, e também de demonstrarmos a possibilidade, por princípio, de uma doutrina racional da alma, serão desenvolvidos, na segunda parte do segundo capítulo, elementos de uma doutrina transcendental da alma, que constituem transcendentalmente o conceito de inconsciente. Na terceira parte, realiza-se essa constituição transcendental do conceito de inconsciente e procura-se sua definição e suficiente diferenciação. – O *terceiro* capítulo, por fim, dedica-se à aplicação dos resultados transcendentais à pesquisa psicológica e à fundamentação do conhecimento empírico do inconsciente. Ele se dirige à psicanálise e empreende, em sua primeira parte, a fundamentação tanto da escolha daquela jovem disciplina quanto do método de sua interpretação. Na segunda parte, apresentam-se os conteúdos cognitivos essenciais da psicanálise, que são "traduzidos" nos conceitos // de que nos servimos em nossa teoria transcendental. A terceira parte, então, interpreta a psicanálise, salientando a compatibilidade de seu procedimento metódico com as doutrinas da filosofia transcendental; mostra o retorno do conceito de inconsciente determinado de um ponto de vista transcendental e sua diferenciação na psicanálise, e procura alcançar uma fundamentação epistemológica geral e válida da psicanálise como ciência.

// Primeiro capítulo
Considerações críticas preliminares

1. Sobre a problemática imanente das doutrinas do inconsciente

A tarefa de nossa consideração crítica do conceito de inconsciente não é tanto examinar todas as teorias existentes do inconsciente ou mesmo apenas sua parte mais significativa em relação à sua coerência imanente, mas sim: decidir a disputa entre a filosofia transcendental e as filosofias do inconsciente sobre a concepção do conceito de inconsciente através de uma discussão desse conceito. Essa decisão não tem como pressuposto o desdobramento do material filosófico das atuais filosofias do inconsciente, que não serão abordadas em nosso trabalho, o qual se dirige ao objeto de estudo propriamente. Essa decisão nos leva à explanação dos problemas kantianos, nos quais reconhecemos os pontos de partida da disputa entre as doutrinas do inconsciente. Não pretendemos, com isso, ter descoberto a origem histórica das doutrinas do inconsciente, e sabemos perfeitamente que, historicamente, outros motivos valem essencialmente para a formação daquelas filosofias além da oposição a Kant ou até o esforço de corrigir as falhas do sistema kantiano. Como para o nosso método, porém, trata-se de evidenciar a relação entre filosofia transcendental e filosofia do inconsciente, e nossa intenção última é demonstrar a possibilidade de uma determinação transcendental do conceito de inconsciente, assim estamos autorizados a investigar as doutrinas do inconsciente em sua contradição frente a Kant e a rastrear essa contradição até em seus condicionantes objetivos no sistema kantiano. // Concentramos nossa discussão no que é decisivo, a saber, no posicionamento do conceito de inconsciente perante a filosofia transcendental. Estamos tanto mais historicamente autorizados a fazê-lo, quanto se percebe que a disputa contra Kant é própria a todas as filosofias do inconsciente, mesmo àquelas que não surgiram propriamente de uma contraposição crítica ao sistema kantiano, seja ela explicitamente formulada ou simplesmente posta em conjunto com as colocações objetivas ou afirmações daquelas filosofias, sem ser expressa propriamente. Mesmo onde se encontra um conceito de inconsciente compatível de algum modo com a doutrina kantiana — como em várias partes da teoria da percepção de [Hermann von] Helmholtz —, não se pode dizer que tenha sido empregado como conceito filosoficamente central. Outro motivo para orientarmos nossa discussão das doutrinas do inconsciente pela contradição à filosofia da consciência de Kant é a estrutura dos próprios problemas kantianos indicados, pois estes não se sucedem contingentemente, mas sim estão em relação recíproca, que aponta não apenas para o verdadeiro fundamento da oposição de todas as filosofias do inconsciente à totalidade do sistema kantiano, mas para o ponto de partida objetivo de todas as doutrinas do inconsciente. Os três problemas kantianos, dos quais falamos e cuja solução na perspectiva de uma doutrina do inconsciente investigamos: o problema da coisa em si, da espontaneidade e da teleologia, podem ser unificados em um ponto de vista superior. São os problemas dos *conceitos-limite*, ou melhor: daqueles conceitos-limite que na doutrina das antinomias de Kant não encontraram sua ordenação definitiva no sistema do idealismo transcendental, ou (na medida em que se pensa no problema da coisa em si): cujo tratamento na doutrina das antinomias não encontrou todas as suas consequências na estrutura do sistema. Exprime-se com os três conceitos o essencial *caráter inconcluso de nossa experiência*.

Os conceitos de teleologia e de coisa em si são apenas modos de expressão distintos, e na verdade funestamente distintos, para // a mesma realidade: que "as coisas sempre permanecem desconhecidas para nós" (Cornelius), pois sempre existe a possibilidade de surgirem novos fenômenos, obrigando-nos a modificar nosso conceito da referida coisa. Essa realidade torna-se duplamente distinta nos conceitos de coisa em si e teleologia, e também duplamente interpretada de forma problemática. Na doutrina da coisa em si, tanto as coisas, em função de sua "parcial incognoscibilidade", são totalmente subtraídas ao complexo da consciência – que, porém, as deveria constituir –, quanto, desse modo, sua transcendência é simplesmente afirmada; na doutrina da teleologia, a realidade positivamente dada do conjunto de características, que não pode ser pensada de forma completa, é, no entanto, pressuposta, mesmo que tão somente como princípio regulativo. Pois na verdade precisaríamos do conhecimento do "todo" para poder conhecer a determinação de cada particular através do todo; enquanto precisamente o conhecimento do todo, com o qual o conceito de teleologia opera, é uma relação formal no interior do imediatamente dado, a qual nos possibilita uma determinação conforme a leis das partes, sem que transcendamos o âmbito da experiência, cujas leis, porém, possuem validade também apenas no âmbito da experiência, permanecendo sempre uma tarefa para a consciência cognoscente. O conceito-limite de nossa experiência cambiante e permanentemente inconclusa, o curso de nossa consciência no tempo subjetivo – que se encontra em um fluxo perene –, é fundamento do conceito de espontaneidade, que foi empregado por Kant de forma positivamente ontológica, e é bem mais decisivo do que o de coisa em si. Referente à transformação kantiana desse fluxo em um conceito da atividade, deve-se pensar que, para a construção concreta do sistema kantiano do "primado da razão prática sobre a teórica", foi decisivo que já se tenha pressuposto para a *Crítica da razão pura* o conceito de *liberdade* como cerne da doutrina kantiana dos costumes, e que, para Kant, liberdade não significa nada mais do que a capacidade do sujeito em agir. Entretanto, como Kant concebe essa capacidade como independente da experiência, e, em vez de derivá-la de uma análise do complexo da consciência, já a pressupõe, então necessita // compreender seu princípio como experiência independente, ou seja, torná-lo condição de possibilidade de toda experiência. Ao mesmo tempo, porém, independência perante a experiência significa, para ele, a conjugação entre a fundamentação da filosofia teórica e prática. Assim, ele introduz o conceito constitutivo de sua filosofia prática, que antes precisaria de legitimação através da análise transcendental, como postulado na doutrina do conhecimento, e concebe a condição de possibilidade de toda experiência – que, porém, nada mais é que a unidade da experiência – como

Primeiros escritos filosóficos

atividade no sentido do conceito de liberdade da filosofia prática.¹ Desse modo, como consequência da constituição metafísica da ética kantiana e da posterior dependência da doutrina kantiana do conhecimento perante aquela ética, resulta a hipóstase naturalista do conceito de espontaneidade, ao passo que, para uma teoria transcendental restrita ao âmbito da realidade dada, o conceito de atividade nada mais é do que uma abreviatura para uma classe de fatos de experiência, a saber, para aqueles que têm como pressuposto uma ação voluntária. O conceito kantiano de espontaneidade, porém, pretende não ter nada a ver com isso. Ele se caracteriza como hipóstase naturalista de um *conceito-limite* na medida em que a interpretação do complexo de nossa experiência como atividade do sujeito pressupõe a completa realidade dada desse complexo e a completa cognoscibilidade das coisas, ou seja, dos objetos de nossa experiência. Essa pressuposição inadmissível torna-se evidente através da seguinte reflexão. Para poder falar de uma atividade do sujeito, preciso estar em condição de estabelecer uma distinção entre o material daquela atividade, na medida em que ele é disforme, e o resultado dela. Caso contrário, a afirmação de uma atividade é uma suposição arbitrária e inverificável. O material da atividade, porém, que a espontaneidade kantiana quer abarcar, não poderia ser nada mais do que o imediatamente dado, pois os objetos de nossa experiência devem ser o produto da espontaneidade, e as coisas em si transcendentes, às quais Kant sempre se liga, // devem ser independentes pre-

---

1 Sempre tomamos aqui como referência a *segunda* edição da *Crítica da razão pura*, na qual, comparados ao "psicologismo" da primeira edição, aqueles motivos aparecem de forma decisiva.

cisamente do pensamento do sujeito. Assim, para poder falar de uma espontaneidade da consciência, precisaríamos ser capazes de diferenciar o imediatamente dado em relação ao complexo da consciência. Ora, o imediatamente dado caracteriza-se, entretanto, precisamente pelo fato de sempre pertencer ao complexo de nossa consciência como conjunto de nossas experiências, e também pelo fato de que as leis do complexo da consciência, em seu conjunto, estão fundadas no imediatamente dado. A unidade da consciência consiste precisamente no fato de que nada imediatamente dado é isolado, pois tudo está em relação a outras vivências. O conceito de impressão, do qual parte toda teoria do conhecimento, e também a kantiana, já é realmente uma abstração; não há impressões puras, pois mesmo vivências de impressão situam-se em relações com outras, passadas e futuras. Um material independente de sua "formação", ou seja, da atividade supostamente espontânea, não nos é dado de forma alguma. Não podemos separar o "material" do que é "formado" e não temos, assim, de forma alguma o direito de falar de "formação". Para poder formular o conceito de mero "material", a que somos forçados pela doutrina kantiana da espontaneidade, o complexo do dado precisa ser ultrapassado. Isto pode ocorrer de dois modos. Em primeiro lugar, pode-se introduzir o conceito da coisa em si transcendente e interpretar as impressões como seus efeitos, que precisam ser "elaborados", a fim de serem trazidos novamente a um complexo que deve corresponder, como correlato imanente, ao complexo dogmaticamente pressuposto da coisa; elaboração que é concebida como uma atividade. A primeira suposição naturalista de uma causalidade eficiente da coisa em si transcendente em relação à consciência conduz, juntamente com o fato de que a coisa em si jamais é uma realidade dada imediata, à segunda suposição naturalista de uma "atividade" da consciência (equivalente àquela causalidade transcendente), que reunifica a pluralidade supostamente indeterminada das "impressões" em coisas. Por outro lado, uma teoria do conhecimento que quer introduzir o conceito de um material a ser formado pela espontaneidade da consciência pode certamente evitar a suposição de uma transcendência da coisa, // mas supondo uma realidade dada completa da experiência, uma suposição não menos transcendente. Se nossa experiência fosse por princípio conclusa, se as coisas constituídas de forma imanente fossem, portanto, completamente conhecidas por nós, então se poderia inverter o caminho que conduz de nossas experiências até a formação de nossos conceitos de coisa, e os fenômenos poderiam ser falados simplesmente como efeitos das coisas, enquanto nós, em relação ao fluxo perene e por princípio inconcluso do curso de nossa consciência, poderíamos considerar os fenômenos como efeitos das coisas tão somente na medida em que as leis, sob as quais apreendemos o complexo fenomênico e que são essencialmente nossas "coisas", sejam confirmadas pelo surgimento dos fenômenos compreendidos por elas. Estaríamos assim em condição de estabelecer uma separação, por princípio, entre o "material" do curso de nossa consciência, ou seja, de nossas vivências, e o "formado", uma vez que, em uma experiência conclusa, nossos conceitos de coisa seriam independentes de todo o recurso a eventuais vivências futuras, e estaríamos livres para interpretar a experiência conclusa como atividade que elabora os fenômenos fugidios em objetos perenes e independentes da experiência. No curso real de nossa consciência, entretanto, não cabe falar de tal elaboração, pois as coisas não subsistem de forma independente da experiência. Por outro lado, a multiplicidade inconclusa das vivências também sempre abriga em si elementos através dos quais nos é dado um saber sobre o ser passado e futuro, de tal forma que o ser fenomênico e o ser das coisas estão em uma constante relação, na qual o ser das coisas sempre deve estar fundado no ser fenomênico, mas na qual não se podem, por isso, contrapor o "material" e o "formado", pois todos os elementos da própria "formação" estão contidos no imediatamente dado. A divisão entre o material e o formado pressupõe a realidade completamente dada da progressão infinita de nossa experiência, e a concepção da progressão da experiência como uma produção espontânea dos objetos através da consciência nada mais é do que uma metáfora totalmente ilegítima, que sempre conduz a postulados naturalistas, uma metáfora para a perpétua fundamentação conforme a leis // de nossas vivências em seu complexo, que por sua vez é concebido como tendo sua causa absoluta precisamente na espontaneidade da consciência. Faria sentido, assim, aplicar a doutrina kantiana das antinomias ao conceito de espontaneidade, e o princípio de que o curso de nossa consciência tem uma causa última, independente de toda experiência (a saber: a espontaneidade da consciência), poderia ser legitimamente confrontado com o princípio contraditoriamente oposto, e assim poderíamos provar que a afirmação de ambos os princípios ultrapassa os "limites da possibilidade da experiência" e, portanto, são alvo da crítica da razão. Apenas a pressuposição dogmática da filosofia prática para a teórica, que torna necessária a afirmação positiva da "liberdade" do sujeito também para a teoria do conhecimento, sem que essa liberdade seja questionada através de uma análise dos atos voluntários (análise que, devido a seu caráter empírico, seria interditada pelo apriorismo racional de Kant) – apenas aquela pressuposição dogmática torna compreensível que Kant tenha empregado positivamente o conceito de espontaneidade e o subtraído ao exame através da dialética transcendental.

A compreensão do caráter essencialmente transcendental dos conceitos internos à teoria kantiana que constituem o ponto de partida para as filosofias do inconsciente nos fornece um primeiro ponto de vista importante para a discussão da problemática imanente das doutrinas do inconsciente. Na medida em que reconhecermos que há espaço para o conceito de inconsciente em todos os lugares do sistema kantiano em que os limites de possibilidade da experiência são ultrapassados, estará indicado para nós o caminho para a crítica imanente daquelas doutrinas e, com isso, também será dada a conexão da crítica imanente a uma consequente crítica transcendental.

A tarefa de nossa crítica imanente é tanto descobrir contradições ou incoerências na estrutura epistemológica das doutrinas do inconsciente quanto adentrar em seu oculto fundamento transcendental. Se conseguirmos realizar a primeira, então não será surpresa que as contradições imanentes das doutrinas do inconsciente possam ser remetidas às determinações da dialética transcendental de Kant, ou seja, que as contradições // que encontramos apresentam-se como originadas precisamente da ultrapassagem ilegítima do âmbito da experiência. A legitimação propriamente dita de nosso ponto de partida na oposição das doutrinas do inconsciente a Kant reside no fato de que as inconsistências encontradas em nosso tratamento imanente são as mesmas que motivam objetivamente a crítica de Kant à velha ontologia. Essa conexão torna ao mesmo tempo compreensível que a crítica das doutrinas do inconsciente nos conduza precisamente à doutrina kantiana das antinomias, e que nossa própria crítica se realize na forma de uma crítica às relações antinômicas. E nossa intenção de alcançar seu fundamento transcendental em uma análise epistemológica da estrutura das doutrinas do inconsciente revela-se para nós, sob o ponto de vista de uma crítica às antinomias (as quais provêm de uma ultrapassagem do âmbito da experiência), não apenas como instrumento formal da defesa da filosofia transcendental contra as pretensões de legitimidade das filosofias do inconsciente, mas como um instrumento objetivamente exigido precisamente pela redução de seus conceitos transcendentes errôneos a conceitos fundamentais empiricamente válidos. Tudo isso, é claro, só será confirmado de forma plena no curso da investigação.

Inicialmente, o auxílio à constituição de nosso método será dado pelo conhecimento do ponto de partida teórico das doutrinas do inconsciente em problemas kantianos. Sabemos que, vistos a partir de Kant, todos os conceitos centrais às doutrinas do inconsciente são conceitos-limite hipostasiados. No sistema kantiano, conceitos que designam apenas o caráter essencialmente inconcluso da experiência são agora empregados positivamente, e seus objetos são pensados como completamente dados. Para conceitos dessa espécie, no entanto, não há possibilidade de definição científica. Havíamos ressaltado anteriormente que nossa discussão do conceito de inconsciente não poderia se iniciar com uma definição desse conceito, pois sob ele se agrupam utilizações em voga tão completamente disparatadas que ele se subtrai a uma definição unívoca, e a definição somente resulta do esforço crítico por sua elucida-

115 ção. Podemos agora fundamentar, // em termos de conteúdo, nossa escolha em não fornecer uma definição. Compreendemos por definição o esclarecimento de um conceito através de outros conceitos que, por sua vez, carecem de determinação conceitual, até podermos substituir a determinação conceitual pela referência às coisas mesmas, ou seja, pelo método dêitico. Conhecimentos dêiticos são sempre obtidos empiricamente, conhecimentos que com certeza podem valer para toda experiência futura, mas que provêm da própria experiência. Ora, na medida em que o conceito de inconsciente é um conceito-limite positivamente utilizado, que ultrapassa os limites de possibilidade da experiência, não se pode fornecer sua determinação dêitica, e sua definição permanece necessariamente obscura e necessita operar com conceitos auxiliares, que não podem ser legitimados no complexo da consciência. Por isso as antigas definições do conceito de inconsciente, como o conceito espinosista da *intuitio* (no qual a intuição matemática confunde-se com uma peculiar espécie de conhecimento inconsciente metafisicamente pressuposto), são, em seu conjunto, de tipo dogmático e não são utilizáveis como definições válidas de um ponto de vista científico e empírico, enquanto as doutrinas mais recentes do inconsciente, incluindo a psicanálise (para a qual precisaremos fornecer aquele trabalho complementar), renunciam totalmente à definição propriamente dita do inconsciente. Nós podemos, assim, colocar o problema da definição considerando como nossa tarefa a determinação dêitica dos fatos que fornecem o fundamento de legitimidade último de qualquer definição e, portanto, também do conceito de inconsciente. Ora, isso não pode ser realizado em relação às principais doutrinas do inconsciente, pois sua formulação

do conceito de inconsciente impede por princípio o recurso à experiência. Nós teríamos, portanto, de já ter ultrapassado de um ponto de vista crítico as doutrinas do inconsciente para alcançar uma definição do conceito de inconsciente. Não estamos autorizados a fazer isso até termos submetido tais teorias à nossa consideração crítica preliminar. Essa consideração, de acordo com as reflexões já feitas, não poderá ser orientada a um esclarecimento definidor do conceito de inconsciente nessas teorias, // mas sim à investigação das consequências do uso daquele conceito. Não nos deve preocupar nem surpreender que não procedamos com base em uma definição mais segura. "Que na filosofia não se deva imitar a matemática fornecendo previamente as definições, a não ser como mera tentativa", é a opinião de Kant na doutrina do método da *Crítica da razão pura*, e mais à frente: "se não se pudesse começar absolutamente nada com um conceito até que ele tivesse sido definido, então seria muito difícil filosofar [...]. As definições pertencem à matemática *ad esse*, e à filosofia, *ad melius esse*".[2] A impossibilidade de colocar uma definição obrigatória do conceito de inconsciente como fundamento da consideração imanente da estrutura epistemológica das doutrinas do inconsciente não nos deve confundir, considerando que a independência daquele conceito perante definições conta como um dos pontos programáticos principais das mais importantes daquelas doutrinas – sobretudo de Bergson –, e devemos inicialmente atribuir aquela independência perante o procedimento definitório às doutrinas do inconsciente, para posteriormente verificar se elas

---

2 Kant, *Kritik der reinen Vernunft*, p.612. (A partir de agora indicada no texto apenas como KdrV.)

não trabalham com definições implícitas ou, o que é propriamente bem mais importante, se a análise científica não obrigaria a fornecer uma definição do conceito de inconsciente. A fim de compreender de modo correto a aversão das doutrinas do inconsciente ao método definitório, deve-se considerar o segundo motivo principal da formação daquelas doutrinas. A depreciação da experiência, que Kant acolheu como herança da metafísica de Leibniz e Wolff, caracteriza a filosofia kantiana da consciência, de um ponto de vista do método, essencialmente como um método definitório, e a resistência, fundamentada em termos teológicos e ontológicos, contra essa filosofia da consciência emprega seu caráter definitório e racionalista como objeção a ela e aceita elementos da crítica empírica, de cujo fundamento, porém, a metafísica do inconsciente está totalmente distanciada. A consequência disso // é a situação paradoxal: tanto a crítica, dirigida de um ponto de vista metafísico, à filosofia kantiana da consciência ataca, em sua luta, precisamente aqueles componentes da doutrina kantiana em que se exprime sua proveniência metafísica, a saber, a ontologia da consciência; quanto tal crítica, a fim de refutar a reivindicação da consciência à constituição da realidade, serve-se precisamente do auxílio dos argumentos empíricos que contradizem não apenas os resquícios da ontologia da consciência de Leibniz em Kant, mas também, em igual medida, as próprias pretensões metafísicas das doutrinas do inconsciente. Tais questões, entretanto, uma vez lançadas pelas filosofias do inconsciente na discussão da filosofia kantiana, ultrapassam, ao mesmo tempo, a intenção crítica dessas teorias, conduzindo objetivamente à retificação da concepção kantiana da psicologia e, finalmente, àquela clara determinação do inconsciente, contra a qual se voltam as filosofias do inconsciente ao taxá-la de "racionalista". As filosofias do inconsciente acolhem em sua luta contra a filosofia kantiana da consciência a herança da crítica empírica ao racionalismo e exigem, assim, indiretamente o esclarecimento científico do conceito de inconsciente. O problema do *atomismo das características*, em particular, é colocado enfaticamente pela recusa do procedimento definitório da filosofia da consciência e, assim, realiza-se a correção desse procedimento. Na medida em que o método dêitico se impõe perante o método definitório, finalmente se torna forçado remeter o conceito de inconsciente ao complexo da experiência, precisamente ao qual aquele conceito foi historicamente contraposto. A impossibilidade metodológica de começar com uma afirmação definitória do conceito de inconsciente inaugura, assim, a possibilidade de uma solução objetiva do problema de inconsciente: ela conduz ao retorno às realidades dadas da consciência. Entretanto, não temos ainda condição de investigar esse retorno. Temos de tratar, inicialmente, da estrutura epistemológica das doutrinas do inconsciente, às quais podemos nos voltar, sem demora, depois de esclarecermos a essencial relação daquelas doutrinas à filosofia transcendental e a impossibilidade de uma definição do inconsciente antes de realizar nossa crítica.

// De início, procuremos novamente circunscrever o que compreendemos como filosofias do inconsciente. Significam para nós, segundo nossas considerações introdutórias, em princípio, todas as doutrinas cujo objeto é psíquico, mas que estabelecem a independência de suas afirmações perante a consciência – consciência compreendida aqui na maior extensão do conceito. Em seguida, caracterizamos as filosofias do inconsciente por se colocarem a pretensão de disporem de um modo de conhecimento especial, adequado aos seus objetos inconscientes, através do qual elas podem se assegurar daqueles objetos de forma confiável. Além disso, delineamos as filosofias do inconsciente por negarem o significado essencial e legítimo das condições transcendentais, ou seja, por pretenderem refutar precisamente os fatores transcendentais. Por fim, as filosofias do inconsciente são aquelas que não introduzem um conceito de inconsciente apenas de forma ocasional, para complemento ou restrição de seus princípios fundamentais, mas nas quais o conceito de inconsciente situa-se de forma central e cujo complexo total é determinado por esse conceito. O próprio conceito de inconsciente não é positivamente determinado na generalidade com que nossas considerações críticas o tratam, mas sim apenas através da negação da consciência; sendo ele, portanto, necessariamente tão vago quanto o próprio conceito de consciência. Estamos, assim, já alertados para o fato de que uma concepção precisa do conceito de inconsciente tem como pressuposto uma determinação mais específica do que é compreendido como consciência. Tal concepção exata do conceito de consciência ainda não é necessária para a crítica imanente das doutrinas do inconsciente; nem é recomendável, posto que nossa crítica será conduzida em tal generalidade que atingirá cada uma das filosofias que incidirem dentro desses limites traçados; ao passo que, com uma concepção exata do conceito de consciência, permaneceriam excluídas todas as filosofias do inconsciente que não satisfizessem esse conceito. Vamos nos contentar, assim, com um conceito de consciência que possui certa indeterminação e vamos compreender como filosofias do inconsciente todas que estão de acordo com as determinações dadas aqui.

119 // Nosso objetivo é: questionar a pretensão de legitimidade das filosofias do inconsciente contra a filosofia transcendental. A fim de assegurar o método transcendental contra aquelas teorias, ele não pode ser pressuposto na análise. Isso, porém, é legítimo, se realizarmos a fundamentação geral das incoerências encontradas por nós segundo o ponto de vista do idealismo transcendental, ou, em todo caso, se nos for possível demonstrar que, mesmo contra sua vontade, as filosofias do inconsciente são compelidas a aceitar em si mesmas elementos que pertencem ao contexto do idealismo transcendental. Nosso procedimento segue o de Kant, que expõe as antinomias também a partir das pressuposições delas, esclarece-as e resolve-as com os meios do método transcendental. Depois de tudo o que falamos do caráter transcendental das doutrinas do inconsciente, não deve nos surpreender que nossa crítica das doutrinas do inconsciente vincule-se de forma consciente, e mesmo segundo o desenvolvimento metódico, à doutrina kantiana das antinomias. Nosso método está de acordo com o de Kant em duas diretrizes: em primeiro lugar, procura demonstrar a incoerência lógica das doutrinas do inconsciente em si e descobrir as contradições nas quais incide necessariamente o pensamento das filosofias do inconsciente; em segundo lugar, pretende ressaltar as condições transcendentais das doutrinas do inconsciente que elas pretendem negar. A conexão entre a dependência de condições transcendentais por parte das doutrinas do inconsciente, dirigidas polemicamente contra a fundamentação transcendental do conhecimento, e a problemática imanente a elas sobressai de modo evidente a partir das explanações sobre os pontos de partida intrakantianos das doutrinas do inconsciente. Se a análise imanente confirmar o que antes foi formulado sob o ponto de vista do sistema kantiano, e se, de fato, as doutrinas do inconsciente levam a antinomias originadas da mesma forma que as referidas na *Crítica da razão pura*, então estará demonstrada a necessidade de sua resolução transcendental; e // se as doutrinas do inconsciente entram em contradição consigo mesmas, então isso significa que elas não podem prescindir das condições transcendentais. A fim de compreender essa última questão de forma geral, entretanto, é necessária uma discussão pormenorizada do conceito do transcendental, que podemos realizar apenas no curso principal de nossa investigação sobre a incoerência das doutrinas do inconsciente. Antes, porém, precisamos evidenciar a incoerência das próprias doutrinas caracterizadas de forma restrita. A fim de esclarecer a primeira e fundamental dessas incoerências, precisamos ter em mente que é próprio de todas as doutrinas do inconsciente, não apenas relacionar recíproca e necessariamente os conceitos de consciência e inconsciente, mas também, de alguma forma, sempre supor o inconsciente como um elemento que se dá no âmbito da consciência. Para as teorias tradicionais do inconsciente, elementos inconscientes transcendem a experiência, mas são sempre imanentes à consciência; com frequência são supostos como jamais verificáveis na experiência, mas sempre concebidos como psíquicos. Na medida em que sua cognoscibilidade está em questão, fatos que simplesmente transcendem o complexo da consciência não serão referidos em nenhuma terminologia como inconscientes, mas sempre como elementos desconhecidos ou incognoscíveis. Para as doutrinas do inconsciente, elementos inconscientes não são de forma alguma idênticos com os desconhecidos ou incognoscíveis. No entanto, à questão sobre de onde sabemos alguma coisa sobre os fatos essencialmente inconscientes, ou seja, que são imanentes à consciência, mas, ao mesmo tempo, não podem se tornar conscientes, as doutrinas atuais do inconsciente não nos dão outra resposta além de que o saber sobre aqueles elementos deriva de uma especial forma de conhecimento, que se subtrai ao controle dos métodos científicos, mas à qual é própria uma especial e irrefutável espécie de evidência. No entanto, a informação forçada de se supor para os fatos inconscientes uma forma de conhecimento própria, adequada, às realidades inconscientes, ou mesmo a renúncia total de alcançar essas realidades, não altera o fato de elas // serem compreendidas como imanentes à consciência. A concepção do significado constitutivo do inconsciente provém do fato de ela determinar o inconsciente como imanente à consciência, embora ao mesmo tempo como inacessível à consciência cognoscente, ou acessível apenas mediante modos de conhecimento específicos, e existe aparentemente a possibilidade de identificá-lo com o caráter inteligível, ou com o fundamento transcendente da consciência, ou com o centro espontâneo, ou com todas as representações metafísicas que foram alvo da *Crítica da razão pura*. Todas as interpretações metafísicas do conceito de inconsciente partem da suposição de que ele, como inconsciente, deve ser imanente à consciência; e como as coisas em si imanentes, completamente conhecidas, são igualadas, em uma curiosa interpretação do conceito-limite kantiano, às causas transcendentes dos fenômenos pela maioria das filosofias pós-kantianas do idealismo, incluindo a fenomenologia de Husserl, então, para as filosofias do inconsciente, este se converte em fundamento transcendente e absoluto da experiência, precisamente por sua constituição imanente e própria à consciência. Por isso deve-se investigar a mística daquela relação antes de qualquer outra coisa; nela já estão implícitas todas as demais incoerências presentes no uso filosófico do conceito de inconsciente. É evidente que, na medida em que o princípio de identidade é respeitado, uma coisa não pode ser ao mesmo tempo consciente e inconsciente, e é precisamente essa afirmação que possibilita a interpretação mística do conceito de inconsciente. Em sua contraposição simples e direta, os conceitos de consciente e inconsciente são contraditórios, e as afirmações: "A é consciente" e "A é inconsciente" excluem-se mutuamente. Deve haver um uso equivocado dos conceitos, caso o discurso de consciência inconsciente ou de inconsciente consciente não seja em geral um *nonsense*. Uma vez que o conceito de inconsciente, como o tomamos em nossa crítica, não é concebido de outra forma do que como negação do conceito de consciência, então o suposto equívoco se vincula necessariamente ao conceito de consciência. Recordemos que, para os fins de nossa crítica imanente, foi nossa intenção utilizar o conceito consciência em uma ampla extensão. // Restam, portanto, apenas dois caminhos para o esclarecimento da terminologia. A primeira seria que se designam como inconscientes realidades que, na verdade, não são realidades da consciência, mas sim coisas espaciais. Desse modo, não haveria nada a se reprovar contra o uso do conceito "inconsciente", embora ele contrarie a tradição. De acordo com nossas reflexões, porém, precisamente aquela transcendência espacial estaria excluída da extensão do significado do conceito de inconsciente, devendo então ser desconsiderada aqui. Poderiam ainda ser entendidas como realidades inconscientes aquelas que, perante a consciência, são transcendentes como seu fundamento essencialmente incognoscível. Tais transcendências, no entanto, não poderiam ser mais qualificadas de forma alguma como fatos da consciência, e sua inacessibilidade por princípio à consciência impede toda afirmação positiva. Falaremos de forma pormenorizada sobre as contradições em que incide a razão no uso e já na mera suposição de tais transcendências, e o problema que nos colocamos de uma doutrina das antinomias da metafísica do inconsciente possui bem propriamente seu lugar na abordagem dessas transcendências. Aqui, como se trata inicialmente da crítica das questões terminológicas mais gerais, vamos nos contentar com a afirmação de que tais transcendências, caso se possa em geral falar delas, não se situam de forma alguma sob a rubrica da consciência, pois, sempre que se coloca legitimamente o discurso sobre consciência, é preciso que seja dada a possibilidade de que os objetos assim compreendidos cheguem à consciência, tornem-se conscientes – uma possibilidade que a afirmação da absoluta transcendência daqueles fatos exclui por completo. Já está claro que é necessária igualmente uma discussão própria sobre a pretensão das filosofias do inconsciente de converter em realidade dada aquelas realidades essencialmente transcendentes através de uma particular forma de conhecimento. Como fatos essencialmente transcendentes, porém, inacessíveis à consciência, aquelas coisas inconscientes jamais poderiam ser consideradas ao mesmo tempo conscientes; submetê-las em geral ao complexo da consciência é um discurso vazio, e // não se pode falar de forma alguma sobre qualquer conexão compreensível entre elas e a consciência, nem mesmo como um significado de fundamentação que elas poderiam ter para a consciência.

O segundo caminho, decisivo para a resolução *objetiva* de nosso problema, é caracterizar como inconscientes fatos que não são em absoluto transcendentes à consciência nem alheios a ela; ou, o que significa a mesma coisa, que nos discursos sobre consciente e inconsciente empregue-se o conceito de consciência duas vezes com diferentes significados; nesse sentido, o conceito de consciência, a que se submetem as realidades inconscientes, necessariamente é tomado de forma mais ampla que o conceito de consciência, cuja negação é representada pelo conceito de inconsciente. Nesse caso, porém, não há mais como se falar de uma transcendência por princípio do inconsciente, e este com certeza se submete à rubrica da consciência. Surge para a crítica filosófica, porém, a tarefa de esclarecer dois conceitos estabelecidos de consciência e separar claramente um do outro. Essa separação, entretanto, não pode ser realizada em uma análise imanente dos conceitos, mas tão somente mediante o recurso às coisas, e deverá nos ocupar apenas ao longo da formação de nossa teoria positiva do inconsciente. Já está claro, porém, que a projetada elucidação do conceito de inconsciente, mediante a apresentação dos diversos significados do discurso sobre a consciência, necessariamente contradiz toda metafísica do inconsciente no sentido já delineado, pois ela se vê necessariamente remetida à análise da consciência a fim de determinar o conceito de inconsciente; para ela, a consciência é fundamento legítimo de todos os juízos sobre o inconsciente, e, diante de tal perspectiva, torna-se inválida toda pretensão de independência do inconsciente perante a consciência, bem como todo valor fundamental do inconsciente como sendo simplesmente e por princípio algo distinto da consciência. Está claro que não se pode conceber como fundamento transcendente da consciência um conceito de inconsciente oposto a um subconceito de consciência, mas subordinado ao conceito geral de consciência. Evidentemente, isso também deve ser expresso na terminologia; o conceito de consciência deve ser diferenciado de tal modo que // possa ser claramente distinguido do subconceito específico, ao qual se relaciona o discurso do inconsciente. Tão logo isso seja preparado, exclui-se a causa essencial da hipóstase metafísica do conceito de inconsciente, e então se abre um espaço para uma análise da consciência como método de fundamentação da doutrina do inconsciente. Não estamos ainda em condição, entretanto, de iniciar propriamente essa análise. A tarefa de nossa crítica imanente não está resolvida de forma alguma. Falta ainda investigar a doutrina da transcendência absoluta do inconsciente, que se mostrou uma daquelas concepções do inconsciente para as quais este não está subordinado à consciência. Assim, nossa discussão crítica, na medida em que é bem-sucedida, deve recorrer à consciência, contrapondo-se à objeção fundamental de todas as filosofias do inconsciente à filosofia kantiana da consciência, objeção que caracteriza o problema nuclear do conflito entre método transcendental e filosofia do inconsciente. Conseguiremos resolver essa disputa ao demonstrarmos que as doutrinas do inconsciente também não são independentes das condições afirmadas pela filosofia transcendental como constitutivas, cuja validade absoluta é colocada em questão por aquelas doutrinas. Na medida em que se confirme ser um equívoco a pretendida independência dos conhecimentos da filosofia do inconsciente perante a consciência, já se pode compreender a estreita conexão entre nossa crítica imanente das doutrinas do inconsciente e a demonstração de sua necessária remissão às condições transcendentais. Essa conexão, porém, precisa ser explicitada por completo. No que concerne inicialmente à questão da transcendência absoluta do inconsciente, deve-se colocar a seguinte pergunta geral, antes de sua investigação crítica: se se trata de algo pura e simplesmente contraposto à consciência e absolutamente independente dela, de onde nos viria, afinal de contas, um conhecimento sobre as realidades inconscientes? Evidentemente, somos conduzidos à formação do conceito de inconsciente pela *experiência* de certas realidades inconscientes, que, para ser experienciáveis, precisam entrar em uma relação, seja de que tipo for, com o complexo da consciência. Apenas // o ímpeto de elevar aquelas experiências acima da consciência e de salvar através delas as afirmações da velha metafísica permite traçar uma linha divisória essencial entre as realidades inconscientes e a experiência. Como, porém, cabe falar do inconsciente apenas quando ele pode ser trazido à consciência de algum modo, então uma pesquisa que se recuse a apontar as conexões imediatas entre inconsciente e consciente se vê forçada a introduzir um conceito que permita estabelecer uma mediação entre inconsciente e consciência. Esse conceito, porém, tem de ser, necessariamente, o de uma forma de conhecimento peculiar do inconsciente, pois apenas uma forma de conhecimento que não seja consciência – pois assim ela não teria nada a ver com o inconsciente, segundo a concepção radical deste –, nem mesmo inconsciente por princípio – pois então valeria para ela o mesmo que para o conceito transcendental de inconsciente: seria inacessível à consciência e nem sequer diferenciável do inconsciente, que ela tem como objeto –, apenas tal forma de conhecimento facultaria às filosofias do inconsciente constituírem seu conceito central. Um tratamento da problemática do inconsciente pura e simplesmente transcendente pressupõe, assim, o tratamento do conhecimento daquele inconsciente. Nós nos defrontamos, assim, com o problema da *intuição*. Com certeza o conceito de intuição não se esgota de forma alguma na relação com o conceito de inconsciente. A concepção de uma possibilidade de conhecimento intuitivo não menos condicionada pelo problema do conhecimento do inconsciente do que pela disputa em torno das teorias da abstração, mas também pelo problema do conhecimento artístico e, por fim, pelos fatos psicológicos da relação de formas [*Gestaltrelation*]. No entanto, podemos nos servir do conceito de intuição para nossa investigação e o introduzimos no curso de nossa reflexão principal – em oposição, por exemplo, ao trabalho de König, que investiga criticamente todas as típicas possibilidades da formação de conceitos de intuição[3] –, apenas na medida em que se compreende por intuição uma forma de conhecimento do inconsciente. // Estamos historicamente tão mais autorizados a assim proceder, quanto desde Bergson o conceito de intuição tornou-se de fato um veículo do conhecimento do *inconsciente* em grande parte da vida filosófica; mas o conceito de intuição de Bergson formou-se, de fato, essencialmente no esforço de conciliar a metafísica vitalista do inconsciente, que constitui sua doutrina positiva, com os resultados da pesquisa psicológica empírica. Realizaremos a desmontagem da estrutura daquele conceito de intuição e seu vínculo com as "falhas" do sistema kantiano, sem esquecer a relação do conceito de intuição com os questionamentos filosóficos fundamentais; em primeiro lugar, entretanto, temos de perguntar pela serventia do veículo

---

3 König, *Der Begriff der Intuition*.

da intuição para o conhecimento do inconsciente absoluto, e perguntar também pela compatibilidade do conceito de intuição com um tal conceito de inconsciente transcendente. Após havermos examinado a possibilidade de um conhecimento do inconsciente absoluto, podemos nos voltar para os problemas implícitos naquele próprio conceito. – Portanto, para os fins de nossa análise imanente, entendemos por intuição o seguinte: devem ser dados à consciência conhecimentos que, por sua vez, não são tornados compreensíveis segundo sua constituição consciente.

Concedendo, hipoteticamente, a possibilidade de tal conhecimento – que, aliás, não foi esclarecido pela psicologia empírica e, por motivos que indicaremos mais adiante, não o poderia ser –: tal forma de conhecimento seria legítima cientificamente, se pelo menos seus *resultados* fossem cientificamente verificáveis. Ela só faria parte verdadeiramente dos conhecimentos que possuímos se houvesse um modo de inserir seus resultados no conjunto do conhecimento científico, o qual, porém, é constituído de fatos conscientes ou pelo menos redutíveis à consciência. Para alcançar validade científica, portanto, os conhecimentos obtidos de forma intuitiva precisam, necessariamente, obter uma forma de conhecimento plenamente compreensível segundo sua constituição consciente, ou, // pelo menos, ser comprováveis com os meios de tal forma de conhecimento. Isso, porém, está excluído como possibilidade para os objetos que são considerados absolutamente inconscientes. Intuição, como um meio do conhecimento que se insere legitimamente na totalidade de nosso conhecimento científico, pode ser apenas uma espécie de abreviatura de uma forma de conhecimento progressiva e compreensível em cada uma das etapas de seu progresso, sem que seus resultados sejam independentes, em algum momento, da legitimação através de elucidação conceitual. O absolutamente inconsciente, porém, que nos deveria ser assegurado pela intuição, não é acessível a nenhum conhecimento discursivo. Pode-se contrapor a isso o fato de que, precisamente por ser obtido através de intuição, tal conhecimento não seria discursivo, pois intuição seria *apreensão* [*Anschauung*] imediata; as realidades inconscientes seriam obtidas, portanto, em virtude de apreensão imediata. Mas como isso se dá? As realidades inconscientes, no sentido de uma transcendência absoluta do inconsciente, nunca podem ser consciência – e isso necessariamente –, nem mesmo vivência, mas tão somente, na melhor das hipóteses (como é afirmado para o modo de conhecimento da intuição), poderiam ser dadas através de vivências, das quais elas próprias diferem. Ora, com o termo polissêmico *Anschauung*,[4] em referência ao fato de que o inconsciente absoluto jamais é vivência, só se podem querer dizer duas coisas: 1) a apreensão [*Anschauung*] é uma vivência com função simbólica, representando um objeto distinto dela, como ocorre na percepção de uma coisa. Nesse caso, porém, se o objeto integra de algum modo a ordem de nosso conhecimento, deve ser acessível à determinação conceitual, e mesmo no caso dos "conceitos primitivos" existe a possibilidade de legitimar conscientemente o tipo de sua formação mediante a análise do vínculo entre as vivências que eles representam. Precisamente essa possibilidade, entretanto,

---

4 *Anschauung*, tal como dissemos, é usualmente traduzido por "intuição", mas pode significar consideração, contemplação, meditação, impressão ou visão, tal como se costuma traduzir *Weltanschauung* por visão de mundo. (N. T.)

está excluída em relação aos objetos inconscientes, pois eles não devem ser formados com base em um modo de conexão de vivências compreensível e conforme a leis, nem ser representados através da vivência intuitiva, pois a própria vivência intuitiva deve nos dar acesso a eles diretamente, sem que seja necessário outro // recurso ao complexo das vivências, e o *objeto* dessa vivência intuitiva, o "percebido", a saber: o inconsciente absoluto e transcendente deve ser independente de toda a sua constituição na consciência. Isso exclui, portanto, a intuição (tomada como veículo de conhecimento do inconsciente) ser vivência com função simbólica. – 2) A outra possibilidade é considerar que a vivência intuitiva não seria distinta de seu "objeto", o inconsciente, mas sim uma realidade de uma *sensação* pura e simples. Assim, a vivência intuitiva e o inconsciente seriam o mesmo. Sensações, porém, são sempre vivências e, como tais, conscientes; as realidades inconscientes não são, portanto, apenas inconscientes, mas também conscientes, seja lá como se entenda o conceito de consciência. Desse modo, no entanto, não se pode mais falar apropriadamente de sua transcendência e de seu caráter absoluto, e a suposição de que o inconsciente seria consciente, ou mesmo uma vivência, contraria tão radicalmente a concepção do conceito de inconsciente em todas as filosofias do inconsciente, que se exclui radicalmente a possibilidade de empregar o conceito de intuição dessa maneira. Assim, a intuição, seja lá de que forma for concebida, mostra-se como inadequada, por princípio, para o conhecimento do inconsciente, cuja transcendência é afirmada perante a consciência. A possibilidade de se recorrer à intuição para tal conhecimento resulta apenas da confusão entre vivência e o que é visado simbolicamente com ela, confusão que ganha espaço pelo conceito de apreensão [*Anschauung*], na medida em que não for distinguido da sensação. É necessário, porém, o conhecimento exato das relações de forma em um complexo simultâneo a fim de realizar essa distinção. No entanto, esse conhecimento não está bem estabelecido na formação do conceito de intuição, que a relaciona a um objeto totalmente distinto dela e ao mesmo tempo absolutamente transcendente, e mais uma vez afirma a unidade imediata entre a vivência e o que é visado por ela.

Na medida em que nossa crítica demonstrou que não é possível obter um conhecimento do inconsciente quando é suposto como transcendente por princípio e absolutamente, tornam-se inválidas todas as afirmações positivas precisamente sobre aquele absolutamente inconsciente. Elas pressupõem um conhecimento de algo incognoscível. Segundo nossa indicação da // insuficiência por princípio da intuição em nos assegurar o acesso a um inconsciente, o absolutamente inconsciente fica de tal forma inacessível que sequer existe mais espaço para a afirmação de que haja em geral um inconsciente como esse; e não custa lembrar que existe igualmente pouco espaço no sistema kantiano para a afirmação de uma coisa em si transcendente, ao seguirmos de forma consequente a crítica da dialética transcendental de Kant. Todas as afirmações sobre um objeto, cuja própria incognoscibilidade elas mesmas tomam como um pressuposto, são de antemão contraditórias. Não estamos autorizados a falar sobre o inconsciente como uma "coisa em si da alma", como um caráter inteligível, pois não apenas nos escapa todo conhecimento mais preciso desse inteligível, mas também porque absolutamente nenhum conhecimento nos pode garantir a existência daquele inconsciente, e nós, na verdade, construímos apenas o conceito de tal ser absoluto da alma através da transposição de representações naturalistas. A concepção do inconsciente como causa eficiente das vivências é naturalista e insustentável; ela é originada tão somente da compreensão do encadeamento causal dos fatos naturais no âmbito do conhecimento da natureza, enquanto, na verdade, o fundamento do princípio de causalidade é fornecido precisamente pela concatenação de nossas vivências, a qual não é dedutível de outras coisas e, com certeza, também não é interpretável de um ponto de vista causal. Por fim, a suposição da espontaneidade como força eficiente do inconsciente nada mais é do que a tentativa de remeter a um fundamento último unitário as relações de causalidade transpostas de forma ilegítima à consciência; ela ousa não apenas determinar positivamente algo que é por princípio inacessível, pois, ao mesmo tempo, ultrapassa, nessa determinação, os próprios limites de tal experiência, da qual seria possível o conhecimento do absolutamente inconsciente. Todas aquelas suposições mostram-se contraditórias e ao mesmo tempo arbitrárias. Teremos ainda de nos ocupar delas apenas quando for preciso fundamentar em geral as antinomias das doutrinas do inconsciente e realizar, através de sua resolução, a passagem para o método transcendental. Tendo em vista as reflexões já realizadas, torna-se dispensável a demonstração pormenorizada de sua inconsistência imanente.

// Resta à nossa crítica investigar a reivindicação das doutrinas do inconsciente de serem independentes das condições transcendentais e, assim, de não se submeterem à crítica transcendental. Isso pressupõe uma reflexão sobre o que se entende aqui por condições transcendentais. A definição kantiana: "eu denomino transcendental todo conhecimento que se ocupa em geral, não propriamente com objetos, mas sim com nosso modo de conhecimento de objetos, na medida em que estes devam ser possíveis *a priori*" (KdrV 68), tal definição deve ser completada com determinações que, embora forneçam o fundamento para uma parte decisiva das análises da *Crítica da razão pura*, entretanto não são colocadas explicitamente, a saber, que a compreensão da possibilidade de um conhecimento *a priori* provém "do conhecimento de um determinado complexo mais geral que, por sua vez, não pode ser novamente objeto de questionamento transcendental" (TS 43). A análise desse complexo, porém, conduz ao conhecimento de condições "sem cujo preenchimento ele não pode ser pensado como dado" (TS 26): como condições de possibilidade de toda experiência, elas podem ser chamadas "transcendentais". É evidente que as doutrinas do inconsciente não podem reconhecer, por si mesmas, tais condições, pois estas resultam da análise do complexo da consciência e são comprováveis na consciência; as realidades mais simples do âmbito de nossa consciência, como a recordação, o conhecimento da identidade ou o re-conhecimento de conteúdos semelhantes — realidades que não podem ser reduzidas a outros fatos de consciência, ainda mais simples —, são exatamente as que caracterizamos como condições transcendentais, e uma filosofia do inconsciente jamais pode reconhecer aqueles fatos de consciência como seu fundamento necessário. Ao lhes recusar o reconhecimento, porém, não se tornou de forma alguma independente delas. Não se deve // pensar aqui apenas no que já é suficiente para a crítica da reivindicação de independência levantada pelas filosofias do inconsciente contra a filosofia transcendental, ou seja: que toda filosofia do inconsciente, para fazer, de alguma forma, um enunciado com sentido, já pressupõe a validade daquelas condições transcendentais mais gerais. Sem a possibilidade de recordação de uma vivência pretérita, sem o conhecimento da identidade entre a vivência recordada e a pretérita; sem a possibilidade do re-conhecimento de conteúdos semelhantes, que é a primeira condição de qualquer formação conceitual; enfim, sem a pressuposição de um curso de consciência unitário e conforme a leis, não seria possível às filosofias do inconsciente formar e afirmar sequer seu próprio conceito fundamental, ou seja, precisamente o de inconsciente, cuja legitimação, aliás, como vimos, é bastante incerta. Entretanto, a filosofia do inconsciente já teria muitos contra-argumentos, mesmo que sofísticos: por exemplo, aquelas "condições de possibilidade da experiência" seriam meros instrumentos auxiliares dos quais se serviria a sistemática filosófica para formular os fatos fundamentais do inconsciente; a filosofia do inconsciente teria acesso à própria vida inconsciente, e poderia, em seu estágio mais elevado, o da intuição, prescindir de todas as condições transcendentais. Para se criticar, também do ponto de vista de seu conteúdo, essa pretensão, cuja arbitrariedade e inverificabilidade são evidentes e não se sustentam de forma alguma perante uma crítica epistemológica, basta apontar para a origem histórica do conceito de condição transcendental. É evidente que esse conceito não se referia de forma alguma desde o início, em sentido científico, ao âmbito da consciência. Ele não surge em absoluto de uma análise desse âmbito, pois, na verdade, o fato de que há conhecimentos necessários e universalmente válidos conduziu por fim, com vistas a se encontrar sua legítima fundamentação, à análise do âmbito da consciência. Os predicados da irredutibilidade e da permanência independente do fluxo dos fenômenos, porém, também se adequaram, embora não justificados de um ponto de vista científico, às determinações fundamentais da velha *ontologia*, tal como, na filosofia transcendental, adequaram-se às condições transcendentais. Ora, é aquela ontologia, em // sua última "secularização" – ou seja, no descolamento perante seu fundamento inicial dogmático-teológico, como a ontologia de Leibniz e Wolff –, que foi decisivamente atacada pela crítica transcendental da razão. Já salientamos que a postura polêmica das filosofias do inconsciente contra a filosofia transcendental almeja resgatar os conteúdos definitivamente perdidos daquela ontologia, e a luta contra as categorias da filosofia transcendental, supostamente "rígidas" e alheias à vida dotado de sentido, não persegue outro objetivo além de abrir espaço para os resquícios da velha ontologia e cuja transcendência à consciência e irracionalidade, na verdade, são idênticas à transcendência dogmático-ontológica dos velhos universais. Toda filosofia do inconsciente, portanto, opera com conceitos fundamentais que não são menos "rígidos", mas somente menos evidentes do que os da filosofia transcendental, e que, para a estruturação da sistemática filosófica, possuem a mesma função que aqueles. Todos aqueles conceitos que caracterizamos como hipóstases dos conceitos-limite kantianos: do caráter inteligível inconsciente, da coisa em si transcendente psíquica, sobretudo da espontaneidade e igualmente da "vida" como fundamento inconsciente de todos fenômenos, são afirmados como constantes e irredutíveis pelas filosofias do inconsciente, desde Schopenhauer a Bergson, tal como as condições transcendentais na filosofia transcendental. Quando, finalmente, as doutrinas do inconsciente negam a possibilidade de juízos sintéticos *a priori*, então essa negação, para usar pelo menos o argumento banal, é também um juízo sintético *a priori*.

Toda filosofia do inconsciente pressupõe, assim, os fatores transcendentais do âmbito da consciência, sem os quais seus enunciados não teriam sentido e elas não seriam de forma alguma capazes de fazer afirmações com significados idênticos; mas poderiam fazer uma série de juízos *a priori* de que a filosofia transcendental pode prescindir, que caem sob a crítica transcendental e que desempenham no âmbito das filosofias do inconsciente as mesmas funções sistemáticas que as condições transcendentais na filosofia transcendental, das quais // as filosofias do inconsciente afirmam prescindir por serem resquícios rígidos e racionalistas. A tarefa da investigação a seguir é a fundamentação geral dessa problemática e a remissão cientificamente suficiente do problema do inconsciente à crítica transcendental. Por agora, basta demonstrarmos que a independência afirmada pelas filosofias do inconsciente perante a filosofia transcendental é incoerente, porque as filosofias do inconsciente não podem prescindir das condições transcendentais e, além daqueles fatores transcendentais implicitamente nelas contidos, fazem outras afirmações *a priori*, que elas não deveriam fazer, de acordo com as teses fundamentais de sua metafísica, sobretudo de acordo com a suposição de um centro espontâneo independente de toda a formação conceitual e que a renega radicalmente.

Antes de fornecer uma visão panorâmica da inconsistência das doutrinas do inconsciente a partir de um ponto de vista filosófico superior e criticá-las propriamente de um ponto de vista transcendental, precisamos apontar para um último fato que torna as doutrinas do inconsciente suspeitas para nós. Trata-se dos fatos inconscientes com que se defronta a pesquisa psicológica ou já a experiência da vida cotidiana, como a realidade elementar da "lembrança inadvertida", fatos que não encontram nenhuma explicação por parte daquelas filosofias.

Tudo o que legitimamente atribuímos à experiência como fatos psíquicos inconscientes pode certamente ser reivindicado pela filosofia do inconsciente como prova de que existe algo inconsciente, mas essa filosofia não tem nenhuma resposta para a questão sobre como aqueles fatos ocorrem no âmbito de nossa consciência – à qual eles pertencem inquestionavelmente –, sobre o que os conecta à vida consciente, e sobre se eles ocorrem conforme leis. Nada mais lhe resta do que admitir aqueles fatos como últimos e determinados, como "fundamento" da vida da consciência em geral, e também simplesmente evadir-se da questão sobre a dependência daqueles fatos, já constatada empiricamente, em relação às realidades da consciência. Se eles fossem dependentes destas, então não mais seriam inconscientes, pelo menos não mais inconscientes // naquele sentido da transcendência absoluta, com a qual nossa crítica principalmente se relaciona. A questão pela *explicabilidade das realidades inconscientes empiricamente constatáveis* torna radicalmente necessária uma revisão filosófica das filosofias do inconsciente, pois o sentido de um tratamento filosófico do problema do inconsciente é, de fato, esclarecer as condições gerais que conferem sentido em geral ao discurso das realidades inconscientes. As filosofias do inconsciente, porém, continuam a nos dever esse esclarecimento, tanto quanto um enunciado racional sobre o que elas entendem em geral por inconsciência.

2. As antinomias das doutrinas do inconsciente e o método transcendental

Com a demonstração da incoerência imanente das doutrinas filosóficas do inconsciente e com a compreensão da dependência dessas doutrinas perante as condições transcendentais, nosso trabalho crítico preliminar não está de forma alguma completo. As contradições com que nos defrontamos foram caracterizadas, mas não se tornaram totalmente compreensíveis; sua relação com o método transcendental, à qual somos evidentemente remetidos para sua resolução, é tão obscura quanto sua relação com os problemas objetivos do inconsciente; elas parecem ser nada mais do que uma excentricidade dogmática, e somente seriam verdadeiramente superadas, quando for possível caracterizar os profundos fundamentos filosóficos que levam à sua formação, e cuja crítica é exigida para se criticar de forma positiva e não dogmática o conceito de inconsciente. Já apontamos para aqueles fundamentos em nossas considerações introdutórias, e resolvemos a disputa das teorias do inconsciente com a filosofia transcendental fornecendo uma síntese geral, de tal forma que se tornou compreensível o sentido polêmico em comum daquelas doutrinas em sua relação com a especificidade da doutrina kantiana. É ainda necessário, porém, caracterizar exatamente a relação das contradições imanentes das doutrinas do inconsciente // para com a filosofia transcendental; sobretudo, porque precisamos demonstrar de forma mais precisa que tais contradições resultam da hipóstase dos conceitos-limite kantianos, parcialmente até mesmo da própria doutrina kantiana; mas também porque a possibilidade de resolução daquelas contradições – sem que já se tenha desenvolvido uma teoria positiva do inconsciente – provém do método transcendental. Tal resolução conduz, assim, por si mesma, à concepção transcendental do problema do inconsciente, e com isso a clarificação daquele conceito se torna finalmente possível. Se nos servimos do conceito kantiano de *antinomias* no posterior tratamento do caráter contraditório das doutrinas do inconsciente, isso não significa que queiramos tornar nosso discurso arbitrariamente semelhante à terminologia kantiana, pois, na verdade, pretendemos apontar para a identidade do problema relativo ao objeto através da identidade dos termos. Já indicamos anteriormente que os conceitos fundamentais das filosofias do inconsciente, avaliados segundo o sistema kantiano, apresentam-se como hipóstases dos conceitos-limite kantianos, e dissemos explicitamente que a doutrina kantiana da espontaneidade se submete ao veredicto da dialética transcendental através de uma realização consequente da crítica da razão – sem que com isso, porém, se afirme que, tal como Kant supõe para suas antinomias, a razão incorra necessariamente nas contradições que explicitamos. Com base naquela estreita relação entre as contradições das teorias do inconsciente e a hipóstase dos conceitos-limite kantianos, tanto quanto as próprias incoerências do sistema kantiano, designamos aquelas contradições, na exposição principal que procuramos fornecer deles, com o nome de antinomias. É evidente que, com isso, não se reivindica completar a doutrina das antinomias kantiana através de uma nova. A doutrina kantiana das antinomias já contém tudo o que é decisivo para toda crítica transcendental às contradições resultantes do uso transcendental de conceitos fundamentais, e, por nossa parte, empregamos aquela doutrina das antinomias apenas a uma área temática excluída por Kant de sua aplicação, tendo em vista // a primazia da razão prática afirmada por ele.[5]

---

5 Precisamos, porém, fazer aqui uma restrição: não se trata de aceitar de forma irrestrita e acrítica o conceito kantiano de antinomia. Por

Havíamos dito que apenas tem sentido colocar o problema do inconsciente na imanência da consciência, ou seja, referente ao "complexo de nossas vivências na unidade da consciência pessoal" (Cornelius). Para uma perspectiva transcendental-idealista, relativa a um dos âmbitos espaciais e, por fim, psíquicos — cuja diferenciação já pressupomos e que investigaremos de forma mais detalhada em um momento posterior, na discussão da doutrina transcendental da alma —, pode surgir o paradoxo de que algo deva ser desconhecido para a consciência e ao mesmo tempo, porém, dado no âmbito da consciência. Já havíamos exposto o *nonsense* de tal paradoxo, e agora questionamos como se pôde chegar a ele de algum modo. Dito de forma direta, ele provém do fato de que aquele desconhecido, quando já há motivos de alguma espécie para se aceitar sua existência,

um lado, não consideramos — como faz Kant inicialmente no âmbito das coisas — tais contradições como aquelas em que a razão *necessariamente* incorre, e, por outro, não procuramos uma parte de sua solução introduzindo um conceito do inteligível. Na verdade, empregamos o conceito de antinomia apenas para a descoberta da "ilusão transcendental", que resulta da pressuposição de uma realidade dada positiva de um infinito. No restante de nosso texto, nós nos apropriamos da crítica feita à doutrina kantiana das antinomias por Hans Cornelius na *Introdução à filosofia*. Empregamos a terminologia kantiana não através da consideração formal da estrutura de seu sistema, nem devido à crença de que seria possível transpor completamente o conteúdo da doutrina das antinomias ao âmbito do inconsciente. Na verdade, ao desenvolvermos a problemática do inconsciente em uma forma antinômica, pretendemos apontar sobretudo para o caráter *coisal* do âmbito inconsciente, cuja coisalidade coloca em dificuldades análogas o pensamento transcendental-realista, tal como a doutrina kantiana das antinomias as formula para a coisalidade espacial. Esse caráter de coisa do inconsciente apenas se tornará evidente de forma plena em um momento posterior.

195

não é compreendido como um fato do complexo da consciência (de alguma forma oculto e de difícil acesso), o que faz com que ele não possa ser considerado em hipótese alguma uma vivência; tampouco são vivências as leis individuais relativas a coisas, // leis que, de fato, também são constituídas conforme à consciência – tal paradoxo também se origina do fato de que esse desconhecido não é procurado e entendido como fato do complexo da consciência, mas sim (em virtude de seu desconhecimento) convertido em um transcendente, e, portanto, em algo desconhecido de uma vez por todas. Trata-se do mesmo paradoxo encontrado por uma consideração crítica kantiana entre os conceitos da coisa imanente e transcendente; este último ocorre em Kant em virtude de que a divergência entre fenômeno objetivo (de uma coisa independente de sua percepção) e subjetivo é remetida a uma causa eternamente oculta ao sujeito e atuante de forma independente dele. Partindo da constatação de que certos fatos da vida psíquica, como, por exemplo, minhas "propriedades",[6] são diferentes do conjunto de minhas vivências individuais, e são, pelo menos dentro de certos limites, permanentes, conclui-se que eles atuam de forma independente de minhas vivências e são suas causas constantes. A identificação kantiana da coisa em si transcendente ao caráter inteligível, por mais incompreensível que seja segundo seu conteúdo objetivo, é a exata expressão para a igualdade das relações no âmbito objetivamente espacial e no psíquico. Com disso, entretanto, não se esgotam ainda os motivos para a suposição da transcendência, por princípio, dos fatos inconscientes.

---

6 *Eigenschaften*; trata-se de "propriedades" no sentido de características, qualidades, e não de posses. (N. T.)

A análise do complexo da consciência se defronta com certos fatos últimos, não redutíveis a outras coisas e que constituem a condição de possibilidade de toda experiência: os fatores transcendentais. A fim de se tornarem compreensíveis, esses fatores constitutivos da imanência da consciência, ou seja, do complexo de nossa vivência, precisam ser eles mesmos imanentes, e ser estabelecíveis mediante uma análise empírica do complexo da consciência. Ao mesmo tempo, porém, possuem um significado constitutivo para aquele mesmo complexo, o qual não é concebível sem eles. Ora, tão logo fatos empíricos sejam desvalorizados para fins cognitivos – de acordo com o antecedente da ontologia de Leibniz e Wolff, da qual precisamente Kant não se separou de forma enérgica –, e tão logo se busque além de experiência o fundamento para todos os juízos universalmente válidos, a investigação transcendental incorre em conflito consigo mesma. Certamente // é necessário realizar uma pesquisa empírica que nos garanta o acesso a leis ideais que denominamos condições transcendentais, mas uma teoria do conhecimento que parte da inferioridade do conhecimento empírico esforça-se por retirar o quanto antes aquelas leis ideais para fora do âmbito da experiência, no qual elas foram encontradas. Assim, tais leis tornam-se transcendências e, como tais, são confundidas com as realidades inconscientes, das quais, em virtude disso, devem ser distinguidas de forma precisa. Deve-se recorrer às vivências para esclarecer as realidades inconscientes, sempre que porventura tais vivências se encontrem no complexo da consciência. A possibilidade de tal recurso, porém, não é dada às condições transcendentais. Elas são realidades últimas, irredutíveis, mas jamais são inconscientes em qualquer sentido que seja. Sob o conceito de uma condição transcendental, como a da recordação, compreendemos uma classe de *vivências* não redutível a nenhuma outra. O fator transcendental como tal, como uma lei ideal, decerto não é uma vivência. Todos os fatos particulares subsumidos no conceito geral de um tal fator – portanto todos os casos de recordação, de re-conhecimento etc. – *são* vivências. A suposição da transcendência dos fatores transcendentais está, assim, completamente refutada. Redutível à origem ontológica das *vérités de raison* [verdades da razão], mal fornece oportunidade para os conflitos antinômicos. Tal conflito, porém, já está implícito na incognoscibilidade das realidades psíquicas, anteriormente criticada e caracterizada em detalhe segundo sua constituição filosófica; devemos agora ressaltar de forma precisa esse problema das antinomias de uma "coisa em si da alma".

Afirmar que nosso conhecimento dos fatos e complexos de nossa vida psíquica tenha um limite positivo é tão pouco admissível quanto afirmar que nossa experiência do mundo exterior espacial se defronte alguma vez com um limite dessa natureza. Ao mesmo tempo, porém, todas as realidades psíquicas devem poder ser reduzidas às que me são conhecidas. Se o conceito da progressão infinita de minha experiência é concebido *positivamente*, então incorro em uma antinomia referente à progressão de meu conhecimento sobre as realidades psíquicas.

139 Ela pode ser formulada aqui // da seguinte maneira: todas as realidades de minha consciência são, enquanto pertencentes a essa consciência, cognoscíveis; mas como nós, na progressão de nossa experiência, nunca podemos estar seguros de alcançar o complexo total de nossa consciência, logo nem todas as realidades pertencentes à minha consciência são cognoscíveis. Ambas as proposições se opõem de forma contraditória, e sua

oposição fornece o fundamento mais profundo para a possibilidade de toda filosofia do inconsciente, tanto quanto para as contradições em que incorre necessariamente cada uma dessas filosofias, uma vez que elas não apenas estabelecem o inconsciente como fundamento de todos os fatos psíquicos, como também são, por sua parte, compelidas pelos próprios fatos a reconhecerem os objetos conscientes como fundamento dos inconscientes. Isso se exprime na contradição nuclear já apresentada, que atravessa todas as filosofias do inconsciente: que, para elas, os objetos inconscientes são imanentes como realidades da consciência e supostos como transcendentes, situados além de experiência.[7] Se esse estar-além é afirmado não apenas para os fatos inconscientes como *conceitos-limite*, tal como ainda nos ocuparemos deles, mas sim em geral também para as realidades inconscientes, que, como veremos, são completamente acessíveis à análise empírica, então isso tem seu fundamento na mencionada confusão entre as realidades inconscientes e as condições transcendentais, que certamente não são conceitos-limite, mas tampouco fatos inconscientes e, por isso, de antemão não são aproveitáveis pelas filosofias do inconsciente. — A antinomia entre imanência e transcendência dos fatos inconscientes permanece insolúvel na medida em que a ausência de

---

7 A fim de se afastar qualquer mal-entendido, recordemos mais uma vez explicitamente que aquela contradição somente resulta de uma perspectiva transcendente das filosofias do inconsciente, não encontrando nelas sua expressão em forma de teses opostas contraditoriamente; Schopenhauer, por exemplo, não desenvolveu antinomias do inconsciente, mas a determinante dualidade de sua filosofia, entre vontade e representação, tem seu fundamento, de um ponto de vista epistemológico, na essencial inadequação de seu conceito de inconsciente à própria experiência do psíquico.

limites na progressão de nosso conhecimento do psíquico é fundamentada // com a suposição de objetos transcendentes, dos quais jamais poderemos nos assegurar por completo. Afastar essa suposição é uma das primeiras tarefas da crítica da filosofia transcendental às filosofias do inconsciente. O ser psíquico cuja existência é independente de minha percepção deve ser fundamentado mediante o próprio complexo de minha consciência.[8] A crítica da antinomia entre as concepções imanente e transcendente do inconsciente conduz, assim, a uma primeira formulação do problema de uma teoria transcendental positiva do inconsciente que nos propomos deslindar. Através disso, porém, aquela relação antinômica com que nos defrontamos não está completamente caracterizada. Em relação aos fatos da progressão ilimitada de minha experiência, também no âmbito psíquico, não é necessário supor uma transcendência perante a consciência para que o conhecimento incorra em contradições. A contradição entre uma concepção imanente e outra transcendente resulta da interpretação da ausência de limites da progressão de minha experiência como consequência de uma causa externa à consciência e inacessível por princípio. Concluir pela existência daquela causa e as contradições que isso envolve, porém, são a primeira consequência de uma realidade mais simples, a saber, que eu compreenda erroneamente a ausência de limite na progressão de minha experiência ao interpretar os fatos particulares, para cujo conhecimento não está dado nenhum limite positivo à progressão de minha experiência, como realidade positivamente dada de um infinito, porque

---

8 Essa fundamentação foi realizada epistemologicamente por Hans Cornelius; cf. *Introdução à filosofia*, p.314.

os fatos, de cujo conhecimento se fala, são imanentes à consciência. A suposição de um inconsciente transcendente nada mais é do que a tentativa de aplacar a contradição surgida da hipótese da realidade positivamente dada de um infinito; essa suposição conduz, como vimos, também a relações antinômicas. A fim de distinguir de forma precisa o problema do conhecimento do inconsciente e o *problema da irracionalidade*, frequentemente confundido com ele, queremos mais uma vez delimitar de forma explícita o problema da imanência ou transcendência do inconsciente em relação ao problema da progressão infinita de nossa experiência // das realidades psíquicas. O ser psíquico inconsciente só pode ser um tal que certamente pertença ao complexo da consciência, mas que exista também independente de minha percepção de uma forma determinável. Se essa realidade psíquica independente da percepção é considerada por mim como determinada por uma causa transcendente, então surgem as mencionadas contradições. Elas, entretanto, surgem apenas de forma necessária quando eu, tomando como base a progressão infinita de minhas experiências, identifico a existência das realidades inconscientes independente da percepção, ou seja, seu desconhecimento *atual*, com seu desconhecimento absoluto, e, portanto, a torno absolutamente desconhecida. Na medida, porém, em que fundamento na progressão ilimitada da experiência meu saber sobre a existência de quaisquer fatos psíquicos, especialmente dos absolutamente inconscientes, pressuponho positivamente a própria infinidade da experiência, em lugar da progressão ilimitada de minha experiência. Apenas assim a contradição de meus enunciados torna-se necessária, enquanto a suposição do inconsciente transcendente pode ser, sem mais, desmentida através das reflexões realizadas. A concepção das realidades inconscientes como não apenas independentes da percepção, mas como se dando de forma "irracional", por princípio de forma incompleta, pressupõe, assim, ao admitir tais objetos irracionais, não apenas uma infinidade como positivamente dada, mas também confunde o conceito-limite da impossibilidade de conclusão de nossa experiência das coisas psíquicas com objetos particulares desconhecidos. O discurso sobre a transcendência do inconsciente possui, por isso, um duplo sentido. Por um lado, ele é a hipóstase da "causa eficiente" desconhecida, que é aceita porque as próprias realidades inconscientes não são vivências. Por outro lado, entretanto, ele deriva do caráter inconcluso de nossa experiência, utilizado de forma ilegítima para fundamentação de fatos particulares, que residem completamente *dentro* do complexo da experiência. Já se tornou evidente aqui que, em uma teoria positiva do inconsciente, o problema da irracionalidade precisa ser distinguido claramente do problema do conhecimento de realidades inconscientes particulares. // Nossas últimas reflexões pretenderam apenas evidenciar as contradições de se supor uma transcendência psíquica segundo sua constituição; elas se defrontaram, nesse momento, com ambos os complexos de problema e sua conexão; ressaltaram tais problemas de forma tão clara quanto foi necessário para mostrar onde reside e onde não reside um problema de antinomias no sentido kantiano; e auxiliaram, assim, a preparar o entendimento das futuras disjunções dentro da teoria do inconsciente, na medida em que estas já são demandadas para uma crítica das doutrinas filosóficas do inconsciente. Nesse momento, pressupomos o fato, verificável apenas posteriormente, de que existem em geral realidades inconscientes, pois não precisamos mais criticar as contradições nas doutrinas do inconsciente, mas sim investigá-las desde seu princípio, o qual não é apenas a polêmica contra a filosofia da consciência, mas igualmente também o fato do próprio inconsciente. É evidente que nossos resultados críticos permaneceriam válidos como tais, mesmo que não haja absolutamente nenhum fato inconsciente.

O caráter inconcluso por princípio de nossa experiência – que conduz a contradições e à concepção de uma transcendência absolutamente irresolvível do inconsciente, quando se supõe, de alguma forma, a completude absoluta da experiência – produz contradições a respeito não apenas das próprias realidades inconscientes, mas também de sua *constituição*. Na verdade, existe a possibilidade de caracterizar as realidades inconscientes particulares como imanentes à consciência e renunciar a construir positivamente o conceito-limite de realidades inconscientes transcendentes de um ponto de vista absoluto (conceito que é o de uma "irracionalidade psíquica"), mas, em compensação, hipostasia-se o caráter inconcluso da experiência como um infinito positivamente dado, de tal forma que se afirma não propriamente a transcendência de quaisquer objetos da progressão da experiência que seriam ocultos à consciência, mas sim a transcendência daquela própria progressão da experiência. Em virtude da ilimitabilidade na progressão de nossa experiência, nenhum fato psíquico deve ser uma "coisa em si" além de experiência, pois, na verdade, // a própria progressão da experiência é vista e interpretada como um fato transcendente, já que não se coloca nenhum limite para ela. Para tal interpretação, porém, pressupõe-se exatamente o que nunca deveria ser pressuposto, a saber: a realidade positivamente dada do infinito, pois de nenhum fato particular de experiência pode ser dito que resida além de experiência, como também de nenhum complexo particular válido dentro do âmbito da experiência, mas somente da experiência como tal, que, por princípio, é inconclusa. Sobre ela, porém, está interditado qualquer enunciado – e o enunciado de sua transcendência já é positivo; as teses derivadas daquele enunciado são afirmações materiais extremamente determinadas. Já a afirmação de uma progressão *infinita* de nossa experiência não está autorizada em sentido estrito, pois sabemos apenas que a experiência é prolongável para além de todo limite positivamente estabelecível.[9] Isso, porém, não seria de forma alguma suficiente para o enunciado da transcendência da experiência, pois para ele a experiência precisa ser um infinito positivamente dado, a fim de poder ser afirmada como transcendente perante seu próprio domínio. Isso deixa pouco espaço para se conceber algo com sentido, mas as filosofias do inconsciente se apressam em se servir imediatamente daquela infinidade positiva como espontaneidade da consciência ou como "vida", de tal forma que a coisificação acima caracterizada dos fatores transcendentais também contribui para completar, de uma perspectiva naturalista, a suposição de um infinito positivamente dado mediante a também contraditória suposição de uma causalidade

---

9 Devemos aqui recordar da seguinte objeção: já não caberia falar da infinidade da experiência, porque o fato da *morte* prescreve à experiência individual o seu limite. No âmbito de nossa problemática, essa objeção deve ser rejeitada como naturalista. Não se trata aqui da experiência imediata, limitada pela morte, mas sim da experiência reflexionante das coisas psíquicas. Não se pode estabelecer um limite positivo, nem para essa experiência nem para as qualidades das coisas espaciais.

psíquica eficiente que transcende a consciência. Apenas agora se torna totalmente claro o sentido de nossa afirmação de que é legítimo submeter o conceito kantiano de espontaneidade à crítica da doutrina das antinomias. Essa relação antinômica, // expressa em uma fórmula concisa, consiste em que vida ou espontaneidade deve ser o fundamento transcendente e, como tal, inconsciente dos fenômenos, enquanto os fenômenos de vida e de espontaneidade, tanto quanto possuem um sentido racional (que contestamos pelo menos para o conceito de espontaneidade), somente possuem tal sentido com base nos fatos do complexo de nossa consciência. Quando, por outro lado, a transcendência é afirmada pelas filosofias do inconsciente não apenas para os objetos da experiência, mas também para a própria experiência, isso tem seus bons motivos. Tem-se como resultado, com base na realidade transcendental, que a distinção entre consciência e o objeto da consciência não é, como visto na imagem natural de mundo, uma distinção primária e determinante, mas sim está determinada unicamente através do mecanismo dos modos de nossa formação conceitual; resulta também que todos os fatos relativos a coisas, bem como às coisas psíquicas (como veremos), são redutíveis a nossas vivências, ou seja, ao imediatamente dado. Portanto, uma vez que não há nenhum abismo entre as coisas psíquicas – as "coisas em si" para as doutrinas do inconsciente – e nossa experiência – cuja totalidade absoluta é apropriada pelas doutrinas do inconsciente como espontaneidade e vida –, então não é de se admirar que a ultrapassagem dos limites da experiência, em ambas as classes de fatos, conduz às mesmas relações antinômicas. Novamente, portanto, a consideração da incoerência das doutrinas do inconsciente, ao procurarmos conceituá-la em geral, conduziu-nos à análise transcendental. A resolução da mencionada antinomia também se deve a essa análise. Por fim, as contradições inerentes ao conceito de intuição como meio para o conhecimento de realidades inconscientes já foram apresentadas detalhadamente, uma vez que tais contradições constituem o fundamento para toda incoerência das doutrinas do inconsciente. Vamos nos contentar aqui em complementar nossas afirmações sobre a intuição justificando-as. As doutrinas do inconsciente acolhem, como expusemos, a herança da metafísica pré-kantiana, na medida em que ultrapassam as determinações kantianas de limite e, em enunciados dogmáticos, // usurpam a coisa em si, o eu e a causalidade; por isso, a crítica do racionalismo unilateral de Kant, sua depreciação da experiência, é apenas um instrumento para a restituição dos velhos enunciados metafísicos atingidos pela *Crítica da razão pura*. Ora, a transcendência psíquica, que tais doutrinas supõem como "coisa em si" da alma, é necessariamente problemática do mesmo modo como o conceito de coisa pré-crítico. As coisas, incluindo as psíquicas, estão ainda necessariamente marcadas pelo atomismo das características. Para as doutrinas do inconsciente, como vimos, o inconsciente é certamente inserido na imanência da consciência, e assim também o é sua demonstração de legitimidade, na medida em que seja empreendida, mas que as doutrinas filosóficas do inconsciente são incapazes de realizar. A consciência, porém, ocupa-se com as coisas, primeiro as espaciais; no curso de nossa investigação apresentaremos de forma detalhada o que se deve compreender por coisas psíquicas, que é como as doutrinas do inconsciente tomam o próprio inconsciente, e também como nossa investigação transcendental tem de tomar as coisas que devem ser entendidas cientificamente como coisas psíquicas. No plano das doutrinas do inconsciente, a consciência somente se relaciona com as coisas tal como elas se apresentam para o realismo transcendental, mas, para este, a coisa nada mais é do que a soma de suas características individuais. Estas são identificadas possivelmente com os fenômenos das coisas, portanto concebidas como determinações subjetivas, mas não se questionam as leis de sua constituição subjetiva e, assim, as formas de seu complexo. Na medida, porém, em que a fundamentação da coisalidade não é tornada possível através de uma análise das *formas do complexo*, restam essencialmente às teorias do conhecimento que querem compreender as coisas apenas dois caminhos, que necessariamente conduzem a contradições. Por um lado, as coisas imanentes, a fim de se tornarem compreensíveis como totalidades e não se desfazerem em seus fenômenos individuais, são tratadas como transcendências; isso sempre acontece quando a concepção ontológica ainda tem primazia. Ou então os modos de conhecimento, através dos quais as coisas são dadas, são convertidos em transcendências. Examinamos // como o conceito da experiência absolutamente completa é hipostasiado e como se abre a porta à metafísica da "vida" e da espontaneidade. A mesma hipóstase, contudo, pode ser também realizada ao se inventarem modos de vivência que nos assegurem imediatamente das coisas, porque nenhuma vivência é idêntica a uma coisa e porque das coisas só conhecemos fenômenos, embora estejamos certos da subsistência da coisa independente da percepção — subsistência que nós, porém, não podemos compreender na medida em que tomamos as vivências isoladamente e negligenciamos sua ordenação em um complexo. Esta é, do ponto de vista dos problemas da filosofia da imanência, a origem do conceito de intuição, e a aplicação desse conceito às realidades inconscientes é apenas a consequência da impossibilidade de resolver os problemas do ser psíquico permanente e da progressão ilimitada de nossa experiência, sem aceitar a filosofia crítica. O material para aquele conceito auxiliar dogmático da intuição, com o qual se quer fundamentar subjetivamente o conceito de coisa sem realizar a análise da consciência, é oferecido à psicologia pela teologia secularizada. O conceito da *fé* é tomado de empréstimo a esta última e empregado psicologicamente. Ao se inserir a fé nas doutrinas do conhecimento, sobretudo a concepção do conceito de fé como ato de fé místico, dispõe-se de uma categoria que, sem pressupor de alguma forma a transcendência da coisa, tampouco torna as vivências realmente dadas em medida para a condição de coisa, pois, na verdade, atribui sua constituição a um terceiro elemento, com o qual o eu se põe em relação através de um ato próprio, a saber: o ato de fé, uma relação – descrita psicologicamente, mas não criticada segundo seu conteúdo cognitivo – a que o eu deve o conhecimento imediato das coisas. O conceito de intuição nada mais é do que aquele ato de fé, tal como ele se apresenta quando sua relação a um terceiro é suprimida, mas, ao mesmo tempo, mantém-se a dignidade da certeza, que lhe foi atribuída no âmbito teológico. No conceito de intuição, a relação imediata que havia sido pressuposta no conceito teológico de fé perante Deus é transformada // em uma relação imediata ao objeto, que nos deve ser assegurada independentemente do pensamento discursivo. Assim, o conceito de intuição alcança precisamente aquela independência da consciência que o submete ao conceito do inconsciente. Na medida em que a relação de forma desconsiderada pela velha psicologia está implicada em sua estruturação, esse conceito tem certa legitimidade e é completamente acessível a uma concepção psicológica. No mais, porém, ele é um componente dogmático da teoria do conhecimento, do qual esta tanto menos precisa quanto o problema da coisa, que se procurou resolver com o auxílio do conceito de intuição, encontrou há muito uma solução satisfatória para o âmbito de coisas "psíquicas". No traço *panteísta*, inerente às doutrinas intuicionistas do inconsciente, torna-se sempre clara sua origem teológica.

Com a fundamentação geral das incoerências das doutrinas do inconsciente, realizou-se o que nos pareceu ser a próxima tarefa de nosso tratamento daqueles problemas, a saber: sua remissão ao método transcendental; pois dela obtivemos vários resultados: que a construção do conceito de inconsciente é sempre referida ao conhecimento do complexo conforme a leis de nossa consciência, ou seja, que a questão pelas realidades inconscientes só é possível se tal complexo for pressuposto; que todas as realidades inconscientes, caso sua suposição não conduza de antemão a contradições, necessariamente são realidades desse complexo; e que essas contradições das filosofias do inconsciente provêm, por um lado, do fato de que a análise do complexo da consciência não é realizada de forma consequente por elas, pois, na verdade, permanecem pressupostos componentes dogmáticos da doutrina da consciência, mas, por outro lado, provêm do fato de que, no âmbito da própria teoria transcendental de Kant, não se realizaram completamente as análises necessárias para o conhecimento das realidades inconscientes. Ao mesmo tempo, precisamos compreender a ilegitimidade da pretensão das doutrinas do inconsciente em criticarem a filosofia transcendental e em afirmar possuírem alguma validade de forma independente dos resultados desta última, uma vez que as doutrinas do inconsciente não apenas // pressupõem necessariamente a validade dos fatores transcendentais – só demonstrável mediante análise transcendental –, mas também, por sua parte, estão vinculadas às condições ontológicas que sucumbiram à crítica transcendental, enquanto a afirmação crítica das doutrinas do inconsciente contra a filosofia transcendental conduz a que os componentes ontológico-racionalistas do idealismo transcendental tenham de ser eliminados e, quando possível, substituídos pelo próprio fluxo vital, embora esse fluxo vital – caso se queira operar de fato com essa noção suspeita – nada mais é do que a sequência temporal das vivências de uma consciência pessoal, portanto um fato perfeitamente acessível à análise transcendental. Considerando tudo isso, podemos afirmar que o método transcendental, atacado pelas doutrinas do inconsciente, está plenamente legitimado para tratar os problemas do inconsciente. Como falamos no início, concebemos o método transcendental totalmente de acordo com a teoria do conhecimento de Hans Cornelius. Devemos a esse método não apenas os traços fundamentais e gerais da análise transcendental, como uma análise do complexo de nossas vivências na unidade da consciência pessoal, cujo material último é o imediatamente dado, portanto as vivências de nossa consciência; pois também devemos a ele as determinações *de conteúdo* mais importantes da análise do complexo da consciência, sobretudo a precisão das leis constitutivas desse complexo, que nos asseguram uma concepção cientificamente satisfatória do conceito de inconsciente. Para obter essa concepção, poderíamos partir dos fatos empíricos dos objetos inconscientes e submeter suas ocorrências às leis transcendentais. Escolhemos, porém, outro caminho. O propósito metódico e epistemológico de nosso trabalho, que não quer se contentar em demonstrar a ocorrência de realidades inconscientes – para cuja tarefa outras investigações há muito podem ser vistas como suficientes –, mas sim pretende demonstrar cientificamente a possibilidade do conhecimento do inconsciente, permite-nos partir da própria teoria transcendental. Inicialmente, investigaremos a parte da doutrina kantiana em que teria havido um lugar legítimo para uma teoria do inconsciente, // procuraremos completá-la criticamente e compreenderemos por que ela não oferece nenhum espaço para uma teoria do inconsciente, e alcançaremos, então, ao preenchermos as lacunas daquelas porções da *Crítica da razão pura*, uma teoria transcendental do inconsciente. Como último problema principal de nossa investigação, vamos nos ocupar da aplicação dessa teoria transcendental ao conhecimento empírico do inconsciente ou, melhor dizendo, à demonstração de que o conhecimento empírico do inconsciente está estritamente marcado por aquelas determinações transcendentais. O método da sistemática tradicional de Hans Cornelius está pressuposto para todas as considerações que se seguem. Para garantir a continuidade do fluxo argumentativo, porém, ocasionalmente não poderemos evitar de reproduzir brevemente algumas das reflexões oferecidas por Cornelius.

Antes de nos voltarmos para nossa próxima tarefa, a elucidação transcendental das contradições nas doutrinas do inconsciente, sintetizemos mais uma vez nossos resultados até agora sob um ponto de vista filosófico mais geral. Ao formularmos os problemas, delineamos como nossa tarefa resolver a disputa entre a filosofia transcendental e as filosofias do inconsciente, de forma a revelar como mera aparência a contradição (suposta como necessária pelas precedentes teorias do inconsciente) entre o conceito de inconsciente e o de idealismo transcendental. Pode-se compreender, sem mais, que uma parte essencial dessa tarefa já foi cumprida. O tratamento imanente das doutrinas do inconsciente nos conduz, em todos os momentos, ao método transcendental. Ele não apenas compartilha com este diversas pressuposições, mas também ilumina sempre suas obscuridades mediante operações argumentativas pertencentes ao método do idealismo transcendental. Sua polêmica contra o método transcendental demonstrou-se insuficiente e injustificada. Por outro lado, o tratamento das doutrinas do inconsciente chamou nossa atenção para o fato de que realidades, tais como a *qualidade de forma* [*Gestaltqualität*], são alheias à teoria de Kant, e também para o fato de que as hipóstases de que se servem as doutrinas do inconsciente // já estão implícitas no próprio sistema kantiano em grande medida, e cuja correção nas filosofias do inconsciente significa necessariamente também uma revisão da própria doutrina kantiana. Por um lado, somos obrigados a aplicar a doutrina kantiana das antinomias em um escopo maior do que foi feito pelo próprio Kant. Por outro lado, a polêmica das doutrinas do inconsciente contra a desvalorização kantiana da empiria nos dá a oportunidade para depurar a análise transcendental dos resíduos da metafísica racionalista, mais energicamente do que ocorre na *Crítica da razão pura*. Por fim, o fato de que o próprio sistema kantiano não oferece nenhum espaço para um conceito de inconsciente – enquanto a pesquisa empírica é necessariamente remetida a tal conceito – fornece-nos motivo suficiente para examinar o curso daquela análise psicológica, que, em Kant, certamente se vincula ao conceito metafísico de inconsciente, mas também obstrui o caminho de uma teoria do inconsciente. O resultado de nossas observações críticas preliminares, portanto, não é de forma alguma meramente negativo e com certeza não é uma confirmação cega das posições teóricas kantianas. Na medida em que dissolvemos o conceito dogmático de inconsciente, dissolvemos também seu ponto de partida no idealismo transcendental e fomos, assim, remetidos ao problema de sua constituição; não por acaso tomamos como baliza de nossa explanação transcendental não tanto o próprio Kant, mas sim uma doutrina transcendental do conhecimento que criticou precisamente aqueles componentes da doutrina kantiana a cuja problemática fomos enviados em nosso tratamento das doutrinas do inconsciente. Disso se segue que não se pode falar de uma contradição necessária e constitutiva entre a filosofia transcendental e as doutrinas filosóficas que operam com um conceito de inconsciente – excetuando-se as filosofias do inconsciente tradicionais, que são objeto de nossa crítica. A teoria do inconsciente precisa necessariamente da teoria tradicional para sua retificação e estruturação positiva. Por sua parte, os problemas do inconsciente ensejam a revisão do idealismo kantiano. Em suma, existe entre ambos uma relação recíproca que não pode ser anulada por meio da referência às distinções metafísicas fundamentais, // pois essas diferenças supostamente metafísicas nada mais são do que consequências da incoerência das doutrinas em si e desaparecem com a correção dessas teorias, sobretudo as do inconsciente, cujo conceito central é despojado de sua dignidade supostamente metafísica. Isso, porém, só ficará completamente esclarecido nas análises que se seguem.

O primeiro passo para corrigir as teorias do inconsciente é o tratamento transcendental de suas contradições, para o qual realizamos um trabalho preliminar de forma ampla na fundamentação geral das contradições, quando nos defrontamos sempre e em toda parte com incorreções relativas aos conhecimentos fundamentais do idealismo transcendental onde aquelas contradições se estabelecem, cujos elementos, porém, somente agora somos capazes de reunir. No que concerne em primeiro lugar à contradição das doutrinas do inconsciente – isto é, que quaisquer fatos psíquicos sejam, como inconscientes, transcendentes à consciência, mas ao mesmo tempo, como fatos que pertencem ao complexo da consciência, sejam imanentes a ela –, sua correção transcendental se dá tão logo nos mantenhamos estritamente no âmbito que nos é assinalado pela filosofia transcendental. Para o conhecimento transcendental, nada existe que não encontre sua demonstração última no complexo de nossa experiência, e os fatos inconscientes também pertencem necessariamente a esse complexo. "Inconsciente", portanto, jamais pode significar "transcendente à consciência", e é tarefa do conhecimento científico fundamentar através do complexo da consciência os fatos inconscientes que ela encontra. Como, porém, o complexo de nossa consciência se funda exclusivamente em nossas vivências, e todas elas são conscientes como tais, então se exprime, desse modo, simultaneamente a exigência de reduzir todas as realidades inconscientes às conscientes. Na medida em que se reconhece o pertencimento de todas as realidades inconscientes à consciência, e ainda: na medida em que todo inconsciente deve poder ser remetido ao consciente, exige-se uma restrição do conceito de inconsciente, de forma que com "inconsciente" não mais se designe uma oposição indissolúvel à consciência, mas sim uma classe particular de realidades conscientes. A distinção dessas realidades perante // o conceito geral de consciência pessoal será uma tarefa importante da investigação a ser feita; a fim de se retirar toda aparência mística do conceito de inconsciente, deve-se aqui já indicar que nem tudo que pertence à consciência tem de ser, por isso mesmo, uma vivência.

Todas as determinações fornecidas pelas doutrinas do inconsciente a seu conceito central ruíram sob a crítica transcendental. Não se está autorizado a concluir por uma causa eficiente inconsciente dos fenômenos, pois os próprios fenômenos são o imediatamente dado, a fonte legítima última não apenas da construção do conceito de inconsciente, mas também do próprio conceito de causa, não devendo este, portanto, ser pressuposto para a elucidação dos fenômenos, caso a reflexão em geral queira se manter nos limites da empiria. Coisas anímicas transcendentes que seriam independentes do complexo das vivências existem tão pouco quanto coisas espaciais transcendentes, e sua suposição conduz necessariamente às mencionadas contradições. Assim como para a suposição das "coisas em si da alma" transcendentes, dá-se o mesmo para a suposição de que as condições transcendentais seriam transcendências para além da consciência. Da mesma forma que juízos sintéticos *a priori*, tal como Kant pensou, não dependem da experiência, pois, na verdade, são juízos válidos para todas as experiências, assim também os fatores constitutivos do complexo da experiência não são independentes desse complexo. Condições transcendentais, para nós, não são nada mais do que formas elementares do complexo de nossa consciência, às quais se podem reduzir todas as outras formas, mas que devem resultar de uma análise concreta do complexo da consciência, e não ser supostas como fundamento transcendental desse complexo. Hipostasiá-las como fundamento inconsciente da consciência significa ultrapassar as fronteiras da experiência, e as contradições das doutrinas do inconsciente confirmam de forma exemplar a impropriedade de tal procedimento.

Da mesma forma, sucumbem à crítica transcendental a afirmação da irracionalidade da consciência e a consequente inconsciência da alma. Apenas pressupondo uma realidade dada completa das condições de // possibilidade da experiência positivamente infinitas, pode-se afirmar ao mesmo tempo sua infinidade como transcendência e sua finitude como imanência. As condições como tais, porém, não são infinitas, pois somente para a progressão do conhecimento não se coloca nenhum limite positivo: "Sempre quando uma parte integrante do mundo experienciável se apresenta como condicionada por uma série de condições que não podem ser percorridas por nós até o fim, nosso pensamento incorre em uma contradição insolúvel, tão logo essa série de condições é pressuposta como *subsistindo em e para si*".[10] Assim, toda suposição de um "caráter inteligível", toda afirmação sobre a infinidade da alma e toda doutrina semelhante são inválidas. Ora, com isso não se afirma, do ponto de vista do idealismo transcendental, a finitude positiva de nossa experiência psicológica, cuja suposição conduz aos mesmos resultados antinômicos que a suposição da infinidade. Embora as condições mais gerais da consciência, a saber: as que constituem seu complexo, sejam completamente conhecidas, isso não esgota, porém, segundo seu conteúdo, as formações conceituais que abrigam

---

10 Cornelius, *Kommentar zu Kants Kritik der reinen Vernunft*, p.125.

em si o psíquico, pois as formações conceituais que subsumem os fatos psicológicos são codeterminadas pela mudança de nossas vivências; elas certamente precisam sempre e em todo momento constituírem-se com base nas condições transcendentais, mas não são descritíveis, em seu conjunto e de antemão, independentemente de cada conteúdo da experiência. Ainda iremos nos ocupar da relação entre psicologia "racional" e "empírica" para a qual apontamos. Já podemos defender, no entanto, a tese de que não existe uma divisão por princípio entre ambas, como defendem as atuais escolas fenomenológicas, pois as condições transcendentais em seu conjunto originam-se de uma análise do fluxo empírico da consciência, e os fatos empíricos como um todo estão sob as condições transcendentais.

A desconsideração da referência das realidades inconscientes particulares, por um lado, e dos fatores transcendentais, // por outro, ao complexo do que nos é dado não significa – como já falamos – necessariamente apenas a coisificação naturalista daqueles conceitos. Assim como eles são subtraídos arbitrariamente à corrente vivencial como transcendências, podem também ser dissolvidos naquela corrente mediante a suposição de um "movimento metafísico", sem que fosse percebido que elas resultam apenas de uma análise do complexo das vivências, mas que, em sentido inverso, só a validade dos fatores transcendentais possibilita um complexo de vivência, sem que se perceba, também, que as realidades inconscientes, na medida em que não sejam vivências – o que é precisamente impossível, pois o conceito de consciência coincide com o conjunto de nossas vivências e seu complexo –, devem ser permanentes como algo psíquico duradouro, independente de minha percepção instantânea, pelo menos em certos limites. O contrassenso da suposição de que a vida, por exemplo como "centro espontâneo", seja o fundamento da consciência, enquanto a vida, ao contrário, seria possibilitada, como curso intratemporal da consciência, apenas por condições constantes e, portanto, no vocabulário das filosofias do inconsciente, por condições "fixas", esse contrassenso se mostra como tal quando se tem clareza de que o complexo do que nos é dado não é redutível a nenhum "jogo de forças psíquicas", e que, por mecanismo transcendental, nada mais podemos compreender do que as formas sob as quais se erige um complexo de vivências. Perante isso, os conceitos de força e vida são apenas derivados; denominamos "vida" o curso intratemporal das vivências, que como tal não é redutível a relações causais, mas tampouco pode ser considerado causa das condições transcendentais, com as quais ele forma uma unidade indissolúvel e separável apenas de forma abstrata. O conceito de força, por outro lado, constituiu-se totalmente com base nos princípios dinâmicos fundamentais do sistema transcendental e de forma alguma pode ser suposto para o mecanismo transcendental. Dessa forma se resolvem as contradições inerentes aos conceitos de vida e espontaneidade: o fato de que a vida em geral exista, ou seja, de que nos sejam dadas vivências em geral e que essas vivências surjam no curso do tempo é, como tal, irredutível e // fundamental. Ele, porém, é inseparável da validade real da condição transcendental da unidade da consciência, e o conceito originário da sequência temporal, isto é, o conceito do tempo *fenomênico*, coincide com o conceito transcendental do curso unitário da consciência, pois a unidade do complexo de nossa experiência é o pressuposto último do método transcendental. Os conceitos fundamentais, em que uma análise do complexo da consciência dissolve aquela unidade, não podem ser, como condições de possibilidade de experiência, como Kant supôs, "deduzidos", pois, na verdade, a unidade nada mais é do que um conjunto daquelas leis. Todos aqueles conceitos se verificam de igual forma, não redutível: através do recurso à realidade dada imediata. Partir, metodologicamente, de um ou de outro desses conceitos, em vez de partir da realidade dada imediata, significa ultrapassar os limites do conhecimento transcendental.

Finalmente, para reduzir o conceito de *intuição* à sua justa medida, não se precisa de uma crítica transcendental; a pretensão de oferecer um conhecimento sem se submeter a critérios cognitivos é inválido de um ponto de vista lógico, e sua fundamentação histórica a partir de sua conexão com a metafísica da fé é suficiente, pois ele não pode ser fundamentado objetivamente. Do ponto de vista da filosofia transcendental, pode-se acrescentar: a percepção do *complexo de formas*, em que se apoia o conceito de intuição, é justamente uma função transcendental, e as mencionadas antinomias do conceito de intuição perdem a validade, tão logo o conceito de conhecimento transcendental é depurado daquele atomismo de características. Os fatores do complexo como tais são condições transcendentais; o fato de que em um complexo pertencem à pluralidade características que não pertencem a nenhuma parte individual é um fato tão pouco redutível a outras realidades quanto o da memória, e caracteriza o curso da consciência em seu conjunto. Quando ele não é levado em conta, como em Kant, o conceito de conhecimento transcendental se restringe de tal forma que não é mais adequado a vários conhecimentos realmente dados, os quais precisam, para sua // legitimação teórica, de um complemento incompatível com os resultados da filosofia crítica. A construção de uma *teleologia* objetiva como fundamento de legitimação justamente daquele complexo de formas é tão ilegítima quanto uma "extrapolação em mundos inteligíveis", além de ser supérflua, pois a fundamentação do conhecimento de formas, se é que faz sentido dizer de tal conhecimento, é realizada precisamente pelo sistema transcendental. Esse conhecimento de formas deve ser tão pouco hipostasiado ontológica e dinamicamente quanto a "espontaneidade" da vida da consciência. Ele não é nenhum elemento da "atividade", nenhum "ato cognitivo" de um modo especial, mas sim uma determinação necessariamente presente em todas as partes do imediatamente dado. Assim, torna-se totalmente inútil a delimitação epistemológica de um procedimento cognitivo intuitivo particular, mesmo sendo reduzido ao modo como é concebido do ponto de vista da teoria da *Gestalt*. Na medida em que existe intuição no exato sentido epistemológico, como conhecimentos de formas, existe intuição em toda parte e em todas as "esferas", não carecendo de um conceito específico. A questão psicológica pela amplitude e valor daquela forma de conhecimento pode ser tranquilamente desconsiderada para nossa investigação posterior. A fim de evitar todo mal-entendido, evitaremos totalmente a palavra "intuição" [*"Intuition"*].[11]

Com a resolução transcendental das antinomias, resultantes do uso transcendente do conceito de inconsciente, tem-se duas tarefas: por um lado, a crítica de toda doutrina ontoló-

---

11 Na verdade, Adorno voltará a usar algumas poucas vezes esse termo. Nessas passagens, indicaremos entre colchetes a ocorrência desse vocábulo, pois traduziremos *Anschauung* também por "intuição", como já havíamos apontado. (N. T.)

gica positiva da alma, pois já mostramos que o uso transcendente do conceito de inconsciente sempre é consequência de se ontologizarem quaisquer fatos transcendentais, isto é, torná-los independentes de sua referência ao complexo concreto da consciência e à sua legitimação pelo recurso ao imediatamente dado, e assim as contradições aparecem; mas então se coloca a exigência de uma doutrina transcendental da alma, em que o conceito de inconsciente, na medida em que subsista legitimamente, encontre seu espaço, pois somente ali, segundo nossas considerações, teria seu lugar. A primeira tarefa foi empreendida por Kant na doutrina dos paralogismos psicológicos, embora sem levar em consideração // o conceito de inconsciente, que não tinha muita força em seu tempo, mas sim a metafísica escolástica ontológica de Leibniz e Wolff de seus dias, dirigida a uma perspectiva teológica, cujos conceitos simples há muito haviam sido substituídos por outros mais diferenciados e mais adequados à realidade psicológica. Foi necessário, portanto, por assim dizer em paralelo ao procedimento kantiano, realizar novamente essa crítica à metafísica do inconsciente com base na crítica geral do ontologismo psicológico delineada por Kant. Se não nos limitamos apenas a isso e trouxemos a própria argumentação de Kant *in extenso* para a discussão, isso se deveu não apenas ao fato de que a crítica kantiana do ontologismo psicológico não seja suficiente e, como veremos, deixe espaço a doutrinas infundadas do inconsciente, a saber, teorias obscuras do caráter inteligível e da ideia de alma no próprio Kant –, pois se deve mais ainda ao fato de que a crítica kantiana, em suas consequências, ultrapassou os limites estipulados por ela mesma, precisamente por sua orientação pela metafísica escolástica, e queria desistir da própria doutrina transcendental da alma, exigida com base nos resultados críticos. Antes de adentrarmos na discussão dos paralogismos colocados um a um por Kant, precisamos considerar a estrutura da doutrina dos paralogismos como tal e demonstrar por que essa doutrina não reserva nenhum lugar ao conceito de inconsciente. Com isso, iniciamos nossas investigações para estabelecer uma teoria positiva do inconsciente: a análise da colocação do conceito de inconsciente na doutrina transcendental da alma. Nesse momento, pressupomos o texto das explanações kantianas e, renunciando a fazer uma apresentação sua, vamos nos limitar a discutir os argumentos lá apresentados.

// Segundo capítulo
O conceito de inconsciente na doutrina transcendental da alma

1. A doutrina kantiana dos paralogismos psicológicos e a ideia da doutrina transcendental da alma

O problema tratado pela doutrina kantiana dos paralogismos psicológicos é inicialmente a crítica transcendental da "doutrina racional da alma" do sistema de Wolff. À crítica da razão, porém, soma-se a intenção mais ampla, independente da ocasião histórica e fundamentada sistematicamente: criticar toda a metafísica da consciência e, assim – sem que sejam citadas propriamente –, também as doutrinas do inconsciente contra as quais nos colocamos criticamente até agora. O que foi realizado criticamente na doutrina das antinomias em relação a ambos os conceitos naturalistas do mundo independente da consciência, como conjunto das "coisas em si" transcendentes, e também da causalidade independente da consciência, deverá agora ser cumprido na doutrina dos paralogismos em relação ao terceiro conceito naturalista, o de eu. Enquanto, porém, a crítica do conceito naturalista de causalidade não é realizada

223

de forma suficientemente radical e, por fim, chega até mesmo a introduzir o conceito de coisa em si por meio de desvios, a crítica dos paralogismos psicológicos ultrapassa sua meta, dissolve o conceito do eu empírico que, como o conceito de objeto empírico, deveria ser constituído, e assim não apenas torna impossível toda psicologia científica, quanto também abandona completamente o campo que ela deveria dominar a quaisquer suposições arbitrárias, sem distinguir de alguma forma os conceitos psicológicos positivamente válidos e as hipóstases cegas. Se o conceito de inconsciente pôde se infiltrar na filosofia como postulado metafísico, isso se deveu, além da formação dos conceitos de espontaneidade e do caráter inteligível, não menos ao capítulo sobre os paralogismos. Ao mesmo tempo, este capítulo contém em si todos os // problemas considerados constitutivos para uma "psicologia transcendental". A fim de prepararmos nossa teoria transcendental do inconsciente, propositalmente nos ligamos à doutrina dos paralogismos psicológicos. Antes, porém, de seguirmos as demonstrações de Kant para a crítica de cada um dos paralogismos, procuramos compreender as pressuposições de seu procedimento e, assim, as razões que tornam impossível a formação do conceito de inconsciente no plano do sistema kantiano.

Kant entende por paralogismo o *procedimento dedutivo* falso: "o paralogismo lógico consiste na falsidade de um procedimento dedutivo segundo sua forma, qualquer que seja seu conteúdo" (KdrV 349). Um paralogismo transcendental é, para Kant, uma conclusão falsa que tem "um fundamento transcendental" para "concluir falsamente" e que, assim, tem "seu fundamento na natureza da razão humana" (KdrV 349). Com isso se afirmam duas coisas: que as contradições em que se enreda uma "doutrina racional da alma" ligam-se a ela *necessariamente* (o que deverá ser examinado e, em todo caso, não pode ser pressuposto); e que a crítica dessas contradições deve surgir essencialmente como uma crítica dos *procedimentos dedutivos* que trazem consigo aquelas contradições. Com essa segunda afirmação, já se delineia de antemão o fundamento propriamente dito da insuficiência da análise kantiana. Em uma análise do complexo da consciência – e somente uma análise desse tipo pode ser considerada comprovação de uma "psicologia transcendental" –, não se trata de forma alguma de conclusões, de operações lógicas, mas sim de demonstrações de realidades imediatamente dadas. Na medida, porém, em que Kant não percebe o imediatamente dado como fundamento de direito da psicologia transcendental, escapa-lhe completamente a possibilidade de um princípio legítimo de tal psicologia. Se for legítima sua crítica às conclusões que sustentam uma ontologia da alma – e ela o é em grande medida –, então com isso ele pensa ter refutado em geral a possibilidade de uma psicologia transcendental, cujo terreno ele havia sido o primeiro a preparar. Sua orientação essencialmente lógica perante o problema da doutrina transcendental da alma tem, em primeiro lugar, de um ponto de vista histórico, sua razão // no fato de que os *conceitos universais* de substancialidade, identidade, idealidade e simplicidade foram "provados" segundo sua forma pela metafísica de Wolff, mas que de fato foram *pressupostos*, e não constituídos com base em uma análise dos fatores do complexo da consciência. Como, porém, a crítica de Kant se orienta completamente por aquela metafísica escolástica, para ele a questão não é sobre que elementos resultam de uma "doutrina da alma" a partir da análise do complexo da consciência, mas sim sobre o que se pode deduzir, através de conclusões racionais, a partir de alguns conceitos universais sobre a "alma". A isso corresponde a definição racionalista da psicologia, com a qual Kant se dá por satisfeito para então criticá-la: "a expressão: 'eu', como um ser pensante, já significa o objeto da psicologia, que se pode chamar doutrina racional da alma, se eu nada mais exijo saber da alma além do que pode ser deduzido, independentemente de toda experiência (que me determina mais de perto e *in concreto*), a partir desse conceito de eu, na medida em que ele ocorre em todo pensamento" (KdrV 350). Entretanto, há motivos não apenas históricos, mas também objetivos, para que Kant, em sua crítica, tenha se restringido à doutrina racional da alma, representada pela escola de Leibniz e Wolff. O impulso decisivo para concentrar o esforço crítico apenas na psicologia racionalista-ontológica é fornecido pela convicção fundamental de Kant de que, se tal psicologia não é possível como ciência, então a psicologia não pode se constituir como ciência de forma alguma, pois ele exclui a experiência como fonte legítima do conhecimento das leis da consciência, como anteriormente o fez a metafísica racionalista, e admite como juízos sintéticos *a priori* apenas aqueles provenientes do pensamento puro e que, então, são criticados legitimamente no âmbito da pesquisa psicológica.

Kant toma a proposição "eu penso" como ponto de partida da dedução racional para a construção de uma doutrina racional da alma. Ele quer que essa proposição seja entendida como "pura", isto é, não apenas constitutiva da experiência, mas sim absolutamente independente da experiência, embora ele a caracterize como uma proposição da "experiência interna" em uma posterior e decisiva passagem. Inicialmente, // porém, nada mais se deve compreender com tal proposição do que a "unidade da consciência pessoal", da qual Kant partiu na dedução das categorias, mas que ele não compreendeu, naquele momento, como condição transcendental, mas sim como fundamento das condições transcendentais particulares: enquanto, na verdade, a análise transcendental estabelece aquelas condições particulares como leis através das quais a unidade da consciência determina a experiência, sem que tais leis sejam derivadas dessa unidade por um procedimento lógico; o que Kant denomina unidade sintética da apercepção, na verdade, nada mais é do que o conjunto das condições transcendentais. A determinação dessa unidade, não como "fundamento" das categorias, mas sim como condição de possibilidade da experiência em geral, só foi revista por Kant na doutrina dos paralogismos, onde fica evidenciado que apenas tal unidade pode fornecer o fundamento para a doutrina transcendental da alma; e que sua possibilidade não pode ser derivada, por exemplo, das formas do complexo da consciência. Nesse momento se exprime a proveniência *ontológica* do conceito de unidade da consciência em Kant, que é sempre hipostasiada como um ser independente da experiência. Se recorrermos às categorias para a divisão da crítica aos paralogismos, então permanece completamente vaga a conexão objetiva daqueles paralogismos com a doutrina das categorias, e para Kant o ponto de vista arquitetônico parece mais decisivo do que as considerações conceituais. Além disso, aquela "tópica da doutrina racional da alma, a partir da qual deve ser deduzido tudo mais que possa estar contido nela" (KdrV 351), obviamente não é exposta no sentido de Kant, que recusa uma doutrina da alma como ciência em geral, mas que toma de empréstimo à metafísica escolástica, que ele contesta.

O ponto de partida do "eu penso", compreendido por Kant tão somente como uma condição formal do conhecimento e que permanece indeterminável, e, assim, a desconsideração das formas constitutivas do complexo da consciência, possui profundos motivos e amplas consequências.

Primeiramente, os motivos: aquela proposição, no sentido da definição de psicologia racional acima mencionada, é tomada como "independente da experiência", em vez de constitutiva da experiência, // ao contrário das categorias, que só são aplicáveis à experiência. Essa "independência" é exigida não tanto no sentido kantiano, quanto no da metafísica escolástica, contra a qual se volta o próprio Kant – uma metafísica que está convicta da inferioridade da experiência e à qual Kant presta contas de um ponto de vista sistemático ao se prender ao método do "procedimento dedutivo". Essa independência do "eu penso" perante a experiência somente pode ser afirmada por Kant na medida em que ele cinde arbitrariamente o conceito do "eu penso" e, assim, finalmente o atrapalha.

A exigência kantiana de deduzir a doutrina transcendental da alma a partir do "eu penso" só seria legítima se o "eu penso" de fato fosse entendido como unidade da consciência; mas então esse Eu, na verdade, não seria mais meramente uma unidade lógica, pois conteria "em si o conjunto da multiplicidade de suas vivências",[1] pois a unidade de minha consciência nada mais é do que a unidade de minhas vivências e não possui validade alguma independente do complexo de minhas vivências. É precisamente isto, entretanto, que Kant não quer conceder, em virtude do conceito mencionado antes de uma "doutrina

---

[1] Cornelius, op. cit., p.116.

Primeiros escritos filosóficos

racional da alma" proveniente da metafísica escolástica. Ele certamente reconhece que: eu tenho no "eu penso" uma "percepção interna" e, assim, também que "a doutrina racional da alma [...] seja fundada em parte em um princípio empírico" (KdrV 350). Ele também explicita que essa percepção interna tem um significado transcendental e constitutivo: "a experiência interna em geral e sua possibilidade, ou a percepção em geral e sua relação com outra percepção, sem que seja dada empiricamente qualquer diferença particular e determinação delas, não pode ser considerada conhecimento empírico, mas sim necessariamente como conhecimento do empírico em geral, e pertence à investigação da possibilidade de toda experiência, que, na verdade, é transcendental" (KdrV 350). Uma vez que ele não pode se furtar ao fato de que muitos conhecimentos *a priori* estão fundados na experiência, a saber: precisamente aquela "experiência interna", enquanto, // para ele, a experiência em geral não pode fornecer qualquer conhecimento válido universalmente, então ele se vê forçado a dividir o próprio conceito de experiência, de forma altamente paradoxal, em uma experiência empírica de uma não empírica; momento em que se apresenta um equívoco, pois o conceito de experiência é referido à *fundamentação* dos juízos, e o conceito do empírico ou do não empírico é referido apenas à sua *validade*. Apesar de ele se aproximar do conhecimento do verdadeiro estado de coisas, de tal forma que sua terminologia racionalista a respeito disso se desordene, ele desconhece completamente o significado positivo daquela "experiência interna", pois o termo "mera apercepção" é enganoso. O "eu penso" não significa apenas a unidade formal de um sujeito representado do pensamento = X (cf. KdrV 352), mas sim, como dissemos, a unidade efetiva de minha vivência no fluxo empírico da consciência. O que resulta da análise do curso de consciência como fundamento para este último são condições transcendentais, isto é, não apenas a possibilidade de um complexo de consciência em geral, mas sim as leis empiricamente válidas e empiricamente compreensíveis do complexo. Embora Kant tenha antes reconhecido o "eu penso" como uma experiência interna, quer agora que ele seja entendido como uma mera possibilidade de experiência; é uma suposição absurda, pois a experiência interna, da qual Kant parte, não nos assegura um curso de consciência possível, mas sim efetivo, real. Do mesmo modo que não posso me representar um curso de consciência que fosse independente das condições transcendentais, tampouco, inversamente, posso me representar uma unidade de consciência que, como unidade de minha vivência, não fosse referida necessariamente ao seu complexo efetivo. As condições do "eu penso" são as leis do curso efetivo de minha consciência, e com isso se abre o campo científico justamente àquela psicologia transcendental que Kant quis excluir de lá. É importante esclarecer essa relação, não apenas referente a Kant, mas sobretudo às tentativas da fenomenologia atual de fundar a psicologia de modo "puro".

164 As consequências da concepção kantiana do "eu penso" // são decisivas para a solução do problema da doutrina racional da alma, pois esclarecem, sem mais, que nenhuma psicologia racional deriva do princípio do "eu penso", como Kant concebe. Como mostraremos em detalhes, sua crítica à psicologia de Wolff é legítima. Entretanto, não se realizou com ela propriamente o que precisaria ser realizado naquela parte da *Crítica da razão pura*, de forma análoga à posterior doutrina das antinomias, a saber: a descoberta da problemática de tais conceitos,

que são válidos para a experiência – o que Kant deixa de perceber completamente no âmbito da psicologia transcendental –, entretanto, tão logo eles são aplicados para além dos limites da experiência, conduz a contradições. Assim, dentro do escopo da investigação kantiana, não cabe falar da necessidade, afirmada na introdução à doutrina dos paralogismos, de que a razão incorra naqueles paralogismos. Consideramos já ter demonstrado as relações antinômicas na psicologia em nossa crítica imanente das doutrinas do inconsciente. Está agora determinado o lugar sistemático da investigação daquelas antinomias no sistema transcendental. Mais importante, porém, é que a crítica kantiana da psicologia racional, através da interpretação formal do conceito de eu penso, torna impossível uma teoria transcendental da psicologia e, sobretudo, uma determinação suficiente do fundamento transcendental da *coisalidade* psíquica; uma tarefa a que teremos de nos voltar posteriormente para poder elucidar o conceito de inconsciente. Não se trata apenas do fato de que na *Crítica da razão pura* falte uma fundamentação positiva da psicologia; a dignidade dos conhecimentos psicológicos existentes é vista com tanto ceticismo que eles, independentes de toda fundamentação transcendental, poderiam se servir das hipóteses auxiliares mais duvidosas, sem que fosse possível tratá-las cientificamente. Entretanto, com o conceito de inconsciente, a psicologia se serve precisamente de tal hipótese auxiliar, cuja crítica científica nos colocamos como tarefa. É evidente que nossa crítica não avançaria muito se ela se contentasse com os resultados kantianos. Além disso, tal estado de anarquia científica é contrariado pela // certeza efetiva e indubitável de grande parte dos conhecimentos psicológicos.

Por fim, façamos a seguinte observação: a fim de assegurar a "pureza" do eu penso, Kant não quer que o conceito de eu penso seja compreendido "no sentido de que ele possa conter uma percepção de uma existência [...], mas sim, segundo sua mera possibilidade, para que se veja quais propriedades possam fluir dessa proposição tão simples para o sujeito da mesma (possa ele existir ou não)" (KdrV 353). Na medida em que se deva compreender por "sujeito" o eu naturalista ou mesmo o empírico, se ele é pressuposto *antes* da análise do complexo da consciência, a frase colocada por Kant entre parênteses tem sentido. Sem levar isso em conta, ele pode conceber precisamente aquele conceito do eu como mera unidade lógica, conceito que demonstramos como insuficiente. Por fim, é possível interpretá-lo no sentido daquela "consciência em geral", que, mais tarde, desempenha seu duvidoso papel nos *Prolegômenos*. Esse conceito perde sua legitimidade ontológica e seu perigo, tão logo se compreenda que ele, caso tenha qualquer sentido, nada mais pode ser do que uma *abstração*, que abriga as características comuns de uma pluralidade de fluxos de consciência, mas que pressupõe a análise dos fluxos particulares de consciência e, por isso, não é em nada mais "puro" do que estes, nem mais apropriado para uma concepção "mais pura" do eu penso.

Após a consideração principal do método kantiano em sua crítica aos paralogismos, pensamos estar autorizados a iniciar a discussão de cada um dos paralogismos.

O primeiro paralogismo refere-se à substancialidade do eu. Essa substancialidade é reconhecida como condição transcendental da consciência, na medida em que "o eu é o sujeito ao qual os pensamentos são inerentes apenas como determinações, e esse eu não pode ser empregado como a determinação de uma outra coisa" (KdrV 730; primeira edição). // Kant tem toda razão ao determinar que não se poderia deduzir a continuidade etc. da alma a partir desse conceito de substância do eu, que, de acordo com o sistema dos princípios, só pode ser aplicado aos objetos da experiência, pois com aquelas afirmações seriam ultrapassados os limites de possibilidade da experiência. O próprio conceito de substância, porém, Kant concebe de forma por demais indeterminada. Certamente é correto que a determinação da permanência de um objeto pertence à experiência; mas Kant não vê que um tal juízo de experiência, caso forneça a possibilidade de experiência em geral, é um juízo sintético *a priori* e, por isso, "acrescenta algo novo" ao nosso conhecimento; também não vê que, por isso, tal juízo pode ser o ponto de partida de uma doutrina transcendental, positiva, da alma. Segundo Kant, "o eu está [...] certamente em todos os pensamentos; a essa representação, porém, não se liga a menor intuição,[2] que o diferencie de outros objetos da intuição" (KdrV 731; primeira edição). A frase posterior não se sustenta, pois à autoconsciência, como condição de possibilidade da experiência em geral, vincula-se necessariamente, como exposto, a multiplicidade das vivências que constituem a experiência: apenas com base no complexo real de vivências constitui-se precisamente o "eu penso", que não é de forma alguma separável daquele complexo. O complexo de vivências, porém, nos é dado de imediato e, portanto, à representação do

---

[2] Como dissemos em nota anterior, a partir de agora traduziremos *Anschauung* por "intuição". (N. T.)

eu penso *necessariamente* "se liga intuição", uma vez que esta, caso o conceito não seja restrito arbitrariamente a objetos espaciais, significa justamente uma realidade dada imediata. Essa intuição, por outro lado, com certeza é distinta de outros objetos da intuição. Através dela nos são dadas todas as vivências caracterizadas como vivências de nossa vida consciente e que, como tais, diferem de todas as vivências possíveis de qualquer consciência alheia. Pode-se perceber, portanto, não apenas que essa representação (o eu penso) acompanha todas as coisas, mas também que "ela seja uma intuição permanente e perene", que significa o pertencimento da vivência à unidade da consciência pessoal, dado imediatamente com toda vivência e objetivamente válido como condição transcendental do complexo da consciência. A rejeição de Kant da frase posterior, "onde os pensamentos (como mutáveis) se alternam" (KdrV 731), está correta, na medida em que // se volta contra a coisificação naturalista do complexo da consciência como um espaço psíquico no qual eventos ocorreriam como em um palco; a unidade da consciência é certamente separável de forma abstrata da multiplicidade da experiência, mas jamais pensável como "realidade" independente do curso da consciência, pois, na verdade, está também vinculada ao fato de que nos são dadas vivências em geral, tal como, inversamente, a realidade dada das vivências permanece vinculada à unidade da consciência; condições transcendentais não são redutíveis uma à outra. A ideia da constância da unidade da consciência, porém, em oposição ao curso das vivências, tem certamente validade real, contrariando a perspectiva teórica de Kant. Decerto tem sentido falar da permanência do eu de um ponto de vista transcendental, desde que o conceito de substância, também quando se trata de complexos psíquicos, seja tomado como um conceito de experiência e não como de uma coisa em si transcendente. Kant não pôde considerar essa possibilidade na resolução do primeiro paralogismo, em virtude dos motivos já expostos; nós a discutiremos novamente como problema do "eu empírico".

O segundo paralogismo é o da simplicidade da alma. – O princípio da simplicidade é aplicado por Kant, sem mais, ao princípio da imaterialidade, com base na ideia de que a divisibilidade seria o que distingue a matéria e o eu. A recusa da materialidade, que Kant reconhece apenas de forma problemática, com certeza pode ser exposta positivamente, a saber, se o conceito de coisa em si transcendente é evitado para a realidade espacial e também para os complexos psíquicos e se ambos forem entendidos apenas como complexos de fenômenos conformes a leis. Assim, é suficiente a determinação de que vivências localizadas espacialmente são subsumidas a tais leis, que denominamos coisas, enquanto vivências não determinadas espacialmente, portanto aquelas que não são vivências de impressão no sentido da *Sistemática transcendental*, encontram sua subsunção em conceitos de coisa, que são caracterizáveis como coisas "psíquicas", não apenas segundo sua constituição cognitiva, mas também sua constituição real, em um sentido exato ainda a ser esclarecido; assim, // é suficiente aquela determinação para a separação do psíquico em relação ao físico, sem que essa separação seja posta arbitrariamente no imediatamente dado, que sempre e sem exceção é psíquico, mas também sem que seja necessário supor diversos "modos de ser" de um ponto de vista transcendente. Com isso se afasta precisamente a suposição de uma coisa em si e uma substância psíquica transcendentes, que impossibilita separar materialidade e imaterialidade; como ambas, no sentido kantiano, são pura e simplesmente desconhecidas, então elas poderiam ser idênticas segundo uma possibilidade lógica. Uma vez que seu desconhecimento, porém, é uma ilusão; como as transcendências estão excluídas e como os conceitos imanentes empiricamente demonstráveis da consciência e da realidade material surgem em seu lugar, sem sequer trazerem consigo a aparência de um desconhecido, então se exclui de novo a possibilidade de sua identidade. Por outro lado, a crítica do conceito de simplicidade mantém-se válida na medida em que, sob o conceito de uma alma simples, entende-se um substrato independente de suas vivências (independente não apenas segundo a permanência, mas também no sentido de que não se necessita de forma alguma do fluxo de vivências para o conceito de alma). A alma não simplesmente está em relação com a pluralidade das vivências,[3] pois é precisamente essa pluralidade que a constitui. Ela, porém, é a unidade dessa pluralidade; a unidade que nos é imediatamente dada em conjunto com cada nova vivência. Essa unidade é uma determinação da experiência e tem, em oposição à perspectiva de Kant, validade para toda experiência futura. O argumento kantiano da impossibilidade de separar um curso de consciência em diversos sujeitos mostra-se convincente; só que essa unidade não é, ao contrário do que Kant pensa, uma mera unidade lógica, mas uma unidade empírica, cujas condi-

---

3 *Die Seele ist nicht einfach im Verhältnis zu der Vielheit der Erlebnisse*; outra possibilidade de tradução, adotada na edição espanhola, é: "A alma não é simples diante da pluralidade das vivências", mas que consideramos inadequada, tendo em vista a segunda parte da frase, que afirma uma conexão íntima entre alma e pluralidade de vivências, e não meramente contrapõe a simplicidade à pluralidade. (N. T.)

ções são fatores constitutivos da consciência. Essas determinações são, ao mesmo tempo, partes fundantes da psicologia transcendental. Segundo sua forma lógica, a unidade abrange em si não apenas, como Kant ensina, a multiplicidade das vivências: ela *é*, na verdade, o próprio complexo das vivências e, como tal, completamente empírica.

A crítica do terceiro paralogismo oferece a discussão de Kant sobre a identidade e sobre a personalidade do eu. A // identidade numérica do eu é caracterizada por Kant como tautológica; isto é, precisamente o conceito da autoconsciência, como condição constitutiva de todas as vivências particulares, significa que todas elas estão dadas como vivências precisamente desse complexo, sendo este, então, numericamente idêntico. Essa identidade como tal, porém, significa mais do que uma mera unidade lógica; da mesma forma que a simplicidade, da qual ela, por outro lado, não é separável metodologicamente, uma vez que ambas nada mais são do que expressões diversas da unidade transcendental: se a consciência não fosse "simples", isto é, se pudesse ser dividida em diversas "consciências", tampouco seria numericamente idêntica. Sua identidade numérica é a identidade da consciência, à qual pertencem nossas múltiplas vivências: se com isso não se compreender erroneamente mais do que o conceito dessa unidade de vivência, a qual é inseparável da realidade vivencial empírica dada e que só alcança sentido positivo através desta, então o conceito da identidade numérica permanece totalmente válido como conceito transcendental de experiência, em oposição à concepção kantiana. A argumentação de Kant, ao contrário, parte da consciência alheia, o que já significa uma incorreção metodológica, pois, do ponto de vista do idealismo transcendental, a constituição da consciência alheia resulta do recurso à realidade imediata dada da própria consciência pessoal; tal recurso, por sua parte, como condição de minha consciência pessoal, já pressupõe precisamente a identidade da consciência, que Kant quer combater. A argumentação de Kant, portanto, é circular. Mesmo que se desconsidere a incorreção lógica do procedimento e o aceite como um experimento mental, ele não se impõe, pois a construção de Kant confunde a objetividade da autoconsciência (que como objetividade somente é constituível de forma imanente e que tem validade apenas no contexto de minhas vivências como sua regra) com o concerto do eu como uma coisa espacial, tal como o eu alheio se apresenta *a mim*. Como, porém, a referida unidade é só a unidade da autoconsciência, mas nunca a unidade das coisas espaciais, então o procedimento kantiano não a atinge de forma alguma. // Kant, porém, deduz a inconstância do próprio eu a partir da inconstância dessa coisa inserida por ele, enquanto, com base na primeira analogia da experiência, a coisa deveria valer como a regra permanente da multiplicidade cambiante dos fenômenos, regra que, por sua vez, se fosse aplicada ao conceito de eu, não apenas não excluiria a constância deste, quanto se tornaria evidente como condição necessária dessa constância. A identidade da consciência não seria ameaçada nem um pouco pelos fenômenos cambiantes. De fato, o *panta rei* [tudo flui] possui seus limites fixos nessa identidade constante no âmbito da experiência possível.

O argumento psicologista totalmente evidente e plausível, de que em determinadas doenças mentais – reunidas no grupo da esquizofrenia – aquela identidade seria factualmente suprimida, não é consistente, pois se trata aqui de coisificações, que por sua vez só se dão através de *minha* apercepção transcendental, que permanece numericamente idêntica. As vivências de um esquizofrênico, na medida em que possuem algum sentido e posso compreendê-las de alguma forma, caracterizam-se como vivências precisamente *dessa* consciência e se submetem à sua unidade. Na medida em que suas *formas de relação* são perturbadas, não cabe mais a essas vivências nenhuma objetividade concebível. Para o conhecimento, assim, subsiste o problema de explicar essas perturbações, e na verdade com base em uma análise do imediatamente dado, isto é, torná-las compreensíveis segundo leis. As próprias leis dessa compreensão, por sua vez, podem ser fornecidas apenas pelo aparato transcendental. Para realizar essa tarefa, entretanto, é necessário um conceito de causalidade psíquica elucidado epistemologicamente, do qual ainda não dispomos. A relativa insolubilidade do problema da esquizofrenia, por sua vez, surge não tanto do problema da identidade numérica quanto da impossibilidade de evidenciar as realidades dadas imediatas de uma consciência *alheia*, dado que suas vivências jamais podem ser dadas imediatamente *a mim*. – Permanece válida a crítica de Kant a toda a metafísica da personalidade, e merece especial atenção a frase da // primeira edição da *Crítica da razão pura*, segundo a qual não se poderia 'causar muita impressão' com o conceito de personalidade (KdrV 741ss.); uma frase que os sistemas do idealismo alemão pós-kantiano esqueceram fundamentalmente. – Não há em Kant nenhuma forma de distinção entre os conceitos de identidade numérica e personalidade. Ela também pertenceria à doutrina transcendental da alma.

Juntamente com a determinação do idealismo transcendental – que o torna um "realismo empírico" –, a crítica do quarto paralogismo fornece o fundamento de uma crítica do idealismo dogmático, que ao mesmo tempo seria fundamental também para a crítica da "idealidade da consciência". As determinações fornecidas por Kant na crítica daquele paralogismo seriam completamente suficientes para isso, pois, se "as representações de mim mesmo, como sujeito pensante, são referidas meramente ao sentido interno, enquanto as representações que caracterizam as substâncias extensas são também referidas ao sentido externo" (KdrV 745), então desse modo já se realiza a única distinção legítima entre interno e externo, pressupondo-se apenas que as representações não sejam restritas fenomenalisticamente às vivências individuais, mas sim, no sentido das analogias da experiência, vigorem como constitutivas da experiência e no âmbito das condições transcendentais objetivamente válidas, o que afasta o problema da coisa em si transcendente e, assim, a incerteza da idealidade. Assim, ao mesmo tempo o objeto da psicologia transcendental seria também determinado de um modo válido para toda experiência futura, e seu âmbito temático estaria delimitado, pois, como o objeto transcendental, como afirma Kant, não nos é desconhecido, seja na intuição interna, seja na externa (cf. KdrV 746), pois, na verdade, é conhecido como o complexo conforme a leis dos fenômenos – como coisa material, ou, como iremos demonstrar, como eu empírico, isto é, uma coisa psíquica –: assim, com o "objeto interno", que "é representado tão somente em relações temporais", denomina-se precisamente o substrato da psicologia, que é psicologia transcendental na medida em que formula leis universais com base no conhecimento dos fatores da consciência constitutivos da experiência. A distinção entre um objeto transcendental // e um empírico feito na *Crítica da razão pura* é pertinente apenas na medida em que, com ela, são caracterizados os limites da dedutibilidade de leis universalmente válidas a partir das condições transcendentais, que podem ser completadas por leis empíricas; mas de forma alguma na medida em que ela queira separar tanto os objetos empíricos da psicologia quanto do mundo espacial perante as "coisas em si". Esses objetos são, na verdade, coisas "em si", isto é, independentes de minha percepção, na medida em que estão determinados transcendentalmente e possuem validade objetiva. Como objetos, eles são sempre empíricos, uma vez que os fatores transcendentais só encontram sua aplicação na experiência. No âmbito dessa empiria, que por princípio é inultrapassável, está garantida a idealidade da consciência, isto é, sua independência perante uma espacialidade transcendente, tanto quanto perante as coisas espaciais individuais, constituídas de forma imanente, que encontram sua própria legitimação apenas na consciência. Toda a consideração da realidade intratemporal, que Kant realiza para delimitá-la perante a realidade espacial (cf. KdrV 748ss.), já é psicologia transcendental. Sua definição poderia ser a seguinte: psicologia transcendental é o conjunto de todas as proposições sintéticas *a priori* sobre o complexo de nossas vivências e sobre as leis daquele complexo que não são determinações da objetividade espacial. De acordo com isso, as leis mais gerais da teoria do conhecimento pertencem à psicologia transcendental; não hesitamos em inseri-las nesse âmbito, porque o conceito de psicologia transcendental que concebemos não pressupõe, por exemplo, o princípio de causalidade, mas somente o complexo do que nos é dado, e porque o conjunto de suas afirmações deve poder ser fundamentado através do recurso ao imediatamente dado. Como uma das tarefas de uma psicologia transcendental, porém, inclui-se a construção de um conceito criticamente elucidado da causalidade psíquica. De acordo com tudo o que foi exposto, está claro que essa causalidade não deve ser suposta como sendo eficiente em uma perspectiva naturalista. Uma vez que o material da psicologia transcendental são *todas* as nossas vivências, então ela, // se não se ocupa já com as coisas espaciais, entretanto se ocupa com as vivências de impressão, que não pertencem apenas aos complexos de coisa – que denominamos objetivamente espaciais e que, por sua vez, são redutíveis ao complexo daquelas vivências –, mas também às coisas *psíquicas*. Vamos nos ocupar desse fato de forma mais detida posteriormente; agora ele será referido apenas ao problema kantiano da idealidade. Na medida em que compreendemos a ordenação espacial *imediata* de nossas vivências como um fato da consciência, um fato psíquico, então podemos ver na distinção entre mundo material e imaterial não uma "diferença fundamental dos modos de ser" (Husserl), não uma diferença ontológica, mas tão somente uma diferença de formações conceituais, pelo menos na medida em que a coisalidade espacial e psíquica estejam em questão: ambas estão fundadas no recurso ao imediatamente dado. A diferença do imediatamente dado perante toda realidade material objetiva nos é "imediatamente conhecida antes de toda reflexão posterior",[4] e para sua comprovação não é necessário nenhum postulado ontológico de qualquer espécie. – Kant não conseguiu comprovar a idealidade do conceito empírico de alma, porque ele, como no terceiro paralogismo, só considerou a multiplicidade dos fenômenos, e não a constituição objetivamente válida de seu complexo.

---

4 Cornelius, op. cit., p.117.

Deve-se acrescentar à argumentação da *segunda* edição da *Crítica da razão pura*: o novo argumento inserido aqui, a saber, de que não me é permitido fazer do eu penso, como sujeito do conhecimento, ao mesmo tempo seu objeto (cf. KdrV 355), só seria correto se o eu, como sujeito do conhecimento, de fato fosse apenas sua forma lógica. Ora, o eu, como expusemos, é muito mais do que isso: é o próprio conjunto da unidade das vivências em sua plena multiplicidade; mas, assim, é algo objetivamente determinado através das formas de relação dessa multiplicidade, as "condições transcendentais", é um objeto empírico, sobre o qual posso fazer // juízos sintéticos *a priori*, na medida em que sua constituição com base nas condições de possibilidade de toda experiência é compreensível, na medida, então, em que são válidas para toda experiência futura as determinações obtidas através dele (determinações "empíricas", isto é, em uma autopercepção imediata). Assim se desfaz o paradoxo lógico de que um objeto pode ser simultaneamente sujeito e objeto do mesmo juízo sobre ele; tal paradoxo só valeria se sujeito ou objeto fossem pressupostos como transcendentes. Aqui, porém, sujeito e objeto não estão separados ontologicamente, pois, na verdade, o subjetivo e o objetivo significam diversos modos da ordenação do que nos é dado: subjetivo, de acordo com *nosso* ponto de vista, é o imediatamente dado como tal, separável apenas de forma abstrata, enquanto objetivo é seu complexo constituído pelas condições transcendentais, de tal forma que no âmbito da psicologia transcendental, no sentido definido antes, também se pode falar de objetividade, na medida em que os fatores transcendentais encontram lá sua aplicação. Com a redução da objetividade à subjetividade, desfaz-se o paradoxo afirmado por Kant. Além disso, o eu penso não é de forma alguma sujeito e objeto *do mesmo* juízo em Kant, pois o sujeito é concebido apenas como a unidade lógica, mas o objeto, como o eu completamente empírico. A fim de construir o conceito de eu empírico fundamentado de um ponto de vista transcendental, precisamos superar essa diferença pressuposta dogmaticamente por Kant. Em troca, porém, livrar-nos-íamos da diferença ontológica entre o subjetivo e o objetivo. A frase-resumo inicial da "Consideração sobre a doutrina pura da alma" (cf. KdrV 752) está completamente refutada com base na consideração realizada. Por outro lado, as reflexões que se seguem naquela passagem, essencialmente orientadas para a questão da imanência, corrigem muitas das imprecisões da própria doutrina dos paralogismos.

175 Terminamos, assim, nossas considerações sobre a doutrina de Kant dos paralogismos psicológicos. De início, ela nos mostrou claramente que a crítica kantiana da psicologia racional não deixa nenhum espaço para o conceito de inconsciente no âmbito do conhecimento transcendental. // Segundo a concepção kantiana da doutrina dos paralogismos, um conceito de inconsciente seria ou um resíduo da metafísica dogmática, como o conceito transcendental de alma, e como tal submetido radicalmente à crítica (um resultado que aprovamos completamente, com base em nossa reflexão sobre a problemática imanente das doutrinas do inconsciente), ou o conceito do inconsciente seria "meramente empírico", desprovido de maior dignidade científica: e essa consequência não podemos aceitar. Que, ademais, tal conhecimento supostamente apenas empírico possa ter um significado científico maior, isso deriva da

Antropologia de um ponto de vista pragmático de Kant, ainda não devidamente valorizada, na qual se afirmam muitas coisas acertadas sobre o inconsciente e as realidades que teremos de determinar como de natureza psíquica. Nossa consideração da doutrina kantiana dos paralogismos, porém, nos mostrou que é perfeitamente plausível uma doutrina transcendental da alma e, assim, uma determinação válida do conceito de inconsciente para toda experiência futura. Ora, segundo todas as investigações precedentes, é necessária tal fundamentação do conceito de inconsciente, pois a concepção dogmática daquele conceito mostrou-se inválida em todos os sentidos; o conceito de inconsciente não é imediatamente dado e compreensível antes de toda determinação científica, e, por outro lado, somos obrigados a compreender certos fatos do complexo de nossa consciência sob aquele conceito, sem que ele tenha até agora encontrado sua elucidação suficiente. A concepção do conceito de inconsciente teria, portanto, seu legítimo lugar em uma doutrina transcendental da alma. A ideia de tal doutrina da alma, porém, aproximou-se novamente de nós, em virtude de nossa discussão da doutrina kantiana dos paralogismos psicológicos. Por um lado, havíamos reconhecido uma parte das determinações fornecidas na doutrina dos paralogismos como determinações da psicologia transcendental; por outro, percebemos a necessidade de em parte completar e em parte corrigir as determinações kantianas sobre a "psicologia racional". Em todo caso, cristalizou-se mais claramente para nós a ideia da doutrina racional da alma, // e compreendemos como nossa tarefa, para esclarecer o conceito de inconsciente, não apenas construir de forma mais precisa a definição da doutrina transcendental da alma (que formulamos no curso de nossa reflexão sobre a doutrina kantiana dos paralogismos), mas também prestar conta dos elementos de tal doutrina da alma na medida em que sejam imprescindíveis para estabelecer de forma indubitável o conceito de inconsciente.

Inicialmente, trata-se de demonstrar as leis transcendentais válidas para as vivências, na medida em que elas se submetem aos complexos conformes a leis objetivamente válidos, caracterizados não como espaciais, mas sim psíquicos. Nosso primeiro problema será demonstrar que *existem* tais leis, o que ainda não foi demonstrado essencialmente no âmbito de nossa reflexão e que com certeza é indemonstrável de acordo com a teoria kantiana dos paralogismos, pois, na perspectiva da distinção transcendental entre "sensibilidade" e "entendimento" – conceitos entendidos como na *Sistemática transcendental* de Cornelius –, essas construções conceituais objetivamente válidas, tanto quanto os conceitos das coisas espaciais permanentes, são indubitavelmente funções do *entendimento* e, como tais – se podemos adotar o termo kantiano –, objetos de uma doutrina "racional" da alma, tal como ela incorre sob o veredicto kantiano. Temos de mostrar, portanto, que nossas vivências também se submetem a leis objetivamente válidas independentemente das determinações conceituais do "espaço objetivo"; leis que nós, em um sentido explícito, queremos caracterizar como *psíquicas*. A demonstração de tais leis psíquicas é a primeira tarefa da psicologia transcendental.

Da discussão da doutrina dos paralogismos resultou o seguinte material para a doutrina transcendental da alma: a permanência do eu com base em sua constituição pelas condições transcendentais; sua unidade empírica fundamentada transcendentalmente; sua identidade numérica e sua idealidade –

tudo isso compreendido empiricamente, isto é, no âmbito da experiência possível e referido à consciência pessoal como complexo de minhas vivências; referido, portanto, ao "eu fenomênico", de acordo com a *Sistemática transcendental* de Cornelius. // Essas determinações do eu fenomênico, entretanto, constituem o conceito do eu, que nós, apoiando-nos na terminologia de Cornelius, denominamos conceito do eu *empírico*. Em outras palavras, o problema da doutrina transcendental da alma pode ser caracterizado como o problema da determinação transcendental do eu empírico, que foi tão pouco exaurido através da explicitação dos referidos conceitos, quanto o seria a constituição transcendental da realidade espacial através da demonstração de sua substancialidade etc. Na verdade, ainda permanece por fazer *in extenso* para as coisas psíquicas, junto a outras determinações, a aplicação dos princípios *dinâmicos* criticamente depurados, e expor de forma mais detalhada o conceito do eu empírico, ou seja, em sua conexão com o problema da realidade espacial.

Recentemente, as escolas *fenomenológicas* empreenderam a constituição de uma doutrina racional da alma, apoiando--se amplamente em Leibniz. Pensamos ser necessário nos diferenciar claramente do ponto de partida adotado por elas. Considerando apenas os pontos de vista principais, nós nos diferenciarmos delas através do seguinte: de início, sempre tratamos da consciência empírica, e não da presumida como "pura"; sempre partimos do imediatamente dado como fonte de direito última do conhecimento e compreendemos o aparato transcendental através da *abstração* do complexo vivencial efetivo, que permanece a pressuposição necessária de todas as nossas formações conceituais e sem o qual nossas determinações transcendentais não teriam sentido; conhecemos as condições *a priori* ao separarmos os elementos sem os quais nenhum complexo da consciência pode ser pensado, mas nunca negligenciamos a necessária referência das condições transcendentais à consciência pessoal efetiva, real. Recordemos aqui nossas exposições sobre o conceito "consciência em geral".

Em segundo lugar: nosso método é transcendental, não ontológico; tratamos dos elementos constitutivos da consciência, não dos modos de ser independentes da consciência e de sua determinação especulativa. Após realizar a análise // do conceito de intuição [*Intuition*], não podemos aceitar o método da "visão" [*Schau*] dirigido imediatamente a realidades ou unidades intelectuais transcendentes e cuja fundamentação seja independente da análise de características, tampouco que nos sejam dadas através de tal "visão" determinadas "essencialidades" da consciência, como o inconsciente em [Moritz] Geiger.

Por fim: uma vez que partimos da unidade transcendental da apercepção e compreendemos a empiria sob as condições dessa apercepção, mas ao mesmo tempo, e em sentido inverso, apresentamos aquelas condições através de uma análise da experiência, nosso procedimento é essencialmente *sistemático* e *abstrato*, não dirigido a determinações particulares "concretas", às quais é atribuída aprioridade pela fenomenologia "material", com base em sua constituição supostamente independente da consciência. De acordo com a intenção da sistemática aqui adotada, o concreto é para nós apenas o material das determinações abstratas, para as quais progredirmos; recusamos toda dignidade metafísica à compreensão material particular e exigimos sua legitimação no sistema transcendental. Não pretendemos construir um sistema da doutrina transcendental da alma, nem sequer oferecer o esboço de sua arquitetônica. Afirmamos apenas que os elementos que trazemos são válidos e se constituem com base na *Sistemática transcendental*.

Assim, evitamos toda polêmica particular contra a fenomenologia. Pensamos estar seguros em relação a quaisquer mal-entendidos e, ao mesmo tempo, caracterizamos claramente mais uma vez nosso ponto de partida epistemológico.

2. Elementos da doutrina transcendental da alma

Nosso problema inicial é: mostrar que, segundo seu caráter imanente, portanto independentes do complexo das coisas espaciais, nossas vivências se submetem a formações conceituais constituídas com base nos fatores transcendentais e, portanto, são objetivamente válidas; em seguida, precisamos investigar o mecanismo daqueles complexos, passando então a considerar o assim constituído "mundo dos objetos da imanência da consciência", // e, por fim, investigamos os complexos conformes a lei que subsistem entre esses objetos reciprocamente, no sentido dos "princípios dinâmicos", ao mesmo tempo em que examinamos sua relação com os complexos das coisas espaciais e, assim, desdobramos a problemática da causalidade na medida em que ela possui um significado capital para a suposição e elucidação do inconsciente. Nossa investigação é transcendental, em virtude de que só alcança esses resultados baseando-se na aplicação dos fatores transcendentais à possibilidade do ser-dado [*Gegebensein*] empírico (cf. "O supremo princípio de todos os juízos sintéticos" da *Crítica da razão pura*). Na medida em que aplicamos essas condições à realidade possível, alcançamos os juízos sintéticos *a priori*. Deve-se observar aqui que a apriotidade daqueles juízos é distinta da kantiana, já que, em Kant, exclui-se a própria experiência como fundamento da legitimação de juízos *a priori*, pois, segundo ele, justamente a experiência não pode fornecer nenhum juízo universalmente válido, enquanto nossos juízos sintéticos *a priori*, por serem juízos de existência, sempre se fundam na experiência, e podemos alcançar enunciados objetivamente válidos reunindo as características empiricamente obtidas de um objeto em sua definição, a qual, assim, vale para todos os objetos que possuem especificamente as características nela compreendidas. Assim, o conceito da doutrina racional da alma, quando entendido como o conjunto dos juízos sintéticos *a priori* e da ordenação desses juízos, experimenta, em relação a Kant, uma segunda correção ou ampliação. Nela se incluem não apenas as condições transcendentais e as determinações conceituais universais válidas do que nos é dado, que se baseiam naquelas condições, mas também os conhecimentos constitutivos, até agora considerados "material-psicológicos", contanto que as características que os determinam sejam obtidas empiricamente de forma incontestável e as determinações dêiticas sejam estabelecidas. Isso tem importantes consequências teórico-científicas. Uma vez que os fundamentos racionais (isto é, transcendentais) da psicologia são, em si mesmos, determinações psicológicas, as últimas a que temos acesso, então não é viável uma distinção prévia da teoria transcendental // perante a psicologia em um sentido "*teórico-objetivo*". Essa distinção tampouco pode ser feita com base nos "*modos de formação conceitual*", porque a aplicação dos conceitos de experiência à multiplicidade do dado produz juízos sintéticos *a priori* tanto quanto a aplicação dos fatores transcendentais à possibilidade da experiência pura e simplesmente. A tentativa de distinguir metodologicamente, por princípio, a psicologia das ciências naturais, que avançam na pesquisa empírica rumo a juízos *a priori*, como a Química, está, assim, totalmente refutada. A diferença da psicologia das outras ciências se dá apenas por meio de seu objeto – o complexo imanente da consciência como tal –; sua distinção perante a teoria do conhecimento desaparece no instante em que esta é reconhecida como a forma adequada de juízos de experiência psicológicos *a priori*.

Essa determinação do âmbito temático da psicologia "racional", ou melhor: a demonstração da ilegitimidade de distinguir entre psicologia racional e empírica, é igualmente importante para nosso problema inicial, pois o conceito de eu, com o qual nos ocupamos até agora e que contrastamos ao conceito kantiano do sujeito transcendental, foi, como dissemos, o conceito do eu *fenomênico*, que, embora tenha sido concebido como um complexo de consciência imediatamente dado e, como tal, tenha sido determinado mais amplamente do que na doutrina dos paralogismos, não contém em si, por sua vez, de forma positiva, a aplicação dos conceitos de experiência, de tal forma que pode parecer que o eu empírico é o objeto da psicologia empírica, e o eu fenomênico, o da psicologia racional. As reflexões que realizamos mostram o equívoco de tal perspectiva. Todas as determinações do eu fenomênico já são determinações do complexo imanente da consciência, ao qual nós as reduzimos, e, assim, são proposições psicológicas. E a aplicação de determinações da segunda categoria a esse complexo, na medida em que conduz a conhecimentos universalmente válidos, é não menos "racional" do que a análise do eu fenomênico. Ao mesmo resultado nos conduz uma outra investigação,

181 lógico-transcendental, // que deve ser realizada aqui para fundamentar a constituição das formas objetivamente válidas do complexo da imanência. As condições transcendentais, que constituem o eu fenomênico – isto é, os fatores através dos quais estão caracterizadas as realidades dadas imediatas de uma consciência pessoal como realidades dadas imediatas precisamente dessa consciência e de nenhuma outra –, são as mesmas que determinam a subsunção desse complexo a formações conceituais objetivamente válidas. Não há nenhuma diferença entre a constituição transcendental do eu empírico e do eu fenomênico. Distinção das partes do todo, recordação, conhecimento da identidade e re-conhecimento de conteúdos semelhantes são as condições sem as quais o eu fenomênico não pode ser pensado; sem elas sequer seria possível conhecer uma única vivência como pertencente àquele mesmo complexo de consciência. Os conceitos da segunda categoria, porém, aos quais devemos a ordenação objetivamente válida do que nos é dado, não possuem nenhum outro fundamento do que aquelas condições. Os conceitos gerais, sob os quais agrupamos características, são abreviaturas de conhecimentos da semelhança; o mecanismo da expectativa, cujas leis produzem o conceito de coisa, baseia-se no fato de que o conteúdo anterior, cuja semelhança com o atual eu reconheço, é recordado como parte de um complexo, com cujas outras partes minha experiência atual é posta em relação etc. No entanto, todos esses momentos produziram-se como momentos do complexo do imediatamente dado. Assim, segundo a estrutura transcendental, tampouco existe abismo entre as determinações do complexo fenomênico e as do conhecimento objetivo do objeto; ambas caracterizam apenas etapas do processo cognitivo que são separadas com

fins metodológicos e de um ponto de vista abstrato; momento em que podemos recordar que, de um ponto de vista genético, as determinações do âmbito fenomênico sequer são as primeiras, pois, na verdade, os conceitos de coisa sempre as precedem. A distinção entre o eu fenomênico e o empírico, porém, com a qual nos defrontamos, não é a distinção entre uma esfera da aprioridade e outra esfera da supostamente mera empiria, mas sim // entre a aplicação da primeira e da segunda categoria ao imediatamente dado; uma distinção a ser obtida apenas em termos metodológicos, exclusivamente por abstração do complexo de consciência efetivo, e que não possui nenhuma dignidade teórico-objetiva. Com o eu fenomênico, são completamente dadas as condições para o conhecimento do eu empírico. Se nós, com base em nossa determinação do transcendental como fundamento constitutivo da experiência e necessariamente referido a esta, chegamos a recusar a distinção entre psicologia transcendental e empírica, porque os juízos sintéticos da última possuem a mesma validade que as determinações da primeira – todos os juízos sintéticos *a priori* situam-se *ex definitione*, a respeito de sua validade, em um mesmo plano –: então precisamos agora recusar a diferença qualitativa de ambas as ciências, porque seus objetos, o eu fenomênico, ou seja, o complexo transcendentalmente constituído como tal, e o eu empírico, com o qual se ocupa a psicologia, são idênticos segundo sua estruturação e metodologicamente redutíveis. O fundamento de ambos os conhecimentos é profundamente o mesmo: a remissão de todo conhecimento válido ao complexo da consciência pessoal, que deve ser conhecida pela análise, onde quer que esta se inicie; independente de se estão em jogo juízos universais ou predicações singulares, formações conceituais da primeira ou da segunda categoria. Em outras palavras: com a redução de todos os juízos universalmente válidos às mesmas formas do complexo da consciência, desaparecem as distinções para todos os juízos como esses segundo sua estrutura "transcendental" e "empírica". As condições transcendentais, tal como as supomos, necessitam tanto da empiria – isto é, do fato de que algo em geral nos seja dado – quanto a empiria, como um complexo, necessita das condições transcendentais. Uma vez que psicologia transcendental e empírica submetem-se à mesma rubrica de objeto: "contexto de imanência da consciência", então sua distinção essencial é inadmissível. É evidente que não se pretende com isso, por exemplo, confundir os âmbitos de pesquisa psicológica, de tal forma // que determinações de graus distintos de abstração sejam mesclados um ao outro. A diferenciação dos âmbitos dos objetos segundo seu plano de universalidade conserva o mesmo direito que, por exemplo, a existente entre a Física teórica e a análise física de determinados fenômenos mecânicos, que também conduz a juízos *a priori*. Ninguém se arriscaria a falar de uma diferença das validades relativas a definições aqui estabelecidas. Nossa reflexão pretendeu, de início, defender a análise psicológica, na medida em que ela está livre de colocações naturalistas, diante da suspeita de que seus resultados não estariam assegurados para sempre, pois com isso sempre se tem em mente a reprovação de valor "meramente empírico", e não o método do estabelecimento das leis psicológicas. Por outro lado, os conhecimentos supremos de leis ideais também fazem parte da análise psicológica. Portanto, a peculiaridade daquelas análises que ressaltam os próprios fatores transcendentais não pode ser contestada de forma alguma, exceto que a aplicação daqueles conhecimentos ao curso da consciência tenha uma validade menor. A supremacia dos fatores transcendentais perante as colocações psicológicas individuais exprime-se, na verdade, apenas na possibilidade de reduzir aqueles a estes. Em nossa investigação, como corresponde a seu propósito, nós nos ocupamos preponderantemente com as determinações universais do complexo de imanência, e com os conhecimentos psicológicos particulares, apenas na medida em que precisamos demonstrar a aplicação de nossos conceitos de experiência ao complexo psíquico.

Nossas investigações não possuem intenção teórico-científica, mas objetiva: por um lado, como legitimação de nosso procedimento, que se dirige a obter determinações universalmente válidas, mas, por outro, também na medida em que nossas reflexões resolvam essencialmente o problema: se os conceitos da segunda categoria podem ser legitimamente aplicados ao complexo da consciência, que nos é dado como em permanente movimento e de forma alguma como algo substancial – o que ainda está em aberto para a nossa crítica a Kant, a qual parte do eu fenomênico. // Não existe mais para nós o problema inicial da doutrina "racional" da alma. Uma vez que todas as determinações com que se ocupa a psicologia transcendental, como demonstramos, são redutíveis ao complexo fenomênico, não inserindo de forma alguma transcendências na análise, então está assegurada sua aplicabilidade. A crítica kantiana da substancialidade como indestrutibilidade, que havíamos aceitado, não é afetada por ela: a simples reflexão de que coisas espaciais também são destrutíveis e que não são colocados limites positivos para a progressão do pensamento sobre a destruição do mundo material – por si só, o pensamento da supressão completamente dada do mundo material como tal conduz a contradições, pois o conceito desse mundo está fundado transcendentalmente, não podendo ser pressuposto de forma transcendente –, essa reflexão mostra de forma suficiente que, com a aplicação de conceitos da segunda categoria, de forma alguma se demonstrou mais sobre a substancialidade do que se poderia comprovar no sistema dos princípios para a constituição do objeto psíquico. O argumento vitalista de que faríamos violência à mobilidade e continuidade do "fluxo" da consciência ao inseri-la nos conceitos relativamente estáticos de coisa pode ser efetivamente enfraquecido ao se apontar para o fato de que a suposta violência é exigida exatamente por aquela mobilidade, não apenas para possibilitar sua ordenação, o que já está claro, mas também porque ela, caso não se submetesse a tais conceitos, não poderia ser pensada de forma alguma como uma unidade móvel, pois, sem as condições fornecidas por nossa suposta "fixidez", sequer seria reconhecida uma única vivência no curso da consciência como um objeto idêntico da memória, com o que seriam simplesmente impossíveis os conhecimentos das relações temporais e, assim, da "mobilidade" do curso da consciência. Por outro lado, teorias vitalistas também não conseguem evitar a tendência, imanente ao pensamento, para a coisificação; elas apenas, em vez de empregar formas de relação provenientes do próprio complexo da consciência, interpretam arbitrariamente outros e estranhos conceitos auxiliares, com uma intenção metafísica. Enquanto não se pôde falar de uma substancialidade imutável no eu fenomênico, pois todas as formações conceituais da substancialidade pressupõem a aplicação da segunda categoria, // que não é possível para o eu fenomênico, tratamos das formações conceituais da segunda categoria para o eu empírico. Como, porém, esses conceitos se submetem à constante correção pela experiência, não se afirma com eles de forma alguma a imutabilidade, pois, na verdade, eles se alteram de acordo com as novas determinações sobre as respectivas leis individuais a ser encontradas com base na experiência. Imutável é apenas o imediatamente dado como tal, mas que, de fato, não apresenta nenhuma determinidade objetiva – cujo pressuposto excluímos há pouco –; uma alteração, porém, só pode ser afirmada quando, satisfeita a condição C, um objeto definido pela lei individual L não apresenta o esperado fenômeno F, cuja ocorrência seria exigida pela lei individual. O imediatamente dado como tal está determinado univocamente, e não se pode falar de sua alteração. Sempre que ele é suposto como alterado, já se realizou uma coisificação. A substancialidade no sentido da imutabilidade deveria ser falada muito mais propriamente em relação ao imediatamente dado: só que essa fala, diante do fluxo móvel das vivências, contrariaria completamente o uso linguístico dominante, e, além disso, o discurso da indestrutibilidade ficaria sem sentido, pois de antemão só pode ser referido ao ser das coisas. O imediatamente dado vincula-se ao decurso temporal vivenciado como o presente; decerto não é "indestrutível", mas não se estende independentemente da percepção, pois, em oposição a toda teoria do ato, ele é idêntico à sua percepção. Embora os complexos de coisas sejam permanentes no âmbito da validade das leis individuais que os abrangem, não são, porém, indestrutíveis; se as expectativas englobadas na lei não se cumprem, então a consciência cognoscente se vê diante do problema de encontrar uma lei mais elevada que explique o não cumprimento da correspondente expectativa; em outras palavras: fornecer a causa da mudança. – Ora, o próprio eu não é apenas a soma de suas vivências, mas, ao mesmo tempo, o conjunto das relações recíprocas dessas vivências. Como unidade coisal suprema das leis particulares do complexo de imanência // – correspondente ao conceito "mundo material" –, o eu é permanente, mas, em sua subsistência, está vinculado ao surgimento dos fenômenos que são exigidos pela lei individual "eu empírico". O eu empírico, porém, é a lei individual que exige que, em geral, o complexo fenomênico que ela subsume em si subsista como sendo conforme a leis e permanente. Se tal exigência é ou não cumprida depende unicamente de se ocorrem fenômenos que se caracterizam ou não como fenômenos daquele complexo. Assim, não se pode falar de uma "indestrutibilidade" do eu empírico, mas como, ao mesmo tempo, os fatores que constituem seu complexo constituem todos os conhecimentos, e um ser não pode ser pensado independentemente de tais conhecimentos, então não é possível nenhum enunciado positivo sobre a destrutibilidade do eu. Mantém-se válido, portanto, o resultado kantiano de que a imortalidade é indemonstrável e irrefutável. Ao contrário da investigação kantiana, porém, essa questão só pode ser examinada com base na aplicação dos conceitos da segunda categoria, pois o conceito de eu, que questionamos segundo sua mortalidade e imortalidade, constitui-se com base em tais construções conceituais. Não se pode falar nada sobre o problema metafísico do significado dos fatores transcendentais *independentemente* da realidade dada das vivências, em outras palavras: independentemente do eu empírico.

Com a constituição do conceito de experiência do eu, afastaram-se definitivamente as últimas dúvidas que ainda poderiam se vincular ao conceito de eu segundo a discussão da doutrina kantiana dos paralogismos. Deve-se agora esclarecer o modo com que o eu, como substrato da psicologia transcendental, relaciona-se, segundo sua constituição, ao mundo material.

O ponto de partida do problema é: que o eu empírico, como conjunto do complexo de imanência pura e simplesmente, também compreende em si todas as vivências singulares e, assim, também os dados sensíveis, ou seja, a multiplicidade das impressões dos sentidos, cujo complexo conforme a leis fornece a realidade espacial, da qual, segundo uma concepção em voga, o eu está separado por um "abismo do sentido". Em contraste com isso, deve-se inicialmente recordar // que "a oposição" entre os mundos espacial objetivo e subjetivo, as "vivências subjetivas de nossa consciência", "não é originariamente dada, pois, na verdade, surge no curso de nosso desenvolvimento";[5] mas não se deve pensar propriamente na gênese histórico-biológica, e sim na legítima fundamentação do mundo objetivo pelo subjetivo. A relação entre ambos deve ser entendida de tal forma que "as coisas objetivas [...] são apenas determinadas formações conceituais", "através das quais é produzida a conexão conforme a leis de uma *parte* daquelas vivências subjetivas, a saber, as percepções sensíveis".[6] Desse modo, a diferença supostamente ontológica tornou-se uma diferença de formações conceituais; as coisas espaciais são formações conceituais parciais, enquanto as formas objetivas do complexo da consciência são formações conceituais universais, pois "a *totalidade* dessas vivências subjetivas [...], como nos são dadas e conhecidas imediatamente a cada um de nós, está, por sua parte, em um determinado com-

---

5 Cornelius, *Introdução à filosofia*, p.307.
6 Ibid.

plexo [...] que caracterizamos como o complexo de nossa consciência".[7] Essa disjunção fornece o fundamento cognitivo claro para se distinguir o ser espacial do psíquico. Não cabe nenhuma determinação espacial aos complexos *coisais*, que o conceito de eu empírico compreende em si – ele mesmo é um conceito coisal. Vivências singulares, compreendidas sob aquele conceito de coisa, podem perfeitamente ser localizadas espacialmente como dados sensíveis *de* coisas espaciais, das quais aquelas são os fenômenos, isto é, em cujas leis elas estão subsumidas. Que dados sensíveis – que, como tais, são realidades da consciência e, assim, estão submetidos às leis universais da consciência – apresentem-se como fenômenos de coisas espaciais, isso nada afirma contra seu pertencimento ao complexo da consciência, pois significa apenas que eles estão submetidos a uma classe de formação conceitual a que não pertencem outras realidades dadas imediatas. Como fenômenos, eles pertencem às coisas que consideramos o *espaço objetivo*, o qual nos é dado, porém, em oposição ao campo fenomênico, não imediatamente, // mas sempre mediatamente, pois obtemos a terceira dimensão apenas com base em outras relações, dependentes do tamanho e do movimento dos objetos. Ao espaço objetivo pertencem todas as coisas materiais. Sua constituição abrange somente as impressões óticas e táteis, das quais ele é o correlato objetivo mais geral. Ele, porém, se restringe a elas e é, assim, justamente uma forma parcial da formação de conceitos de coisa, através da qual os dados correspondentes não estão de forma alguma completamente delimitados, pois pertencem ainda a outros complexos, além de

---

7 Ibid., p.307ss.

sua localização no campo fenomênico e de suas relações de tamanho e movimento. Em geral, uma vivência pode muito bem pertencer a diversos complexos de vivência, pode ser fenômeno de diversas coisas. A não espacialidade e imaterialidade das coisas anímicas não se segue da não espacialidade das vivências parciais, mas sim do *complexo de expectativa* objetivado como coisa. As coisas com as quais nos ocupamos – que podem se chamar *coisas anímicas*, segundo uma discussão crítica mais precisa do conceito de alma – *jamais* pertencem ao espaço objetivo, mesmo quando em sua estrutura estão incluídos dados óticos e táteis. Os complexos de expectativa incluídos nelas jamais se referem às relações de coisas espaciais entre si, mas das vivências entre si. Além disso, na medida em que se estabelecem relações conformes a leis entre essas coisas anímicas, elas são psíquicas apenas se as coisas incluídas nelas *não* pertencem ao espaço objetivo, isto é, não são formadas com base nas relações de tamanho e movimento dos fenômenos entre si. A diferença de cada uma de nossas vivências em relação ao espaço objetivo nos é conhecida *imediatamente* como diferença entre a realidade dada imediata e mediata. Podem perfeitamente ocorrer alterações do mundo espacial objetivo como consequência conforme a leis de quaisquer complexos "psíquicos", isto é, ações que estão em um nexo conforme a leis com as alterações do mundo espacial objetivo. O motivo para isso é fornecido pela *unidade* da consciência pessoal, que não se divide em um estrato de direção "imanente" e outro de direção "transcendente", mas sim que constitui fatos "psíquicos" e "materiais" a partir das mesmas // condições transcendentais e compreende em si todas as vivências como vivências precisamente dessa consciência pessoal; de tal forma que fatos "psiquicamente imanentes", como "ações instintivas ou por valor", podem muito bem afetar o mundo exterior constituído transcendentalmente pelo mesmo eu, e podem alterar coisas materiais. A conexão possível indica precisamente a unidade originária do psíquico e do espacial com base na unidade sintética da apercepção: sem tal unidade, entre nossa existência psíquica e a das coisas espaciais haveria o mesmo abismo que entre a vida de nossa consciência e uma possível vida após a morte. As alterações do mundo espacial objetivo fundadas em tal unidade, porém, na medida em que nós as compreendemos como alterações factuais da objetividade espacial, nunca são alterações apenas de nossos "complexos psíquicos", mas também do mundo espacial objetivo e não pertencem, como tais, à consciência, pois, na verdade, são independentes dela em um sentido precisamente estabelecido, a saber, a vivência de consciência atual singular. Entretanto, elas encontram sua objetivação apenas com base nas leis da consciência. Quando alterações da localização espacial das vivências são tão somente fatos fenomênicos, e não pertencem ao espaço objetivo com base nas condições transcendentais do complexo de vivência – pois, na verdade, contradizem as leis transcendentais do espaço objetivo, sem que se possa resolver a contradição em uma lei superior do mundo material –, então a ciência fala, com razão, de *alucinações*, que nem por isso precisam ser *psicologicamente* contingentes ou incompreensíveis. Em suma: vivências singulares compreendidas em complexos de coisa qualificados como "psíquicos" podem ser localizadas espacialmente, isto é, com elas podem ser dadas imediatamente determinações (fenomênicas) espaciais (espacialidade subjetiva). Entretanto, o complexo dessas vivências, na medida em que é compreendido como psíquico, nunca é localizável espacialmente, isto é, ao contrário das coisas espaciais, nunca pertence ao espaço objetivo, independentemente da percepção singular atual. A definição do psíquico // perante o físico, portanto, pode ser estabelecida negativamente através da seguinte proposição, tomada como tautológica de um ponto de vista naturalista: psíquicos como tais são os complexos conformes a leis que não pertencem ao espaço objetivo; uma frase cuja evidência aparentemente tautológica se mostra como um conhecimento capaz de avançar através do acréscimo de que, inversamente, todo ser físico tem seu fundamento no ser psíquico. Na medida em que a diferença funda-se no *material*, na realidade dada imediata – pois *somente* as impressões óticas e táteis são referidas às coisas espaciais –, a diferença é relativa às formações conceituais, mas de forma alguma qualificada por existirem para o mundo espacial condições transcendentais de conexão diferentes das que existem para o psíquico. Não há nenhum motivo, portanto, para se opor à "coisificação" dos conceitos psicológicos apontando para a referencialidade espacial dos conceitos de coisa, que, como tais, valem igualmente para o psíquico, desde que separemos de forma suficientemente precisa sua espécie de coisalidade daquela própria às coisas materiais.

Desse modo, delimitamos definitivamente o psíquico em relação ao físico e, assim, demonstramos também a independência do ser psíquico relativo ao físico, na medida em que todas as formações conceituais da objetividade espacial possuem seu fundamento no ser psíquico, a saber, no complexo do que nos é dado. Essa independência, porém, como resulta de nossa última análise, não deve ser entendida como se cada fenômeno psíquico em particular fosse independente de cada coisa espacial objetiva. De fato, as coisas espaciais nos são dadas unicamente através de nossas sensações, ou melhor, são formadas a partir dessas sensações e, assim, constituídas de acordo com a consciência; nossa distinção do ser espacial e psíquico não nos leva a declarar ambos os "mundos" como independentes um do outro, mas sim a afirmá-los como formas distintas da formação conceitual, demonstrar a fundamentação do físico no psíquico e anular a aparência de toda transcendência espacial. Se nos livramos daquela aparência, então a suposição de quaisquer conexões conformes a leis entre "corpo" // e "alma" não é de forma alguma materialista, não devendo em absoluto afirmar erroneamente a identidade entre sensações e alterações físicas. O imediatamente dado permanece para ela o imediatamente dado, portanto um psíquico, e o fundamento cognitivo em última instância de todos os juízos, incluindo os de coisas espaciais. Como, porém, as coisas espaciais por sua vez não são nada mais do que complexos conformes a leis das sensações, de forma alguma transcendentes em relação ao mundo da consciência, nem são um mundo "na cabeça", logo não existe nenhum motivo pelo qual *estes* complexos conformes a leis, por sua vez, não possam estar novamente vinculados com os complexos conformes a leis – as "coisas anímicas" – não determinados objetiva e espacialmente pelo mecanismo de nossa formação conceitual. A comprovação desse vínculo, entretanto, é sempre oferecida apenas pelas sensações e sua conexão. Após a eliminação da transcendência do espacial, porém, essa conexão é perfeitamente possível; da seguinte maneira: estabelecendo uma lei segundo a qual, sempre que a coisa objetivamente espacial se altera – isto é, quando não temos os fenômenos que esperávamos dela, mas sim outros –, não apenas surge uma outra sensação diferente da que era esperada, mas também se altera o complexo anímico objetivo a que pertence a sensação – por exemplo, nosso "estado de espírito" [*Stimmung*] –; alteração que, sendo constante, podemos exprimir novamente na forma de uma lei. Nossa "vida interior" pode muito bem depender do mundo exterior, desde que esse mundo exterior seja entendido não ontologicamente como transcendência, mas sim como um modo determinado da formação conceitual, que compreende em si nosso complexo de vivência. Dito de forma paradoxal: uma vez que o próprio espaço objetivo é constituído "psiquicamente", por isso nosso mundo psíquico pode depender do mundo no espaço objetivo. O paradoxo se resolve tão logo depuremos o conceito do psíquico de um equívoco ainda vinculado a ele em nossa definição: quando falamos da constituição psíquica do espaço, o conceito "psíquico" é compreendido no sentido mais amplo, como conjunto de todas as nossas vivências e seus nexos conformes a leis. Inversamente, denominamos "nosso mundo psíquico" // apenas aqueles complexos conformes a leis que não determinamos objetiva e espacialmente. Após essa correção, nossa proposição tem sua validade precisa. Com ela se estabelece um fundamento para uma teoria transcendental-idealista da dependência do anímico perante o corporal que não precisa pressupor a transcendência espacial, nem confunde a sensação com a coisa, inserindo-se, portanto, sem contradição no sistema do idealismo transcendental. Nós nos ocuparemos dela novamente, sem poder desdobrá-la no âmbito deste trabalho, quando da discussão da causalidade do inconsciente. Para sua apresentação perante o problema da substancialidade e da imaterialidade, seria necessário o conhecimento do mecanismo da formação conceitual da segunda categoria. Assim, tivemos de abandonar completamente o vínculo com a investigação kantiana.

Após nossa definição abrangente do conceito do eu empírico, resta-nos apresentar brevemente o modo de aplicar conceitos de experiência ao complexo de imanência. Determinante para essa aplicação é, sobretudo e em primeiro lugar, o fato da *unidade* de nossa consciência, ou seja, que vinculemos a consciência, não a um feixe de *perceptions* singulares, como pretendia a crítica de Hume ao conceito de eu, mas sim a seu complexo. Na medida em que cada uma de nossas vivências nos é dada como pertencente a esse complexo, com cada uma de nossas vivências já nos é dado algo além de somente essa vivência, a saber: justamente seu pertencimento ao todo. Com isso já está dado o primeiro fundamento para a construção de conceitos estáveis, subtraídos ao fluxo do complexo da consciência. Costumamos exprimir essa consciência universal da unidade empírica do eu como o *sentimento* da unidade (Cornelius), do pertencimento de cada vivência particular ao curso da consciência. O pertencimento a uma mesma consciência pessoal nos é dado com cada vivência singular como uma *qualidade de forma* vinculada a essa vivência. A qualidade de forma – aqui nos referimos totalmente às explanações de Cornelius em sua *Introdução à filosofia* – torna-se para nós, no âmbito da *recordação*, o fundamento mais importante do conhecimento dos componentes estáveis da personalidade. // Pode ser suficiente, aqui, a indicação da análise da passagem melódica Dó-Lá na "Introdução" de Cornelius, que mostra que, mesmo quando a nota Dó não é recordada "explicitamente" como tal, a nota seguinte "soa de forma diferente" do que Fá♯ ou Ré. Portanto, na medida em que encontramos a vivência Lá influenciada pela vivência Dó – momentaneamente não recordada – (uma forma coloquial de falar; de forma rigorosa, trata-se de dizer que a vivência nos seria dada na forma de um complexo formal juntamente com outra vivência, a qual reconhecemos como vivência de Dó apenas em virtude de sua inserção em complexos *objetivos*), nesse contexto falamos de uma "lembrança inadvertida" de Dó, momento em que não aplicamos mais o conceito de lembrança no significado original, meramente fenomênico, mas sim como conceito de experiência; propriamente, "lembrança", advertida ou inadvertida, significa a regra para todas aquelas vivências através das quais outra vivência nos é dada imediatamente ou as quais, ordenadas em complexos conformes a leis, fornecem a realidade dada mediata de uma outra vivência: tal como eu, quando recito de memória um poema, com isso tampouco caracterizo uma vivência de recordação atual, mas sim a lei que diz que eu poderia me lembrar sempre do conjunto dos componentes singulares daquele poema. Lembrança como tal, no sentido originário do termo, teria de nos ser sempre imediatamente dada; a recordação de Dó, entretanto, não nos é imediatamente dada, pois, na verdade, só pode ser obtida com base na qualidade de forma vinculada à vivência de Lá; com o que nada mais se diz que nós, quando conhecemos a conexão melódica da nota Lá com a precedente, sem que essa nota Dó esteja presente em nossa consciência sonora, podemos *encontrar* essa nota Dó. A conexão entre ambas as vivências Dó e Lá – justamente a coloração da relação – é uma conexão conforme a leis, que sempre tem de subsistir, com base na unidade da consciência, entre vivências da forma Dó-Lá e que nós, por isso, legitimamente, subsumimos a um conceito de experiência. Com essa subsunção, uma primeira formação conceitual estável nos é dada referente ao complexo de imanência da consciência. Esse modo de formação conceitual, porém, tem um // significado geral na medida em que a "repercussão" [*Nachwirkung*] de uma vivência não se restringe à próxima, mas se apresenta como um fenômeno totalmente verificável, que, por sua vez, subsumimos novamente sob um conceito de experiência: de tal modo que falamos de lembranças permanentes de vivências, o que significa que englobamos continuamente as "lembranças inadvertidas", no sentido que indicamos, sob o termo comum de uma "lembrança de" aquelas vivências, sem que nos sejam presentes em particular as vivências compreendidas nessa expressão. Assim se obtém uma outra importante determinação da segunda categoria para o complexo da imanência da consciência. "Em um único símbolo" reúne-se "a mutação conforme a leis de diversos fenômenos".[8] Essa determinidade de nossa consciência pelas experiências anteriores, na medida em que elas não sejam recordadas uma a uma, é *geral*, pois cada vivência está em uma relação de forma com aquela que lhe precede e, como o mesmo vale para aquela, com *todas as* vivências anteriores do respectivo curso de consciência, de tal forma que se mostra como uma lei universal e fundada transcendentalmente do fluxo de nossa consciência: cada uma de nossas vivências é dependente da totalidade de nossas vivências anteriores, o que também podemos exprimir dizendo que o eu empírico é o complexo de expectativa conforme a leis para todas as nossas vivências singulares, o que faz com que o eu empírico, em sua constituição, seja determinado *quanto ao conteúdo* como um conceito de experiência.

Ora, o referido mecanismo das lembranças inadvertidas, porém, vale não apenas para a lembrança de todas as minhas

---

[8] Ibid., p.312.

vivências singulares, mas também para seu complexo; "as repercussões dos complexos vividos" também são "fatores permanentes de nossa personalidade".[9] Essa realidade é o fundamento legítimo para se falar de *disposições* psíquicas. Com a existência de tais disposições, não se afirma nada mais do que: há lembranças inadvertidas de complexos, isto é, que subsumimos em um conceito o complexo de vivências singulares, sem que ele fosse explicitamente lembrado, // e, ao se cumprirem as condições exigidas por esse conceito, com a lembrança de cada uma das realidades pertencentes a esse complexo nos lembramos de toda essa realidade, um fato que é de suma importância para a aplicação de nossos conceitos à pesquisa psicológica. Sobretudo isso se deve observar que somente na *realização da lembrança* reside a fonte legítima desses conceitos em seu conjunto, ou seja, a possibilidade de decidir sobre a verdade ou inverdade daqueles juízos de existência que formamos sobre aqueles complexos, pois a lembrança é a última forma acessível a nós, através da qual temos o imediatamente dado depois que ele não nos é mais imediatamente dado; o próprio imediatamente dado é, de fato, absolutamente único e irrepetível. Entretanto, temos de poder realizar as lembranças contidas em nossos complexos de expectativa das coisas para poder afirmar se são realmente válidos nossos complexos de expectativa: os próprios complexos, com os quais nos ocupamos aqui, são, de fato, complexos de lembranças. Subsumir em conceitos de experiência as lembranças, mesmo que nos sejam dadas de forma meramente "rudimentar", corresponde à estrutura transcendental e conforme a leis de nosso pensamento; entretanto, só

---

9 Ibid., p.313.

podemos decidir se os juízos emitidos sobre esses objetos são verdadeiros ou falsos ao cumprimos as condições exigidas pela lei, isto é, se realmente nos *lembrarmos* dos respectivos fatos ou complexos. Com certeza, essas "coisas anímicas" independem de nossa percepção, pois são leis para as nossas lembranças, que valem mesmo quando as respectivas vivências de lembrança não estão imediatamente dadas. Sua independência em relação às vivências, porém, não deve ser interpretada no sentido de que sejam transcendentes em relação a essas vivências, das quais seriam "independentes", como "naturezas permanentes, pura e simplesmente independentes da vivência". Elas são formadas tão somente em virtude daqueles fatos imediatamente dados e apenas possuem validade real ao surgirem factualmente os fenômenos exigidos conforme a leis pelo complexo de expectativa. Falamos legitimamente da alteração // de disposições psíquicas – do mesmo modo que de alteração de coisas –, quando os fenômenos esperados não ocorrem, e nos servimos com legitimidade do mecanismo da causalidade para explicar tais alterações. Renunciando a toda explicação polêmica, apenas indicamos aqui que as consequências surgidas dessas reflexões contrastam com toda *caracteriologia* que provém ontologicamente da constância transcendente das disposições, em especial com a de [Ludwig] Klages e [Emil] Utitz, hoje em voga. A relevância da lembrança como critério último para todas as predicações das coisas anímicas será ressaltada claramente ao considerarmos a aplicação dos conhecimentos obtidos à pesquisa psicológica. Com a remissão do fundamento de todos os juízos aqui referidos à lembrança e, assim, aos fatores do complexo em geral – pois a lembrança deve certamente ser abstraída, mas a constituição dos objetos psíquicos dos quais falamos pressupõe, obviamente, a ação conjunta de *todos* os fatores transcendentais da consciência –, ao mesmo tempo obtemos o conceito de toda *análise* psicológica na forma com que Cornelius[10] definiu o conceito: nessa referida passagem ele diz que a análise de toda realidade da consciência produz algo novo em relação a ela, ou seja, que o imediatamente dado como tal é inanalisável e a análise só pode ser dirigida ao *complexo*, um fato de importância decisiva para a defesa epistemológica da *psicanálise*, pois ele, em geral – obviamente não para cada uma das afirmações da pesquisa psicanalítica –, refuta a objeção naturalista levantada contra a psicanálise como método da "interpretação arbitrária": ou seja, na medida em que se demonstra a *necessidade* transcendental da afirmação do "novo". "Quando dizemos que em qualquer vivência de consciência esteja *contido* um outro fato distinto, [...] então ajuizamos não mais a própria vivência de consciência imediatamente dada, mas sim o complexo conforme a leis dos fatos de consciência".[11] Em nosso tratamento da psicanálise, vamos nos ocupar novamente de tudo isso *in extenso*.

// Nada nos impede de caracterizar como *mundo das coisas psíquicas*, em concordância com o termo introduzido por [Karl Wilhelm] Haas e recentemente acolhido pela psicologia, a totalidade das referidas determinações objetivamente válidas e independentes das vivências singulares, estabelecidas totalmente como predicações coisais, isto é, como enunciados conformes a leis de complexos de expectativa. O conceito do mundo das coisas psíquicas, proveniente da teoria da Gestalt, é construído

---

10 Ibid., p.314.
11 Ibid.

através do esforço correto de contrapor, ao atomismo das análises da percepção pela psicologia experimental do século XIX, a ênfase nas formas de relação, as quais, como vimos, também valem, de forma geral, para a "vida interior" e que emprestam a esta última, de fato, um caráter de coisa. Por outro lado, entretanto, devemos nos opor à interpretação do mundo das coisas psíquicas pela teoria da Gestalt, dizendo que esse mundo, como o espacial, nos é dado apenas *mediatamente*; como, de fato, o conceito da coisalidade em geral funda-se essencialmente no conceito do ser-dado mediato, ao passo que a teoria da Gestalt, por aversão a todo atomismo de características, quer tornar essa coisalidade algo imediatamente dado; o que a leva inevitavelmente a confundir o mundo das coisas psíquicas, de cuja estruturação ela se ocupa, com a totalidade das impressões sensíveis, e por fim ela fica em condições de fazer do mundo das coisas psíquicas o mundo espacial. Em contraste com isso, reafirmamos a realidade dada mediata da coisalidade psíquica. Não nos assusta a objeção do atomismo de características, a saber: de uma "posterior interpretação arbitrária de distinções realizadas somente de forma tardia na totalidade dos fenômenos". Não devemos interpretar de forma alguma o imediatamente dado; ele está aí, e, quando o interpretamos, já nos é mediatamente dado. A análise do mediatamente dado, entretanto, precisa considerar todas as determinações através das quais ele se constitui no curso da consciência. A primeira dessas determinações, porém, é a distinção entre todo e partes. Como, além disso, sem os fatores de ordenação da consciência jamais conheceríamos sequer o pertencimento de uma vivência a outra – e assim a unidade do objeto pretendida pela teoria da Gestalt permaneceria completamente hipotética –, // não vemos nenhum empecilho em evidenciar analiticamente as condições dessa ordenação, sabendo muito bem que elas ocorrem no curso empírico de consciência jamais de forma isolada, mas sempre relacionadas à multiplicidade da experiência e em conjunto. A unidade do objeto, porém, nos é garantida pela estrutura transcendental dessas condições, que agrupam em um complexo unitário de expectativa justamente a cada vez *uma* coisa. Já que vemos o fundamento das formações conceituais de coisas no complexo das vivências, e não em seu isolamento, compomos as coisas de forma tão pouco atomística quanto a teoria da Gestalt. De fato, o fundamento para o conceito de coisa é, para nós, em última instância, o re-conhecimento de complexos sucessivos, e possui, assim, seu fundamento propriamente dito na relação qualitativa de forma das vivências entre si.[12] A ideia da unidade, porém, não deve nos seduzir a negligenciar os fatos realmente

---

12 "*Ja, der Grund für die Dingbegriffe ist uns ja im tiefsten das Wiedererkennen von Sukzessivkomplexen und hat damit in dem gestaltqualitativen Verhältnis der Erlebnisse untereinander seinen eigentlichen Grund.*" A frase em alemão apresenta certa incongruência que transparece em nossa tradução, pois a primeira palavra para fundamento, *Grund*, permanece como sujeito da segunda oração, cujo objeto direto é a mesma palavra, *Grund*, de tal forma que, lido diretamente, temos que o fundamento para o conceito de coisa possui seu fundamento propriamente dito na relação qualitativa de forma. A versão espanhola optou por suavizar essa incongruência, trocando o segundo *Grund* por "verdadeira razão de ser", o que não resolve totalmente o problema, em virtude de que fundamentar é, propriamente, fornecer a razão de ser de alguma coisa. Cremos que o que Adorno tinha em mente é que os conceitos de coisa têm seu fundamento *tanto* no reconhecimento de complexos sucessivos *quanto* na relação qualitativa de forma das vivências entre si, formulação que evita a incongruência de se dizer de um fundamento do fundamento. (N. T.)

dados da separação conceitual, sem a qual essa unidade mesma seria um *nonsense*.

As coisas anímicas em sua totalidade ordenam-se, como conceito mais geral, ao conceito do eu empírico, ou melhor: as coisas anímicas em sua totalidade e em seu complexo *são* o eu empírico. Uma vez que a exigência da ordenação conceitual do que nos é dado subsiste universalmente como exigência transcendentalmente preestabelecida, então *todas* as vivências singulares devem ser submetidas a leis, devem poder ser compreendidas como fenômenos de coisas anímicas. Uma vivência que não se ligasse a uma coisa psíquica como seu fenômeno estaria, assim, fora do complexo da consciência; o que não é pensável. A permanência das coisas anímicas independente da vivência singular não é de forma alguma idêntica à sua imutabilidade. Cada nova vivência é uma nova manifestação da coisa anímica, à qual pertence, e oferece, assim, a possibilidade de novas determinações dessa coisa. Se novas determinações que não contradizem a definição do conceito de sujeito são acrescentadas à coisa psíquica, então elas podem ser unidas às características até então afirmadas, compondo uma definição mais específica. Em teoria, não se coloca nenhum limite positivo à progressão da completude da determinação de uma coisa psíquica, de tal forma // que sempre podem ser atribuídas novas propriedades às coisas anímicas com o avanço da experiência. Se em lugar de um fenômeno regularmente observado de uma coisa anímica, sob o cumprimento de condições constantes, surge outro fenômeno, então a coisa se alterou. O conhecimento, portanto, enfrenta a tarefa de fornecer uma lei mais geral que explique o não surgimento do fenômeno esperado; em outras palavras: determinar causalmente a alteração da coisa. Segundo as reflexões precedentes, essa alteração pode ocorrer de duas maneiras: ou a alteração pode ter seu fundamento nas alterações *físicas* (afasias por dano cerebral); ou a lei superior que determina a alteração pode, por sua vez, ser novamente *psíquica*, no sentido mais restrito que determinamos antes. Apenas a aplicação das determinações fornecidas aqui aos resultados psicológicos particulares poderia fornecer uma completa resolução para a relação real entre ambas as formas de explicação. Devemos aqui tão somente recordar a *possibilidade* por princípio de ambas as formas de explicação. Inicialmente, também ficará fora de nossas considerações o problema dos limites da causalidade psíquica no sentido atualmente em uso, a saber, o problema da *ação voluntária*, que por seu turno tem sua raiz em uma realidade não redutível.

Nossa próxima tarefa, com base nas investigações realizadas, é determinar positivamente, elucidar e diferenciar o conceito de inconsciente. Os elementos para isso foram dados completamente pela reflexão sobre o eu empírico e a constituição das coisas psíquicas.

3. O conceito de inconsciente

A disjunção entre o imediatamente e o mediatamente dado é a distinção fundamental da reflexão transcendental da consciência. A distinção entre nossas próprias vivências e os objetos, dos quais elas nos fornecem informação, é a última com que a análise pode se defrontar em geral. As vivências estão completamente determinadas como tais. Elas certamente podem ser impressões ou *ideas* no sentido de Hume, // ou sentimentos, mas sempre serão, de forma absoluta e inequívoca, os fenômenos como os quais elas nos são dadas. Diferente do mediatamente dado. Este pode ser em grande medida indeterminado, pode ter sido vivência em outro tempo, como ao me lembrar de uma sensação sonora anterior; ou não ter sido uma vivência, pois, na verdade, através de nossa vivência atual, um complexo de vivências se torna uma realidade dada com base no re-conhecimento de um fato que, por sua vez, é lembrado como pertencente a um complexo. Portanto, falamos de conteúdos *reais* mediatamente dados e conteúdos *ideais* mediatamente dados. Objetos ideais *somente* podem ser dados mediatamente, pois em si mesmos nunca são vivências, mas apenas complexos de vivências.

A aplicação das determinações aqui reiteradas aos conceitos de coisa do eu empírico, cuja espécie e mecanismo investigamos, nos conduz às determinações do conceito de inconsciente, que nos propomos obter: propriamente um conceito de inconsciente livre de toda pressuposição metafísica e todo dogmatismo, que encontre sua legitimação exclusivamente no complexo da consciência pessoal e que se mostre como uma forma conforme a leis desse complexo.

Como, segundo a terminologia atual, tudo o que pertence ao complexo da consciência é chamado de consciente, e o conceito de inconsciente que queremos determinar, por sua vez, também deve pertencer estritamente ao complexo da consciência, então somos inicialmente forçados, no sentido de nossas "considerações críticas preliminares", a restringir o conceito de *consciente*. Portanto, chamamos de conscientes todas as nossas *vivências*: em primeiro lugar, nossas vivências atuais sem nenhuma restrição, pois a comprovação última de toda consciência reside na realidade fenomênica dada e, por isso, o conceito de consciente tem de ser aplicado a elas sem exceção; de tal forma que, dizendo de antemão para afastar todo mal-entendido, nunca se pode falar de vivências *inconscientes atuais*. Em segundo lugar, denominamos conscientes todas aquelas vivências *passadas* que nos são dadas clara e distintamente através das vivências atuais da lembrança. Por fim, chamamos conscientes todos aqueles // complexos conformes a leis de nossas vivências cuja lei não apenas nos tornam conhecidos – isto é, dados na lembrança atual – alguns dos fenômenos compreendidos nelas, mas sim nas quais conhecemos clara e distintamente todos os fenômenos singulares compreendidos nelas; por isso, deixamos em aberto se tal realidade completamente dada do ser *das coisas* ocorre alguma vez no complexo da consciência, ou ainda, se de alguma forma tal realidade dada é pensável no sentido mais estrito do conceito. Precisamos desse conceito aqui exclusivamente como um conceito-*limite* epistemológico, que nos mostre até onde podemos ir para ainda poder falar de consciente em geral, sem que pesquisemos aqui as antinomias que poderiam surgir da aplicação positiva desse conceito-limite. De toda forma, evitamos sua aplicação positiva. Entretanto, gostaríamos de excluir de nossa última determinação do inconsciente todos aqueles complexos que caracterizamos, segundo os resultados das análises precedentes, como objetivamente espaciais; na medida em que as exigências anteriores são satisfeitas, devemos chamá-los não de objetos "conscientes", mas sim "conhecidos".

Em contraste com isso, caracterizamos como *inconscientes* todas aquelas realidades que não são uma vivência atual, nem uma vivência pretérita dada de forma clara e distinta na lembrança atual, e, por fim, não são coisas espaciais; mas sim todos os fatos e complexos de nossa vida consciente que nos são dados de forma indeterminada de algum ponto de vista – dados mediatamente, em todo caso –; seja porque temos conhecimento deles apenas através de lembrança rudimentar, no sentido especificado acima, seja porque formamos conceitos sobre o complexo de imanência de nossa consciência, que são regras para o surgimento de fenômenos, sem que os tenhamos presentes na consciência; seja porque, finalmente, as próprias leis, através da possibilidade da obtenção constante de novas experiências, permanecem indeterminadas em um ou mais sentidos. Com isso, porém, nossa definição do conceito de inconsciente ainda não é suficientemente específica. Seguindo nossa definição de que o ser *espacial* está excluído da disjunção consciente--inconsciente, excetuamos de nossa definição do inconsciente // todos aqueles complexos que se caracterizam como objetivamente espaciais. Na medida em que eles, segundo as determinações para a delimitação do conceito de "consciente", não sejam caracterizados como "conhecidos", esses complexos espaciais deverão ser chamados de *desconhecidos*. Embora consideremos que tanto conteúdos gerais quanto particulares incidam sob o conceito de inconsciente, os primeiros somente o fazem na medida em que não se caracterizam como complexos no espaço objetivo. Assim, o conceito de inconsciente caracteriza para nós não uma classe determinada de vivências, pois, na verdade, sempre encontra sua aplicação quando, no complexo de nossa consciência, nos ocorrem fatos que, como tais, não nos são imediatamente dados, nem recordados de forma *claire et distincte*, mas aos quais, em virtude das leis do complexo da consciência, temos de atribuir uma existência independente de nossa percepção atual. Como nem todo ser mediatamente dado já é coisal, assim tampouco todas as realidades inconscientes têm a qualidade de coisa; o exemplo da lembrança inadvertida o comprova. Como, por outro lado, a concepção dos fenômenos sob conceitos de coisa é uma estrutura universal de nossa consciência, então temos necessariamente de relacionar todos os fatos inconscientes ao ser coisal; isto é, eles são propriamente coisas ou fenômenos de coisas: justamente das coisas anímicas de acordo com a seção sobre a doutrina transcendental da alma.

Desse modo, obtivemos as determinações mais gerais a respeito do conceito do ser inconsciente e definimos o próprio conceito de maneira suficientemente precisa, garantindo-o perante a confusão tanto com a "consciência" em sentido restrito quanto com toda metafísica do inconsciente. Abdicamos intencionalmente de resumir em uma frase nossa definição ramificada; formas de reflexão ontológicas chegam facilmente a tais fórmulas concisas, pois obrigam as realidades dadas a se ajustarem aos conceitos; nós, porém, que ajustamos nossas definições às realidades dadas, nos vemos obrigados a construí-las como nos são impostas pelas próprias coisas, mesmo se nos privamos da confortável contundência da tese. // Nossa definição do inconsciente não pode ser mais simples do que os fatos compreendidos no conceito. Não se pode negar que ao conceito, como o construímos, submetem-se coisas ricamente diversificadas. O que há de comum entre elas, e que caracteriza esse conceito, é a determinação de todo inconsciente como algo psíquico, em contraste com o espacial e, ao mesmo tempo, sua diferença perante a atual e distinta consciência em sentido estrito, perante o imediatamente dado, tanto quanto perante a clara lembrança de uma vivência. É necessário, porém, ter clareza de que o conceito de lembrança já é uma grande abstração; que nunca existe uma "lembrança inconsciente" na consciência empírica sem que nós, em virtude das relações de forma, tenhamos de falar, simultaneamente, de lembranças "inconscientes" no sentido que especificamos. Desse ponto de vista, que afirma o inconsciente como momento integrante também da forma mais primitiva da realidade dada mediata, o fato do inconsciente confirma-se de novo para nós como uma condição transcendental, absolutamente universal, de nossa formação de conceito. A fim de definir, de um ponto de vista metodológico e de maneira precisa, o conceito de inconsciente, estamos também autorizados a distinguir abstratamente lembrança inconsciente e consciente. A multiplicidade das realidades compreendidas sob o conceito de inconsciente nos impõe a tarefa de *diferenciá-lo* suficientemente. Para obter essa diferenciação, não necessitamos de outro procedimento além de aplicar o conceito aqui estabelecido de inconsciente à análise feita no capítulo anterior sobre a constituição das formações conceituais de coisa para o eu empírico e suas partes. Antes de empreender essa tarefa, temos de considerar a lei mais geral e fundamental para a aplicação do conceito de inconsciente.

Essa lei pode ser expressa assim: todo inconsciente está, sem exceção e necessariamente, relacionado ao consciente, de tal forma que contém em si, de forma abreviada, os complexos do consciente (sem que estes já tenham qualidade de coisas anímicas, isto é, tenham de possuir o caráter de leis), e sua realidade é comprovável unicamente pelo // recurso ao consciente. Uma vez que as próprias realidades dadas imediatas, nas quais os complexos inconscientes possuem seu fundamento, são absolutamente únicas e irrepetíveis, então a legitimação própriamente dita para as formações conceituais do inconsciente é a completa *lembrança* das realidades que nos são dadas mediatamente como inconscientes por nossa vivência atual, sem serem recordadas explicitamente, e cujo complexo denominamos consciente. Aqui se torna clara a diferença de nossa concepção perante a de Bergson, para quem as realidades inconscientes, dadas pela intuição [*Intuition*], sempre são aquelas dadas, não através de símbolos, mas sim imediatamente; ademais, a fenomenologia também fala do "dar-se a si mesmo" de tais objetos. Para nós, ao contrário, as realidades inconscientes são sempre e exclusivamente mediatamente dadas, isto é, precisamente através de símbolos, e a tarefa de nosso conhecimento do inconsciente é esclarecer o simbolismo no qual elas se tornam uma realidade dada e torná-lo completamente compreensível com base nas leis de nossa consciência, reduzindo-o às formas mais simples da realidade dada mediata, as últimas acessíveis à nossa análise da consciência. Essas realidades simbólicas últimas acessíveis a nós são, porém, as realidades da lembrança simples. Nosso objetivo de conhecimento, assim, no que concerne à comprovação das realidades inconscientes, dirige-se à produção de uma lembrança simples, completamente clara. Não procede a objeção de que, através da lembrança, a vivência recordada nos seria dada, não em sua "ipseidade" – já nos referimos a ela –, mas sim sempre como já formada e de alguma forma alterada, pois, por um lado, não temos de nossas vivências, depois de já terem passado, absolutamente nenhum outro conhecimento além de nossa lembrança; dizer da inadequação (pretendida pela objeção) de nossa lembrança já pressupõe a própria lembrança e também seria, pois, necessariamente inadequado; além disso, incorreria em contradições consigo mesma, pois ela de fato afirma poder prescindir da lembrança. Por outro lado, a lembrança é a forma necessária de integrar nossas vivências singulares à totalidade do complexo da consciência. Que a lembrança // não deva ser pensada atomisticamente, pois ela, na verdade, só pode ser dada através de qualidades de forma, isso não é menos evidente para nossa concepção do que para a de Bergson, e certamente mais evidente do que para a fenomenologia, que sempre e de novo recai no atomismo de características; precisamente isso nos obriga a uma concepção do conceito de inconsciente que permita mais relações entre nossas vivências, em virtude de seu pertencimento a um mesmo complexo de consciência, do que elas seriam dadas *apenas* através de lembrança, conhecimento da identidade e da semelhança, e no sentido da *perceptio clara et distincta* cartesiana. Todas aquelas relações, porém, possuem sua validade tão somente no complexo da consciência, que se constitui com base nas leis transcendentais. Não estamos de forma alguma autorizados a reificar os complexos de forma; eles são para nós apenas complexos dos fenômenos, e a "ipseidade" que nos deve ser dada é sempre algo fenomênico, cuja integração no mundo dos objetos só se realiza em virtude das condições transcendentais. Na medida em que o aparato transcendental determina uma abstração do material das impressões sensíveis – e o conhecimento da semelhança, um fato transcendental absolutamente constitutivo e condição específica de todo conhecimento do ser das coisas, é, como Cornelius demonstrou na *Sistemática transcendental*, necessariamente indeterminado em um outro ponto de vista e "abstrato" –, a subsunção dos fenômenos sob o conceito de coisas psíquicas é também necessariamente abstrata e, assim, o conceito de inconsciente é constituído também em termos abstratos. Com isso, porém, nada se diz contra sua validade, desde que não se misture ao caráter abstrato de sua legitimação cognitiva um atomismo de características, do qual não falamos aqui de forma alguma. Na verdade, o que se diz é apenas: que em todos os fatos inconscientes, caso seja legítimo falar deles, seu conhecimento precisa ser comprovado da mesma forma que o das coisas espaciais, a saber, pelo surgimento de fenômenos esperados; que devemos explicar as realidades inconscientes do passado através do consciente; e que, portanto, precisamos ter uma clara lembrança dessas realidades, caso // devamos reconhecer como legítima a integração delas nos complexos de coisas. A possibilidade dessa redução do inconsciente ao consciente fornece o único fundamento legítimo para a validade do conceito de inconsciente em geral. Uma vez que o fato transcendental último que torna possível o conhecimento do inconsciente é o da lembrança, então ele permanece a condição última necessária para todas as realidades inconscientes que podem ser pensadas como pretéritas, mas também para as atuais, na medida em que seu nexo conforme a leis com o passado deva se estabelecer. A afirmação de Bergson de que a consciência significa memória deve, portanto, ser aceita nesse exato sentido; memória é para nós a última possibilidade acessível de diferenciar o inconsciente do consciente e de tornar consciente o inconsciente. Quando, porém, Bergson interpreta a memória como um fato, que se constitui com base em quaisquer intuições [*Intuitionen*], então, se com isso se afirma mais do que o nexo qualitativo de forma existente entre as vivências singulares, então se deve tornar completamente claro que as próprias vivências de lembrança são imediatamente dadas, mas o lembrado, mesmo de forma rudimentar, é dado mediatamente, a saber, através dessas vivências; e que a função da memória é mediadora, simbólica, logo nunca uma intuição [*Intuition*] no sentido postulado por Bergson de um conhecimento que se dá sem símbolo.

Com isso se impõe algo duplo em termos prático-cognitivos: por um lado, que o próprio conceito de inconsciente deve ser tratado como uma forma do complexo de consciência conforme a leis e, assim, como uma forma de conhecimento; que nós, portanto, somente estaremos em condição de integrar certas realidades de forma não contraditória ao conjunto de nossos conhecimentos se as compreendermos como inconscientes no sentido especificado. Por outro lado, que só se pode falar dessas próprias realidades quando as tornamos conscientes, com o que elas deixam de ser inconscientes. Caracterizar como racionalização ilegítima a alteração pela qual passam necessariamente as realidades "inconscientes" é improcedente e pressupõe um ponto de vista ingênuo ou transcendental-realista // que pensa as coisas anímicas independentemente de sua constituição consciente; enquanto, segundo nossa concepção, "nada pode ser analisado em qualquer conteúdo de consciência dado sem que surja algo *novo* no lugar desse conteúdo de consciência".[13] A fim de evitar a confusão de que o conceito de inconsciente seja uma forma de conhecimento, enquanto só podemos conhecer o inconsciente na medida em que o tornamos consciente, devemos distinguir claramente entre, por um lado, a determinação geral de realidades dadas como inconscientes que, em virtude de nosso conhecimento do mecanismo das coisas, atribui validade aos complexos psíquicos indepen-

---

13 Ibid., p.313.

dentemente de sua percepção atual e que realiza um fato cognitivo altamente legítimo com essa aplicação do conceito de coisa às realidades psíquicas; e, por outro lado, o conhecimento dos fatos inconscientes *singulares*, que somente pode ser obtido, tal como o conhecimento das coisas espaciais, através do recurso aos fenômenos e seu complexo compreensível segundo leis, portanto através da consciência no sentido explícito delineado anteriormente. O conceito de inconsciente é uma forma universal de nosso conhecimento, como o conceito de coisa; a saber: a forma sob a qual compreendemos necessariamente a continuidade conforme a leis do psíquico qualquer que seja nossa percepção. O conhecimento das realidades inconscientes, porém, significa a mesma coisa que elas se tornarem conscientes. Tal como o conhecimento das coisas espaciais é obtido apenas com base no conhecimento de seus fenômenos, enquanto nós – uma vez que junto com os fenômenos nos é dada também sua lei – falamos da subsistência das coisas independentemente da percepção, então o conhecimento das coisas psíquicas e de todos os fatos inconscientes – mesmo dos ainda não coisificados – também nos é dado através de seus fenômenos, portanto da "consciência deles", da função intencional; ao passo que nós, igualmente, com base em nosso conhecimento do complexo *conforme a leis* dos fenômenos, estamos autorizados a dizer da existência desses complexos independentemente de nossa percepção, da consciência em sentido pleno, logo afirmar positivamente seu "ser-inconsciente". O conhecimento das próprias realidades, porém, // só pode ser obtido por meio do conhecimento progressivo de seus fenômenos e complexos. Com essa afirmação concisa, elimina-se a última aparência de um paradoxo entre o inconsciente como forma de conhecimento e o conhecimento do inconsciente através da consciência. Para nós, consciência não significa alguma intuição [*Intuition*] vaga, mas sim conhecimento de características singulares e de seu complexo, como é universalmente exigido em toda a formação científica de conceito. Assim, com base na lei suprema do inconsciente, derivamos nossa primeira exigência: sempre fornecer uma sistemática de características das realidades psíquicas inconscientes, o que equivale ao conhecimento das formas conformes a leis de seu complexo. O fundamento dessa sistemática é a lembrança claramente compreensível. Não dispomos de outro caminho para obtermos realidades inconscientes como um conhecimento seguro, e a exigência intuicionista de as obtermos de forma inconsciente, porque elas mesmas são inconscientes, desconsidera não apenas a impossibilidade de qualquer conhecimento ser ao mesmo tempo científico e inconsciente, mas também que o próprio inconsciente é estruturado apenas com base no consciente, e que nós, a fim de compreendermos sua estrutura, temos de recorrer necessariamente ao consciente; portanto, temos de reproduzir na lembrança clara o caminho que o complexo da consciência, antes de nossa análise e com uma lembrança rudimentar, dito de forma metafórica, "seguiu" [*leistete*].[14] Com isso se fundamenta, ao mesmo tempo, nossa segunda exigência. Ela demanda a análise das realidades inconscientes em prol

---

14 O verbo *leisten* normalmente é traduzido por produzir, executar, realizar, mas possui o sentido etimológico de seguir as pegadas de alguém. O sentido metafórico aludido por Adorno no texto parece significar, assim, que o complexo da consciência perfaz, cumpre, realiza seu caminho seguindo a trilha dada pelo complexo das lembranças rudimentares. (N. T.)

do conhecimento do inconsciente. Com certeza, essa análise "consiste [...] não no conhecimento de cada elemento consciente singular – que, como tal, não permite a análise de espécie alguma –, mas sim no conhecimento do complexo conforme a leis de diversos desses elementos":[15] isto é, não se trata de trazer à lembrança os fenômenos singulares de forma isolada – o que de qualquer forma não é possível –, mas sim seu complexo conforme a leis, mas precisamente um complexo conforme a leis de *distintos* fenômenos, motivo pelo qual realizar tais distinções // conta como uma das tarefas essenciais e indispensáveis do conhecimento científico. A totalidade do curso da consciência nos é dada originariamente; compreender esse curso de consciência como uma totalidade e reconhecer suas estruturas como objetivamente válidas pressupõe inumeráveis distinções. Entretanto, a exigência de, na lembrança de realidades inconscientes, distinguir entre si as partes singulares dessas realidades e, ao mesmo tempo, compreender as leis de sua conexão, significa nada mais do que realizar uma análise de uma realidade inconsciente. O todo do curso fenomênico de consciência e, além disso, o eu empírico, no sentido que discutimos inicialmente, conservam-se aí integralmente. A análise pode, ocasionalmente, levar a conhecimentos relativos a conteúdos na constituição daquele eu, agrupar seus conhecimentos em conceitos novos e criticamente elucidados, mas sua intenção cognitiva, tal como ela se apresenta através do recurso obrigatório aos fenômenos, ao "consciente", é essencialmente o desmembramento do curso de consciência. O conhecimento do inconsciente vai do todo às partes, e o esforço do conhecimento

---

15 Cornelius, op. cit., p.314.

científico é satisfeito quando se demonstra a ordenação das partes com base no conhecimento da lei de suas relações. Como princípio de ordenação mais geral vale, em seguida, o conceito do eu empírico. Comete-se, porém, um *hysteron proteron*,[16] se colocarmos como meta do conhecimento a apresentação precisamente daquele complexo imediato, que constitui o ponto de partida de toda a nossa investigação e que é necessariamente alterado por qualquer interpretação (seguramente incluindo a fenomenológica e da teoria da Gestalt). O absurdo de se falar de "psicossíntese" ficaria claro aqui, mesmo se a antítese meramente vocabular ao conceito da psicanálise não suscitasse ceticismo, o qual tão logo se confirma quando nos lembramos da conexão desse conceito em voga com a tendência de substituir aquele conceito de eu criticamente esclarecido por um mitologicamente transcendente, que, porém, não resiste à análise, pois não tem existência e necessita da síntese para compor com ela uma fantasia. A recusa da caracteriologia ontológica confirma-se para nós, assim, sob um novo // ponto de vista. Ao mesmo tempo, obtivemos pela primeira vez o apoio para nosso tratamento da psicanálise como método cognitivo para o domínio das realidades inconscientes. Esse método significa para nós nada mais do que a redução das realidades inconscientes a uma realidade simples, o desmembramento delas em seus elementos constitutivos – entenda-se bem: desmembramento também das determinações que não pertencem apenas a um elemento, mas que constituem o complexo dos elementos –, a ordenação sistemática desses elementos e, por fim, a demons-

---

16 Demonstração com base em uma proposição que deveria ser a primeira a se demonstrar. (N. T.)

tração da lei desse complexo. Essas exigências foram todas obtidas apenas com base em nossas determinações mais gerais do conceito de inconsciente, e a pesquisa psicanalítica concreta é para nós aqui apenas um exemplo para a possibilidade de cumprir essas exigências; mas a escolha da psicanálise precisamente como exemplo não é por acaso, mas sim determinada tanto pelo contexto epistemológico geral, em que justamente a psicanálise se insere junto com nossas investigações, quanto pela tendência do *esclarecimento* do inconsciente, do conceito de inconsciente e também das realidades inconscientes compreendidas nele – uma tendência que compartilhamos radicalmente com a psicanálise. Antes, porém, de nos voltarmos a esses complexos, precisamos realizar a diferenciação de nosso conceito de inconsciente, ainda por demais amplo. Recordemos antes, mais uma vez, nossa definição: chamamos inconscientes, no sentido exato do termo, todos os fatos psíquicos que temos de pensar segundo uma lei como existentes, independentemente de nossa percepção atual ou de nossa lembrança clara e distinta.

A realidade mais geral e mais primitiva que temos de caracterizar como inconsciente é o "sentimento da unidade", do qual já falamos antes; o sentimento de que cada vivência individual pertence ao mesmo curso de consciência. Na medida em que esse sentimento pressupõe a totalidade do curso da consciência, não se restringindo, portanto, à vivência atual, sempre nos é dado com esse sentimento um saber sobre outras vivências, passadas, sem que estas sejam explicitamente lembradas como tais naquele sentimento. Esse saber mais geral do // pertencimento de todas as nossas vivências a um mesmo curso de consciência apresenta-se, portanto, como um saber inconsciente: na generalidade com que é formulado aqui, ele pode, porém, como um fato transcendental, ser trazido à consciência a qualquer momento. Deve-se caracterizar também como inconsciente a forma da lembrança inadvertida, na qual, em virtude de sua qualidade de forma, uma impressão atual mostra-se "influenciada" por uma impressão anterior, sem que esta seja lembrada explicitamente; no exemplo da passagem melódica Dó-Lá fornecido anteriormente, a lembrança da nota Dó nos é dada, portanto, *inconscientemente*. Falamos de lembranças inconscientes, de "vivências inadvertidas" – vivências atuais nunca podem ser inadvertidas –, sempre que uma vivência pretérita nos é imediatamente dada, sem que nos lembremos explicitamente dela, pois, na verdade, apenas a qualidade de forma nos fornece a possibilidade de produzir a lembrança explícita. Uma vez que a realidade dada mediata através das qualidades de forma é uma forma universal de nosso complexo de consciência – o sentimento, sempre e em toda parte verificável, do pertencimento de nossas vivências a "nós" nada mais é do que o caso mais primitivo dessa relação constante –, já reconhecemos aqui como expressão de uma lei transcendental o conceito de inconsciente, que estamos autorizados e obrigados a aplicar sempre e em toda parte. Uma vez que a relação de forma das vivências entre si é uma lei de tal modo estabelecida que cada vivência está necessariamente em uma relação de forma com a imediatamente anterior, e essa relação de forma não se restringe à vivência imediatamente anterior, mas sim, com base na onipresença daquela relação, se estende rudimentarmente a todas as vivências passadas; como, além disso, a relação de forma não se restringe a vivências singulares, pois, de fato, através de qualidades de forma, complexos em sua totalidade, simultâneos e sucessivos também podem ser lembrados de forma rudimentar; como, por fim, pode-se esperar o surgimento de fenômenos futuros, com base no conhecimento da semelhança de uma vivência atual com um complexo lembrado de forma rudimentar – em que o próprio re-conhecimento não precisa de modo algum se dar de forma clara e distinta, podendo ocorrer de forma rudimentar –: então estamos autorizados e obrigados // a subsumir em conceitos universais as formas do conhecimento inconsciente (que não devem ser confundidas com as formas do conhecimento do inconsciente, a serem consideradas posteriormente). Distinguimos aqui formações conceituais para os âmbitos fenomênico e das coisas. No âmbito fenomênico, falamos em geral da lembrança de alguma coisa, mesmo quando não nos lembramos atualmente, como o "ter-na-memória" um poema, do qual posso me lembrar a qualquer momento, com o que se diz que eu conheço a regra em função da qual consigo tornar consciente o respectivo fenômeno inconsciente, isto é, lembrar-me clara e distintamente do fenômeno ou do complexo de fenômenos, em que o próprio inconsciente, na verdade, ainda é um objeto da primeira categoria, não uma lei para a conexão de fenômenos. A lei se relaciona, nesse contexto, exclusivamente à possibilidade de trazer à consciência o respectivo fenômeno passado através da lembrança. Aqui, os conceitos de "lembrar-se-constantemente-de-algo" e do "ter-algo-na-memória" são sempre *símbolos* para a mudança conforme a leis dos fenômenos, formações conceituais da segunda categoria, conceitos de experiência sob os quais compreendemos uma multiplicidade de vivências segundo sua lei. Em todas essas formações conceituais, entretanto, o próprio "inconsciente" é um fenômeno, e somente sua subsunção àqueles conceitos de experiência tem caráter de coisa. Entretanto, não se esgotou com isso todo o domínio de validade do conceito de inconsciente, pois são os próprios complexos coisais que devemos caracterizar como inconscientes. Já mencionamos que a lembrança rudimentar pode se relacionar não apenas a vivências singulares, mas também a complexos, portanto a complexos que, por sua vez, são constituídos com base em qualidades de forma. Na medida em que esses complexos são sucessivos – portanto nos casos em que, através de uma vivência α, nos é dada de forma rudimentar a lembrança de um complexo sucessivo A-B, ou seja, uma recordação de A com a qualidade de forma que a coloca em relação com a seguinte B –, esperamos (caso nos seja conhecida de forma rudimentar a semelhança entre α e A) que α seja sucedida por um membro β semelhante ao membro B. Ora, na medida em que // o surgimento do fenômeno esperado β se mostre regular, supomos como constantemente verificável a conexão entre a vivência atual, o complexo passado e o fenômeno esperado, e estabelecemos a lei de que β deve surgir sempre e em todos os momentos em que, através de α e em uma lembrança rudimentar, nos sejam dados o complexo A-B e o conhecimento da semelhança α-A. Como, segundo as determinações dadas no início, temos de abstrair o ser objetivamente espacial, então essa lei – ou, o que significa o mesmo, a *coisa*, cujo fenômeno são α e β – é uma coisa *psíquica*. Caracterizamos as coisas psíquicas do tipo das regularidades apresentadas como nossas *propriedades* [*Eigenschaften*], nossas *disposições* [*Dispositionen*], como também nossos *estados de espírito* [*Stimmungen*]; não é nossa tarefa aqui delimitar esses conceitos, caso seja possível fazer isso de forma precisa. Basta indicarmos que, tradicionalmente, compreendem-se as propriedades e as disposições como coisas anímicas mais constantes, e os estados de espírito como coisas anímicas mais variáveis. Como, porém, por razões epistemológicas gerais, não se atribui de forma alguma constância às propriedades, então, de qualquer forma, relativiza-se a distinção. Não consideraremos em nossa concepção uma distinção ulterior, que deriva as propriedades como "necessárias" a partir da personalidade, enquanto, segundo essa perspectiva, os estados de espírito devem ser "contingentes", pois não temos de partir da personalidade como constante no sentido de um caráter ontologicamente predeterminado, mas apenas do complexo da consciência formado pelas vivências, cujo complexo denominamos propriedade ou disposição segundo sua estrutura psicológica. O "caráter" (caso se queira manter essa expressão excessivamente equívoca) seria para nós nada mais do que o complexo total das propriedades no eu empírico, de tal forma que em todas as circunstâncias as propriedades – e seu nexo porventura demonstrável – significam um *prius* em relação ao conceito de caráter, não devendo de forma alguma ser construídas a partir desse conceito. Assim, perde também a validade dizer de diferentes contingências e necessidades para as propriedades e estados de espírito. Para nós, ambos são // igualmente necessários, pois reconhecemos a lei do complexo da consciência como onipresente nele. Em nenhum desses casos, entretanto, as condições para o conhecimento pleno daquela necessidade nos podem ser dadas em sua totalidade. Por fim, a distinção entre o conceito de disposições e propriedades nos remete à velha disputa sobre o inatismo. Disposições seriam inatas e propriedades seriam adquiridas. No entanto, como não estamos autorizados a pressupor a coisa naturalista, mas tão somente pesquisar o complexo de vivência, então não se pode perceber por que disposições não poderiam ser também adquiridas. De forma bem típica, o uso linguístico é aqui bastante frouxo, e frequentemente se caracterizam disposições como adquiridas e propriedades como inatas. Não é nossa tarefa fazer fenomenologias – na verdade, determinações terminológicas – ociosas e arbitrárias. Mais importante para nós é: que os referidos conceitos são conceitos de coisa; que sempre quando falamos de propriedades, disposições e estados de espírito, esperamos o surgimento conforme a leis de determinados fenômenos, fenômenos precisamente dessas propriedades; que no caso do não surgimento dos referidos fenômenos, os conceitos de coisa se submetem a correção e temos então a tarefa de eliminar os referidos conceitos como falsos ou, caso tenham se mostrado como legítimos para além desse caso específico, demonstrar causalmente a lei dessa variação; de tal forma que, portanto, o aparato da formação do conceito de coisa no âmbito do psíquico nos leva a introduzir um conceito da causalidade *psíquica*, cuja constituição, vínculo com a causalidade física e limite ainda trataremos brevemente quando da interpretação do procedimento psicanalítico. Enquanto em todos os casos anteriormente discutidos as realidades inconscientes em si mesmas eram fenômenos, experiências passadas, e teriam caráter de coisa apenas os conceitos gerais, com os quais compreendo conforme a leis a possibilidade de me lembrar das referidas realidades (como, por exemplo, que eu "tenha um poema na memória"); mas não o inconsciente, o que foi lembrado de forma rudimentar, que não possui em si mesmo o caráter de lei, sendo tão somente // um fenômeno ou uma série de fenômenos – enquanto, desse modo, os fatos inconscientes nos casos anteriormente considerados não possuíam o caráter de coisa e os objetos intencionais eram fenômenos, nos casos que tratamos agora não apenas os vínculos entre as vivências passadas e atuais têm caráter de coisa, pois os objetos intencionais de minhas vivências atuais são em si mesmos complexos de fenômenos, coisas. Tais objetos nunca podem ser imediatamente dados, não podem ser a própria vivência, nunca podem ter sido conscientes em nosso sentido específico. Não podemos acessá-los tampouco por meio da forma elementar da lembrança simples. Uma lembrança inequívoca de uma propriedade, correspondendo, por exemplo, a uma inequívoca lembrança de uma determinada vivência de impressão, não existe. Assim, a verdade das predicações coisais, com as quais nos ocupamos aqui, jamais pode ser examinada por meio de uma lembrança simples. Para satisfazer o conceito vago da lei (a lembrança *do texto* da referida lei, portanto o nome da referida propriedade, naturalmente não pode nos informar nada sobre a existência dela, isto é, sobre a validade real da lei), precisamos do surgimento dos fenômenos esperados com base na lei, quando da lembrança de fatos individuais compreendidos sob a lei individual. Nessa necessidade, exprime-se de forma decisiva que os objetos inconscientes a que visamos aqui são coisas. Posso decidir se eu tenho ou não uma propriedade apenas com base no conhecimento de se, em um caso suficientemente determinado pelas condições contidas na lei, surgem ou não os fenômenos esperados em virtude da definição da propriedade. Na medida em que nossas propriedades e disposições jamais são fenômenos, mas leis de coisas; na medida em que, portanto, toda experiência futura pode afetar meu juízo sobre a respectiva propriedade, pode influenciar meu conhecimento das relações das propriedades entre si, logo nossas coisas psíquicas, como todas as coisas em geral, jamais são completamente conhecidas. Em vista das antinomias que discutimos no início, decerto não estamos autorizados a caracterizar como positivamente infinita a tarefa do conhecimento das realidades inconscientes de nosso eu, na medida em que elas têm natureza de coisa, // mas, por outro lado, tampouco estamos legitimados a supor um limite positivo para a progressão de nosso conhecimento das coisas inconscientes. No âmbito de nossa experiência até agora, porém, as realidades inconscientes, pelo menos segundo sua possibilidade, são muito bem conhecidas a nós. Na medida em que nos são desconhecidas, elas o são tanto quanto, no âmbito das coisas do mundo material, paisagens inexploradas são desconhecidas para o homem, mas de forma alguma transcendentes por princípio e qualitativamente, como toda filosofia do inconsciente sempre e de novo afirma. A ausência de limites na progressão de nosso conhecimento sobre o inconsciente, por fim, deve ser entendida apenas como ausência de limite da progressão no âmbito do complexo de nossa consciência. A noção de um inconsciente que independe pura e simplesmente de nossas vivências, como um "em si da alma", é contraditória e impensável.

 As reflexões realizadas nos habilitam a diferenciar de forma satisfatória o conceito de inconsciente. Essa diferenciação, porém, não equivale a uma pura classificação. É preciso ter em mente que todos os fatos do inconsciente estão fundados no mesmo e simplicíssimo fato da lembrança rudimentar, e que todos os conceitos de inconsciente estão referidos conjuntamente a esse fato; além disso, que precisamos compreender os conceitos de coisas psíquicas como as leis mais gerais de nossa consciência, para as quais tudo o que é fenomênico conta como fenômeno daquelas coisas; por fim, que em uma formação conceitual, que segundo sua constituição é o contrário de uma *clara et distincta perceptio*, os modos de formação conceitual interpenetram-se e só podem ser separados exercendo-se uma abstração um tanto violenta; de tal forma que nossa divisão dos fatos inconscientes necessita de abstrações tão fortes relativas aos complexos de consciência factualmente vividos, quanto a representada, no campo clássico da crítica do conhecimento, pela distinção entre *impressions* e *ideas*, pois não existem *impressions* isoladas; ao passo que nós, entretanto, para colocar ordem nos conceitos fundamentais de nosso conhecimento, não podemos prescindir daquela distinção, apesar de todas as objeções da teoria gestaltista. Por outro lado, contrariando toda a complexidade dos casos possíveis, // sempre podemos nos representar drasticamente a distinção entre *impression* e *idea*, ao tornar clara para nós a distinção entre uma dor de dente real e outra meramente imaginada, logo deveria ser igualmente evidente a diferença entre a lembrança rudimentar de uma nota Dó pela "coloração" dada pela nota Lá que a sucede e uma "propriedade" em virtude da qual eu ajo e com a qual eu conto para a minha ação futura. Com certeza deve-se conceder que as diferenças são fluidas, na medida em que o lembrado de forma rudimentar seja um conteúdo real ou um complexo de conteúdos reais, mas a possibilidade de eu me assegurar atualmente daqueles conteúdos traz em si o caráter de uma lei – lembremos mais uma vez do exemplo do poema que eu "tenho na memória". Não se pode distinguir rigorosamente entre a compreensão deste "memória de alguma coisa" tão somente como lembrança inconsciente de algo fenomênico, e a compreensão de tal "memória" já como uma propriedade; nossa investigação sobre a psicanálise nos apresentará o motivo da fragilidade dessa distinção; do ponto de vista de nossa sistemática, aliás, parece-nos recomendável, como o fizemos, não supor ainda como uma coisa aquela realidade. Uma vez que é comum a todas as realidades inconscientes o fato da lembrança rudimentar e assim também a realidade dada através de função intencional, e, por isso, esse fato não constitui nenhum fundamento da distinção, partimos, para obter nossas distinções fundamentais, não de diversas formas de realidades dadas, de diversas classes de vivência, mas sim das distinções dos objetos intencionais, como essas distinções se nos apresentam com base nas determinações gerais da *Sistemática transcendental*. Essa forma de divisão também nos permite excluir dos complexos de coisas inconscientes os fatos da lembrança contínua.

A disjunção fundamental dos objetos intencionais divide-os em objetos fenomênicos mediatamente dados e objetos coisais mediatamente dados. Fatos inconscientes *fenomênicos* mediatamente dados são, para nós: vivências singulares e também complexos, ambos lembrados de forma rudimentar, isto é, meramente através de qualidades de forma, desde que sua lembrança não esteja vinculada ao // caráter de lei, e não inclua em si a expectativa de fenômenos futuros. Se eu me lembro de forma rudimentar de uma vivência ou de um complexo, ou se a própria lembrança se realiza regularmente e eu me "lembro continuamente" do objeto, isso é indiferente para nossa disjunção, desde que o próprio lembrado não seja a lei para minhas vivências futuras. A consideração específica dessas questões, no que concerne às distinções fundamentais, pode ser deixada de lado por ser confusa. Os objetos intencionais, portanto, têm *caráter de coisa* quando eles mesmos – portanto não apenas sua lembrança – demonstram o caráter de regra e quando ligamos regularmente a expectativa de novos fenômenos a seu conhecimento. Vemos tais coisas anímicas inconscientes – e todas as coisas anímicas são inconscientes – em nossas propriedades, tendências, disposições, estados de espírito e sobretudo em complexos a que a psicanálise nos dá acesso, como veremos. Uma vez que elas nunca são dadas a nós por meio de lembrança simples, pois elas mesmas nunca foram vivências, e como elas, portanto, não podem ser conscientes no sentido que definimos anteriormente, nós as chamamos *permanentemente* inconscientes. Sua inconsciência, porém, não é idêntica à sua incognoscibilidade. Podemos conhecê-las progressivamente por características, obter certezas sobre sua existência segundo o critério da ocorrência ou não ocorrência dos fenômenos esperados e ordenar suas alterações em leis superiores. Elas são incognoscíveis apenas do modo como todo ser das coisas é desconhecido: a possibilidade do conhecimento de novas propriedades não é pensável, por princípio, como conclusa. Evidentemente, tampouco há fundamento para dizer do desconhecimento dos objetos inconscientes da primeira categoria. Por princípio, eles podem ser completamente conhecidos. A regra geral para o conhecimento do inconsciente é sempre fornecida pelo conhecimento dos complexos em que os fatos inconscientes se inserem; complexos que conhecemos e através dos quais as realidades inconscientes são imediatamente dadas.

Façamos um resumo dos principais resultados de nossa investigação // sobre o conceito de inconsciente, segundo sua diferenciação suficiente, em teses concisas e válidas.

Em primeiro lugar, os resultados relativos ao ser *das coisas* inconscientes: os fenômenos estão para as coisas assim como o consciente está para o inconsciente. Do mesmo modo como coisa e fenômeno pertencem ao complexo de imanência, distinguindo-se apenas segundo o modo de nossa formação conceitual, assim também consciente e inconsciente pertencem ao complexo de imanência de nossa consciência. Ambos se distinguem apenas pelos modos da formação conceitual. Uma disjunção ontológica entre eles não é viável.

Coisas nunca podem ser dadas imediatamente como tais. Aqueles complexos que qualificamos como inconscientes, objetivamente válidos e conformes a leis em virtude de um complexo de expectativas cujas condições podemos cumprir, são coisas. Eles não podem ser dados imediatamente, mas apenas em função simbólica. Por isso se chamam inconscientes.

Os complexos conformes a leis são constituídos com base na realidade dada imediata. Eles só possuem validade para o complexo do que é dado, e sua comprovação se dá somente nele. Em sua conformidade a leis, eles são compreensíveis e conhecidos com base nas condições do conhecimento. Disso se segue que não há um fundamento válido para se dizer que o inconsciente seja uma "transcendência" perante a consciência, pois, na verdade, é cognoscível como um complexo psíquico empiricamente válido. A estruturação do inconsciente como de uma coisa é obtida apenas com base no consciente em sentido estrito, a saber, em nossas vivências, e nos é conhecida como complexo conforme a leis de vivências.

Uma vez que a completa multiplicidade dos fenômenos das coisas – das vivências que se submetem à respectiva lei individual – não é predeterminável, mas sim dependente da experiência, de tal forma que nossa experiência aqui não pode estabelecer *a priori* nenhum limite, mas apenas a definição da coisa à qual os fenômenos estão submetidos; assim, as coisas são desconhecidas em um sentido determinado e, como complexos psíquicos, são também permanentemente inconscientes. Essa inconsciência equivale ao fato de que não está preestabelecido um limite para a progressão de nossa experiência. // Considerando que o termo "inconsciência permanente" já foi empregado para a independência dos objetos inconscientes da segunda categoria perante a percepção, definimos aquela inconsciência como *irracionalidade psíquica*, e consideramos o inconsciente como *tarefa* da psicologia, para a qual não se estabelece por princípio nenhum limite, que pode ser empreendida de acordo com leis, ou seja, predeterminada pela legalidade da coisa, e cuja realização conduz a resultados objetivamente válidos na medida em que: os conceitos de sujeito estão definidos, as definições estabelecidas, e os juízos existenciais fundamentais são legítimos.

A estrutura transcendental da realização dessa tarefa deve ser demonstrada no único lugar em que, até agora, essa tarefa foi empreendida segundo o sentido exato aqui formulado: na psicanálise. Nossa tarefa será fornecer uma fundamentação da escolha justamente dessa jovem disciplina como objeto de interpretação epistemológica. A diferença decisiva entre nossa concepção da irracionalidade psicológica e o irracionalismo psicológico tradicional consiste em dois pontos. Em primeiro lugar, não consideramos a irracionalidade uma pura irracionalidade, uma transcendência fechada à vida da consciência, mas apenas um conceito-limite da crítica do conhecimento, que não envolve consequências metafísicas. Em segundo lugar, nosso conceito de inconsciente está em si mesmo relacionado a algo totalmente diferente daquilo a que se refere a filosofia irracionalista tradicional, proveniente de Schopenhauer e [Karl] Hartmann. Chamamos de inconscientes não os fatores constitutivos da consciência, mas sim os conceitos de coisas psíquicas constituídos por eles. Tais conceitos são desconhecidos apenas no que concerne à sua realização empírica completa. Assim, em vez da metafísica do inconsciente, que se ligou à irracionalização arbitrária das condições transcendentais, surgiu um conceito de inconsciente elucidado epistemologicamente e válido empiricamente, que não apenas é compatível com as exigências do idealismo transcendental, como também é uma consequência necessária de nosso conhecimento das condições transcendentais do fluxo de nossa consciência. Só agora ressalta completamente a validade da tese estabelecida no início: que a // contradição entre a filosofia transcendental e irracionalismo, que domina a discussão filosófica da última geração, é mera aparência. A ambas posições contrárias é própria a decisiva pressuposição de que a constituição da realidade é uma função da constituição do eu; ambas partem do complexo de imanência fechado da consciência. Para ambas, a consciência é a medida de toda a verdade. A força dessas pressuposições é por demais profunda para que se pudesse chegar a resultados radicalmente divergentes no acompanhamento consequente da problematização com base nas mesmas pressuposições. A filosofia irracionalista necessita apenas da eliminação de suas pressuposições dogmáticas a fim de ser remetida à realidade dada última dos fatores transcendentais e, assim, à sistemática do idealismo transcendental, que contradisse bastante sua metafísica da vida; a filosofia transcendental necessita apenas do complemento através de um conceito de inconsciente e de um conceito elucidado criticamente da irracionalidade psicológica para obter o consenso com uma filosofia irracionalista criticamente elucidada. No entanto, não se pode deixar de dizer que, nessa aproximação recíproca, a filosofia irracionalista tem de retroceder um caminho maior.

O inconsciente *fenomênico* sempre se dá através de lembrança simples, sem que se deva exigir o cumprimento de determinados complexos de expectativas; e na medida em que a lembrança simples é realizada, o inconsciente fenomênico nos é completamente conhecido. Seu conhecimento não se liga ao mecanismo da expectativa, e as próprias realidades lembradas não possuem aqui de forma alguma o caráter da lei objetivamente válida. Evidentemente, o conhecimento desses objetos inconscientes reais – a rigor, nem sequer podemos chamá-los de fenomênicos, pois eles não são uma vivência atual – contribui para o conhecimento do eu empírico muito menos do que o conhecimento dos objetos coisais: não diz nada sobre a lei do curso de consciência. Na medida em que os objetos inconscientes reais antes foram vivências, portanto conscientes em sentido estrito, temos de caracterizar como inconscientes menos os objetos do que a forma de sua // realidade dada atual. Por isso se fala também de lembranças inadvertidas, mas não que um lembrado seja inadvertido. Uma vez que as referidas realidades pertencem todas ao complexo da consciência, sempre se submetem também às coisas inconscientes como seus fenômenos e podem ser agrupadas sob os conceitos conformes a leis de coisa; elas não são, portanto, absolutamente isoladas, pois, na verdade, seu conhecimento é etapa do conhecimento da coisalidade inconsciente. Inversamente, o conhecimento da coisalidade inconsciente, uma vez que tudo que tem caráter de coisa está fundado no âmbito fenomênico, obrigatoriamente recorre à realidade dada inconsciente de conteúdos reais, que, assim, segundo o esquema da lembrança inadvertida, tem relevância para legitimar a formação dos conceitos de coisas psíquicas. Com a remissão àquelas realidades inconscientes reais, o conhecimento da coisalidade psíquica não cumpriu de forma alguma sua tarefa, pois tem de estabelecer as leis sob as quais aqueles fatos precisam ser assimilados.

Aqui nos resta considerar mais de perto o conhecimento do inconsciente como uma tarefa que, na verdade, não pode ser vista como positivamente resolvida ou resolvível, mas cujas exigências podem ser cumpridas passo a passo e com êxito. O próprio conceito de inconsciente como tarefa, da mesma forma que o conceito do mundo material a ser compreendido, bem como a questão pela origem dos fatores transcendentais – compreensíveis como tais –, todos eles contam como *determinações-limite* essenciais do conhecimento em geral. Essa determinação-limite há muito foi estabelecida para o âmbito espacial e para a origem dos fatores transcendentais, e um dos mais importantes propósitos filosóficos de nossa investigação foi torná-la compreensível e livre de dogmas também para o âmbito psíquico, de acordo com uma sistemática transcendental; outra não menos importante tarefa, porém, foi mostrar que não havia motivos para nos confundirmos pela consciência desses limites na progressão da determinação científica da alma. O sentido cognitivo desse limite é, na verdade, evitar que a análise da consciência extrapole para mundos inteligíveis, cujo pensamento lhe está interditado, e afastar as contradições em que ela necessariamente se enreda no uso transcendente dos

223 conceitos. Cabe-nos // agora mostrar como o método transcendental é válido como fundamento e cânone de um conhecimento positivo dos fatos inconscientes. O terceiro capítulo é dedicado a isso.

// Terceiro capítulo
O conhecimento do inconsciente
e o método psicanalítico

1. Psicanálise como problema epistemológico

Havíamos reconhecido o conhecimento do inconsciente como *tarefa*, cuja solução não podemos pensar como completamente dada, mas cujos resultados devem ser tomados como seguros no âmbito da validade real das definições de nossos objetos de pesquisa. Resta-nos considerar o método que nos capacita, com base em nossas determinações epistemológicas fundamentais e seguindo conclusões rigorosas, a obter aqueles resultados. Somente a compreensão desse método nos possibilitará conceber a conexão recíproca daqueles objetos e progredir para uma formulação exata do conceito de causalidade psíquica; além disso, apenas ela nos fornecerá um esclarecimento sobre o vínculo das coisas anímicas com o mundo material, vínculo cuja estrutura epistemológica procuramos ressaltar em nossa consideração dos elementos da doutrina racional da alma. Embora nosso propósito não seja estabelecer fatos psicológicos singulares, parece-nos indicado investigar o método de conhecer o inconsciente em sintonia com o procedimento da pesquisa psicológica. Um dos resultados mais importantes de nossa discussão da doutrina kantiana dos paralogismos foi, porém, mostrar como supérfluo e inadmissível distinguir uma "doutrina pura da alma" de uma "psicologia material". Não temos, assim, nenhum motivo para separar o método transcendental do conhecimento do inconsciente e o método empírico, que persegue o mesmo objetivo. Se o método empírico é válido, então deve ser comprovado de um ponto de vista transcendental e satisfazer todas as exigências que o idealismo transcendental // levanta perante o problema do inconsciente. De modo inverso, a análise transcendental só tem sentido se puder fornecer a fundamentação positiva da progressão científica da experiência. Se, porém, nossa investigação orientada epistemologicamente se liga precisamente à disciplina da *psicanálise*, jovem e questionada em muitos de seus resultados, então é necessária alguma justificativa, pois, de todos os métodos psicológicos, a psicanálise está mais distanciada da teoria do conhecimento, segundo seu ponto de partida objetivo. Enquanto a psicologia experimental recebeu seu impulso por parte dos problemas não resolvidos da psicologia associacionista e até conservou o vínculo com a análise kantiana da consciência na época da preponderância de hipóteses naturalistas; enquanto, em sentido inverso, sua adversária moderna, a teoria da Gestalt, instituiu-se filosoficamente com a crítica da cisão entre conhecimento de características e teleologia no sistema kantiano; enquanto, por fim, a caracteriologia derivou suas proposições a partir de teses metafísicas sobre a essência da consciência, a psicanálise surgiu como *terapia*, deve sua fama principalmente a seus resultados terapêuticos e vê a si mesma como método prático. Ela não possui um propósito epistemológico, gostaria bem mais de ser reconhecida como ciência natural, e se esforçou até hoje muito pouco por uma outra fundamentação além da hipotética e prático-cognitiva, cujo critério é a aplicabilidade dos conceitos principais tendo em vista a cura ou, pelo menos, a compreensão da doença. Com isso, pode-se dizer que a psicanálise não significa de forma alguma uma continuação imediata de nossas pesquisas epistemológicas, pois, na verdade, para ser colocada em relação a elas, precisa ser *interpretada*; necessidade que não existe de forma alguma para os outros métodos da psicologia. Isso deve reforçar as dúvidas quanto à escolha precisamente da psicanálise. A única forma de saná-las é demonstrando que somente o método psicanalítico é estritamente adequado a nossas determinações, enquanto os procedimentos psicológicos mais antigos, mesmo se não as contradizem, entretanto não têm interesse, por motivos de princípio, na resolução da tarefa a que nos propomos, // ou se iniciam de uma forma incompatível com nosso ponto de vista. Por isso, temos de considerar, inicialmente, como a psicologia usual se relaciona às coisas psíquicas e ao conceito de inconsciente no sentido que definimos.

Para nós, a tarefa do conhecimento do inconsciente é essencialmente a tarefa do conhecimento das coisas psíquicas; coisas que podemos pensar tão pouco imutáveis quanto as físicas; sempre e em toda a parte nós nos vemos colocados diante da necessidade de fundamentar a não ocorrência de um fenômeno regularmente esperado, sob condições constantes, através de uma lei superior, que compreenda em si o surgimento tanto do fenômeno esperado quanto do que efetivamente ocorreu; em outras palavras, precisamos explicá-los através de relações causais. Desse modo, no lugar da tarefa de uma investigação da mera estática das coisas psíquicas, surge o postulado do conhecimento de sua dinâmica, concebida no sentido dos princípios dinâmicos da *Crítica da razão pura*, como eles se apresentam à luz de um idealismo transcendental consequente. Ora, essa dinâmica não encontra lugar algum na psicologia tradicional.

A constituição da coisa psíquica já se defronta com insuperáveis dificuldades nas teorias psicológicas habituais. Para a *psicologia associacionista* atomista, ela era de antemão impossível. A dissolução por parte de Hume não apenas do conceito de eu, mas também da constância da coisa não deixava espaço para uma coisa psíquica, e à psicologia associacionista, tão logo ela se defrontou com a existência das coisas psíquicas, não restou nenhum escolha a não ser falar de propriedades dos indivíduos humanos, as quais não apenas são regras empíricas altamente incertas – com as quais se deveria sempre defrontar, em face da possibilidade da experiência com novas características das coisas psíquicas, sem que, entretanto (pressupondo-se um procedimento indutivo correto), aquela incerteza da experiência futura tornasse impossível uma ordenação cientificamente incontestável de nossa experiência atual –, pois, na verdade, carecem de todo vínculo compreensível com as determinações fundamentais da teoria do conhecimento e representam apêndices arbitrários a estas. // A suposição de características inadvertidas das *impressions*, ao contrário, onde ela foi expressa, pôde desenvolver-se apenas com base em um pressuposto dogmático e obscuro do conceito de coisa em si. Os métodos mais precisos da *psicologia experimental* certamente auxiliaram a afastar muitos de tais preconceitos dogmáticos, mas criaram outros através da pressuposição da mensurabilidade generalizada das realidades psíquicas, arbitrariamente emprestada do mundo material, e, assim, afastaram ainda mais o problema das coisas psíquicas, pois os métodos de mensuração procurados em conexão com as determinações do mundo material somente poderiam ser aplicados com alguma possibilidade de sucesso no âmbito *fenomênico*. O campo da psicologia experimental foi, quase exclusivamente, o imediatamente dado. As realidades inconscientes, porém, como vimos, nunca podem ser dadas imediatamente, mas sempre apenas mediatamente. A psicologia experimental, assim, precisou excluí-las totalmente de suas investigações ou negá-las por completo. A restrição originária ao âmbito fenomênico permaneceu como herança da psicologia experimental à *teoria da Gestalt*. É verdade que ela se interessou energicamente pelas realidades da unidade que haviam sido desprezadas anteriormente na perspectiva atomística. No entanto, a vontade de acessar aquelas realidades tentando estabelecê-las como "realidades dadas por si mesmas" – uma tentativa que é supérflua e contraditória, como procuramos mostrar de forma convincente –, essa vontade fez a teoria da Gestalt ressaltar as complexas realidades inconscientes, mas também as *fenomenalizar*. Assim, não apenas nosso postulado da análise legítima de consciência é contrariado, como também se torna totalmente impossível a concepção das relações dinâmicas das coisas psíquicas, que devem ser fenômenos aqui, de tal forma que nada mais restou à teoria da Gestalt do que interpretar o próprio fato da causalidade como fenomênico, para o que ela se decidiu de fato recentemente. Concedendo-se hipoteticamente a possibilidade de tal procedimento (que contestamos), então não haveria nenhuma possibilidade de obter uma ordem objetivamente válida do que nos é dado, se todos os fatores que constituem a ordem somente fornecessem // a estrutura do que é fenomênico, e em todas as realidades do dado mediato, que a teoria da Gestalt não pode negar, tais fatores teriam de ser "reinterpretados", portanto falsificados em certa medida. Essa concepção conduziria a um agnosticismo em relação ao mediatamente dado, ao qual nós tanto menos precisamos nos submeter quanto possuímos, de fato, uma ordem certa e objetivamente válida do mediatamente dado. Em oposição à teoria da Gestalt, precisamos esperar da análise do curso da consciência a fundamentação das relações dinâmicas entre as coisas anímicas, tal como a constituição epistemológica dessas coisas. As determinações da *caracteriologia*, aparentadas à teoria da Gestalt em sua tendência hostil à análise conceitual, não se prestam a um conhecimento rigoroso do inconsciente, pois elas afirmam uma prioridade ontológica das coisas anímicas como uma prioridade das propriedades do caráter, que tivemos de recusar, uma vez que vemos nas coisas anímicas somente a abreviatura dos complexos de vivência. O problema da dinâmica já é contrário a toda caracteriologia, porque a comprovação da mutabilidade das propriedades psíquicas e da regularidade causal daquela mutabilidade já refuta flagrantemente a suposta imutabilidade ontológica e independente da experiência para as propriedades de caráter.

Se pesquisarmos pelo fundamento geral da insuficiência das teorias psicológicas perante o problema do inconsciente, então encontraremos – além da aversão do século XIX a todas as realidades não exprimíveis quantitativamente – sobretudo o medo da coisificação; um medo que não é menos expressivo do que a tendência inversa de sempre e em toda parte coisificar. As formações conceituais coisais no âmbito do mundo espacial objetivo são anteriores, cronologicamente, às do âmbito psíquico. Assim, a tendência da coisificação refere-se, de início, sobretudo aos fenômenos de coisas materiais, que são igualados aos das coisas psíquicas. A coisificação dos complexos psíquicos e até mesmo sua elucidação e legitimação científicas significam, em contraste com isso, uma etapa tardia do processo cognitivo. // A hesitação referente a ela se dá por medo de confundir as realidades psíquicas com as materiais, que são o ponto de partida de toda coisificação. O fenomenalismo que deve aqui ajudar a separar o psíquico do físico — separação que, por sua parte, pode ter sua origem no pressuposto de uma espacialidade transcendente — é o mesmo que excluiu da psicologia científica a discussão sobre as relações dinâmicas do anímico e a relegou à fantasia dos caracteriólogos. Se só é certo o imediatamente dado, enquanto aquela dinâmica apenas pode ser conhecida mediatamente, então, segundo aquela concepção psicológica atual, essa dinâmica é incerta. Essa concepção, como na perspectiva do atomismo psicológico que ainda domina a psicologia experimental, desconsidera que a estrutura da realidade dada mediata deve ser completamente elucidada por meio da análise do *complexo* da consciência, e que o complexo do que é dado na unidade da consciência pessoal empresta a mesma dignidade tanto aos fatos mediatamente dados quanto aos imediatamente conhecidos, uma vez que as realidades dadas mediatas estão fundadas de forma completamente compreensível nas imediatas.

É precisamente a negligência do complexo da consciência como condição constitutiva de todas as vivências que conduziu Freud a criticar a *psiquiatria* e, assim, a inaugurar o método psicanalítico. A psiquiatria, subproduto da psicologia experimental, na medida em que não vivia meramente da herança incerta da tradição médica, era completamente atomística, e isso em um âmbito em que o método de pesquisa atomística não poderia solucionar de forma alguma os problemas levantados. Nas doenças mentais, cujas origens psíquicas não eram evidentes, como na paralisia, ela não soube – e até hoje não sabe – fazer nada mais do que indicar sintomas e, em todo caso, classificá-los, portanto coletar observações, que ela procurou unificar, mas cuja relação à unidade da consciência pessoal permanece-lhe completamente alheia. Os sintomas, como tomados pela psiquiatria, são sem sentido e isolados. O psiquiatra certamente está em condições de confrontar os sintomas // com a realidade exterior e dividi-los segundo o modo com que se relacionam com essa realidade; ele pode, por exemplo, falar de delírios em todo lugar em que encontra representações mentais em seus pacientes que, embora não sejam contraditórias em si, deveriam ser refutadas pelo recurso à experiência, sem que se consiga refutar através desse recurso as representações do paciente, mesmo que ele se disponha a fazê-lo por conta própria. Isso, porém, é tudo que pode fazer a psiquiatria tradicional. O psiquiatra não pode responder à questão de por que os delírios se formam, se não existe nenhum fundamento para eles em um substrato no mundo material, e de por que eles se formam assim e não de outra forma qualquer. Talvez ele responderá, como afirma Freud em suas *Conferências introdutórias à psicanálise* – que sempre seguimos em nossa apresentação do método psicanalítico –: "delírios acometem pessoas em cujas famílias ocorreram repetidamente distúrbios psíquicos semelhantes e diferentes",[1] portanto poderá recorrer a motivações

---

1 Freud, *Vorlesungen zur Einführung in die Psychoanalyse*, p.257. [De agora em diante, referidas no texto como CIP, seguido do número de página dessa edição.]

que não são as do complexo de consciência do paciente e a partir das quais não se pode nem derivar o sintoma específico, nem tornar compreensível o estado global do paciente. Uma vez que não se conhecem as motivações do sintoma, não se pode ligar nenhuma expectativa regular de fenômenos futuros à constatação da realidade e, assim, não há perspectiva de êxito para qualquer tratamento. O psiquiatra "precisa se contentar com o diagnóstico" (isto é, com a classificação dos sintomas) "e, apesar da rica experiência, com um prognóstico inseguro do curso ulterior da doença" (ou seja, obtido por deduções analógicas vagas) (CIP 257).

Aqui, "a psicanálise pode fazer mais" (CIP 258). Ela parte do princípio de que *tudo o que é psíquico possui* um *sentido*, de que todo ser psíquico se determina de forma regular pelo complexo da consciência pessoal ou, como podemos também formular segundo nossa definição do conceito de inconsciente, // de que todos os nossos fenômenos — toda a nossa "consciência" em sentido exato e estrito — são fenômenos de *coisas inconscientes*, cujo conhecimento se realiza precisamente com base no conhecimento do complexo de consciência e suas leis. Os três grupos principais dos objetos da pesquisa psicanalítica estão englobados na exigência de um "sentido do sintoma" constante, sendo seu conhecimento idêntico à tarefa de conhecer o inconsciente, cuja teoria deverá ser apresentada aqui. Inicialmente, Freud atribui um sentido a todos os *atos falhos* (lapsos verbais, esquecimento, perda de objetos etc.), que ele denomina "atos psíquicos" (CIP 50), com o que nada mais se diz que eles pertencem ao complexo da consciência de forma regular e que deve ser tornada compreensível, que não são contingentes segundo sua constituição imanente, mas sim completamente concebíveis como fenômenos de alguma coisa psíquica e como consequências conformes a leis de quaisquer disposições; e que eles possuem função simbólica, sem que seu significado seja dado de forma clara e distinta – tudo isso, para nós, era de se esperar, de acordo com nossa consideração dos elementos da doutrina transcendental da alma, segundo a qual a realidade mais simples da lembrança contém em si, ao mesmo tempo, "lembrança rudimentar". Em seguida, Freud defende a concepção "de que os *sonhos* também possuem um sentido" (CIP 74). É especialmente importante Freud admitir que seja uma *pressuposição* que os sonhos tenham um sentido; uma pressuposição necessária, como poderíamos acrescentar com base em nossa análise transcendental, antes mesmo de nos termos convencido do sentido dos sonhos individualmente considerados em uma pesquisa empírica: "nossas interpretações dos sonhos foram feitas sob a pressuposição de que havíamos reconhecido de antemão que o sonho em geral possui um sentido [...] e que toda ideia espontânea é determinada", ou seja, submete-se de forma regular ao todo da consciência (CIP 141). Por fim, Freud reivindica, como nosso exemplo inicial mostrou, um "sentido" para as realidades com as quais a psicanálise sobretudo se ocupa, tendo como sua primeira tarefa prática a descoberta de seu sentido: os *sintomas neuróticos*. A descoberta de Breuer // do sentido dos sintomas é vista por Freud exatamente como origem da psicanálise. Freud formulou de forma concisa: "O delírio não é um absurdo ou incompreensível [...], mas sim tem sentido, é bem motivado, pertence ao complexo de uma [...] vivência" (diríamos: das vivências) "do doente" (CIP 259). Quando Freud diz em outro lugar (CIP 284) que os sintomas neuróticos, como os atos falhos e os sonhos, "possuem sua conexão com a vida das pessoas que os manifestam", então com isso se afirma explicitamente mais uma vez o pertencimento de todos aqueles fatos à totalidade do complexo da consciência.

Aqui é fácil e cômodo levantar a objeção: uma vez que a psicanálise se ocupa da "escória do mundo dos fenômenos" (Freud), ou seja, com atos falhos, sonhos e neuroses, ela não poderia afirmar nada sobre a vida normal e desperta de nossa consciência, com a qual a teoria do conhecimento precisa contar; que precisamente a determinidade psíquica generalizada seria a marca de uma região psíquica particular e deslocada, ao passo que não se poderia demonstrar a mesma regularidade para a vida desperta da consciência, que dependeria de outras realidades além da meramente psíquica. A objeção é naturalista e, assim, erra o alvo. As realidades da vida desperta de nossa consciência são certamente dependentes de forma múltipla em relação às alterações no mundo material; mas não seria o próprio mundo material constituído com base nas leis de nossa consciência? É certo que designamos como atos falhos, sonhos e sintomas neuróticos precisamente aquelas realidades que são mais independentes do mundo material do que a vida desperta de nossa consciência, embora não sejam completamente independentes, uma vez que a formação do sonho, por exemplo, também segundo a concepção psicanalítica, é codeterminada pela influência de estímulos físicos, como a psicanálise raramente contesta em geral os motivos tradicionais da interpretação, apenas acrescentando na maioria das vezes: "Não é de forma alguma frequente que a psicanálise conteste o que é afirmado a partir de outro ponto de vista; normalmente, ela apenas acrescenta algo novo, e eventualmente ocorre que, no entanto, isso que não havia sido notado e que agora se acrescenta é pre-

233 cisamente o essencial" // (CIP 33). Por outro lado, a psicanálise concede a seus objetos específicos uma independência maior perante o mundo material do que a outros âmbitos do psíquico. Em particular, a cuidadosa definição de Freud sobre o *sono* aponta para isso: "O sono é um estado no qual eu não quero saber nada do mundo exterior, tendo retirado meu interesse em relação a ele" (CIP 79ss.). Entretanto, abstraindo do fato de que os limites entre ato falho e expressão consciente, entre vigília e sonho, entre sintoma neurótico e "hábito" são fluidos e muitas vezes levam à suposição de "zonas de interseção"; mesmo se naqueles três âmbitos tudo fosse reduzido à pura imanência da consciência, o que seria dito contra o valor cognitivo da análise do complexo da consciência precisamente naqueles âmbitos? Os complexos que a psicanálise se colocou como tarefa pesquisar não valeriam para a vida desperta de nossa consciência? Certamente valem: temos até mesmo de reconhecer como leis de nossa consciência a constituição do mundo espacial, cuja regularidade supostamente seria tão radicalmente oposta à da consciência, que sua própria regularidade se anula onde o curso da consciência é dependente da regularidade do mundo espacial. Não por acaso recusamos a distinção ontológica entre consciência e realidade efetiva, reconhecendo-a como mera diversidade das formações conceituais e, assim, reconhecendo ao mesmo tempo tanto a independência da consciência diante de um mundo espacial transcendente quanto a possibilidade de relações conformes a leis entre o "psíquico" no sentido estrito tradicional e a espacialidade constituída de forma imanente. De acordo com isso, tem apenas um sentido metodológico a escolha do âmbito específico do objeto de estudo da psicanálise, considerado epistemologicamente – e iremos nos convencer de que a escolha do procedimento psicanalítico é absolutamente válida. Havíamos restringido nosso conceito de inconsciente às realidades não espaciais; os correspondentes fatos espaciais, decidimos chamar "desconhecidos": logo temos direito de iniciar nosso conhecimento do inconsciente onde aquelas realidades // se nos apresentam de forma mais clara, "mais pura"; entendem-se aqui como puras apenas aquelas realidades cuja regularidade podemos investigar em ampla independência da legalidade espacial. Um segundo importante motivo determina tanto a psicanálise quanto, de forma legítima, também nosso procedimento, na escolha daqueles âmbitos, um motivo com que já nos defrontamos na introdução do método psicanalítico em contraposição aos métodos tradicionais psicológicos e psiquiátricos: os atos falhos, sonhos e sintomas neuróticos são realidades tais que nelas o conhecimento dos complexos inconscientes são exigidos necessariamente a fim de que as realidades, incompreensíveis se tomadas em si mesmas, demonstrem-se como dotadas de sentido; as realidades da lembrança "consciente" (segundo nosso ponto de vista), do re-conhecimento "consciente", não são suficientes para integrar legitimamente os referidos fatos à totalidade do curso da consciência, de tal forma que precisamos recorrer à lembrança *rudimentar* e principalmente ao *complexo* lembrado de forma rudimentar para esclarecer tais fatos. Por outro lado, são precisamente esses fatos que, devido ao seu isolamento, mais dificultam o conhecimento dos complexos inconscientes a que pertencem, e nos quais a demonstração de seu pertencimento a esses complexos não somente exige um maior esforço, quanto é mais necessária para uma sistemática científica; em suma, onde o inconsciente como problema se cristaliza de forma mais evidente. Por isso, os grupos dos atos falhos, dos sonhos e dos sintomas neuróticos caracterizam, em certa medida, excelentes planos do campo da pesquisa sobre os complexos psíquicos; neles residem os pontos de partida de um conhecimento do inconsciente. Ao fundamentarmos a escolha deles apenas segundo pontos de vista metodológicos, já se diz que a pesquisa psicanalítica não se restringe a tais pontos de vista de forma alguma, e que, assim, nosso procedimento epistemológico não se orienta unicamente à patologia. O tratamento psicanalítico dos "sonhos diurnos", mas sobretudo dos chamados "atos sintomáticos", caracteriza de forma suficientemente clara que a psicanálise não precisa se contentar com a descrição e elucidação de *distúrbios* da vida desperta de nossa consciência, pois a própria vida desperta da consciência é acessível da mesma forma, // sendo a exigência de seu tratamento menos urgente por parte da incompreensibilidade de seus eventos. Pode-se usar como prova a definição de Freud dos atos sintomáticos ou casuais: "eles possuem igualmente" (ou seja, como os atos falhos) "o caráter de não motivados, insípidos e desimportantes, mas, além disso, mais claro ainda o caráter de supérfluos. Eles se diferenciam dos atos falhos pela ausência de uma outra intenção, com a qual eles se chocam, e que é perturbada (!) por eles. Por outro lado, eles se transformam, sem limitação, em gestos e movimentos que tomamos como expressão de emoções" (CIP 51). A mesma passagem contínua que é suposta aqui dos atos casuais para os atos expressivos de nossa vida consciente conduz também da análise dos três excelentes âmbitos para a vida desperta de nossa consciência. A ideia de uma *psicanálise universal* como uma pesquisa de todas as coisas psíquicas e seus complexos dinâmicos não contradiz o método psicanalítico, mas sim reside em sua consequência. É precisamente ela que devemos exigir, de nosso ponto de vista, como conhecimento sistemático do inconsciente. Que essa exigência não seja equivalente à do tratamento psicanalítico de todos os indivíduos, a qual às vezes é levantada na discussão psicanalítica, deveria ser evidente, pelo menos na medida em que aquela exigência compreende todos os indivíduos como pacientes, como pessoas a serem curadas, pois das investigações realizadas resulta que a psicanálise não se restringe de forma alguma à patologia e à terapia, pois só encontra sua fundamentação suficiente através de seus objetivos cognitivos. O próprio Freud, aliás, exprimiu isso algumas vezes com toda clareza, em especial quando fala dos limites da terapia psicanalítica. Ele admite diretamente que a psicanálise ainda não conseguiu curar os delírios, porque "nós [...] podemos entender o que se passou com o doente, mas [...] não temos nenhum meio de tornar isso compreensível ao próprio doente" (CIP 262), isto é, segundo a perspectiva psicanalítica: nenhum meio para curá-lo. Ser incurável e ser inanalisável, portanto, não são a mesma coisa; // a meta cognitiva da psicanálise é independente de sua meta terapêutica; esta última, na verdade, sempre depende da solução da tarefa cognitiva psicanalítica.

Ora, esta última dependência é o motivo mais profundo que nos dá o direito de nos servirmos do método psicanalítico *in extenso* para nossas investigações epistemológicas. A tese fundamental de toda a prática psicanalítica é que a cura de todas as neuroses equivale ao pleno conhecimento por parte dos doentes do sentido de seus sintomas; equivale ao êxito da descoberta da colocação dos sintomas no complexo da consciência e das leis às quais obedece a "formação do sintoma", ou seja, o surgimento dos fatos isoladamente incompreensíveis, que tornaram a psicanálise necessária. Na medida em que a psicanálise emprega outros meios além do conhecimento (por exemplo: a "transferência", que é o vínculo afetivo do paciente ao médico), ela os utiliza apenas como meios auxiliares e os dissolve com o próprio avanço do conhecimento. Do tratamento hipnótico-sugestivo, a partir do qual ela se desenvolveu, ela se separa essencialmente pelo fato de nunca se restringir às realidades afetivas, mesmo à custa de curas imediatas, pois insiste obstinadamente no conhecimento de seu sentido, na compreensão de seu posicionamento no complexo do que é dado. Um método, porém, que impõe tão enfaticamente o primado do conhecimento não se deixa separar como "terapia" perante o conhecimento. A terapia não quer ser nada mais do que conhecimento; se ela está correta, então deverá comprovar-se totalmente como conhecimento, isto é, satisfazer a todas as condições transcendentais que havíamos formulado em geral em nossa teoria do inconsciente. Inversamente, nossa exigência do conhecimento das coisas psíquicas e das realidades inconscientes em sua totalidade nada mais é do que aquela que o método psicanalítico tenta cumprir, independente de ela se colocar como terapia ou como "pesquisa sem levar em conta um efeito utilitário imediato" (CIP 262). Se, finalmente, a terapia insiste no conhecimento do sentido dos sintomas por parte do *doente*, considera o conhecimento // por parte do médico como insuficiente e as doenças como incuráveis, na medida em que o sentido do sintoma não pode ser compreendido pelo próprio doente – no atual estágio da pesquisa, é o caso da paranoia e da demência precoce –, então podemos ver aí nada mais do que a aplicação de nosso princípio fundamental à psicanálise: o princípio de que a análise do complexo do que é dado encontra sua legitimação última no imediatamente dado, em nossas vivências. Ora, as próprias realidades inconscientes, como concluímos, nunca estão imediatamente dadas, mas sim sempre apenas mediatamente; mas estão mediatamente dadas *através de* nossas vivências, que, portanto, representam o ponto de partida fundamental também do conhecimento do inconsciente. Nossas vivências, porém, nunca podem ser imediatamente dadas a outrem, mas apenas a nós mesmos. Assim, o recurso ao imediatamente dado, necessário ao conhecimento do inconsciente, só pode ser realizado de forma válida pelo eu empírico, em cujo complexo de consciência devem ser esclarecidas as realidades inconscientes — pressupondo-se nossa fundamentação do eu empírico, da "pessoa empírica", pelas leis do eu fenomênico. Esse eu empírico, porém, no caso da terapia psicanalítica, é o doente. Reconhecemos, portanto, um caso do método psicanalítico aparentemente bem especial, além disso terapêutico, como sendo a consequência simples de uma realidade universal e regular da vida de nossa consciência. Ele pode não apenas apresentar a rigorosa concordância da meta cognitiva da psicanálise com as condições e exigências do método transcendental, mas também servir como exemplo para uma interpretação epistemológica da própria psicanálise. Tais reflexões nos autorizam, de agora em diante, a apresentar legitimamente os motivos que nos levam a demonstrar a possibilidade de um método de conhecimento do inconsciente através da psicanálise. Uma vez que esses próprios motivos são de natureza epistemológica e esclarecem o vínculo da psicanálise com a filosofia transcendental, mas como a psicanálise jamais acentua seu vínculo com a filosofia transcendental, quase nunca o vendo de forma precisa, // então aqueles motivos são, ao mesmo tempo, os princípios da própria interpretação epistemológica da psicanálise, que possui neles seu fundamento. Recorremos à psicanálise inicialmente porque ela parte do "complexo das vivências na unidade da consciência pessoal", que ela não apenas vê como complexo dos fenômenos, mas também, ao considerá-lo, é a única de todas as disciplinas psicológicas que leva em conta de forma decisiva também a realidade dada *mediata*. Além disso, ela é objeto de nossa investigação, porque se dirige igualmente às realidades psíquicas concebidas de acordo com nosso ponto de vista estrito. Também a escolhemos porque ela colocou como seu objetivo o conhecimento do inconsciente da mesma forma que caracterizamos tal conhecimento como tarefa. Na medida em que ela se coloca como problema a pesquisa das leis dos complexos psíquicos, que são "inconscientes" segundo nossa investigação transcendental, logo o conceito de inconsciente é central para ela; a ele se dedica, de fato, grande parte de todas as investigações psicanalíticas. Teremos de averiguar se o conceito psicanalítico de inconsciente corresponde ao nosso, se oferece espaço para as mesmas diferenciações e se necessita de alguma correção do ponto de vista do método transcendental. Outro motivo por termos escolhido a psicanálise é que ela se posiciona cognitivamente perante o consciente, porque ela, como demandamos, exige a comprovação de todo o inconsciente através do *consciente*, ou seja, através da lembrança simples, clara e distinta; porque ela, ao tornar o *conhecimento* do inconsciente uma tarefa, e na verdade uma tarefa *solucionável* nos limites da experiência, opõe-se tão enfaticamente a toda a metafísica do inconsciente e a toda concepção obscura do conceito quanto consideramos necessário. Por fim, nós a escolhemos porque, como seu nome já indica – não por acaso ele motivou tantos ataques –, ela considerou a *análise* como método de conhecimento do inconsciente, não a intuição [*Intuition*] ou quaisquer sínteses obscuras, tampouco a unidade indissociável da "forma" ["*Gestalt*"], mas sim o desmembramento do complexo da consciência em seus elementos e nas leis que o constituem como complexo. // Sem esse desmembramento, para ela é tão pouco possível um conhecimento objetivamente válido das realidades inconscientes quanto o seria segundo nossa concepção.

Aqui talvez não esteja ainda completamente evidente a concordância do método psicanalítico como os principais resultados de nossa investigação transcendental; para confirmá-la totalmente, é necessária uma consideração mais detida da psicanálise. Entretanto, o que já foi dito até agora da psicanálise esclarece as tendências que sintetizamos antecipadamente de um ponto de vista epistemológico. O princípio psicanalítico de que "todo ato psíquico possui um sentido", desdobrado de modo consequente no sentido da filosofia transcendental, já fornece o ponto de apoio de todas as determinações que formulamos acima. Mostraremos que todas estas, de fato, possuem uma significação constitutiva no método psicanalítico.

Não desconhecemos de forma alguma as *dificuldades* de nosso início. Os conceitos que se situam no centro de nossa investigação não aparecem de forma alguma na psicanálise – o que não é em nada surpreendente, pois nos defrontamos com eles por conta de nossa consideração epistemológica dos conteúdos psicanalíticos –, ou aparecem apenas como *hipóteses auxiliares*, cuja legitimação filosófica é indiferente para o psicanalista, sendo elas levadas em conta apenas de um ponto de vista prático-cognitivo, e às quais se ligam obscuridades de toda espécie, pressupostos dogmáticos e naturalismos. Será nossa tarefa não apenas ressaltar na interpretação o significado filosófico transcendental da psicanálise, mas também criticar as hipóteses auxiliares psicanalíticas e afastar as obscuridades delas. Se nossa concepção do método psicanalítico em seu conjunto está correta, então se verá que é possível fazer correções crítico-cognitivas, sem que o próprio método seja atacado essencialmente.

O fato de orientarmos nossa reflexão e interpretação da psicanálise exclusivamente por Sigmund Freud tem sua razão não apenas no respeito pela prioridade temporal desse pesquisador. Sem querer // adentrar nas disputas internas da discussão psicanalítica, cremos que estejamos autorizados a afirmar que os trabalhos de Freud e de sua escola mais próxima são muito mais adequados às nossas convicções epistemológicas do que os trabalhos de outras correntes psicanalíticas; que eles se mantêm muito mais distanciados da arbitrariedade metafísica do que teorias como de Jung e Adler, que se aproximam mais da caracteriologia e, já de acordo com nossas dúvidas gerais a respeito desta última, não contam para nossa interpretação epistemológica. Além disso, parece-nos que a concepção menos dogmática dos pressupostos de Freud se exprime em maior coerência interna de sua teoria. Assim, acreditamos poder seguramente prescindir de uma discussão de outras teorias psicanalíticas; principalmente porque não se trata aqui de forma alguma de obter um material completo, e sim de demonstrar objetivamente a possibilidade de um conhecimento relativo ao conteúdo das realidades inconscientes. Por igual motivo abdicamos de discutir as objeções recentemente levantadas pela teoria da Gestalt que, sem grande esforço, podem ser reconstruídas por qualquer pessoa que conheça a tendência da teoria da Gestalt fenomenológica e que se opõe à análise de sucessividades. Salientemos apenas um ponto epistemologicamente importante, relativo a nossa determinação da coisa anímica. A teoria da Gestalt acusa a psicanálise de "coisificar" as pulsões, ao passo que, segundo ela, os fenômenos deveriam ser interpretados apenas de forma *funcional*. Essa concepção da teoria pulsional psicanalítica só é possível quando ela é compreendida de forma *naturalista*, para a qual, aliás, inegavelmente muitos psicanalistas dão apoio. Se, no entanto, de acordo com nossa concepção do conceito de inconsciente, e certamente também de acordo com as cuidadosas determinações de Freud, as pulsões são concebidas como "disposições", como abreviaturas de complexos conformes a leis do psíquico, então não se compreende o que se poderia acusar como coisificação; o próprio ser coisal é para nós um conceito funcional, e na verdade em clara oposição à teoria da Gestalt vigente. Segundo a concepção psicanalítica e a nossa, as pulsões // não são *absolutas*, origens últimas, tampouco imutáveis; a teoria freudiana da "dinâmica psíquica" já as insere de forma abrangente no complexo do curso de consciência. Não temos nenhum motivo para excluir de nossa reflexão o conceito de coisa psíquica da pulsão.

Como fizemos até agora, seguiremos em nosso tratamento posterior da psicanálise a apresentação sintética feita por Freud de sua doutrina nas *Conferências introdutórias à psicanálise*; uma apresentação que contém em si todos os elementos essenciais do conhecimento psicanalítico, sem ser sobrecarregada de detalhes, demonstrando, assim, de forma especialmente clara, os princípios metodológicos fundamentais. Não nos ocuparemos com uma reprodução fiel da argumentação freudiana em nossa apresentação do conhecimento psicanalítico do inconsciente, mas sim de uma clara explicitação das partes e leis da teoria psicanalítica acessíveis a uma interpretação epistemológica. Assim, pensamos estar justificados em abdicar de reproduzir os argumentos referentes apenas às relações particulares de patologia e terapia; as teorias freudianas dos atos falhos e do sonho tampouco serão referidas de forma completa. No entanto, a fim de manter compreensível a apresentação, ocasionalmente seremos forçados a trazer exemplos daqueles âmbitos teóricos específicos. No sentido de nosso propósito crítico-cognitivo, que parte de princípios transcendentais mais gerais, permitimo-nos algumas transposições do material.

2. O conhecimento psicanalítico do inconsciente

A psicanálise, segundo sua origem na terapia, como dissemos, parte da impossibilidade de explicar, com os meios da psicologia atual e de suas disciplinas auxiliares, o surgimento dos sintomas que a psiquiatria chama de neuróticos. A psiquiatria não foi capaz de explicar em grande medida os distúrbios anímicos. "Não se conhece a procedência, // o mecanismo e o vínculo recíproco dos sintomas dos quais se compõem essas formações patológicas; a eles não corresponde nenhuma alteração do órgão anatômico da alma, ou a partir da qual eles poderiam encontrar um esclarecimento" (CIP 8). Ao mesmo tempo, a pesquisa psicanalítica diz de forma clara que a hipótese de um "paralelismo psicofísico" não significa nenhuma *explicação* daqueles sintomas, uma vez que esse paralelismo, "na medida em que pretende explicar apenas a conexão das *sensações* com os processos psíquicos", é "a consequência evidente das experiências que nos conduzem ao conceito do mundo corpóreo e suas conexões".[2] A impossibilidade epistemológica de empregar o paralelismo psicofísico — que como tal não precisa ser negado de forma alguma — como princípio explicativo generalizado dos fatos psíquicos é formulada por Freud na perspectiva da ciência empírica: "Nem a filosofia especulativa, nem a psicologia descritiva, nem a assim chamada psicologia experimental ligada à fisiologia dos sentidos, como são ensinadas nas escolas, estão em condições [...] de dizer algo útil sobre a relação entre o somático e o psíquico, e [...] obter as chaves para o entendimento de um possível distúrbio das funções psíquicas" (CIP 8).

Com isso se caracteriza o ponto de ataque da psicanálise. "Ela pretende fornecer à psiquiatria" — não apenas à psiquiatria, podemos acrescentar — "os fundamentos psicológicos que ela não possui, esperando descobrir o solo comum a partir do qual se torna compreensível a imbricação do distúrbio somático com o psíquico. Para esse fim, ela deve se manter livre de toda pressuposição que lhe é estranha relativa à natureza anatômica, química ou fisiológica, trabalhando apenas com conceitos auxiliares puramente psicológicos" (CIP 8). Em outras palavras: a fim de integrar os fenômenos não explicados no complexo de imanência da consciência pessoal, ela tem de excluir de suas reflexões todas as tendências dogmáticas, mesmo se elas pertencem como tais a ciências já desenvolvidas e se tornem transcendências apenas através de sua relação com as realidades psíquicas, // e, em seu lugar, operar com hipóteses auxiliares puramente imanentes, próprias ao curso conforme a leis da consciência; precisamente com aqueles conceitos fundamentais

---

2 Cornelius, op. cit., p.319.

cuja confirmação como leis transcendentais é a tarefa de nossa interpretação da psicanálise.

Ora, o "conceito psicológico auxiliar" fundamental, com o qual opera a psicanálise, é precisamente o conceito de inconsciente. "A primeira dessas [...] afirmações da psicanálise diz que os processos psíquicos são em e para si inconscientes, e que os conscientes são apenas atos isolados e partes do todo da vida psíquica" (CIP 9). Deve-se já observar que Freud não fala de "vivências inconscientes", ou seja, de realidades inconscientes *imediatamente* dadas, que, de acordo com nossas investigações, não existem, mas apenas de "processos" inconscientes; nesse sentido, devemos nos lembrar que havíamos compreendido as coisas anímicas inconscientes, não segundo o modelo dos conceitos naturalistas de coisa como constâncias, mas sim como nexos conformes a leis entre fenômenos, e, além disso, reconhecemos como transcendental a possibilidade tanto de alteração dessas coisas anímicas quanto, assim, das relações conformes a leis das coisas anímicas entre si; de tal forma que o conceito freudiano de "processo", desde que não seja mal interpretado naturalisticamente ou identificado a nossa "consciência em sentido pleno", permanece completamente compatível com nosso conceito de inconsciente fundamentado de um ponto de vista transcendental. Por outro lado, queremos chamar a atenção para a afirmação de Freud dos "processos em e para si", com o que não pode querer dizer nada além da subsistência do inconsciente independente de nossa percepção, tal como falamos de uma "coisa em si imanente", pois Freud exclui a noção de um ser transcendente, tal como o excluímos da análise da consciência. Como, porém, havíamos definido a coisa anímica exatamente como aquela que subsiste independentemente de nossa percepção, ou seja, de nossas vivências atuais (embora sempre encontre sua legitimação cognitiva última em nossas vivências), então a expressão freudiana "processos anímicos em e para si" almeja precisamente determinar o inconsciente como algo dado sempre e apenas mediatamente, diverso de nossos fenômenos, determinação que demos ao conceito // de inconsciente. É preferível entender o sentido das colocações freudianas como afirmações sobre o *complexo de imanência da consciência*, em vez de as isolarmos e as hipostasiarmos naturalisticamente; assim, de antemão desaparecem muitos mal-entendidos sobre o método psicanalítico. Também a polêmica ulterior de Freud contra a identificação usual do psíquico com o consciente deve ser entendida no mesmo sentido, não como irrupção de um irracionalismo acrítico. A crítica de Freud permanece totalmente correta, na medida em que se volta contra uma identificação do psíquico com a *cogitatio* atual, o imediatamente dado, identificação que negligencia as condições do complexo do que é dado. Quando, além disso, se fala de "pensamento ou querer inconscientes", então não se deve conceber com isso vivências atuais, mas apenas seus complexos. Somente o conhecimento da doutrina freudiana da dinâmica psíquica esclarecerá totalmente esses termos. Por enquanto, devemos defendê-los de mal-entendidos fenomenalistas, tal como o conceito de inconsciente em relação a mal-entendidos naturalistas.

A afirmação psicanalítica de fatos psíquicos inconscientes é idêntica à afirmação de que todos os fenômenos possuem um "sentido", pois esse sentido é o pertencimento dos fenômenos aos complexos conformes a leis, que o método psicanalítico supõe como inconscientes; em outras palavras: o sentido dos fenômenos, pelo menos dos que são incompreensíveis isoladamente, ou seja, dos submetidos à elaboração psicanalítica, é inconsciente. A fim de esclarecer essa relação, parece-nos adequado reproduzir os traços principais da teoria freudiana dos *atos falhos*, que apresenta de forma mais simples a relação dos fenômenos ao inconsciente e que está mais próxima das relações da vida desperta da consciência, sendo portanto a mais útil para nossas finalidades, embora tenha menos utilidade para o conhecimento da *dinâmica* do psíquico. Freud denomina atos falhos um amplo e bastante complexo grupo de fenômenos, cuja relação recíproca é caracterizada pela linguagem, // ao dar a todos o prefixo [alemão] "ver-"; incluem-se nesse grupo o *Sich-versprechen* [lapso de fala], *Sich-verlesen* [lapso de leitura], *Sich-verhören* [lapso de escuta]; além disso, uma série de fenômenos que possuem "um esquecimento como fundamento", mas na verdade um esquecimento *momentâneo*, como de um nome próprio ou intenção, que mais tarde são lembrados de novo. Por fim, Freud conta como atos falhos o extravio ou a perda de um objeto e certa espécie de erros complicados, que não precisam ser considerados aqui. Esses fenômenos são tomados pela concepção habitual como *contingentes*, não se estabelecendo um motivo regular para sua ocorrência; no máximo se introduzem condições sob as quais eles normalmente surgem, como mal-estar ou cansaço, agitação, desvio da atenção de quem falha. Antecipando um complexo de todo o âmbito temático psicanalítico, dizemos que essas condições são de espécie semelhante à da referência à carga hereditária, com a qual o psiquiatra costuma responder à nossa questão pelo fundamento das doenças psíquicas. Elas não são suficientes para o conhecimento do motivo dos atos falhos, não afirmando nada sobre sua colocação no complexo da consciência. Por um lado, ocorrem atos falhos de toda espécie também em pessoas que não satisfazem nenhuma daquelas condições. Por outro, a relação entre ato falho e pouca *atenção*, porém, que é pressuposta tacitamente com a suposição daquelas condições, nem sempre ocorre. Contradiz essa relação precisamente a segurança com que normalmente executamos várias ações *automatizadas*; basta lembrar da ação do virtuoso musical, que, segundo aquele princípio explicativo, teria de se expor a atos falhos em grande medida, embora ele os cometa rarissimamente. Na medida em que os atos falhos em geral são objeto de atenção, tentou-se explicá-los com o auxílio das leis de associação da psicologia tradicional. Isso, porém, só pode ser feito no âmbito dos lapsos de fala, em que se tomam como princípio explicativo associações de contiguidade e semelhança, e emprega-se, também nos lapsos de fala em que se diz o exato oposto do que se queria, a associação com base na // "semelhança conceitual recíproca dos opostos". A psicanálise não contesta o papel desempenhado pela associação de palavras na produção dos atos falhos. Ela, porém, não se contenta com sua constatação, que de fato oferece uma possibilidade de explicação dos fatores dos quais depende o mecanismo dos atos falhos, mas de forma alguma esclarece por que aqui e agora surge precisamente esse ato falho; a contingência daquelas circunstâncias, portanto, não é superada por sua inserção no curso de consciência. Por outro lado, a psicanálise deve à teoria da associação uma importante indicação. Essa teoria pelo menos traz os atos falhos para o campo de suas reflexões, em vez de apenas apontar vagamente para suas condições; ou seja, recorre à realidade dada. Esse recurso é empregado por princípio e energicamente pela psicanálise. Se toda consciência "tem um sentido", e se todas as vivências estão relacionadas à totalidade do complexo de consciência, então os atos falhos precisam ter também um sentido, que a psicanálise tenta perscrutar. Ela o faz, inicialmente, ao não colocar os atos falhos em relação aos atos pretendidos, que foram perturbados por aqueles, pois o ato falho pode muito bem ser semelhante ou exatamente o contrário do pretendido; mas por que exatamente ele entrou no lugar do pretendido, este é o problema que não pode ser resolvido com o recurso ao ato pretendido. Assim, a psicanálise parte dos atos falhos que já têm, por si, um sentido, o que inicialmente nada mais significa que com eles já se exprime algo compreensível – mesmo que não seja ainda compreensível no sentido de uma dependência do complexo de consciência do referido indivíduo. Freud dá o seguinte exemplo de um ato falho desse tipo. Uma mulher conta: "Meu marido perguntou ao médico qual dieta deve seguir. O médico disse que ele não precisa de nenhuma dieta, podendo comer e beber o que *eu* quero" (CIP 23). O "eu" é o ato falho para "ele". A frase com "eu", porém, é também compreensível como tal. A psicanálise ousa produzir uma conexão, de forma a incluir no complexo da consciência o fato isolado, em nosso caso o ato falho, através do conhecimento do significado simbolicamente dado com ele; ou seja, considera o sentido do ato falho como *fundamento* para sua ocorrência, tal como esse sentido se apresenta na simples lembrança desse ato falho. Só esse sentido, porém, tal como nos é dado através do ato falho, não é suficiente para a compreensão deste; pois percebemos esse ato, mesmo quando possui em si mesmo um sentido compreensível, como sem sentido no *complexo* da consciência, e precisamente essa falta de sentido é a marca própria de todos os atos falhos. Portanto, não podemos nos contentar, em nossa compreensão dos atos falhos, com o conhecimento de seu sentido isolado, pois, na verdade, temos de relacioná-lo à totalidade da consciência. Essa relação nos é dada pelo conhecimento da intenção *perturbada*. Freud, porém, exprime tudo isso dizendo que os atos falhos possuem um sentido, que eles "são atos psíquicos e surgem devido à interferência de duas intenções" (CIP 50). Ainda nos ocuparemos do conceito de intenção e do recurso às "pulsões", que é introduzido por esse conceito; por agora, basta constatarmos: que o "sentido" dos atos falhos, como sua elucidação completa, não é idêntico à interpretação simbólica de um ato falho isolado, pois, na verdade, consiste na relação entre esse significado e outros fatos da consciência; que o próprio "sentido" é um complexo regular; que ele, portanto, nunca é imediatamente dado, mas sim sempre mediatamente; que nós, portanto, podemos caracterizar o "sentido" por princípio como *inconsciente*, uma vez que, segundo nossas definições, não se trata de complexos de coisas espaciais, mas sim psíquicas. Assim, o percurso do método psicanalítico demonstrou a identidade do inconsciente com o "sentido" dos fenômenos, isto é, com a dependência regular desses fenômenos para com as coisas psíquicas, e em seu primeiro resultado principal concorda com nossa investigação transcendental, como já se pode dizer aqui. O próximo passo do tratamento psicanalítico do problema dos atos falhos é tentar obter o conhecimento do sentido do ato falho, mesmo onde este ainda não é compreensível, pois, na verdade, // é preciso explicitar a intenção "perturbadora" e a "perturbada" a partir do desmembramento do ato falho, considerando simultaneamente seu posicionamento no curso da consciência. Isso é alcançado em grande medida pela psicanálise, e ela consegue explicar satisfatoriamente a maior parte dos atos falhos. No entanto, ela não afirma em geral que todos os atos falhos possuam um sentido, pois não consegue descobri-lo em todos os casos, e muitas explicações parecem-lhe problemáticas. Com base em nossas reflexões epistemológicas, podemos completá-la dizendo que, em virtude de seu pertencimento ao curso de consciência, todos os atos falhos *têm* de possuir um sentido, a ser conhecido em cada caso. Se a solução dessa tarefa, no entanto, pode ser alcançada sempre e em todas as ocasiões, essa é uma questão que não estamos em condições de responder de forma geral, e que talvez não possa ser respondida em absoluto de forma válida para toda experiência futura.

Não é nossa intenção aceitar todos os resultados do tratamento psicanalítico dos atos falhos, e eventualmente defendê-lo contra a acusação de ser forçado ou violento. Não precisamos decidir se a análise consegue efetivamente esclarecer os atos falhos em todos os casos individualmente considerados, e se ela se mantém sempre estritamente nos limites do dado em seu procedimento. Queremos apenas defendê-la em geral contra os ataques a seu método que afirmam ser a concepção dos atos falhos essencialmente impossível, em virtude de sua contingência e falta de sentido. Não podemos reconhecer tal contingência e falta de sentido, por princípio, para nenhum fato do complexo de nossa consciência. Se a psicanálise nada mais fosse do que um meio de refutar suficientemente a afirmação daquela contingência em vários casos, ela já seria muito bem-vinda, sem que devêssemos aderir a todas as suas afirmações e aceitá-las *toto genere* [em sua totalidade]. A concordância de seu percurso metodológico com nossas determinações transcendentais, porém, autoriza nossa opinião de que a força cognitiva da psicanálise alcança mais do que apenas realidades singulares, e geralmente obscuras, do psíquico. // Veremos mais à frente que as leis gerais do psíquico, que admitimos em concordância com a psicanálise, não equivalem de forma alguma ao determinismo que considera impossível a ação voluntária livre.

Inicialmente, temos de perguntar pelo modo com que a psicanálise fundamenta *universalmente* a ocorrência dos atos falhos – que aqui são exemplares para os fenômenos cujo entendimento nos obriga a usar os recursos do inconsciente –, pois o "sentido" de um ato falho, na acepção psicanalítica do termo, qualifica-se apenas como uma *lei singular*; ele não diz nada sobre as leis que perfazem a constituição do *conceito de gênero* do ato falho. A psicanálise nos responde com uma *teoria*, de forma semelhante a como a astronomia responde à questão pela causa dos movimentos dos corpos celestes com teorias, que possuem validade hipotética parcial, enquanto se pode muito bem afirmar, em grande medida, algo definitivo sobre a constituição dos corpos celestes individualmente considerados com os meios da astronomia e astrofísica; com o que não comparamos, de forma alguma, o valor de ambos os escopos teóricos e seus conhecimentos, mas apenas chamamos a atenção para as coincidências da estrutura epistemológica. É precisamente o caráter teórico das explicações dadas pela psicanálise para o complexo dos fatos inconscientes que enseja a maior parte dos ataques contra ela por parte dos filósofos. Ela é acusada aqui, sempre e de forma injusta, de dogmatismo, na maioria das vezes por parte de quem quer defender seus próprios dogmas mais consolidados (em sua maioria caracteriológicos e derivados do conceito de personalidade do idealismo pós-kantiano) em relação a teorias bastante contrárias aos seus hábitos de pensamento existentes; não por acaso, Freud analisou psicanaliticamente, com profunda ironia, as estrofes de Zuleica citadas à exaustão relativas à personalidade como felicidade suprema dos filhos da Terra, caracterizou-as como "narcisistas", como introvertidas, contrastando-lhes, como sua contrafigura positiva, a resposta de Hatem-Goethe a Zuleica.[3] — Deve-se levar em consideração, ao se avaliar a formação da teoria psicanalítica, que a distinção entre as leis individuais // e as universais

---

[3] Trata-se do poema "Volk und Knecht..." de Goethe. As estrofes citadas por Freud estão na 26ª das *Conferências introdutórias à psicanálise*, e são as seguintes:
Suleika: Volk und Knecht und Überwinder,/ Sie gesteh'n, zu jeder Zeit:/ Höchstes Glück der Erdenkinder/ Sei nur die Persönlichkeit./ Jedes Leben sei zu führen,/ Wenn man sich nicht selbst vermißt;/ Alles könne man verlieren,/ Wenn man bliebe, was man ist.
Hatem: Kann wohl sein! so wird gemeinet;/ Doch ich bin auf andrer Spur:/ Alles Erdenglück vereinet/ Find ich in Suleika nur./ Wie sie sich an mich verschwendet./ Bin ich mir ein wertes Ich;/ Hätte sie sich weggewendet,/ Augenblicks verlör' ich mich./ Nun mit Hatem wär's zu Ende;/ Doch schon hab' ich umgelos't:/ Ich verkörpre mich behende/ In den Holden, den sie kos't.
Que traduzimos livremente, sem rimas:
Zuleica: Povo e servo e vitorioso/ Confessam em todas as eras:/ Suprema felicidade dos filhos da Terra/ É somente a personalidade./ Cada vida há que se conduzir,/ Se não nos evadirmos de nós;/ Tudo se pode perder,/ Quando se permanece o que se é.
Hatem: Que assim seja! Tal é o que se diz;/ Eu, porém, sigo outra senda:/ Toda felicidade da Terra junta/ Encontro somente em Zuleica./ Quando ela se desvanece em mim,/ Sou para mim um valioso Eu;/ Se ela fosse para longe,/ No mesmo instante eu me perderia./ Encontraria Hatem, pois, seu fim;/ Eu, porém, me transmutaria;/ Incorporaria, ávido, o amante/ Que ela tanto acalenta. (N. T.)

não se realiza de forma alguma com a mesma facilidade e precisão quanto, por exemplo, na experiência ingênua da realidade espacial. Já a concepção científica, elaborada pela primeira vez por Mach, das coisas físicas, dos corpos, como complexos *funcionais*, relativiza para o mundo corpóreo a diferença entre coisa e lei, que, como disjunção pura, é própria ao pensamento *pré-científico*; e seria uma tarefa epistemologicamente fascinante demonstrar o quanto se relativiza ainda mais aquela distinção através dos resultados da moderna teoria atômica e eletrônica. Ora, como as formações conceituais que determinam o mundo das nossas coisas psíquicas são ainda completamente estranhas à concepção pré-científica – em todo caso o pensamento ingênuo pré-científico não dispõe de forma alguma da mesma segurança sobre as coisas psíquicas quanto sobre as coisas espaciais –, então a ciência lida com um material muito menos pré-formado – se se quiser, também bem menos falsificado – do que na compreensão do mundo corpóreo, e não deve se espantar de ver a lei individual e a universal não tão claramente separadas quanto no mundo corpóreo, onde ela primeiro teve de *anular* aquela separação, na medida em que ela é determinada ontologicamente, e não apenas por formação conceitual. A separação conceitualmente exata e incontestável de ambas as formas de complexos, porém, inclui-se também no âmbito psíquico como parte das tarefas da sistemática científica, mas não pode ser pressuposta onde a análise científica aborda aquele âmbito pela primeira vez.

Freud espera fornecer a fundamentação universal daquela interferência, que é como ele concebe o ato falho, através da teoria de que não apenas a intenção [*Intention*] perturbada era um *propósito* [*Absicht*]⁴ – do que é fácil nos convencemos, uma vez que, sempre que começamos um ato falho, *queríamos* dizer, escrever etc. alguma coisa, mas então não conseguimos –, pois a intenção perturbadora também é um propósito; Freud supõe o propósito perturbado como consciente, e o perturbador como inconsciente. O conceito de intenção, que compreendemos apenas no sentido epistemológico, como algo *visado* – mesmo de forma rudimentar – // através de uma vivência com função simbólica, é usado por Freud precisamente no sentido da significação originária da palavra *Absicht*: "para a maior parte de nossas investigações, podemos substituir 'sentido' por 'propósito', 'tendência'" (CIP 28). A diferença das terminologias precisa ser claramente estabelecida. Ao mesmo tempo, a concepção freudiana do conceito de intenção nos fornece uma primeira visão da estrutura *dinâmica* da psicanálise. "Não queremos meramente descrever e classificar os fenômenos, mas sim concebê-los como índice de um jogo de forças na alma, como expressão de tendências que visam a um fim, que trabalham em conjunto ou de forma contrária. Nós nos esforçamos por uma *concepção dinâmica* dos fenômenos anímicos. Os fenômenos percebidos, em nossa concepção, precisam retroceder perante as forças apenas supostas" (CIP 58). Com isso se diz muitas coisas importantes para nós. Por um lado, o inconsciente é posto na mesma oposição diante da percepção que estabelecemos entre coisa anímica

---

4 Nesse parágrafo, Adorno usa as palavras *Intention* e *Absicht*, sendo que a tradução usual para ambas é a mesma: "intenção". Nesse contexto, traduziremos *Absicht* por "propósito" apenas para explicitar a distinção que Adorno tem em vista aqui, pois na sequência do texto tal diferença não se fará notar, de tal forma que voltaremos a traduzir *Absicht* por "intenção". (N. T.)

e vivência. Por outro, a expressão "tendências supostas" aponta não apenas para o caráter da dinâmica freudiana como uma *teoria* científica, mas também para o fato de que essa teoria não é pressuposta de forma dogmática, mas sim construída para a elucidação dos fenômenos. Finalmente, a concepção dinâmica dos fenômenos anímicos está caracterizada como *tarefa*, tal como temos de tomar o vínculo causal das coisas anímicas como tarefa; por exemplo: não se estabelece naturalistamente uma "causalidade pulsional". Tudo isso é extremamente importante para a avaliação epistemológica da doutrina freudiana das pulsões, que se liga à interpretação do sentido como propósito. A expressão freudiana tautológica (tomada epistemologicamente) "fenômeno percebido" não nos deve confundir; Freud emprega o termo "fenômeno" de forma menos rigorosa do que nós, significando "fato", por exemplo, não em nosso sentido pleno de "vivência", que recebe, em Freud, somente o termo "fenômeno percebido"; nesse momento, poderia estar em jogo resquícios da psicologia do ato de Brentano.

Como Freud entende o mecanismo do "propósito" que origina o ato falho (e não apenas este)? // Ao considerarmos a explicação de Freud, que expõe o núcleo propriamente dito da teoria psicanalítica, devemos nos lembrar mais uma vez que a doutrina do propósito exprime a mesma coisa que o pertencimento dos fenômenos observados aos complexos *psíquicos*; exprime, portanto, o fato de que eles não podem ser concebidos como efeitos do mundo material, e também que eles recebem uma colocação determinada, concebível segundo leis, no *complexo* da consciência. Freud explicita ambas as faces dessa questão de forma inconfundível: "Veremos se uma expressão anímica singular surge diretamente de influências corporais, orgânicas, materiais – e nesse caso sua investigação não cabe à psicologia –, ou se ela deriva inicialmente de outros processos psíquicos. [...] Esse último caso é o que temos em vista quando caracterizamos um fenômeno como um processo anímico, e por isso é mais apropriado dar a seguinte formulação ao que dissemos: o fenômeno é significativo, tem um sentido. Com a palavra 'sentido' entendemos significado, propósito, tendência e colocação em uma série de complexos psíquicos" (CIP 50ss.). De um ponto de vista epistemológico, dificilmente se poderia definir de forma mais exata "tendência psíquica" do que como um complexo regular da consciência. Freud progride para a próxima determinação conceitual, ao sintetizar as características empiricamente obtidas das "tendências" perturbadoras no sentido estabelecido – as perturbadas são explicitamente lembradas, não constituindo, assim, nenhum problema –, e unifica as características comuns a todas as tendências perturbadoras até agora observadas, formando a definição de uma lei que abrange todos esses casos. Essa síntese é dada de forma exemplar, inicialmente, para os lapsos de fala; em virtude de seu significado geral e constitutivo para todo o método psicanalítico, ela deve ser citada aqui, embora, como tal, restrinja-se a um âmbito temático menor. A tendência perturbadora *"foi represada. O orador decidiu não transpô-la na fala, e então comete o lapso, isto é, a tendência represada é transposta, contra sua vontade, em uma expressão, na medida em que ela modifica a expressão da intenção permitida por ele, mistura-se a ela ou se // põe imediatamente em seu lugar.* Este é, portanto, o mecanismo do lapso de fala" (CIP 55ss.; grifos de Freud). Essa realidade empiricamente demonstrada do lapso de fala (toda a responsabilidade da correção empírica das observações feitas deve ser deixada à pesquisa psicanalítica, pois nos interessa apenas a crítica epistemológica do *método* psicanalítico para se determinar o inconsciente) também é formulada por Freud como uma lei: "*A repressão do propósito existente de fazer alguma coisa é a condição indispensável para que ocorra um lapso de fala*" (CIP 56; grifos de Freud). Assim, a psicanálise fornece uma determinação universal dos atos falhos e, ao mesmo tempo, os primeiros conhecimentos empiricamente válidos sobre a dinâmica do curso de consciência, isto é, as leis sob as quais compreendemos a alteração das coisas anímicas: "sabemos não apenas que [os atos falhos] são atos anímicos, em que se podem reconhecer um sentido e um propósito, não apenas que eles surgem pela interferência de duas intenções distintas, mas também, além disso, que uma dessas intenções precisa ter passado por um certo represamento de sua explicitação, para poder se exprimir através da perturbação da outra" (CIP 56ss.). Essa realidade do represamento de uma intenção, que é "inconsciente" e cujo represamento é a regra para o surgimento de outros fenômenos inexplicáveis de outra forma, portanto não apenas dos atos falhos, mas também dos sonhos e dos sintomas neuróticos – essa realidade é sintetizada por Freud para todo o âmbito da pesquisa psicanalítica sob o conceito do "recalque".

Antes de considerarmos, pelo menos em esboço, a transposição dos conceitos fundamentais obtidos no âmbito dos atos falhos para outros âmbitos psíquicos, a diferenciação do inconsciente daí resultante e as determinações gerais da dinâmica que ela traz consigo, antes também de enfrentarmos a essencial colocação da psicanálise em relação ao problema do determinismo e da dependência das leis psíquicas para com as físicas, temos de compreender melhor o *método* que nos conduz ao conhecimento do inconsciente e de seu // mecanismo. Esse método está em estreita conexão com a estrutura dos complexos inconscientes e está dado com a apresentação de seu mecanismo, ou melhor: nosso conhecimento do inconsciente realiza-se na medida em que aplicamos precisamente o método segundo o qual temos de realizar universalmente a pesquisa do complexo de consciência, pois ele está delineado previamente por meio desse complexo. Com isso nada mais se afirma além do que havíamos estabelecido em geral sobre o conceito da *análise* em nossa exposição transcendental da coisalidade psíquica e do conceito de inconsciente, a saber: que a análise não é meramente um meio para acessar as realidades das coisas anímicas consideradas individualmente, as quais em certas circunstâncias poderiam também ser falsificadas por essa análise, mas sim que apenas a análise fornece um fundamento cognitivo para as formações conceituais que sintetizamos sob a rubrica de coisa psíquica e de inconsciente, pois apenas ela fornece os elementos transcendentais que nos autorizam a formular conceitos de um ser psíquico permanente, independente da percepção atual. Portanto, não incorremos em uma *petitio principii* quando defendemos que o mecanismo do inconsciente e do conhecimento do inconsciente são idênticos; só conseguimos estabelecer de forma objetivamente válida o primeiro através do recurso consequente ao último, pois os fatores do complexo da consciência que são os fundamentos de todo conhecimento, são também os fundamentos dos complexos que chamamos de inconscientes. O sentido mais profundo dessa identidade é: que os fatores transcendentais são as realidades últimas com as quais nos defrontamos e cuja validade já temos de pressupor para afirmarmos algo válido sobre o complexo da consciência e, assim, finalmente, explicitar também aqueles próprios fatores. Apenas pseudo-operações lógicas poderiam nos confundir; não se trata em absoluto de deduzir os fatores transcendentais através de um procedimento dedutivo (tal como não poderíamos aceitar o conceito kantiano de uma *dedução* das categorias em sentido estrito, mas sim focalizar a realização propriamente dita daquela suposta dedução na *análise* do complexo da consciência, // a qual ela inaugurou), pois se trata de *demonstrar* sua real validade, com o que se diz que não há uma "origem" independente das condições transcendentais, como pensa a Escola de Marburg, pois, na verdade, nosso método consiste em chegar às *partes* da consciência partindo de seu *todo*, do complexo do que nos é dado, e, assim, estabelecer as leis que fornecem a conexão das partes no todo. Nisso reside a fundamentação transcendental propriamente dita do método psicanalítico e a legitimação de sua reivindicação de que a forma de conhecimento do inconsciente é idêntica à forma do inconsciente em si, pois o inconsciente em si nada mais é do que a legalidade dos complexos psíquicos, independente de nossa percepção, e essa legalidade é, ao mesmo tempo, a fundamentação de nosso conhecimento do psíquico. Aqui, antecipamos com cuidado nossa interpretação da psicanálise, pois uma compreensão epistemologicamente válida de seu método não pode ser separada de uma elucidação da relação do método com seu "objeto", o inconsciente. Ao mesmo tempo, pensamos ter fornecido aqui o fundamento transcendental do nome e do conceito da *psicanálise*, que nos permite seguir a exposição freudiana do método, sem que tivéssemos de atribuir ao conceito da análise um outro sentido (naturalista) além do que ele possui em Freud, e cujo momento essencial é precisamente o conhecimento do inconsciente como compreensão da legalidade constitutiva do inconsciente.

Esclareçamos mais uma vez o método do conhecimento psicanalítico do inconsciente pela teoria freudiana dos atos falhos. Perguntamos "como determinamos as tendências que aparecem interferindo-se reciprocamente" (CIP 35). Uma dessas tendências, a perturbada, é, como sabemos, "sempre indubitável; a pessoa que comete um ato falho a conhece e a reconhece como sua" (CIP 35). Problemático é o conhecimento da intenção *perturbadora*. Algumas vezes, em muitos lapsos de fala, por exemplo, ele é obtido facilmente; ou seja, quando quem fala se *corrige*. Freud dá um exemplo: alguém diz: "isso *drura* [*draut*], não, isso dura [*dauert*] talvez // mais um mês". Se lhe perguntarmos por que havia dito "drura" em vez de "dura", ele se lembra: "eu queria dizer que isso é uma história *'triste'* [*'traurige'*]". A semelhança das palavras *dauert* e *traurig* forneceu a condição para o surgimento do ato falho precisamente nesse momento; sua *explicação*, porém, só é obtida ao se lembrar da intenção perturbadora, constituída pelo *significado* da palavra *traurig* e que leva à formação desfigurada *draut*. Para o método psicanalítico do conhecimento do inconsciente, porém, é importante que tenha sido "necessária certa intervenção para favorecer a resolução. Foi preciso perguntar a quem fala por que cometeu aquele lapso e o que ele saberia dizer sobre ele. Caso contrário, ele passaria por seu lapso sem querer esclarecê-lo. Ao ser perguntado, porém, ele deu a explicação com a primeira ideia que ocorreu. Pois bem [...]: essa pequena intervenção e seu resultado já são uma psicanálise e o modelo de toda a investigação psicanalítica" (CIP 36). Dessa maneira, dois dos elementos essenciais do método psicanalítico estão dados *in nuce* (segundo Freud, até mesmo do curso de um tratamento psicanalítico em seu todo): a lembrança simples como comprovação da coisa anímica inconsciente; em nosso caso, o complexo da lei individual da "tristeza", que "se manifesta" como ato falho; e o método da "associação livre", que consiste em invocar a primeira e melhor ideia espontânea para conhecer o inconsciente, um método que não é usado exclusivamente pela psicanálise, mas que, como nossa investigação mostrará, também é apropriado para demonstrar a relação da psicanálise ao problema do *determinismo* de uma forma epistemologicamente satisfatória.

A fundamentação que Freud fornece daquele método ou, se se quiser, da técnica da psicanálise, a fim de defendê-lo da objeção de tomar como necessário o que é contingente, merece ser valorizada, sobretudo porque a exclusão da contingência é precisamente o que coloca a psicanálise em relação à concepção da filosofia transcendental sobre as leis do curso de consciência, e porque, // além disso, é precisamente essa pressuposição, intangível segundo nossas reflexões, que expõe a psicanálise aos ataques mais violentos e, segundo sua forma, francamente não científicos. A objeção diz: com a primeira e melhor ideia espontânea não se prova que o ato falho tenha acontecido assim e não de outro jeito. "Poderia ser assim, mas também de outro modo. Poderia ter vindo à mente" da pessoa "outra coisa, que teria sido igualmente adequada ou talvez melhor", diz o opositor imaginário de Freud (CIP 37). Freud lhe responde que ele tem "muito pouco respeito [...] por um fato psíquico" (CIP 37). É tão inadequado considerar como contingente e portanto duvidoso o resultado de uma análise química que apresenta um determinado peso e não qualquer outro relativo a um corpo quanto é ilegítimo tomar como contingente, substituível e duvidoso um fato psíquico existente e que pertence significativamente ao complexo de consciência. Freud volta-se, assim, contra a "ilusão de uma liberdade psíquica", o que, naturalmente, significa apenas a crença de que poderia haver realidades psíquicas independentes da legalidade do todo da consciência; não se nega, em geral, a possibilidade de *ações voluntárias*, por exemplo. Obviamente, essa possibilidade é admitida pela psicanálise, que tampouco a exclui para a "associação livre", podendo perfeitamente ver também a resposta daquela pessoa como uma ação voluntária. Em sua terapia, a psicanálise está até mesmo habituada a ver como ação voluntária grande parte das "associações livres" realizadas durante uma fase da terapia, e a avaliá-las de forma correspondente para o conhecimento do "sentido" dos sintomas. Como ações voluntárias, porém, aquelas realidades não são contingentes, pois, na verdade, as realidades dadas imediatas com as quais nos ocupamos, as vivências, são caracterizadas como "ações voluntárias"; o fato de que reconheçamos uma vivência dada como ação voluntária não é redutível a outra coisa, e, de acordo com nossas formações conceituais (ou seja, as leis sob as quais subsumimos os referidos fenômenos), devemos considerar que os fenômenos compreendidos nelas são precisamente ações voluntárias e que // podemos distinguir fenomenicamente ações voluntárias de todas as outras espécies de vivências. O próprio conceito de *vontade* oferece o exemplo mais frequente daquela espécie de formação conceitual que não é estranha à psicanálise, que considera as "tendências" como os fatos fenomênicos fundamentais com que se defronta. Isso é tudo o que diremos quanto ao problema da "liberdade psíquica" e da compatibilidade daquela liberdade com o conceito da lei psíquica.

Com essa última exposição, deixamos o âmbito restrito dos atos falhos, que nos serviu como exemplo geral, e nos voltamos para a aplicação dos conceitos fundamentais aqui obtidos para os outros âmbitos temáticos psicanalíticos, sua diferenciação e seus complexos mais gerais.

Na *teoria dos sonhos*, Freud amplia o conceito de inconsciente, que ele não precisou colocar ainda no centro da teoria dos atos falhos, pois aqui os fatos inconscientes são relativamente fáceis de ser lembrados, "tornados conscientes" – agora, portanto, ele amplia o conceito de inconsciente para o conceito de *saber inconsciente*. De acordo com nossas reflexões, está claro que isso não significa um saber *atual*. E assim é, de fato. De forma bem significativa, Freud escolhe como exemplo o caso de alguém recém-despertado da hipnose que, de início, não pôde se lembrar de nenhuma das vivências tidas durante da hipnose, tendo então começado a se lembrar depois de um insistente questionamento pelo médico que conduziu a hipnose, e, por fim, pôde revelar integralmente os eventos que lhe acometeram na hipnose. Esse saber se apresenta, de forma clara, como independente da percepção atual, como um saber que se conecta com dificuldade à sua percepção; ao mesmo tempo, porém, como um saber cuja fundamentação pela lembrança simples pode ser realizada de forma suficiente, portanto como uma "coisa anímica"; ele é estritamente adequado a nosso conceito de inconsciente.

Uma vez que na interpretação dos sonhos o "sentido" das vivências, ou seja, o posicionamento adequado dos sonhos, não é tão fácil de estabelecer quanto no caso dos atos falhos, que ainda pertencem à vida desperta da consciência, então o método da associação livre // adquire agora maior relevância e só aqui encontra sua suficiente fundamentação de acordo com sua natureza e técnica. Na interpretação dos sonhos, a associação acontece de tal forma que, "a partir da colocação de uma representação inicial", ou seja, de um elemento do sonho, pede-se ao analisando que diga "a primeira ideia que lhe ocorre" (CIP 101), isto é, que produza *livremente* representações que estão ligadas, através da associação, a uma determinada representação — a saber, a representação inicial —, às quais nenhuma lembrança "clara e distinta" está ligada, além dessa representação inicial. Segundo a teoria psicanalítica, essa é a condição segundo a qual todas as associações conectadas se orientam, mas ela de forma alguma é a lei que determina que exatamente esta e nenhuma outra vivência ocorra. Como, porém, não me é dada nenhuma outra lembrança clara e distinta além da representação inicial em minhas vivências associadas, e nós, ao mesmo tempo, com base em nosso conhecimento das leis universais do complexo da consciência, sabemos que nenhuma vivência é "contingente", pois cada uma possui seu sentido, então podemos supor que as leis da associação são as da lembrança *inconsciente*, no sentido determinado por nós no método transcendental. O conhecimento dessas leis é obtido, no caso da associação, a partir da afirmação de um elemento do sonho recordado, de tal forma que entre a associação e o elemento do sonho estabelecemos uma relação correspondente à que estabelecemos antes entre o ato falho e a ideia espontânea da pessoa que o cometeu, ou seja, a ideia do que "ele quis dizer", que é a intenção perturbadora; em outras palavras: estabelecemos uma relação entre a ideia espontânea e o elemento do sonho, continuamos a seguir essa relação, utilizando, por exemplo, outras associações, e procedemos assim até que não apenas os fatos inconscientemente lembrados estejam dados em uma lembrança simples, clara e distinta, mas também que a especificidade de sua conexão nos esteja tão clara a partir da sequência das associações individuais e recordações, que tenhamos um conhecimento da *lei* que "causou" o elemento do sonho, ou seja, a primeira vivência associada, agora e em nenhum outro instante do decurso temporal; portanto, procedemos assim até que // conheçamos a coisa anímica inconsciente, cujo "fenômeno" é tanto o elemento do sonho quanto a representação associada. Essa técnica heurística para conhecer o inconsciente, porém, não permanece ligada de forma alguma ao elemento do sonho afirmado na lembrança como representação inicial. Ao contrário: segundo Freud, existe "um grau maior de liberdade da associação, quando eu [...] abandono também essa representação inicial e, por exemplo, apenas estabeleço a espécie e o gênero dessa ideia espontânea, por exemplo: determino que o analisando diga o primeiro nome próprio ou número que lhe venha à mente. Essa ideia espontânea teria de ser" – sob o falso pressuposto da possibilidade de algo psíquico contingente – "mais arbitrária e imprevisível do que a utilizada em nossa técnica. Pode-se mostrar, porém, que essa ideia espontânea é sempre estritamente determinada por importantes dispositivos internos, que nos são tão desconhecidos no momento em que atuam, quanto as tendências perturbadoras dos atos falhos e as que provocam das ações casuais" (CIP 101). Portanto, o sentido da técnica da associação livre, em linhas gerais, é: através da exclusão mais arbitrária possível da lembrança consciente, influenciar o mecanismo da recordação, de modo que a lembrança inconsciente prepondere, e seu adequado esclarecimento nos conduza ao conhecimento dos fatos inconscientes.

Não seria possível obter um conhecimento do inconsciente a partir de uma análise do complexo das relações simbólicas claras e distintas; essas realidades também pertencem, como fenômenos, às coisas anímicas inconscientes, mas as leis da função simbólica clara não são precisamente as que constituem as coisas anímicas. Por outro lado, o conhecimento das coisas anímicas equivale à compreensão *consciente* das realidades inconscientes, ou seja, à sua redução a uma lembrança simples. – Não é nossa tarefa aqui estabelecer o valor heurístico do método da associação livre, mas apenas mostrar a integração fundamental desse método no complexo da pesquisa psicanalítica. Não é o caso de discutirmos o quanto o método da associação contribui para um correto conhecimento do inconsciente ou quais fontes de erro estão ocultas nele. Precisamos // apenas considerar a *possibilidade* daquele método no âmbito de nossas determinações epistemológicas fundamentais. O próprio Freud, aliás, não colocou em primeiro plano a estrutura cognitiva do método da associação, não o explicitou de forma expressiva, tomando-o eminentemente como prática. Um dos problemas que tivemos de enfrentar ao apresentarmos a psicanálise foi inserir essa estrutura no trabalho com o complexo cognitivo desse método. – Parece pouco necessário distinguir o método psicanalítico da associação perante a psicologia experimental tradicional, por exemplo do "Treffermethode",[5] pois os métodos da psicologia experimental dirigem-se à obtenção de leis de associação que ela tenta construir fazendo abstração

---

5 Método de avaliação psicológica em que devem ser associados elementos a seus respectivos pares. Na fase de teste, é fornecido um dos elementos do par e o outro deve ser reproduzido pela pessoa. (N. T.)

do sentido das associações; enquanto no âmbito da concepção psicanalítica essas leis, por mais que sejam amplamente comprovadas, sempre fornecem apenas as condições para o surgimento das associações, nunca estabelecendo sua explicação. As afirmações psicanalíticas, ao contrário, são sempre direcionadas ao *sentido* das associações.

Não escapa à pesquisa de Freud o fato de que o inconsciente, compreendido como causa dos atos falhos, dos sonhos e dos sintomas neuróticos, na maioria das vezes não é uma vivência isolada, mas sim um complexo de vivências, e, portanto, uma lei para as vivências seguintes. Ao discutir o método de associação, Freud exprime esse fato de uma forma bastante próxima à nossa terminologia epistemológica: "a investigação mostra" que ideias espontâneas, ligadas a uma representação inicial, "além da conexão recíproca que lhes fornecemos através da representação inicial, manifestam uma segunda dependência para com *complexos* e círculos de pensamento e de interesse afetivamente carregados, cuja intervenção no momento não é conhecida, ou seja, é inconsciente" (CIP 103). Assim se introduz o conceito de complexo, e todas as suas acepções posteriores mais complicadas na psicanálise, que não nos cabe investigar, estão remetidas a essa acepção mais simples do conceito.

Se Freud espera que o método da associação livre, // que estabelece um *elemento do sonho* como representação inicial, conduza ao conhecimento, não de quaisquer complexos, mas sim do sentido justamente daquele sonho, do qual nossa memória conserva um elemento, isso se dá porque os elementos oníricos recordados – que, como tais, são chamados de conscientes pela psicanálise – são fenômenos das coisas anímicas segundo a própria concepção psicanalítica. Uma vez que a própria representação conservada, o elemento do sonho, "provém da vida anímica do sonhador, de fontes desconhecidas para ele, então ela mesma poderia facilmente ser um 'derivado do complexo'; logo não é propriamente fantasiosa a expectativa de que as ideias espontâneas posteriores ligadas aos elementos oníricos estejam determinadas por nenhum outro complexo do que do próprio elemento e também conduzirão à sua descoberta" (CIP 105). Assim está dado o princípio fundamental da formação e interpretação do sonho. O "sentido" dos sonhos, em total analogia ao "sentido" dos atos falhos, está "oculto, inacessível" ao sonhador, inclusive depois do sonho. Freud volta a introduzir o conceito de inconsciente e o determina de forma mais precisa: "Queremos dizer com isso apenas o que nos pode mostrar a relação à palavra esquecida ou a tendência perturbadora do ato falho, a saber, que se trata de algo *momentaneamente inconsciente*. Naturalmente, em oposição a isso, podemos chamar *conscientes* o próprio elemento do sonho e as representações substitutivas obtidas através de associação" (CIP 68). A mesma distinção entre o sonho e seu sentido é formulada por Freud também ao dizer que ele denomina "*conteúdo manifesto do sonho* aquilo que o sonho narra" — que, quando analisamos, naturalmente apenas pode nos ser dado através da lembrança —, e "o que está oculto, a que devemos chegar ao seguirmos as ideias espontâneas, são os *pensamentos latentes do sonho*" (CIP 115). Na medida em que podemos acessar os pensamentos latentes do sonho, não sem esforço, através de lembrança ou da técnica de associação — e que isso nunca possa ser feito sem resistência é um elemento nuclear da doutrina freudiana do sonho (cujo tratamento em pormenor, porém, não podemos fazer), e é também um elemento nuclear da teoria do desejo, que conduz à doutrina das pulsões e à concepção dinâmica da consciência –, na medida, portanto, em que nosso // conhecimento do sentido dos sonhos sempre se defronta com resistência, mas, ao mesmo tempo, a necessidade de supor um sentido dos sonhos se mantém, Freud modifica sua terminologia, que havia concebido o inconsciente como momentâneo, e agora fala de *inconsciente permanente* (cf. CIP 145ss.). Freud emprega o conceito do permanentemente inconsciente em uma parte de sua teoria, de tal forma que esse conceito não mais se apresenta como uma lei do imediatamente dado no sentido de nossa investigação transcendental, mas sim como uma hipótese independente do complexo de consciência, que parte da filogênese humana, toma certos fatos inconscientes na vida consciente do indivíduo como herança da espécie e culmina em uma teoria de símbolos oníricos objetivos, independentes da consciência pessoal. Essa teoria, uma das mais inteligentes, mas também das mais perigosas da disciplina psicanalítica, não será considerada em nossa investigação; ela só pode ser utilizada, tal como certas teorias sobre o paralelismo psicofísico, como hipótese auxiliar para muitos fatos, ser apoiada em analogias muito duvidosas e não é comprovável epistemologicamente da mesma forma que as doutrinas psicanalíticas até agora consideradas – com o que, aliás, não se nega seu valor de forma alguma. Quando Freud, em oposição ao inconsciente momentâneo e permanente, atribui esses fatos a uma "vida inconsciente do espírito" do sonhador, que sempre e necessariamente se manterá fechada a ele, então não estamos em condições de reconhecer quaisquer conhecimentos sobre essa vida do espírito como pura e simplesmente válidos, e isso por motivos epistemológicos fundamentais: porque, segundo nossa concepção, a legitimação das formações conceituais, sob as quais subsumimos as realidades do inconsciente, é sempre e exclusivamente uma prerrogativa da consciência, e na verdade da consciência do eu empírico, a quem pertencem os fatos inconscientes. Entretanto, tampouco podemos aceitar *toto genere* as determinações que Freud atribui ao inconsciente no plano da imanência da consciência. Quando Freud fala de "atos anímicos inconscientes", ou seja, dos pensamentos oníricos latentes (CIP 184), temos de rejeitar pelo menos a terminologia, // pois "atos" pode significar apenas vivências *atuais*, que estão sempre conscientes. Em outra passagem, por outro lado, Freud confirma explicitamente a necessária referência das realidades inconscientes às conscientes: os "desejos maus", que tomam parte de forma preponderante na formação do sonho, "provêm do passado, muitas vezes de um passado não muito distante. Pode-se mostrar que eles outrora foram conhecidos e conscientes, mesmo que hoje não mais o sejam" (CIP 204ss.). Desse modo se caracteriza claramente, mais uma vez, a fundamentação das coisas anímicas nas vivências e o significado da legitimação da lembrança para o conhecimento dessas coisas. Freud dá um exemplo de "processos anímicos inconscientes" que provêm da *técnica da hipnose*: um homem recebe uma ordem, durante a hipnose, de "abrir um guarda-chuva na clínica cinco minutos depois de despertar, e ele cumpre essa ordem depois que despertou, mas não soube fornecer nenhum motivo para sua ação" (CIP 286). Isso é perfeitamente admissível, mas comprova processos anímicos inconscientes no sentido de vivências *atuais* inadvertidas? De forma alguma. O que está dado de forma inconsciente, e na verdade temporariamente, mas como lembrança rudimentar, é a ordem que foi dada e a conexão própria que existe entre ela e a ação atual; mas nem a ação atual é agora inconsciente, nem a ordem pode ter sido inconsciente, quando foi dada a quem a recebeu, pois senão a pessoa não poderia agir agora de acordo com ela; portanto, uma vivência não se realiza inconscientemente no tempo em que eu a tenho, pois, na verdade, uma vivência passada é agora inconsciente para mim no sentido daquela realidade absolutamente simples de ser inconsciente que descobrimos no tratamento transcendental do conceito de inconsciente; além disso, é inconsciente a conexão própria entre essa vivência passada e a atual, e tal conexão é a coisa anímica, cujo fenômeno é a vivência atual. Visto desse modo, o suposto processo inconsciente é um fato que coincide completamente com nossos conhecimentos transcendentais; toda a problemática é trazida apenas pelo termo polissêmico "processo". Se compreendermos com esse termo nada mais do que uma // conexão regular entre vivências, então nada há a objetar. – Tal como o sentido do sonho, o sentido dos sintomas neuróticos é também concebido por Freud como inconsciente.

No âmbito das neuroses, Freud sintetiza as determinações da teoria da intenção e do desejo, bem como do mecanismo do recalque, em uma *"dinâmica"* do psíquico, que na verdade não pode ser exposta aqui *in extenso*, mas a partir da qual precisamos expor temas epistemologicamente muito relevantes. O ponto de partida dessa dinâmica é formado pela ideia de que "os sintomas desaparecem com o saber sobre seu sentido" (CIP 291). Essa ideia é utilizada por Freud em um sentido universal, de forma que "o saber" deve "se basear em uma alteração interna do doente, tal como esta somente pode ser realizada através de um trabalho psíquico com determinados fins" (CIP 291). A relação entre *ambas* as conexões, da dependência da formação do sintoma para com nosso saber e da alteração do doente através de "trabalho psíquico" – com o que nada mais se deve entender, por princípio, além do que Freud esclareceu no exemplo paradigmático da análise de um ato falho –, essa relação é o ponto de partida de todas as afirmações posteriores sobre a dinâmica. Na relação dos sintomas ao seu sentido, é decisivo o mecanismo do recalque: tal como os atos falhos são interpretados como interferências de uma intenção perturbadora e perturbada, e os sonhos são concebidos como resultado de um trabalho do sonho que retroage a desejos inconscientes, que se apropria do material dos igualmente inconscientes restos diurnos e cujo resultado também configura uma interferência quando uma "censura onírica" inibidora opõe-se ao trabalho do sonho afim ao desejo (pois esse é o modo como Freud concebe o mecanismo da formação do sonho), assim também os sintomas neuróticos são interferências entre um desejo recalcado, cuja satisfação é fornecida pelos sintomas, ou, melhor dizendo, cuja satisfação eles substituem, e uma tendência que inibe, perturba e censura a formação de desejo. A oposição constante entre ambas as tendências, que Freud toma absolutamente como a oposição fundamental da vida psíquica, foi colocada por ele, em seus escritos tardios, no centro da discussão, // e foi concebida como a oposição entre o "eu" e o "isso". A hipótese dessa oposição equivale à concepção da vida da consciência como "jogo de forças dos poderes anímicos", a uma concepção da dependência, regular e compreensível, da alteração dos complexos de coisas psíquicas um em relação ao outro, dependência cuja estrutura ainda precisaremos investigar em nossa interpretação, mas que, como já é evidente, não corresponde, de maneira alguma, necessariamente a uma hipóstase naturalista dos conceitos. Inclui-se nessa dinâmica o princípio, formulado de maneira por demais quantitativa, de que a intensidade da resistência do analisando contra sua análise seria equivalente à intensidade do recalque. Freud procura exprimir completamente a dinâmica pelo conceito de equivalência dos *quanta* de pulsão comparáveis, e, assim, tal como ele se exprime, substituir a dinâmica da vida psíquica por uma *economia*. Abdicamos aqui de investigar a problemática dessa concepção econômica da vida anímica, que resulta da impossibilidade de pesar e medir, válidos no âmbito das coisas físicas, da mesma maneira para o âmbito fenomênico e também para as coisas anímicas; a concepção psicanalítica da "economia psíquica" nos parece ter permanecido no estágio da lei de [Ernst Heinrich] Weber e [Gustav Theodor] Fechner, que já há muito foi criticada. Mais importante nos parece o fato de que a concepção dinâmica produz uma diferenciação do conceito de *inconsciente*. A medida dessa diferenciação é fornecida pelos conceitos de *recalque* e de *censura*. Todos os conteúdos *não* censurados são ditos inconscientes pura e simplesmente; aqueles que foram impedidos pelo mecanismo da censura de se tornar conscientes são ditos recalcados. Aqueles conteúdos que passaram pela censura, não sendo "rechaçados", isto é, não sendo modificados, tampouco são uma vivência atual ou dada em uma lembrança clara, embora possam sê-lo a qualquer momento por não se submeterem a nenhum "mecanismo de resistência", são ditos *pré-conscientes*. Por fim, conscientes são apenas aqueles fatos que havíamos definido como "conscientes em sentido estrito e exato". Não é o caso de discutirmos criticamente aqui o mecanismo causal-hipotético // resultante dessa diferenciação, mas sim verificar com um exemplo o modo com que a psicanálise utiliza de forma geral suas teorias dinâmicas para estabelecer determinações conceituais e, em particular, como ela opera com o conceito de inconsciente.

Resta-nos dizer brevemente como a psicanálise concebe o vínculo entre o mundo psíquico e o físico. Uma vez que a psicanálise não oferece uma teoria completa desse vínculo, e tampouco precisa oferecer, citemos duas formulações significativas de Freud. A primeira se encontra na doutrina de Freud sobre a amnésia: "Sintetizamos em duas coisas o 'sentido' de um sintoma: seu 'de onde' e seu 'para onde' ou 'para quê', isto é, as impressões e vivências de onde o sintoma parte e as intenções a que serve. O 'de onde' de um sintoma é explicado pelas impressões provenientes do exterior, que outrora foram necessariamente conscientes e desde então podem ter se tornado inconscientes em virtude de esquecimento. O 'para quê' do sintoma, sua tendência, porém, é sempre um processo endopsíquico, que pode ter sido consciente antes, mas também nunca ter sido e ter sempre permanecido no inconsciente" (CIP 294). Este último seria o caso, portanto, de todos os conteúdos que nunca foram uma vivência, pois são uma lei *para* vivências; seria o caso, assim, de todas as *coisas* anímicas. A segunda formulação conclusiva é fornecida por Freud quando da diferenciação entre neurose atual e psiconeurose. Em *ambos* os casos, Freud crê na causalidade pulsional, derivando os sintomas a partir da *libido* nas duas vezes. "Os sintomas da neurose atual, porém, como uma pressão na cabeça, uma sensação dolorosa, um estado de excitação em um órgão e o enfraquecimento ou inibição de uma função, não possuem nenhum 'sentido', nenhum significado psíquico. Eles não apenas se manifestam preponderantemente no corpo, como, por exemplo, os sintomas histéricos" – que, como se sabe, incluem-se nas psiconeuroses –, "pois, na verdade, são em si mesmos processos totalmente corporais, em cujo surgimento estão ausentes todos os mecanismos anímicos complicados que aprendemos" (CIP 408). Nossa interpretação nos conduzirá novamente a essas duas formulações.

// Concluímos nossa apresentação citando duas definições mais gerais da psicanálise fornecidas por Freud. A primeira diz "que a tarefa do tratamento psicanalítico pode ser resumida na formulação de que todo inconsciente patogênico deve ser tornado consciente" (CIP 292). Essa definição caracteriza de forma inequívoca a meta cognitiva da teoria psicanalítica. A segunda definição abstrai totalmente da terapia. "A psicanálise é caracterizada como ciência, não pelo tema que trata, mas pela técnica que utiliza. Pode-se empregá-la na história da cultura, ciência da religião e mitologia, tanto quanto na doutrina da neurose, sem violentar sua essência. Ela almeja e produz nada mais do que a descoberta do inconsciente na vida anímica" (CIP 410).

3. Sobre a interpretação epistemológica da psicanálise

Não pudemos e não quisemos separar nitidamente nossa apresentação do método psicanalítico em relação à sua interpretação epistemológica. A atenção ao propósito epistemológico último de nossa investigação, que mantivemos em mente, forçou-nos continuamente a traduzir os conceitos psicanalíticos nos epistemológicos; sem tal tradução, teria sido muito difícil tornar compreensível o vínculo do método psicanalítico à nossa teoria transcendental. Ao mesmo tempo, essa tradução nos forçou a desconsiderar aqueles elementos da disciplina psicanalítica que não podem ser "traduzidos", pois não são adequados à estrutura de nossa teoria do conhecimento; e, assim, obrigou-nos a *criticar* muitas teses psicanalíticas. Desse modo, porém, tivemos de romper constantemente o limiar de uma mera apresentação tradutiva e adentrar em uma discussão autônoma dos próprios temas. Já explicitamos, portanto, todos os elementos de uma interpretação epistemológica da psicanálise. Resta-nos articulá-los e completar a reflexão nos lugares onde a psicanálise, // devido à limitação de seu método, não alcança formulações teóricas conclusivas a partir de si mesma. Assim, temos de prolongar, por assim dizer, as linhas do complexo conceitual psicanalítico até que seu caráter como *sistema* se torne evidente, pois não pode haver nenhuma dúvida de que nos ocupamos com um quadro conceitual sistemático, tendo em vista tudo o que expusemos sobre a dependência das determinações psicanalíticas para com as leis do complexo de consciência. Não por acaso, Freud sempre procura substituir os resultados descritivos por reduções dinâmicas ao complexo da consciência; também não é por acaso que a psicologia descritiva "pura" das escolas fenomenológicas se oponha de forma tão inconciliável à psicanálise. Precisamente o caráter sistemático do método psicanalítico, que insiste em uma articulação mais unitária possível do material da experiência e, assim, esforça-se para ir além das realidades meramente fenomênicas e alcançar as formas do complexo, esse traço sistemático da psicanálise é precisamente o que incita a acusação de ser "forçada", "violentamente construída", por parte de trincheiras organicistas, inimigas da ordem racional. Para o "prolongamento" da teoria psicanalítica, nosso cânone será – como não poderia ser diferente, após o curso de nossa investigação – a teoria transcendental do inconsciente, para a qual nos trouxe nossa exposição sobre os "Elementos da doutrina transcendental da alma".

Sintetizemos inicialmente os resultados de nossa apresentação da constituição dos *conceitos fundamentais* da psicanálise; assim nos certificamos se nossa apresentação descobriu como fatos fundamentais da psicanálise aqueles que nos levaram a escolher precisamente essa ciência como método do conhecimento do inconsciente.

O método psicanalítico concorda decisivamente com o método transcendental, porque concebe as leis psíquicas como constituídas pelo complexo das vivências na unidade da consciência pessoal; porque extrai da unidade da consciência seus pressupostos, ou seja, seus princípios, que certamente precisam ser continuamente comprovados no decurso do conhecimento psicanalítico, // mas cuja validade não pode, por exemplo, ser deduzida de forma lógica a partir do curso da pesquisa psicanalítica, pois, na verdade, são pressupostos para o curso da investigação. Que essa pressuposição não seja nenhuma outra além da unidade da consciência, porém, já se mostra com o posicionamento da psicanálise perante a psiquiatria, pois a objeção de que a psiquiatria não poderia explicar os sintomas não é levantada no sentido de que esta deveria fornecer uma elucidação por meio do paralelismo psicofísico – que, precisamente segundo a concepção psicanalítica, não é suficiente para a explicação adequada dos sintomas –, mas sim no sentido de que a psiquiatria não fornece uma elucidação baseada exclusivamente nas leis do próprio complexo psíquico. Se, porém, o complexo das vivências, excluindo-se toda transcendência, deve bastar para a explicação adequada dos fenômenos, então isso significa, ao mesmo tempo, que esse complexo precisa ser unitário e conforme a leis. Unitário: pois *todas* as vivências têm de pertencer a ele, se todas elas, como exige a psicanálise, devem encontrar sua fundamentação suficiente por meio do recurso ao complexo; e com o conceito da unidade da consciência originalmente nada mais se diz: que todas as nossas vivências caracterizam-se como vivências de uma e mesma consciência; que qualquer vivência deixaria de ser nossa se não pertencesse mais àquele complexo; em termos kantianos: que o eu penso acompanha todas as nossas representações. Esse complexo tem de ser conforme a leis, pois todas as vivências conservam seu "sentido" e, assim, a possibilidade de sua ordenação apenas por meio do pertencimento àquele complexo unitário da consciência. O pertencimento de todos os fenômenos ao complexo de consciência unitário e conforme a leis é expresso pela psicanálise no princípio de que todos os "fenômenos possuem um sentido". Com isso, os componentes de impressão da consciência, como no conceito de intencionalidade da fenomenologia de Husserl, não são de forma alguma negados e substituídos por uma relação simbólica geral a um objeto (pressuposto como transcendente). A suposição de tal objetualidade transcendente, na verdade, está muito afastada da psicanálise. // Para esta, que valoriza muito a parte das sensações no complexo da consciência, o sentido não significa nada mais do que "a coloração daquela vivência está codeterminada por todos os fatores da vivência *precedente*, do mesmo modo como a vivência desse instante precedente também está determinada pela do momento que *a* precedeu etc.", e assim é necessário dizer que "todo instante de nossa vida é coinfluenciado por *todas* as vivências passadas: que, portanto, as repercussões de todas as vivências passadas subsistem como componentes – em geral inadvertidos – de nossa predisposição".[6] Portanto, a forma mais geral do "sentido" das vivências, aquela da qual a psicanálise parte, não é de forma alguma idêntica à relação a um suposto ser coisal; tampouco à função simbólica através da "lembrança clara e distinta" e, por isso, ela funda o conceito de inconsciente em absoluta correspondência à nossa reflexão transcendental. Essa própria forma, porém, não tem outra origem senão o fato transcendental do pertencimento de todas as nossas vivências ao fluxo unitário de consciência. A rigor, o enunciado de que todas as nossas vivências possuem um sentido significa, expresso na linguagem da filosofia transcendental, nada mais senão que todas as nossas vivências pertencem ao complexo unitário e conforme a leis de nossa consciência, e são, elas mesmas, como pertencentes àquela unidade, conformes a leis. Todas as determinações mais específicas do sentido na psicanálise são, vistas da perspectiva da filosofia transcendental, somente resultados da análise desse complexo de vivências.

Junto com a unidade e conformidade a leis dos conteúdos de consciência, e separada delas apenas de um ponto de vista metodológico, a psicanálise estabelece uma outra determinação, que está de acordo com as determinações fundamentais da filosofia transcendental e que garante a concordância do procedimento psicanalítico, quando realizado de forma consequente, com as exigências da filosofia transcendental. A tarefa de compreender fenômenos segundo seu "sentido" obriga a psicanálise a recorrer ao complexo de imanência // da consciência e

---

6 Cornelius, *Introdução à filosofia*, p.312.

a excluir todas as realidades de natureza transcendente, pois o sentido dos fenômenos só lhe é garantido pelo pertencimento deles ao complexo unitário da consciência pessoal; fatos que ela não é capaz de remeter àquele complexo jamais podem ser demonstrados por ela como possuindo sentido. Esse recurso à imanência da consciência exprime sua pretensão de fornecer um fundamento à psicologia genética e de eliminar de suas pesquisas todos os fatos constituídos com base em uma espacialidade *pressuposta* como transcendente. É o postulado da filosofia transcendental da fundamentação de todo conhecimento através do *imediatamente dado*, ou seja, através de nossas vivências, que é apropriado pela psicanálise. Portanto, se a psicanálise emprega para seus conhecimentos, não tanto os componentes de impressão de nosso complexo de vivências, mas sim os que possuem — mesmo que de forma rudimentar — função simbólica, então isso não significa de forma alguma que ela substitua a análise do dado por "teorizações", pois as realidades de cuja análise ela sempre parte são invariavelmente, elas mesmas, vivências: vivências de lembrança. As impressões só são acessíveis à ordenação conceitual através da lembrança, que é, ela mesma, uma condição transcendental do conhecimento, e se a psicanálise a emprega como ato cognitivo fundamental, logo não entra em contradição com a filosofia transcendental, não substitui um "imediatamente dado" por "alguma outra coisa", pois segue precisamente as exigências da filosofia transcendental, que, porém, também diz que, para a ordenação do que nos é dado, não há impressões *independentes* da lembrança no complexo da consciência; a filosofia transcendental exige, para os fins da formação conceitual, que se tomem todos os fatos como se apresentam no âmbito da lembrança, e, assim, que se ponha "alguma outra coisa" no lugar das impressões; só que ela reconhece, ao mesmo tempo, a irrepetibilidade das próprias impressões e, assim, a necessidade desse procedimento. Portanto, a psicanálise se atém ao complexo de imanência da consciência da mesma forma e com o mesmo rigor que a filosofia transcendental // prescreve. É precisamente a análise do mecanismo da lembrança e de toda a realidade dada mediata que a capacita a ordenar com sentido tais realidades, que permanecem inacessíveis à psicologia tradicional. A psicanálise tem em comum com a filosofia transcendental: a concepção do curso de consciência como uma unidade, a interpretação dessa unidade como lei universal para toda vivência particular e a restrição ao complexo regular das vivências, excluindo toda transcendência.

Esse compartilhamento é também relativo ao *método*, segundo o qual a psicanálise (mesmo que ela sempre se apresente como terapia) é em primeiro lugar um princípio do *conhecimento* de realidades de nossa consciência, pois ela parte do complexo do que nos é dado na unidade da consciência pessoal e progride na medida em que diferencia, ordena e compreende as realidades dadas de acordo com as leis desse complexo. Não é de outro modo que se dá cada investigação transcendental, dirigida ao conhecimento do complexo de consciência. Mesmo se a psicanálise não se compreendesse como um método cognitivo, ela o seria em virtude dessa afinidade com o método transcendental. Ela se diferencia deste último, na medida em que se dirige essencialmente aos *fatos* singulares, que se relacionam de acordo com leis e cujo conhecimento provém do conhecimento das leis dos complexos, enquanto a investigação transcendental almeja explicitar as *leis ideais* que constituem o complexo do que é dado, e além do qual a análise não pode progredir. Entretanto, essa diferença entre o método psicanalítico e o transcendental não procede, e não deve ser entendida como tão essencial quanto, por exemplo, [Heinrich] Rickert quer compreender a divisão entre ciências da natureza e humanas através dos conceitos de método nomotético e idiográfico. Pois, uma vez que as leis ideais são fatos últimos e irredutíveis, assim também é um fato último e irredutível que algo *em geral* nos seja dado; os fatos últimos com os quais nossa análise se defronta, os componentes de impressão, são, assim, // de natureza tão irredutível quanto as leis ideais, e somente a desvalorização lógico-metafísica da empiria, própria ao idealismo neokantiano do Sudoeste alemão e da Escola de Marburg, pode nos levar a distinguir, por princípio, o método de conhecimento das leis do método do conhecimento dos fatos, ao passo que não é possível nenhum conhecimento legítimo de leis ideais objetivamente válidas que não tenha como pressuposição necessária o conhecimento do próprio dado. Se nos libertarmos da falsa concepção do conceito de *a priori* como conhecimento independente da experiência e o entendermos como validade de conhecimentos para toda experiência futura, então se torna evidente a necessária referência de todo conhecimento das leis ao dos fatos e de todo conhecimento dos fatos ao das leis. Para ascender às suas leis mais gerais, a filosofia transcendental também precisa de uma análise do que nos é dado, a qual tem a realidade dada *factual* como pressuposto, que não pode substituir fenomenologicamente pela "intuição das essências" da "realidade dada em geral"; ao passo que a psicanálise, para se assenhorar de fatos psíquicos singulares, precisa conhecer por completo precisamente as leis às quais os "fatos" se submetem em seu complexo; momento em que percebe, então, que grande parte daqueles "fatos", a saber: precisamente as "causas inconscientes de nossos fenômenos", apresentam-se como leis, propriamente leis individuais. Está em concordância com isso o fato de que as formações conceituais supremas, às quais a psicanálise se eleva com intenção sistemática, estejam bem próximas das determinações transcendentais universais. Os conceitos do complexo de consciência fechado, do "sentido" de todas as vivências, mesmo da lembrança como meio último de todo conhecimento do psíquico, são tais conceitos universais supremos, como a análise transcendental também os apresenta. Portanto, temos direito de falar da psicanálise igualmente como princípio de conhecimento do complexo da consciência, como fizemos com o método transcendental, sem cavar um abismo entre ambos. Nossa consideração do procedimento empírico-científico da psicanálise nos levou ao mesmo resultado que // havíamos obtido na exposição dos paralogismos kantianos e dos elementos de uma doutrina racional da alma, a saber: que não é válida a distinção entre doutrinas "racional" e "empírica" da alma ou, como se prefere dizer atualmente, entre psicologia formal e material. A própria psicanálise vê a si mesma como método de conhecimento, ao tornar sua terapia dependente do conhecimento e até mesmo identificar conhecimento e cura.

O compartilhamento de método pela filosofia transcendental e a psicanálise exprime-se também como compartilhamento do conceito de *análise*. Uma vez que ambos os métodos partem do "complexo de nossas vivências na unidade da consciência pessoal" e tentam chegar a conhecimentos, ao explicitarem as leis na construção desse complexo, logo ambas fazem o caminho inverso do todo às partes, e é isso que usualmente se entende como análise. Essa análise realiza operações correspondentes a condições que tornam possível o conhecimento universal, a ordenação conceitual do que nos é dado. Distinção das partes, lembrança, conhecimento da identidade, re-conhecimento de conteúdos semelhantes são suas formas universais, não redutíveis uma à outra. Não se deve pensar em uma *partição* do conhecimento em operações desses diversos tipos. Na verdade, todo conhecimento válido pressupõe o *conjunto* dessas condições. Se na psicanálise o conceito de lembrança é especialmente enfatizado, isso tem primeiramente seu motivo no fato de a psicanálise, em geral, ser um conhecimento, não tanto das coisas presentes, mas sim das passadas, das vivências passadas. Se pensarmos por um instante que a psicanálise surge eminentemente como método para conhecimento do *inconsciente*, e que o ser inconsciente jamais é uma vivência atual, então se compreende com facilidade a importância que precisamente a lembrança há de ter para o método psicanalítico. Um segundo motivo para essa importância é: que a lembrança conta como uma das realidades conformes a leis que dependem, em grande medida, de nossas *ações voluntárias*, de tal forma que a psicanálise pode facilmente se servir dela *livremente* para cumprir suas tarefas de conhecimento. Por outro lado, // na teoria e no método psicanalíticos frequentemente não se entende como lembrança o mesmo que na filosofia transcendental. Muitas vezes o conceito é ampliado e inclui também o *re-conhecimento* de conteúdos semelhantes (sempre quando uma associação "me lembra algo", ou seja, é semelhante a um conteúdo vivenciado anteriormente, sem representá-lo apenas simbolicamente). Essa sobrecarga do conceito de lembrança na psicanálise explica-se pelo fato de que, realmente, o re-conhecimento sempre tem como pressuposto a lembrança do conteúdo passado semelhante. O re-conhecimento, porém, não é idêntico à lembrança, não é explicável por ela e é um fato do complexo da consciência tão fundamental quanto a própria lembrança.[7] Sua designação com o mesmo nome não é válida, mas nos faz compreender que o termo "lembrança" tem um uso muito amplo na psicanálise, sendo uma abreviatura para o procedimento psicanalítico em geral, que pressupõe todos os fatores transcendentais. Podemos nos convencer facilmente da especial importância do *co-nhecimento de identidade* para a psicanálise quando observamos a *interpretação dos sonhos*. Toda interpretação de sonho – e, segundo seu padrão, todo outro conhecimento psicanalítico – pressupõe o conhecimento da identidade, da identidade de minha vivência passada, do sonho, com o fato que me é dado atualmente em função simbólica. Os princípios cognitivos mais gerais da psicanálise coincidem, portanto, com as condições transcendentais. Entretanto, não seria muita coisa afirmar apenas que

---

7 "*Aber sie ist damit nicht identisch, nicht mit ihm erklärbar und eine ebenso fundamentale Tatsache des Bewußtseinszusammenhanges wie die Erinnerung selbst.*" Essa frase é problemática, em virtude do fato de que o sujeito da primeira oração, *sie* ["ela"], necessariamente deveria se referir a um substantivo feminino na frase anterior, mas pelo sentido do parágrafo todo, a referência deveria ser "re-conhecimento", que é um substantivo de gênero neutro em alemão, *das Wiedererkennen*. Além disso, o pronome oblíquo *ihm* [*mit ihm*: "por ele", nesse contexto] da segunda oração deveria ser feminino, para se referir a *Erinnerung*, "lembrança". Diante da falta de alternativas, concordamos com a edição espanhola, que desconsidera a incoerência dos pronomes e usa como sujeito da primeira frase "re-conhecimento" e faz o pronome *ihm* referir-se a "lembrança". (N. T.)

elas *existem* no conhecimento psicanalítico, pois, como "condições de possibilidade de toda experiência", são o fundamento de *todo* conhecimento. Quando as caracterizamos, porém, como *princípios* da psicanálise, então ganhamos algo a mais, a saber: que a análise do complexo de consciência, oferecida tanto pela psicanálise quanto pela filosofia transcendental, supõe naturalmente como traços fundamentais de sua investigação os fatos com que a filosofia transcendental se defronta como determinações últimas. Portanto, conhecemos psicanaliticamente não apenas, como em toda ciência, // quando diferenciamos, lembramos, conhecemos a identidade e afirmamos a semelhança com conteúdos passados, mas sim quando supomos esses fatos como complexo do que nos é dado e investigamos como o complexo do dado se constitui a partir deles. A distinção das condições transcendentais não é, portanto, apenas a pressuposição do método psicanalítico, mas também, ao mesmo tempo, o princípio sob o qual ela compreende o complexo do que nos é dado. Já mostramos que essa relação entre método e objeto não significa uma *petitio principii*. Ela pode ser expressa de forma simples dizendo-se que na psicanálise a consciência tem como objeto a consciência. O significado objetivo da lembrança, ou seja, o modo com o qual a lembrança constitui os próprios objetos da psicanálise, e não apenas seu conhecimento, torna-se evidente por meio da análise da estruturação do inconsciente.

Por fim, é uma coincidência essencial do método transcendental e do psicanalítico que ambos sejam uma pesquisa *empírica*; que em ambos "não se possa estabelecer nada meramente com o pensamento", pois, em ambos, a análise se dirige ao complexo do que é dado e não pode ser feita independentemente desse complexo; o método transcendental obtém suas leis ideais na medida em que, em uma análise empírica, mantida estritamente no âmbito da realidade dada factual, abstrai as leis sem as quais o que é dado não se constituiria como um complexo unitário de consciência e sem cujo conhecimento não se poderia ordenar de forma objetiva e válida o que é dado. O método transcendental para obter as leis universais do curso de consciência também pode ser caracterizado como aplicação do pressuposto da unidade do curso de consciência ao complexo do que é dado, cuja coordenação se produz com base nesse pressuposto. A psicanálise possui o mesmo pressuposto e o mesmo objeto. Ela precisa igualmente se desfazer de toda suposição que não seja conhecimento das leis do curso de consciência. Suas determinações supremas são abreviaturas de // complexos de experiência e valem apenas para a experiência que elas abrangem, isto é, a partir da qual elas se formaram. A psicanálise se diferencia da filosofia transcendental na medida em que as leis transcendentais são aquelas sem as quais um complexo de consciência não pode ser pensado em hipótese alguma, enquanto parte das leis psicanalíticas mais gerais são apenas abreviaturas de experiências feitas até então e, assim, valem apenas se suas definições possuírem validade real; a esse grupo pertencem sobretudo as hipóteses psicanalíticas. Outras determinações da psicanálise, ao contrário, sobretudo as fundamentais do conceito de inconsciente, não são nada mais do que aplicações de leis transcendentais e formações de conceito universais ao âmbito do "psíquico" em nosso sentido pleno, e são elas mesmas determinações transcendentais. Será uma das tarefas de uma epistemologia e de uma síntese sistemática da psicanálise distinguir o conjunto de seus princípios transcendentais perante suas hipóteses e afirmações singulares empíricas; uma tarefa, porém, que só pode ser realizada com perspectiva de êxito se fizermos uma ordenação completa do material conceitual psicanalítico. Essa distinção não deve de forma alguma reinserir ou substituir a distinção que recusamos entre psicologia pura e empírica, pois o método do estabelecimento das leis é igual em ambos os casos: tanto para a filosofia transcendental quanto para a psicanálise; para todos os princípios da própria psicanálise, ou seja, para a análise empírica do complexo de consciência. Somente os resultados devem ser diferenciados segundo sua validade.

Após as considerações realizadas, podemos definir a psicanálise como a análise empírica do complexo da consciência direcionada para o conhecimento de leis e elementos singulares desse complexo. Essa definição, porém, é ainda por demais genérica e recobre essencialmente a do método transcendental. Há que se ter em mente, entretanto, que boa parte da psicanálise de fato fornece determinações que também poderiam ser fornecidas pela filosofia transcendental, // mas esta até agora não o fez, porque o conceito transcendental de coisa ainda não foi enfaticamente aplicado aos complexos psíquicos imanentes, pois permaneceu sempre orientado a uma realidade de coisa pressuposta como transcendente pela maioria dos pesquisadores; portanto a psicanálise é, de fato e em primeiro lugar, a teoria transcendental das coisas anímicas no sentido que especificamos, e, por isso, a ela se aplica perfeitamente a definição do método transcendental. A restrição dessa definição resulta da complexa estrutura da ciência psicanalítica. A filosofia transcendental analisa o complexo da consciência de tal modo que o conceito de *coisa* se mostra como uma forma necessária do complexo. Ela não se ocupa com o conhecimento de coisas singulares. A psicanálise tem, em primeiro lugar, de fornecer a constituição geral do conceito de coisa psíquica, o que só a filosofia transcendental até agora fez; ao mesmo tempo, tem de desenvolver métodos para conhecer as coisas psíquicas – métodos que certamente derivam imediatamente da filosofia transcendental, mas que não foram delineados por ela –, e, por fim, precisa conhecer coisas psíquicas singulares. Como comparação, podemos dizer que ela se relaciona à filosofia transcendental de modo semelhante à *Física*, cujas leis universais derivam da filosofia transcendental; ela também comprova essas leis universais na pesquisa empírica e constrói seus métodos, como os de causalidade, que também podem ser construídos do ponto de vista da filosofia transcendental; mas ela também tem de considerar coisas singulares e as relações entre elas, e articular tais relações em princípios, não deriváveis das reflexões transcendentais. Entretanto, na medida em que as coisas físicas e suas relações regulares recíprocas são consequências do mecanismo transcendental, a Física também pode se servir de uma definição própria à filosofia transcendental. Por se ocupar do conhecimento de coisas particulares e suas leis, tem de ser definida como ciência do mundo corpóreo. No entanto, o conhecimento desse mundo realiza-se estritamente com base nas // leis que a filosofia transcendental explicitou. A física, portanto, é uma ciência constituída transcendentalmente, cujos princípios mais gerais resultam das determinações da filosofia transcendental. Isso não significa negar a *aprioridade* de seus outros princípios, que, na verdade, devido às suas definições estabelecidas, e cumprindo-se o princípio de identidade, têm a mesma validade *a priori* que os princípios resultantes de uma análise das leis ideais do complexo de consciência. Em relação a essas últimas leis, dizemos apenas que todos os fenômenos têm de se submeter a elas, enquanto não é o caso das leis referidas anteriormente, pois os fenômenos podem tornar necessária a formação de novos conceitos, sem que se afete a validade dos conceitos obtidos até então para os fenômenos subsumidos neles. Não é outra coisa o que ocorre com a psicanálise. Tal como para nós a física significa uma ciência do mundo corpóreo, assim podemos chamar a psicanálise uma ciência das realidades inconscientes da vida anímica. Ela possui em comum com a filosofia transcendental as leis mais gerais que conduzem à formação de um conceito de inconsciente, e as comprova com seus resultados. Os métodos para o conhecimento do inconsciente que ela constrói são transcendentais; vimos que eles nos levam a remeter a estrutura do complexo da consciência e dos complexos inconscientes àquelas condições denominadas fatores transcendentais pela filosofia transcendental. Ao mesmo tempo, a própria psicanálise é um método de pesquisa empírica. Os resultados das pesquisas individuais psicanalíticas alcançam um valor *a priori* na medida em que as características encontradas são sintetizadas em definições, que são válidas, assim, para toda experiência futura, pois, uma vez que se fixem os significados, só são designadas com os nomes já definidos as realidades que contêm o conjunto das características anunciadas na definição. Podemos, então, exprimir de forma mais precisa nossa definição da psicanálise. Ela é para nós um método empírico de conhecimento das coisas anímicas e de suas relações, que, partindo dos princípios transcendentais mais gerais, progride em concordância com o procedimento // da investigação transcendental; ao contrário desta, porém, que almeja estabelecer as condições de leis ideais constitutivas da experiência, ela procura esclarecer e conhecer os fatos inconscientes da vida anímica e obter juízos sintéticos sobre eles. Desse modo, pensamos ter elucidado suficientemente a relação da psicanálise com a filosofia transcendental e ter fornecido, ao mesmo tempo, uma fundamentação epistemológica universal da ciência psicanalítica. Desnecessário acrescentar que essa fundamentação só vale para uma psicanálise depurada de quaisquer naturalismos e pressuposições dogmáticas, como procuramos evidenciar sua ideia em nossa apresentação do método psicanalítico; ela também só é válida levando-se em conta as subtrações que havíamos considerado necessário fazer na teoria freudiana.

Resta-nos considerar as coincidências da psicanálise com a filosofia transcendental do ponto de vista do conteúdo. Fica evidente, a partir das últimas reflexões, que nessas coincidências trata-se necessariamente de fatos para cuja explicação a própria filosofia transcendental seria suficiente e capaz, e cuja fundamentação universal ela também oferece, mas que, como resultados de pesquisa empírica, somente podem ser elucidados psicanaliticamente; trata-se de fatos, portanto, em cujo conhecimento a psicanálise se mostra, como falamos acima, um prolongamento do método transcendental. No centro desses fatos está o conceito de inconsciente, a que se dirige toda a nossa investigação.

Havíamos visto que para Freud o "sentido" das vivências é sempre *inconsciente*, que os conceitos de sentido e de inconsciente são usados de forma totalmente equivalente por ele. Isso parece contradizer inicialmente as determinações do idealismo transcendental, pois nas vivências com função simbólica, que constituem o ponto de partida da análise transcendental, e que são as vivências de lembrança em sentido pleno, o "sentido" da vivência, o lembrado, não é de forma alguma inconsciente, mas sim plenamente consciente como // "objeto intencional", como aquilo que nos é dado através da vivência simbólica. A contradição se resolve de imediato, porém, quando se considera a determinação mais específica do conceito de "sentido" na psicanálise. Esse conceito não é idêntico a nosso conceito do que é visado simbolicamente. Não por acaso esse conceito é igualado ao de "intenção" na psicanálise, sob o qual nem sempre se entende a *ação voluntária*, embora a intenção às vezes possa coincidir com ela. Na verdade, o sentido é, em geral, a *lei* que determina que o fenômeno a ser explicado surja neste e em nenhum outro lugar do complexo de consciência. Se nesse contexto as expressões "sentido" e "intenção" se alternam, é apenas porque, para Freud, o conceito de sentido não parece implicar, por si, a necessidade de um fenômeno ocorrer. Por outro lado, Freud não quer que o conceito de intenção seja compreendido em termos voluntaristas, e sua eventual ênfase em um determinismo psíquico — que em muitos pontos da teoria, particularmente da doutrina da associação, contradiz a introdução da "vontade livre" — quer sobretudo afastar a má interpretação voluntarista do conceito de "intenção". Fica totalmente claro, de acordo com nossa determinação transcendental do conceito de inconsciente, que o conceito freudiano de sentido caracteriza de forma necessária algo *inconsciente*, pois o que se tem em mente é um complexo regido por leis, e uma lei nunca pode ser ela mesma uma vivência, apenas pode ser mediatamente dada. Havíamos caracterizado os complexos psíquicos conformes a leis de nossos fenômenos, porém, como coisas anímicas e necessariamente inconscientes. A equiparação entre inconsciente e sentido, com certeza inadmissível de um ponto de vista terminológico, está portanto justificada quando se esclarece o significado de seu conceito de sentido, o que é facilitado tanto pela formação desse conceito em cada caso – unificação explicativa de uma multiplicidade de fenômenos –, quanto por sua equiparação com o conceito de intenção; inversamente, o conceito vago de intenção se esclarece pela aplicação precisa do conceito de lei da filosofia transcendental. Ligado à obscuridade da terminologia psicanalítica, surge aqui claramente o caráter de certas determinações transcendentais // como meras *hipóteses auxiliares* no interior da pesquisa psicanalítica. A simples interpretação epistemológica consegue facilmente transformar essas hipóteses auxiliares em conceitos claros e exatos. Entretanto, os equívocos de conceitos epistemológicos na psicanálise não ficam totalmente livres de consequências objetivas. O próprio termo "sentido", que não pode ser totalmente separado de seu significado originário, frequentemente seduz Freud a compreender como "sentido" não apenas complexos conformes a leis, mas sim simplesmente vivências passadas e, na verdade, apoiando-se em seu uso geral do termo "sentido", vivências temporariamente inconscientes, portanto as que me são dadas por meio de "lembrança rudimentar". Assim, já está claro por que Freud precisa caminhar para uma diferenciação de seu conceito de inconsciente, e também que essa diferenciação irá coincidir essencialmente, em termos objetivos, com aquela a que fomos levados em nossa teoria transcendental do inconsciente.

A disjunção mais geral estabelecida por Freud no âmbito de seu conceito de inconsciente coincide de forma precisa com a diferenciação mais geral desse conceito em nossa teoria transcendental. Em primeiro lugar, como diferenciação dos conceitos de inconsciente, ela se encontra, por um lado, no âmbito dos atos falhos, e, por outro, no dos sonhos e dos sintomas neuróticos. Em contraste com as *vivências* passadas inconscientes, que fornecem a explicação dos atos falhos, Freud supõe um *saber* inconsciente no âmbito dos sonhos e das neuroses. É evidente, e já foi dito, que esse saber não pode ser idêntico a nosso conceito de saber como de um fato sempre imediatamente dado; saber em sentido pleno, como algo dado imediato, é sempre e exclusivamente consciente; ao contrário, o ser inconsciente, com o qual Freud se ocupa, é sempre dado apenas mediatamente e já por isso não pode ser pensado como um saber. O paradoxo do discurso sobre um saber inconsciente já aponta para uma equivocidade do conceito de saber. Precisamos apenas afastar essa equivocidade para nos convencermos da coincidência da concepção freudiana com nossa teoria transcendental. // Freud entende como saber inconsciente as realidades psíquicas que são independentes de minha percepção atual. Independentes de minha percepção atual, porém, jamais são minhas vivências – e portanto nunca meu saber em sentido pleno, que sempre é em si mesmo percepção –, mas apenas as *leis* para minhas vivências. Saber inconsciente não significa nada mais do que tais leis. O caráter de lei ainda não é próprio às vivências passadas atualmente conscientes, com as quais se defronta a análise dos atos falhos; tão logo entendamos como conforme a leis o vínculo entre a vivência momentaneamente inconsciente e o ato falho, já ultrapassamos o âmbito fenomênico e o compreendemos como manifestação da coisa. Em todo caso, os próprios fatos a que Freud remete os atos falhos devem ter sido vivências em algum tempo; ao passo que leis jamais podem ser vivências. Que os fatos caracterizados por Freud como saber inconsciente possuam o caráter de lei, isso já se esclarece por uma consideração dos exemplos freudianos para aqueles fatos. Eles provêm, como lembramos, do âmbito da hipnose. Quando alguém desperta da hipnose e realiza ações que lhe foram ordenadas, mas não pode agora explicitar o motivo de sua ação, Freud fala de um saber inconsciente das ordens dadas durante a hipnose. Com isso não se diz apenas que lhe seja dada uma vivência passada através de uma lembrança rudimentar, mas sim que os fatos inconscientes, concebidos como causa das ações atuais, possuem o caráter de lei, considerada sob diversos pontos de vista; não são dadas a ele apenas as vivências passadas através de lembrança rudimentar, mas também vivências futuras, e na verdade ambas em um complexo, de tal forma que a ocorrência das vivências futuras se mostra como regular. Essa conexão regular entre fatos de consciência, porém, nunca foi uma vivência, pois, na verdade, é um complexo coisal, cuja manifestação são tanto as vivências durante a hipnose quanto as posteriores a ela. A comprovação dessas coisas anímicas só pode ser obtida, porém, // por meio de lembrança das vivências passadas, e conhecemos a lei apenas através do recurso às realidades fenomênicas que ela abrange. Por isso, o método psicanalítico de conhecimento almeja trazer à lembrança os fatos passados, ou seja, as vivências durante a hipnose. O vínculo conforme a leis, porém, das vivências passadas entre si, quanto também entre as vivências passadas e as atuais, nunca foi uma vivência, pois é dado apenas simbolicamente, por meio de uma lembrança rudimentar. Quando se demonstra que o próprio vínculo entre a vivência passada e a atual é conforme a leis, e que a interpretação dos atos falhos se ocupa não apenas com realidades fenomênicas, mas igualmente com as de coisa, então com isso nada mais se exprime além do fato universal e constituído transcendentalmente de relacionarmos todos os fenômenos às coisas, pois eles sempre e somente são dados no interior do complexo da consciência regido por leis. Se usarmos uma vez aqui o termo pouco feliz "saber inconsciente", então seria o caso de aplicá-lo também no âmbito dos atos falhos, pois em cada um destes não me é dada apenas a lembrança rudimentar de uma vivência passada, mas também a lei que determina que a vivência passada será seguida pela atual. Não nos enganemos, entretanto, por essa expansão do conceito de lei e de coisa a um âmbito que até agora havíamos considerado essencialmente sob o ponto de vista da realidade imediatamente dada das *vivências*. Sabemos, em geral, que não existe ser fenomênico independente do de coisa, e, segundo nossa interpretação epistemológica, a divisão freudiana dos âmbitos dos objetos, que sempre tomamos apenas como exemplos da possibilidade de uma ciência psicanalítica abrangente, não pode ser válida de uma forma que nos possibilite supor presentes nela as distinções decisivas de nossa teoria transcendental do inconsciente. Ficou claro para nós que a introdução do conceito de um saber inconsciente em oposição às vivências passadas inconscientes, nada mais significa // que nossa distinção entre ser coisal inconsciente e ser fenomênico inconsciente. O termo "saber" é escolhido por Freud para as realidades coisais inconscientes apenas porque ele é adequado ao conceito do que é permanente, independente (embora *fundado* exclusivamente no ser fenomênico) da percepção atual, e porque o conceito de saber contém em si o caráter de *regra*, que Freud tem de atribuir ao ser psíquico coisal, em concordância com os resultados de nossa investigação epistemológica. Freud não afirma um saber inconsciente em sentido pleno, um saber que seria simultaneamente vivência e não vivência, e a expressão "saber inconsciente" é, em termos objetivos, nada mais que um resquício do linguajar do tempo da pesquisa inicial com a hipnose, cujos conceitos todos estavam impregnados por contradições místicas. Freud afastou objetivamente tais contradições, que ressoam apenas em algumas expressões usadas por ele. Pensamos ter tornado suficientemente claro o sentido científico dessas expressões, bem como sua concordância com os resultados da análise transcendental, e, ao mesmo tempo, pensamos ter mostrado que uma operação aparentemente tão complicada quanto a que leva Freud a estabelecer diversos conceitos do inconsciente mostra-se, de um ponto de vista epistemológico, como consequência extremamente simples da estrutura transcendental desse conceito.

Na medida em que o conceito de inconsciente é aplicado ao ser *coisal*, forma-se ao mesmo tempo o conceito do permanentemente inconsciente, com o que, porém, nada mais se diz além do que se entende como ser permanente das coisas. Objetos psíquicos são permanentemente inconscientes como objetos que subsistem de forma regular independentemente de minha percepção atual. Com isso, porém, não se afirma de forma alguma a permanência absoluta de realidades inconscientes. Estas podem "tornar-se conscientes", podem ser dadas a mim em lembrança clara e distinta de uma forma que não mais me permite falar de seu "caráter inconsciente" no sentido que definimos; com o que, entretanto, não se nega o ser das referidas realidades no *passado*, // tal como não se deveria afirmar que uma casa, construída há um ano, e que agora se incendiou, não teria existido no tempo daquele ano. Em outras palavras: o caráter *coisal* das realidades inconscientes não desaparece com seu "tornar-se consciente"; do ponto de vista de sua coisalidade, elas se situam no mesmo patamar das coisas espaciais. Outra possibilidade de limitação da duração do ser inconsciente é a da alteração desse ser, da forma como é considerada como sendo regular pela doutrina freudiana da dinâmica psíquica. Como no âmbito das coisas espaciais, a única possibilidade de compreender essa dinâmica é através do conhecimento causal. Não se atribui aos objetos inconscientes nenhuma permanência maior, independente das determinações causais, do que às coisas espaciais. — O conceito do permanentemente inconsciente, que a suposição psicanalítica do ser coisal inconsciente nos obriga a aceitar, *não* está de acordo, tal como não podemos deixar de observar em prol da clareza terminológica, com o conceito do permanentemente inconsciente como um *conceito-limite* do conhecimento do ser das coisas psíquicas em geral, ou seja, com o conceito da "irracionalidade psíquica" no sentido definido por nós. Ainda nos ocuparemos propriamente do lugar desse conceito-limite na psicanálise.

A lei que Freud abrangia com a expressão "saber inconsciente" era essencialmente uma lei relativa ao vínculo das vivências passadas, lembradas de forma rudimentar, com as atuais; apesar de que, como pudemos perceber, as relações regulares recíprocas das vivências inconscientes passadas também caíam sob esse conceito de saber inconsciente. Ora, na medida em que esse vínculo, por sua parte, também possui o caráter de coisa, Freud se vê forçado a uma nova diferenciação de sua terminologia, que concorda com nossa divisão dos objetos inconscientes e a completa, ao dar-lhe outra diferenciação no interior dos objetos intencionais. Já mencionamos que, nesse ponto, até mesmo as terminologias coincidem. O vínculo regular de minhas vivências passadas, que me é dado em uma lembrança rudimentar, é chamado por Freud de *complexo*, de tal forma que podemos pensar que nossa determinação // do ser das coisas tomou em geral como seu ponto de partida o fato do re-conhecimento de complexos semelhantes e a expectativa ligada a esse re-conhecimento. Diante dos complexos – que, segundo nossa determinação da coisalidade psíquica no sentido demonstrado acima, têm de ser permanentemente inconscientes, não podendo ser nunca uma vivência –, Freud denomina como *momentaneamente inconscientes* aqueles objetos intencionais da lembrança rudimentar que um dia foram eles mesmos vivências. Há pouco mostramos que o caráter de inconsciência permanente, mesmo dos "complexos", possui seus limites muito bem predeterminados. Por outro lado, o conceito do complexo abrange todos os vínculos regulares entre as vivências passadas, que nos chegam como lembrança rudimentar e cujas "consequências" seriam nossas vivências atuais, de acordo com a psicanálise. A doutrina psicanalítica dos complexos diferencia tão pouco entre disposições, propriedades e estados de espírito quanto entre complexos individuais, independentes da história de um determinado indivíduo, e aqueles que a psicanálise tenta demonstrar como propriedades da espécie. Segundo nossa crítica das diferenciações atuais de estado de espírito, propriedade e disposição, e também nossa crítica de toda ontologia caracteriológica, temos não apenas de elogiar a indiferença da psicanálise em relação àqueles conceitos, mas sim perceber nela um mérito especial do tato científico, que sempre baseia seus conceitos universais nas realidades dadas e se distancia de todos aqueles conceitos universais que possuem qualquer aparência de prioridade em relação ao que é dado. Não se pode negar, porém, que a psicanálise também tem a tendência de ontologizar certos conceitos, e não devemos nos surpreender de encontrar a tendência ontológica precisamente no âmbito dos complexos, pois esse âmbito é, de fato, aquele a que pertencem as "propriedades permanentes" do ser humano, e, de modo bem compreensível, a tendência para ontologizar é mais forte em relação a essas propriedades permanentes. O "complexo de Édipo", como princípio explicativo geral, é indubitavelmente uma ontologização desse tipo, e quando ele é remetido da ontogênese, que permanece verificável no âmbito do que é dado, // à filogênese, então a tendência ontológica leva a psicanálise a naturalizar seus conceitos. Entretanto, se abstrairmos aquela interpretação filogenética e compreendermos sob o complexo de Édipo nada mais do que a abreviatura de uma lei atuante muito frequente na vida de nossa consciência, então nada de sério podemos objetar contra a construção desse conceito, desde que as observações compreendidas nele estejam corretas, e precisamente a resistência contra esse conceito, que insiste na suposta não cientificidade de sua formação, perde sua razão de ser.

Outra ontologização problemática no interior da psicanálise, como já mostramos, reside na doutrina dos "símbolos oníricos objetivos", interpretados como patrimônio da espécie. A estrutura epistemológica dessa doutrina, porém, é essencialmente distinta da referente à doutrina dos complexos de Édipo e de castração, pois a verificação empírica não é possível para os "símbolos oníricos objetivos"; eles são, segundo a concepção freudiana, precisamente aqueles elementos oníricos aos quais não se liga nenhuma associação, permanecendo então, por assim dizer, isolados no complexo de imanência da consciência, não sendo compreensíveis na regularidade de sua ocorrência, de tal forma que precisam ser explicados através de fatos transcendentes. Restaria ainda, portanto, mesmo admitindo a validade da hipótese freudiana, a tarefa para a filosofia transcendental de conceber o lugar daqueles elementos no complexo da consciência pessoal, e sobretudo evidenciar a possibilidade do efeito de um patrimônio perdido da humanidade sobre a consciência atual; um problema cuja possibilidade de solução é tão difícil quanto a comprovação de que todos os fenômenos dependem de processos cerebrais. No entanto, levanta-se ainda contra a doutrina dos símbolos objetivos uma segunda dúvida, mais essencial. Os elementos oníricos, dos quais Freud se serve como símbolos objetivos, são permanentemente inconscientes em um sentido totalmente diverso do que as coisas anímicas o são em geral. Eles são inconscientes pura e simplesmente; mesmo se apresentarmos os presumidos conteúdos simbólicos ao sonhador, // que é a última instância em todas as coisas, ele não será capaz de confirmar a validade da referida interpretação; seu fundamento de legitimidade reside apenas em que, segundo a expressão de Freud, os símbolos objetivos auxiliam a fornecer aos sonhos um sentido *objetivamente* satisfatório; não se pode falar mais de nenhum recurso ao imediatamente dado. Não é de forma alguma surpreendente que não se possa pensar o conhecimento do inconsciente na psicanálise como completamente dado. Podemos tão pouco dizer que as coisas espaciais nos são conhecidas em todas as suas qualidades quanto também em relação às coisas anímicas;

o que falamos sobre a irracionalidade psíquica quis chamar a atenção para isso. Essa fala, entretanto, deve ser compreendida apenas como a construção de um *conceito-limite* epistemológico, estando o enunciado positivo da "incognoscibilidade das coisas anímicas" já interditado para nós; em todo caso, podemos falar de uma ausência de limite na progressão de nosso conhecimento dos complexos psíquicos. Em contraste com isso, Freud se equivoca ao tornar certos complexos psíquicos momentaneamente incognoscíveis em absolutamente incognoscíveis, "transcendentes" ao complexo da consciência, e é apenas uma consequência daquele uso ilegítimo do conceito de um permanentemente inconsciente quando ele procura a solução do problema de um permanentemente inconsciente no âmbito transcendente. Se aquelas realidades são realmente incognoscíveis pura e simplesmente – para cuja aceitação não há nenhuma razão suficiente de um ponto de vista transcendental –, então qualquer enunciado sobre elas é ilegítimo. Se elas não o são, então a ciência tem a tarefa de procurar sua fundamentação no âmbito do complexo do que é dado.

Falamos novamente sobre o valor epistemológico da teoria dos símbolos objetivos, porque ela esclarece tanto a estrutura do pensamento psicanalítico como tal quanto sua relação com os problemas kantianos das antinomias, e não devido à sua importância conceitual; ela pode ser excluída da disciplina psicanalítica sem que esta sofra qualquer perda em seus conteúdos essenciais. O conceito psicanalítico do permanentemente inconsciente não possui um âmbito de validade maior do que o do conceito da existência da // coisa em si espacial; só podemos falar do permanentemente inconsciente em sentido absoluto, se entendermos através dele apenas um conceito-limite, em relação ao qual devemos nos abster de todo enunciado positivo, caso não queiramos nos enredar em contradições. Temos tão pouco direito de falar cientificamente do conceito do absolutamente inconsciente quanto de falar de um conhecimento completamente dado do inconsciente. Mesmo que admitamos plenamente a possibilidade do esclarecimento de realidades inconscientes, permanece um fato indubitável que, em virtude das formas do complexo de nossa consciência, sempre nos encontraremos diante de novos casos de lembrança rudimentar; casos com que não nos defrontamos como ocorrências únicas isoladas na vida de nossa consciência, mas sim que temos de relacionar às coisas anímicas, aos complexos, ao permanentemente inconsciente no sentido que elucidamos de forma crítica. Tanto pelo lado positivo quanto pelo negativo, o problema do conhecimento do inconsciente permanece ligado aos limites de nossa consciência. O conhecimento do inconsciente só é legitimável por meio da experiência. Freud alcança uma maior diferenciação do conceito de inconsciente, não através de uma divisão mais específica dos complexos, mas sim com base em sua teoria *dinâmica* das coisas psíquicas. Isso não nos deve surpreender nem um pouco, pois já vimos que no âmbito psíquico as leis individuais das coisas e as leis causais válidas entre estas distinguem-se, de antemão, bem menos claramente que no âmbito das coisas espaciais; vimos também que sua plena distinção está reservada apenas para uma etapa bem tardia da pesquisa psicanalítica. No entanto, para entender corretamente a diferenciação dinâmica do conceito de inconsciente, precisamos nos certificar, inicialmente, dos fundamentos epistemológicos da dinâmica freudiana em seu conjunto.

Havíamos visto que o conceito freudiano de *intenção* é ambíguo;[8] algumas vezes ele não significa nada mais que os fenômenos tenham um "sentido", que estejam integrados no complexo conforme a leis do todo da consciência; outras vezes ele deve caracterizar as *ações voluntárias* como // fundamento de eventos ulteriores. Essa ambivalência do conceito freudiano de "intenção" poderia facilmente nos levar a compreender de forma equivocada as relações dinâmicas entre as coisas anímicas, de modo que ameace anular o próprio conceito de coisa anímica, ou seja, ao supormos naturalisticamente entre as coisas anímicas uma *força* atuante, independente delas e do complexo do todo da consciência, força cujo modo de atuação se subtrairia à sua integração nas leis da consciência e tornaria contingente a constituição e alteração das coisas anímicas. Entretanto, essa concepção origina-se de um mal-entendido naturalista, não apenas da teoria freudiana, mas também do conceito de vontade e de seu lugar no complexo da consciência. Os fenômenos do querer são imediatos, tão irredutíveis quanto os fatos da percepção simples e do sentir. Não se pode derivá-los de nenhuma lei, e seria uma concepção completamente equivocada do método psicanalítico, se, em vez de partirmos dos fenômenos – incluindo os fenômenos da vontade –, considerássemos esses fenômenos, de antemão, já como "consequências" de leis universais; nossa tarefa é, na verdade, partir das realidades fenomênicas dadas e avançar em direção a leis que determinem suas relações. Entretanto, assim como não devemos pressupor leis atuantes independentemente

---

8 "*Wir hatten den Freudischen Begriff der Absicht, der, 'Intention', als doppelsinnig erkannt*". Tal como dissemos em uma nota anterior, não nos parece o caso usar traduções distintas para *Absicht* e *Intention*. (N. T.)

dos fenômenos e reduzi-los (que são o material último acessível a nosso conhecimento) a tais leis, assim também não devemos, com base em nossa pressuposição suprema – a unidade do curso de consciência –, supor que algum fenômeno ocorra de forma isolada e se subtraia ao complexo da consciência. Na verdade, temos de integrar constantemente os fenômenos em leis que compreendam em si as relações entre esses fenômenos e que determinem seu lugar no todo do curso de consciência; em leis, entretanto, que sejam válidas apenas para os fenômenos, e não independentemente deles, que se formem apenas com base nas realidades fenomênicas e que precisem ser modificadas tão logo surjam fenômenos diferentes daqueles que eram esperados com base precisamente naquelas leis. // Assim se afasta a possibilidade tanto de uma interpretação naturalista errônea dos fenômenos da vontade como efeitos de uma "força" pressuposta quanto de um determinismo psíquico que negue os fenômenos da vontade, que são, porém, imediatamente dados. Pois os fenômenos da vontade são o fundamento de todas as formações conceituais que os sintetizam; os conceitos universais não podem ser pressupostos, e falar de uma "força da vontade" significa nada mais que usar o mesmo nome para o fato universal de que nos sejam dados, em geral, fenômenos da vontade. Por outro lado, a afirmação de um determinismo psíquico em sua forma habitual negligencia mais uma vez o fato de que os fenômenos da vontade como tais são irredutíveis, cujo lugar no complexo da consciência pode ser estabelecido, mas eles não podem ser eliminados com base no conhecimento de sua lei, pois essa lei é exclusivamente uma abreviatura do fenomênico. A relação entre fenômenos da vontade e lei é semelhante à que existe entre coisa e fenômeno no âmbito espacial. Podemos caracterizar perfeitamente nossas percepções como efeitos das coisas, na medida em que estas são regras sob as quais subsumimos o surgimento dos fenômenos, mas nunca considerar as coisas como causas transcendentes dos fenômenos, pois, de fato, os conceitos de coisa só são formados com base em tais fenômenos. Assim se torna ao mesmo tempo evidente que o equívoco do conceito de "intenção" na psicanálise é irrelevante, pelo menos de um ponto de vista epistemológico, pois, no que concerne à sua integração em complexos conformes a leis, os fenômenos da vontade estão exatamente no mesmo patamar que outras realidades fenomênicas. Se o fenômeno considerado isoladamente é ou não um querer, isso é totalmente indiferente para sua integração na lei psíquica geral; o próprio fato do querer é tão pouco "explicável" quanto o fato de qualquer sensação dos sentidos. O "sentido" dos fenômenos, porém, nunca é outra coisa além do lugar dos fenômenos singulares em seu complexo regido por lei, de tal forma que esse lugar se torna simbolicamente uma realidade dada através de minha vivência atual. Essa // lei se forma exclusivamente a partir dos fenômenos, e varia com eles. Ela mesma, um fato sempre dado apenas de forma mediata, jamais pode ser apreendida como um querer, pois o querer é sempre algo imediatamente dado. A lei, porém, pode perfeitamente compreender em si fenômenos da vontade, tanto quanto percepções ou sentimentos; apenas ela mesma jamais é um querer. O que Freud diz da "intenção" pode apontar para o fato de que os fenômenos da vontade participam de forma preponderante na estrutura do mundo das coisas psíquicas. A "intenção" no próprio sentido freudiano, porém, não deve ser entendida como um fato da vontade, como algo independente das leis da consciência. Ao contrário: com o conceito de intenção, todos os fenômenos, incluindo os do querer, são referidos às leis gerais da consciência. Essas leis, porém, dependem dos fenômenos.

Uma vez realizada a elucidação dos conceitos, nada mais nos impede de compreender a doutrina freudiana da dinâmica psíquica. Para alcançar essa compreensão, recorreremos à nossa restrição do conceito do permanentemente inconsciente. O fato mais simples em que o inconsciente permanente encontra seus limites é que as realidades que eu considerava permanentemente inconscientes tornam-se conscientes; ou seja, o fato de que eu torno presentes as vivências passadas subsumidas sob aquele conceito através de uma lembrança clara e distinta, e conheço a lei de sua conexão; e conheço também, ao mesmo tempo, a lei que explica de forma regular que esses fatos até agora não se tornaram conscientes para mim em sentido pleno. Ao se tornarem conscientes tanto os fenômenos singulares passados até então inconscientes quanto a lei de sua conexão, a coisa anímica inconsciente deixa de existir; o conhecimento científico, porém, não deve admitir essa alteração da coisa anímica como um fato isolado, pois, na verdade, deve entendê-la através de um vínculo regular ao todo da consciência. Essa compreensão, porém, não deve ser obtida apenas com base na constituição da coisa anímica e no conhecimento da referida lei individual, pois não ocorrem os fenômenos esperados com base nessa lei – como é o caso, no típico âmbito dos objetos da // psicanálise, de certos sintomas neuróticos após a análise realizada no paciente. A psicanálise, portanto, para alcançar uma compreensão dos referidos fenômenos, precisa buscar leis mais elevadas, às quais se submetem tanto a coisa psíquica quanto a não ocorrência de determinados fatos esperados, mesmo que de forma rudimentar, com base na lei individual. O postulado da explicação *causal* de fatos psíquicos não significa nada mais que a exigência de procurar uma tal lei, sem que esteja envolvido nesse postulado quaisquer consequências para o fato imediatamente dado do querer. A dinâmica da vida anímica concebida por Freud, porém, nada mais é do que a tentativa de explicar causalmente, de forma mais geral possível, a alteração das coisas psíquicas. Aceitá-la não significa, de forma alguma, reconhecer como um princípio ontológico que o conhecimento do inconsciente sempre e em todos os momentos suprima os respectivos complexos de coisas anímicas; a psicanálise tampouco afirma isso para todos os casos. É suficiente que assim ocorra em qualquer caso para legitimar satisfatoriamente a necessidade do procedimento causal da psicanálise. A psicanálise tem de explicar por que "os sintomas desaparecem com o saber sobre seu sentido" (CIP 291), e não pode fornecer a resposta apenas com base no conhecimento das referidas coisas anímicas, pois, na verdade, necessita compreender a relação tanto das coisas anímicas entre si quanto das realidades inconscientes com as conscientes em geral. Falar de um "trabalho psíquico" do analisando, que efetuaria a alteração das realidades psíquicas, terá de ser entendido apenas metaforicamente, caracterizando nada mais do que a relação contínua entre o conhecimento do inconsciente e a diminuição dos sintomas, que foi estabelecida empiricamente; em uma análise do curso de consciência, não é legítimo supor "alguém que trabalha" e que é independente da lei do curso de consciência, nem um "trabalho" concebido de forma naturalista, e o próprio conhecimento daquela relação, expressa por aquela metáfora, mostrou-se válido apenas para a experiência até então, // sem que se possa afirmar, através de motivos transcendentais, sua validade para toda experiência futura, de tal forma que aquela concepção geral dessa relação possui integralmente o caráter de uma *hipótese* científica.

Por outro lado, fala-se de causalidade psíquica não apenas quando, em lugar dos complexos inconscientes, surgem os conscientes, mas também quando são igualmente concebidos como "leis causais" tanto a formação dos próprios complexos quanto o fato de que certos grupos de vivência são acessíveis apenas com dificuldade por meio da lembrança clara e distinta. Os conceitos de pulsão e de recalque são sínteses gerais dessas relações causais procuradas; estão justificados na medida – e apenas nessa medida – em que se restringem efetivamente à apresentação abreviada das alterações regulares a que se submete a vida da consciência; são duvidosos, tão logo se distanciam dos fenômenos observados, e são hipostasiados como fundamentos metafísicos da vida da consciência. O conceito de *recalque* não possui nenhum outro significado epistemológico além da unificação, em um complexo regular, do desaparecimento dos sintomas após o conhecimento do inconsciente e das pulsões, que são abreviaturas de regularidades universalmente observadas da alteração das coisas anímicas, para as quais as equações quantitativas de Freud, sobretudo seu famoso esquema da causação das neuroses, são precisamente metáforas, sem que as relações pudessem se exprimir de forma realmente adequada através de uma equação funcional. Obviamente, o conceito de recalque possui apenas o significado de uma abreviatura, e na verdade uma relação empiricamente observada entre a consciência no sentido pleno que especificamos e as realidades inconscientes, e toda a hipóstase desse conceito que seja independente da experiência ou constitutiva dela, é ilegítima. O próprio Freud sempre enfatizou o caráter hipotético-metafórico dos conceitos de "censura" e de "lugares na consciência", ambos fundados no recalque. No entanto, pode-se perfeitamente admitir a diferenciação do conceito de inconsciente segundo o critério da dinâmica psíquica e cujo acesso, para Freud, é fornecido pelos conceitos hipotéticos do recalque e da censura, sem que se aceitem esses // conceitos como constituintes transcendentais. Isso se dá porque aquela diferenciação depende apenas: de se as referidas realidades inconscientes se submetem ou não à dinâmica psíquica; de se está em jogo simplesmente uma lembrança rudimentar, cujo caráter inconsciente é evidente de um ponto de vista transcendental, mas não redutível a outra coisa a não ser à vivência de lembrança rudimentar compreendida nela; ou de se o fato de a referida realidade ser inconsciente pode ser explicado de um ponto de vista causal pela estrutura do vínculo recíproco das coisas anímicas. Os conceitos de recalque e de censura apenas abreviam essa relação epistemológica, sem a alterar. A diferenciação entre pré-consciente e inconsciente, portanto, continua válida. Pré-conscientes são aquelas realidades para cujo caráter inconsciente não se pode fornecer nenhuma outra explicação, surgida da relação recíproca das coisas anímicas, além da pura lembrança rudimentar irredutível a outras coisas. De acordo com o princípio psicanalítico fundamental de que todas as vivências possuem um "sentido", ou seja, precisam ser referidas necessariamente ao todo do curso da consciência, deve-se exigir que todas as realidades pré-conscientes sejam inseridas na dinâmica psíquica, à qual não se pode colocar repentinamente nenhum limite, pois ela é uma condição transcendental da constituição das coisas anímicas em geral. Assim, o conceito de pré-consciente se relativiza para nós; ele caracteriza, como conceito-limite provisório, apenas aquelas realidades inconscientes cuja explicação dinâmica suficiente ainda não foi obtida até hoje. Em geral, a explicação causal de todo pré-consciente – em termos freudianos: a explicação de tudo que é considerado até agora pré-consciente – deve ser feita a partir do "mecanismo do recalque". Freud faz justiça à relatividade do conceito de pré-consciente, ao subordiná-lo como um conceito inferior aos conceitos superiores mais gerais do inconsciente.

Junto com a interpretação epistemológica e a crítica da dinâmica freudiana do âmbito psíquico, inesperadamente obtivemos algo que havíamos prometido em nossa discussão transcendental como resultado de nosso tratamento da psicanálise: esclarecemos a relação do conceito de inconsciente ao problema do determinismo. Freud fala frequentemente de um contínuo determinismo, defendido por ele, combatendo a "ilusão de uma liberdade psíquica". Pudemos constatar que, com isso, na verdade, não se defende de forma alguma o determinismo em voga, ao qual a suposição freudiana dos "atos" voluntários contradiz, mas sim que nada mais se afirma do que a referência necessária e universal de nossas vivências ao todo do curso de nossa consciência, à "unidade da consciência pessoal". Todas as nossas vivências são conformes a leis, na medida em que pertencem a esse complexo, que é formado, porém, somente com base em nossas vivências, e sua lei depende totalmente da ocorrência ou não ocorrência de nossas vivências. Na medida em que as próprias vivências do querer apresentam-se como uma classe de realidades fenomênicas irredutíveis, sua subsunção a leis não significa nada mais do que explicitar a conexão desses fenômenos no curso da consciência, mas não significa tomá-las como consequências de outras realidades, para cujo conhecimento precisaríamos recorrer novamente aos fenômenos que elas deveriam explicar. Pode parecer que a rigorosa aplicação do conceito de inconsciente enseja uma interpretação mais determinista das ações voluntárias do que seria compatível com o ponto de vista transcendental, pois, precisamente em todos os casos onde não há conexões conscientes dos fenômenos, supõe-se a existência de conexões inconscientes. No entanto, as aparências enganam. Por um lado, como expusemos de forma detalhada, um dos princípios fundamentais da psicanálise é alcançar o conhecimento do inconsciente por meio do recurso ao consciente, aos fenômenos; na psicanálise, o inconsciente nunca representa um princípio de explicação último, que seria usado como fundamento hipotético de um determinismo vago, pois, na verdade, a psicanálise fundamenta seus conhecimentos, tal como o método transcendental, nas vivências e em sua conexão, e deve deter-se diante do fato da ação voluntária, da mesma forma que o método transcendental. Por outro lado, no entanto, as leis estabelecidas pela psicanálise não são de forma alguma princípios ontológicos ilegítimos, dos quais as vivências deveriam surgir, mas apenas abreviaturas // para as conexões efetivamente demonstráveis entre as vivências, ou, pelo menos, tais leis não devem de forma alguma ser ontologizadas ou naturalizadas. A psicanálise, portanto, entendida estritamente no horizonte de nossa interpretação, não é nem um pouco mais determinista do que a filosofia transcendental como um todo, e não pretende de forma alguma fornecer, com o conceito de inconsciente, a possibilidade de derivar fatos imediatamente dados, mas apenas integrar o que é dado *toto genere* ao complexo unitário da consciência. Se o determinismo, porém, é entendido como uma concepção que toma todos os fenômenos como fenômenos de coisas, como submetidos a leis – uma concepção que, de fato, não coincide de forma alguma com o conceito em voga de determinismo –, logo a concepção psicanalítica do complexo da consciência deve ser chamada de determinista, na medida em que não considera nenhuma vivência como contingente, pois, na verdade, se esforça para obter o conhecimento do lugar de todas as vivências nas leis da consciência. A filosofia transcendental, porém, não procede de outro modo, e mesmo com aquela restrição do conceito, mal se pode falar de determinismo nos âmbitos da psicanálise e da filosofia transcendental, pois o conhecimento do lugar de todas as vivências no curso regular de nossa consciência delineia só uma tarefa, cuja realização completa é pressuposta pelo caráter completamente concluso do curso de nossa consciência, o qual não pode ser pressuposto, pois não existe nenhum limite positivo para a progressão de nossa experiência. Falar positivamente de um determinismo psíquico universal, mesmo no sentido restrito que definimos, significa, porém, pressupor uma infinidade completamente dada, e já por isso incide sob a crítica kantiana das antinomias. Assim, por um lado, rejeitamos um determinismo que ultrapasse os limites preestabelecidos pela realidade dada, na medida em que ele procure "explicar" por meio de suposições dogmáticas os fatos irredutíveis das ações voluntárias. Por outro lado, rejeitamos também um determinismo segundo o qual, certamente, exige-se como explicação apenas a síntese das leis que resultam compreensíveis a partir de uma análise do complexo do // que é dado; mas que pressupõe essas leis como continuamente encontráveis e ao mesmo tempo como completamente dadas, e que exprime a pressuposição dessa realidade dada positiva ao operar com conceitos de uma lei universalmente válida, ao passo que, na verdade, a compreensão dessa lei é uma tarefa certamente prescrita de forma clara, mas nunca pensável como completa. Como *tarefa* do conhecimento, porém, mantemos a exigência de tornar compreensíveis todas as realidades psíquicas de acordo com seu lugar no complexo da consciência, e vemos na psicanálise, em concordância com a filosofia transcendental, um meio para favorecer o cumprimento daquela tarefa através do conhecimento dos complexos inconscientes.

Por fim, temos de discutir brevemente a concepção psicanalítica da relação entre o ser físico e o psíquico, entre o corpo e a alma, e compará-la com os resultados a que chegamos em nossa discussão dos "Elementos da doutrina transcendental da alma". Se Freud procura o "de onde" de um sintoma – que podemos substituir em geral por "uma realidade psíquica" – nas impressões que "vêm de fora" (CIP 294), então isso não contradiz de forma alguma nossa concepção do fechamento em si mesmo do complexo da consciência. Em nossa discussão transcendental, porém, chegamos ao resultado de que podem perfeitamente existir relações regulares entre o mundo corpóreo e o psíquico, porque eles estão constituídos apenas com base em formas distintas de formação conceitual. Podemos também concluir com a psicanálise que a explicação dos fatos inconscientes, sobretudo das neuroses, não pode ser realizada apenas por meio da análise do indivíduo, embora elas possuam seu fundamento último nas vivências dele, pois para a interpretação, na verdade, é preciso também levar em conta, de forma enfática, o mundo circundante do indivíduo, sobretudo as relações sociais em que vive. Quando, ao contrário, Freud considera o "para quê" dos sintomas, seu "sentido", na acepção plena da palavra que discutimos, como sendo "endopsíquico", como não espacial, então // isso nada mais é do que também diz nossa definição das coisas psíquicas, coisas que são os objetos propriamente ditos de toda a pesquisa psicanalítica. Apenas vivências de impressão podem pertencer simultaneamente, como fenômenos, aos complexos de coisas espaciais e anímicas; os complexos que designamos como sendo de coisas psíquicas caracterizam-se precisamente por não serem localizáveis espacialmente, e o "sentido" dos fenômenos, na acepção psicanalítica da palavra, como vimos, nada mais é do que o complexo conforme a leis a que pertencem as realidades inconscientes. Isso também permite compreender que Freud estabeleça a distinção entre psiconeuroses e neuroses atuais dizendo que estas últimas "não possuem um sentido". Para Freud, o sentido sempre significa apenas o complexo das coisas anímicas, e neuroses atuais são, para ele, aquelas doenças do sistema nervoso compreensíveis em sua dependência de causas físicas, mas não como determinadas pelos complexos das coisas anímicas; no entanto, temos ainda de demonstrar o modo com que se constitui o vínculo conforme a leis entre o físico e o psíquico; uma tarefa que não se podia realizar com os meios da psicologia e fisiologia tradicionais, em cuja solução a psicanálise parece ser chamada a participar, desde que ela consiga demonstrar que aqueles sintomas neuróticos possuem um "sentido" e uma colocação determinada no complexo das coisas psíquicas, o que é de se esperar perfeitamente. – Se, porém, a psicanálise não oferece uma teoria explícita da conexão entre mundo corpóreo e psíquico, ela pode, entretanto, com base nas esparsas observações de Freud sobre essa problemática, ser tranquilamente vista como coincidindo com os posicionamentos da filosofia transcendental sobre o problema corpo-alma, e nada impede que a completemos do ponto de vista da filosofia transcendental.

Cremos poder finalizar com isso nossa tentativa de interpretar epistemologicamente a psicanálise. Ela mostrou-se como um método para conhecimento do inconsciente // no mesmo sentido em que falamos desse conhecimento como uma tarefa científica: nós a demonstramos como coincidindo, segundo seu método e seus conceitos fundamentais, com o método transcendental, reencontramos muitas determinações transcendentais em seu desenvolvimento, e pudemos afirmar que mesmo seus resultados essenciais não dedutíveis transcendentalmente concordam com a doutrina transcendental da alma, representando seu "prolongamento". Entretanto, tivemos de criticar muitos conceitos auxiliares dogmáticos e hipotéticos, e insistir enfaticamente em uma distinção entre conhecimentos factuais e princípios hipotéticos mais precisa do que a fornecida pela própria psicanálise por motivos prático-cognitivos. Entretanto, o método psicanalítico resiste à crítica epistemológica. A compreensão de sua estrutura comprova, ao mesmo tempo, a fecundidade empírico-científica do conceito de inconsciente elucidado de um ponto de vista transcendental, que reencontramos como peça central da disciplina psicanalítica.

// Considerações finais

Procuraremos mais uma vez apresentar brevemente nossos resultados principais.

O *método* que seguimos foi: desdobrar passo a passo a problemática das doutrinas tradicionais do inconsciente, tal como ela se constitui de forma imanente nessas doutrinas, considerando, ao mesmo tempo, as relações entre as incoerências e o método transcendental, e sua correção possível a partir dele. Obtivemos, assim, a compreensão negativa da insuficiência de toda doutrina metafísico-dogmática do inconsciente, da necessidade dos conflitos teóricos a que essas doutrinas que se expõem, e remetemos, simultaneamente, o problema do inconsciente ao método transcendental, de que as filosofias do inconsciente reivindicam ser independentes. A fundamentação transcendental do conceito de inconsciente foi realizada por nós quando discutimos a parte da *Crítica da razão pura* de Kant em que se encontraria um espaço legítimo para uma teoria do inconsciente: o capítulo dos paralogismos psicológicos. Embora tenhamos constatado a coincidência dos resultados críticos kantianos com nossas considerações críticas preliminares das filosofias do inconsciente, tivemos, porém, de reconhecer também que a investigação kantiana não é suficiente para a crítica de uma "doutrina racional da alma", pois desconsidera as formações conceituais da segunda categoria no âmbito da pesquisa psicológica; precisamente devido a esses motivos, a "psicologia racional" não deve ser eliminada da ciência de forma geral, como Kant supõe. A partir da crítica da doutrina kantiana dos paralogismos, concebemos com clareza a ideia de uma doutrina racional, ou melhor, transcendental, da alma. Salientamos alguns elementos importantes para a constituição do conceito de inconsciente dessa // doutrina transcendental da alma e investigamos, particularmente, a formação do conceito de coisa anímica, que Kant desconhece, pois ele concebe o eu, o objeto do conhecimento transcendental, como mera unidade lógica. Assim, em concordância com os resultados críticos do primeiro capítulo, restringimos o conceito de consciente, e, ao aplicarmos os resultados de nossa investigação transcendental-psicológica aos fatos excluídos do conceito de consciência em sentido pleno, obtivemos uma definição do conceito de inconsciente que tomamos como irrefutáveis e suficientes de um ponto de vista científico. Diferenciamos essa definição de forma mais precisa e procuramos elucidar em pormenor o mecanismo das formações conceituais, sob as quais subsumimos as realidades inconscientes segundo leis. Finalmente, voltamo-nos para o conhecimento dessas realidades inconscientes no curso da investigação psicológica. Tomamos a psicanálise como método desse conhecimento, e justificamos detalhadamente nossa escolha. A seguir, investigamos os traços principais do percurso cognitivo da psicanálise ao traduzirmos seus conceitos principais e suas hipóteses heurísticas auxiliares nos conceitos transcendentais que havíamos considerado já bem estabelecidos. Ao mesmo tempo, submetemos o método psicanalítico e sobretudo a terminologia psicanalítica a uma crítica transcendental. Por fim, focalizamos as relações do método psicanalítico com o transcendental em seu conjunto, consideramos os resultados da análise, em parte, como princípios transcendentais que nos são conhecidos por nossa análise transcendental, em parte, pelo menos como conhecimentos que podem ser vistos como significativos totalmente no âmbito da sistemática transcendental; por fim, comparamos os conceitos-limite psicanalíticos, a concepção psicanalítica do vínculo entre o ser espacial e o psíquico e da causalidade (dinâmica) psíquica, com as concepções transcendentais desses problemas. A fundamentação transcendental universal da psicanálise como ciência foi o último objetivo de nossa investigação.

305 Alguns *resultados* que obtivemos são conhecimentos // de relevância filosófica universal, outros são determinações psicológico-transcendentais de conceitos das ciências particulares, como o da coisa psíquica e do inconsciente, e outros, por fim, são ideias teórico-científicas e metodológicas. Abdicamos de fazer considerações históricas ou mesmo uma contraposição a teorias anteriores, na medida em que elas não apresentavam uma relação conceitual direta com nossa problemática; além disso, nossos propósitos metodológicos ficaram em segundo plano em relação às questões conceituais.

Nossos resultados filosóficos fundamentais são, em primeiro lugar, de natureza crítica. Tivemos de nos assegurar do caráter radicalmente problemático das doutrinas tradicionais do inconsciente, na medida em que elas tanto se apresentam como filosofias do inconsciente quanto consideram possuir o fundamento absoluto de seus enunciados através do conceito de inconsciente. Cremos não exagerar a profundidade dessa problemática quando defendemos a concepção de que as contradições que explicitamos nas doutrinas do inconsciente deveriam bastar objetivamente para uma completa refutação dessas doutrinas. Em primeiro lugar, essas contradições afetam a possibilidade do *conhecimento* do inconsciente absoluto e transcendente – e é desse inconsciente que nos ocupamos –; este conhecimento deveria ser possível através de *intuição* [*Intuition*], a qual nossa crítica mostrou não levar ao conhecimento das realidades inconscientes quando tomada como "apreensão [*Anschauung*] imediata"; e que, mesmo se existisse uma possibilidade do conhecimento intuitivo das realidades inconscientes, ele precisaria da confirmação pelo conhecimento científico discursivo, que jamais poderia ser obtido precisamente para o inconsciente transcendente. Em segundo lugar, explicitamos as incoerências resultantes da suposição de um inconsciente que deve ser, por um lado, imanente ao complexo da consciência, mas, por outro, puramente transcendente, independente da consciência, e, por sua vez, deve ser o único fato constituidor da consciência. Entendemos todas aquelas contradições como hipóstases de *conceitos-limite* do conhecimento, por meio das quais as doutrinas do inconsciente ultrapassam arbitrariamente os limites da experiência possível; // entendemo-las, em parte, como legítimas relações antinômicas no sentido kantiano, que devem ser resolvidas segundo o modelo da solução kantiana da primeira e da segunda antinomias, em parte, porém, como contradições que se originam da suposição naturalista de transcendências psicológicas, de quaisquer coisas ou forças "em si" da alma, e que desapareçam com o conhecimento sobre o complexo do que é dado. Ao mesmo tempo, sabemos que essas hipóstases, cuja arbitrariedade é evidente para nós, possuem o mesmo significado sistemático-constitutivo para a estrutura das filosofias do inconsciente que as condições transcendentais no contexto do pensamento transcendental-idealista. Em terceiro lugar, as doutrinas do inconsciente, para poder formular apenas uma única de suas teses e afirmá-la em um significado idêntico, mostram-se como dependentes dessas condições transcendentais, cuja validade elas haviam negado. Elas estão, portanto, em contradição com sua tese fundamental de serem um pensamento independente de condições intelectuais fixas e constantes e devotado à "vida" imediata.

A crítica das doutrinas do inconsciente pode ser expressa como crítica de toda a metafísica da alma, pois, desde Leibniz, toda essa metafísica, a fim de afirmar sua suposta independência perante a experiência e sua transcendência perante o curso da consciência, precisou de uma suposição dogmática do inconsciente, de algo psíquico que insiste em ser independente da experiência e em não se referir às vivências. A crítica dessa metafísica da alma, que é necessariamente uma metafísica do inconsciente, foi empreendida por Kant na doutrina dos paralogismos. Na medida, porém, em que ele exerce a crítica de forma meramente lógica, e não em uma análise objetivo-transcendental; na medida em que ele, além disso, desconhece todo ser psíquico permanente, mesmo quando esse ser precisa ser pensado como subsistente em oposição às perspectivas metafísicas da alma, e com sua crítica o evita, em vez de fundamentá-lo com uma teoria positiva do objeto psíquico; e na medida em que ele, por fim, abandona à metafísica, como postulado, o caráter inteligível que ele gostaria de retirar precisamente dela – ele, assim, // não ultrapassa o ceticismo de Hume quando se trata da constituição de um ser psíquico permanente como objeto da experiência, e não ultrapassa a metafísica de Leibniz no que concerne à crítica da doutrina transcendente da alma. A crítica da metafísica da alma, portanto, não foi exercida de forma convincente no sistema kantiano, e nos pareceu necessário completá-la através das investigações crítico-imanentes e lógico-transcendentais realizadas.

Com a crítica abrangente das incoerências das doutrinas do inconsciente, está assegurado o direito crítico da filosofia transcendental, da análise empírica da consciência dirigida à obtenção de leis ideais, em oposição àquelas filosofias que gostariam de contestá-la. As doutrinas do inconsciente têm em comum com a filosofia transcendental o recurso à imanência da consciência; fatos inconscientes sempre foram compreendidos como psíquicos. Nossa crítica demonstrou que, por um lado, a teoria do inconsciente também é remetida à análise do *complexo* dos fatos da consciência e, assim, também precisa do conhecimento dos fatores transcendentais e das leis gerais da formação conceitual; por outro lado, nossa crítica mostrou que a fundamentação das doutrinas do inconsciente precisa se conservar estritamente no âmbito desse complexo, não deve desagregá-lo através de nenhum princípio e necessita remeter todos os conceitos com os quais ela opera ao imediatamente dado, que é o material de que parte toda análise do complexo da consciência que se quer legitimar cientificamente. Com isso, porém, não se exige nada menos que uma teoria do inconsciente transcendental, válida para toda experiência futura e expressa com base no conhecimento do complexo do que é dado na unidade da consciência pessoal. A necessidade de tal teoria prescinde de uma crítica das teorias tradicionais; ela já é convincente o bastante através do problema conceitual, e a lacuna da filosofia kantiana certamente não é deixada de lado diante do problema do inconsciente. O posicionamento polêmico das filosofias do inconsciente em relação à filosofia transcendental, porém, exige uma revisão do valor filosófico dessas filosofias.

308 // Para poder ser completada, a teoria transcendental do inconsciente que se exige pressupõe uma correção e complemento da doutrina kantiana, na qual essa teoria possuiria seu lugar sistemático: no capítulo dos paralogismos. Na medida em que conseguimos determinar positivamente o conceito de uma doutrina transcendental da alma, de modo que os conceitos de substancialidade, identidade e imaterialidade da alma são ratificados como conceitos transcendentais; além disso, na medida em que o conceito do eu fenomênico é objetivado transcendentalmente no conceito do eu empírico, e, por fim, na medida em que se legitime a subsistência de coisas psíquicas independentes de sua percepção atual e permanentes – então o conceito de inconsciente delineado por esses conceitos é não apenas acolhido no contexto da sistemática transcendental, mas sim comprovado como uma formação conceitual necessária para as coisas psíquicas. Com isso, porém, decide-se positivamente a disputa entre filosofia transcendental e filosofia do inconsciente que configurou o problema inicial de nossa investigação. Em primeiro lugar, demonstrou-se que a independência pretendida pelas filosofias do inconsciente perante as condições transcendentais não é realizável e não foi realizada em nenhum momento por aquelas filosofias. Em segundo lugar, demonstra-se que a censura de ser um racionalismo unilateral, feita pelas filosofias do inconsciente à filosofia transcendental, não procede ou, pelo menos, não necessariamente, uma vez que a filosofia transcendental, como filosofia da consciência, não precisa se limitar de forma alguma à consciência atual, pois, através de sua análise da realidade imediatamente dada, como "lembrança rudimentar", também pode compreender o saber não atual de forma totalmente significativa, a saber, no contexto das leis transcendentais. A censura de racionalismo feita à filosofia transcendental e sua fundamentação do conceito de inconsciente deve ser recusada, porque o conceito de inconsciente, como todo conhecimento no método transcendental, encontra sua legitimação na intuição [*Anschauung*], na realidade imediatamente dada; são precisamente os fatos da relação de forma, ou seja, os fatos comprováveis em última instância pela realidade imediatamente dada, // que conduzem à constituição filosófico-transcendental do conceito de inconsciente. Em terceiro lugar, a impossibilidade de acessar as realidades inconscientes em geral partindo da posição kantiana exige uma revisão da doutrina kantiana da alma e também uma determinação positiva e constitutiva do conceito de inconsciente, a qual não poderia ser fornecida pelas doutrinas filosóficas do inconsciente por razões de princípio. Portanto, o conceito de inconsciente, como um conceito sistemático fundamental, é compatível com o idealismo transcendental. A partir disso tudo, resulta como consequência mais importante que a contradição tradicionalmente afirmada entre filosofia transcendental e filosofia do inconsciente é mera aparência e é solucionável, contanto que as filosofias do inconsciente realizem rigorosamente a crítica de suas contradições imanentes e, assim, alcancem os conceitos fundamentais da unidade transcendental, e também contanto que a filosofia transcendental não ignore, em um racionalismo dogmático, as realidades inconscientes, mas sim as leve em conta de acordo com seu significado efetivo e as esclareça de um ponto de vista transcendental, de forma que ela não possa se furtar à compreensão de que a formação do conceito de inconsciente é uma lei transcendental. A filosofia transcendental e as filosofias do inconsciente possuem como ponto de partida comum o complexo da consciência. A análise das leis da consciência, porém, não admite diversas interpretações, mas sim apenas uma com rigor científico. Obviamente, isso não significa estabelecer um compromisso entre as doutrinas do inconsciente dominantes e a filosofia transcendental; a crítica das doutrinas do inconsciente usuais permanece válida em grande medida e não é possível a reconciliação com elas. Tampouco se esqueçem as diferenças filosóficas essenciais que subsistem entre a concepção ontológica da consciência dessas doutrinas e a empírico-científica da filosofia transcendental. Perante aquela, a reivindicação de validade da filosofia transcendental deve ser mantida radicalmente. Deve-se apenas salientar que o conceito de inconsciente, mesmo entendido como um conceito filosófico – e na medida em que a coisalidade anímica é para nós uma função transcendental, // o conceito de inconsciente permanece, de fato, um conceito filosófico –, não é incompatível com o idealismo transcendental e sua sistemática, pois, na verdade, encontra seu lugar de direito nessa sistemática.

Com isso, estão caracterizados os resultados filosóficos mais importantes de nossa investigação, pelo menos no que concerne a questões filosóficas de princípios. Especificamente, nossas afirmações ultrapassaram em muito o âmbito aqui delineado.

Em primeiro lugar, alcançamos importantes conclusões sobre o conceito da psicologia. Uma vez que seu objeto são as realidades da consciência, e a apreensão das leis dessas realidades é, ao mesmo tempo, a comprovação de legitimidade de todo conhecimento em geral e a fundamentação da filosofia transcendental, logo a psicologia não pode ser separada da filosofia transcendental de acordo com o *âmbito de seu objeto*. A separação usual entre teoria do conhecimento e psicologia, ou, se preferirmos, entre psicologia transcendental e empírica, baseia-se mais em uma suposta distinção do valor dos juízos; os enunciados da teoria do conhecimento devem valer como "independentes da experiência" e *a priori*, ao passo que a psicologia nos forneceria conhecimentos "meramente empíricos", não podendo, então, valer como ciência *a priori*. Para nós, essa distinção se mostra ilusória segundo os mais diversos pontos de vista. Por um lado, ela parte da falsa pressuposição de que a experiência não poderia nos fornecer nenhum juízo universalmente válido, enquanto, na verdade, o conhecimento das condições transcendentais também se origina unicamente de uma análise do complexo empírico de consciência. Por outro lado, entretanto, pode-se provar positivamente que não apenas os princípios mais gerais da psicologia, mas também grande parte de seus princípios usualmente entendidos como "materiais" resultam necessariamente da análise transcendental, ou seja, são condições sem as quais um complexo de consciência não pode ser pensado de maneira alguma. Deve-se recordar aqui que Cornelius, na *Sistemática transcendental*, // demonstrou como leis transcendentais os fatos da associação e da prática, que se costumam avaliar como resultados "empíricos" da psicologia e subestimá-los em virtude de sua validade; pensamos estar em consonância com a intenção dessa demonstração quando mostramos que a constituição das coisas psíquicas e, assim, as leis que sempre regem o surgimento de realidades inconscientes, não apenas existem, de fato, no curso da consciência, mas sim são consequências necessárias das leis do complexo desse curso de consciência. Por fim, uma vez que a disjunção segundo a qual a filosofia transcendental se ocupa com as leis, e a psicologia com os fatos particulares da vida anímica, não nos obriga a nenhuma distinção entre os dois âmbitos, e como a análise transcendental sempre pressupõe a realidade dada factual de um curso de consciência para ascender às formulações de suas leis ideais, ao passo que para uma psicologia que almeja ser mais do que mera coletânea de fatos disparatados não basta de forma alguma o conhecimento dos "fatos" – e na verdade ela nem sequer os procura, pois, na verdade, o conhecimento dos complexos conformes a leis é exigido necessariamente não apenas para ordenação, mas também para o próprio conhecimento do material –: logo se torna completamente inválida a distinção entre psicologia transcendental e empírica. Em todo caso, podemos denominar psicologia transcendental ou – de acordo com a terminologia de Cornelius – *fenomenologia* a todos aqueles princípios da psicologia sem os quais é impossível pensar um complexo da consciência, enquanto todos os outros princípios da psicologia deveriam ser atribuídos à psicologia "empírica". Entretanto, não é possível estabelecer previamente uma fronteira entre ambas as disciplinas, pois sempre existe a possibilidade de que determinações empírico-psicológicas, como a do inconsciente, comprovem-se posteriormente como leis transcendentais, e tampouco existe uma distinção por princípio no que concerne à validade universal e ao valor dos juízos de ambas as disciplinas. Mesmo que a diferenciação dos campos de trabalho psicológicos seja válida de um ponto de vista metodológico, ela, de acordo com a precisão da disjunção usual, permite tão frequentemente a passagem de suposições empiricamente incontroláveis como se fossem determinações transcendentais, que, segundo nossa concepção, é preciso tomar total distância dela, na medida em que as // disciplinas devem ser elucidadas filosoficamente. Com isso delineamos o resultado metodológico mais importante de nossa investigação; um resultado que possui seu fundamento, porém, não em reflexões metodológicas isoladas, mas nas próprias coisas.

Preferimos não reproduzir em pormenores os resultados de nossa discussão da doutrina transcendental da alma. Inicialmente, eles se apresentam como correções da doutrina kantiana dos paralogismos. Em contraste com a crítica kantiana, estabelecemos os conceitos de substancialidade, identidade, ou seja, simplicidade (que unifica ambos conceitos) e imaterialidade da consciência como conceitos de experiência, que significam mais do que uma mera unidade lógico-formal, isto é, a do "eu penso". Com a correção da recusa kantiana daqueles conceitos, colocamos a exigência de considerar de forma abrangente as formações conceituais da segunda categoria de acordo com a *Sistemática transcendental* de Cornelius e torná-las compreensíveis em sua constituição transcendental. Procuramos cumprir essa exigência ao salientarmos aqueles elementos do complexo da consciência que possibilitam a constituição do ser permanente das coisas no âmbito psíquico. A execução dessa análise pressupõe o conhecimento do que precisávamos entender como psíquico nessa investigação. Precisamos delimitar o ser psíquico sobretudo em relação ao material e vimos que o mundo material e o psíquico não estão separados por diferenças ontológicas, pois sua contraposição é devida unicamente a distintos modos de formação conceitual; essa contraposição, portanto, não pode ser pressuposta de forma naturalista. Ao mesmo tempo, tornou-se evidente para nós a possibilidade geral de uma ligação entre o mundo psíquico e o físico; uma vez que ambos os conceitos, do mundo material e do psíquico, encontram sua comprovação última no complexo da consciência pessoal, é perfeitamente possível um vínculo regular de ambos os modos de formação conceitual, mas nunca no sentido de que as realidades psíquicas pudessem ser derivadas das físicas, pois as formações conceituais que compreendem em si um mundo corpóreo // estão todas fundadas no fenomênico, nas vivências, portanto no psíquico. — As determinações do ser psíquico permanente submetem-se ao conceito mais geral do eu empírico, contraposto ao eu fenomênico, em cujas leis e complexos de vivência possui seu único fundamento.

Na medida em que nós, da forma explicitada no início e considerando os resultados de nossas reflexões críticas preliminares, diferenciamos o conceito de consciência, e aplicamos as determinações do ser psíquico permanente à parte das realidades psíquicas que não incide sob o conceito de consciência no sentido pleno que obtivemos, então alcançamos a definição das realidades inconscientes, tal como consideramos todos os objetos psíquicos — dos quais excluímos as coisas materiais —, desde que eles não sejam vivências atuais dadas em lembrança clara e distinta. Não nos parece necessário expor aqui novamente as determinações conceituais mais específicas do inconsciente, de modo que remetemos à síntese das teses principais sobre o inconsciente ao final do segundo capítulo. Consideramos necessário diferenciar de forma mais precisa o conceito de inconsciente que abriga em si elementos diversificados. A distinção mais importante a que submetemos o inconsciente é a que se dá entre fatos reais (inconscientes) imediatamente dados, isto é, aqueles que foram vivência em algum momento, e objetos ideais inconscientes mediatamente dados, isto é, aqueles que nunca foram vivências, pois são complexos de vivências. Na medida em que esses complexos representam leis, nós os consideramos coisais e falamos de propriedades, disposições etc. de nossa consciência; sobretudo os objetos da *psicanálise* estão incluídos aqui. – Realidades coisais anímicas são por princípio sempre inconscientes. – Objetos inconscientes nos são dados, por princípio, apenas mediatamente, não sendo jamais vivências atuais. O princípio fundamental de uma doutrina dos objetos inconscientes é: todo inconsciente encontra sua comprovação sempre e exclusivamente no consciente. Uma vez que a própria realidade imediatamente dada é única e irrepetível, então o meio de todo // conhecimento fundamental das realidades inconscientes é a produção da lembrança simples e totalmente distinta.

Apresentou-se no terceiro capítulo o modo como o conhecimento empírico das realidades inconscientes se realiza em particular, na medida em que ele é possível e na medida em que o curso de tal conhecimento se realiza em consonância com os princípios analíticos da teoria transcendental do conhecimento. Consideramos a *psicanálise* o método adequado ao conhecimento das realidades inconscientes; nós a escolhemos precisamente porque ela corresponde, em grande medida, às exigências do método transcendental, mas também porque apenas ela, entre todas as disciplinas psicológicas, se dirige à análise do complexo intratemporal da consciência. Nós a consideramos, excluindo todas as intenções terapêuticas e também todas as hipóteses biológicas, como análise do complexo da consciência para obtenção do conhecimento de leis e realidades particulares desse complexo, na medida em que são inconscientes. Inicialmente, ela concorda com o método transcendental em seus conceitos fundamentais, sendo igualmente fundada na pressuposição da unidade e legalidade do curso da consciência; recorre ao próprio complexo das vivências a fim de demonstrar essa legalidade e se serve da lembrança simples como fundamento último para conhecer o inconsciente. Como o método transcendental, ela é essencialmente uma análise do complexo da consciência, indo do todo às partes. Ela também está essencialmente em consonância, em seus resultados de conteúdo, com a investigação transcendental do inconsciente. Com a exigência de que todas as vivências tenham um sentido, ela não apenas exprime que todas as vivências necessariamente pertençam à unidade do curso de consciência, mas também que o pertencimento das vivências a essa unidade constitui-se com base na função simbólica. Ela, assim, coloca o conceito de símbolo no centro de seu método, e seu objetivo é sempre a produção de relações simbólicas simples. Ao mesmo tempo, como o "sentido" das vivências é algo inconsciente para a psicanálise, no mesmo significado com que tentamos determinar o conceito de inconsciente, e na medida em que esse sentido tem, ao mesmo tempo, o // significado de uma lei para o surgimento de vivências atuais e futuras, a psicanálise opera com um conceito de *coisa psíquica* que equivale completamente ao nosso.

O conhecimento das realidades inconscientes realiza-se como conhecimento precisamente das leis que determinam minhas vivências atuais e a expectativa de vivências futuras. Tal como a análise transcendental, a psicanálise parte da vivência atual, do fenomênico, e procura estabelecer, através da lembrança, o vínculo regular entre minha vivência atual e a passada, e das vivências passadas entre si. Nossas disjunções do conceito de inconsciente, o qual dividimos em conteúdos inconscientes reais e inconscientes ideais, retornam na psicanálise como diferença entre pré-consciente e recalcado. Em correspondência com isso, Freud distingue entre inconsciente momentâneo e permanente. Por fim, em vista do fato de que nossa experiência psicológica não pode ser suposta, por princípio, como completamente dada, a psicanálise constrói um conceito-limite do absolutamente inconsciente, o qual, porém, precisamos submeter à crítica de trazer consigo a hipótese naturalista de um saber inconsciente concebido como patrimônio filogenético da humanidade. O conceito psicanalítico do permanentemente inconsciente, ao contrário, não tem um âmbito de validade maior que o da coisa espacial permanente; esse permanentemente inconsciente é um objeto no sentido kantiano. Freud unifica as conexões regulares recíprocas entre as coisas psíquicas na doutrina da dinâmica psíquica, na qual reconhecemos nada mais que uma doutrina da causalidade psíquica no sentido transcendental que elucidamos. Na medida em que essa causalidade não anula as ações voluntárias livres, mas sim recorre às realidades dadas imediatas, que incluem as ações voluntárias, e procura compreender as conexões do imediatamente dado, resulta que a psicanálise não tem de incorrer necessariamente em consequências deterministas. – Não podemos repetir aqui os resultados específicos de nossa investigação de como se relacionam filosofia transcendental e método psicanalítico, // de modo que nos restringimos a apontar apenas as linhas diretoras gerais de nossa consideração epistemológica da psicanálise.

Depois de todo esse percurso, resta-nos ver brevemente a *finalidade* de nosso trabalho. Certamente, com a solução das tarefas de conhecimento que se colocou, ele já teria alcançado sua finalidade como investigação científica, mas não é por acaso que nos colocamos essas tarefas cognitivas e nenhuma outra. Consideramos o problema do inconsciente como especialmente importante. Não apenas porque o discurso sobre o inconsciente é tão difundido quanto confuso, precisando ser extirpado por ser um resquício turvo de uma velha metafísica, mas sim porque acreditamos que a preferência por esse conceito e sua confusão surjam ao mesmo tempo de necessidades histórico-temporais mais profundas. O discurso sobre o inconsciente não se restringe a uma conversa vaga, pois desempenha um grande papel nas ciências. Aqui, não pensamos tanto na psicanálise, cujo êxito social, porém, deve-se menos à sua concepção rigorosa do conceito de inconsciente do que a outros motivos; temos em vista, sobretudo, as correntes preponderantes da caracteriologia e da psicologia da personalidade, certas tendências fenomenológicas e, por fim, também aquelas que não estão longe da teoria da Gestalt; em suma, todos aqueles movimentos que operam de forma central com o conceito do *orgânico* creem possuir nesse conceito um meio eficiente para combater todo "racionalismo", e, no âmbito da psicologia, servem-se de forma central do conceito de inconsciente, que, para elas, parece tanto se subtrair à racionalidade inquiridora quanto corresponder às forças vitais-somáticas, orgânicas. Assim, não é por acaso que conduzimos nossa crítica do inconsciente referindo-nos a Kant e destacando precisamente aqueles elementos das doutrinas do inconsciente que constituem os pontos de partida de sua interpretação teleológico-vitalista e organológica. Com nossa crítica ao conceito de inconsciente dogmático-metafísico e naturalista, cremos ter atingido sensivelmente essas doutrinas, // e, com a redução do conceito de inconsciente à sua legítima medida científica, pensamos ter evitado a impressão de que a realidade dos fatos inconscientes signifique contrariar, de alguma forma, o valor do conhecimento científico fundamentado de um ponto de vista transcendental. Obviamente, não foi o prazer da polêmica que nos conduziu; em nossa discussão, renunciamos quase totalmente à polêmica, embora a intenção de nossas explanações de criticar as concepções do inconsciente dominantes não tenha podido permanecer oculta, mesmo quando não se falou explicitamente dessa intenção. O fato de defendermos precisamente a psicanálise, duramente atacada pelo ponto de vista organológico-caracteriológico, e, com a descoberta de sua estrutura transcendental, de refutarmos a objeção mais difundida contra a teoria freudiana, sem a mencionar, ou seja, que ela seria propriamente destrutiva – ao passo que seu procedimento analítico é somente a forma necessária de todo conhecimento do complexo da consciência, que nos é dado como totalidade e que precisamos desmembrar em prol da ordenação conceitual objetivamente válida –, assim como o fato de trazermos positivamente a psicanálise para o círculo de nossas reflexões: tudo isso se vincula estreitamente a nosso posicionamento crítico em relação à caracteriologia ontológica e à metafísica da vida intimamente aparentada a ela. Entretanto, as motivações polêmicas não foram decisivas para nós. O motivo de termos nos proposto a apresentar, em oposição àquelas teorias, uma teoria cientificamente reduzida do inconsciente é que não vemos aquelas teorias de forma isolada, mas sim no contexto da época; porque acreditamos que elas não surgiram apenas do humor e da fantasia de seus criadores, pois, na verdade, cumprem uma função muito bem estabelecida na realidade social e que é perigosa; ela deve ser conhecida e, segundo pensamos, necessariamente criticada.

Não é difícil caracterizar essa função. Não se deve procurá-la, entretanto, na estrutura isolada de cada teoria e certamente não na psicologia dos autores que as construíram. A função de uma teoria na realidade social é sempre, ela mesma, social. Como função social, ela também tem seu fundamento em // relações sociais. É inegável que a própria realidade social contradiz o significado positivo do conceito de inconsciente na filosofia atual, pois a ordem dominante da economia se dá sob o signo da racionalidade e é tudo, menos um organismo tal como as doutrinas do inconsciente o difundem como medida e norma. Se, entretanto, precisamente naquela ordem social, as doutrinas do inconsciente alcançaram reconhecimento e, em grande medida, supremacia intelectual, então não se pode afastar a suspeita de que a contradição entre as filosofias do inconsciente e a ordem econômica dominante é aproveitada de forma complementar; de que a teoria deve completar o que falta na realidade, e ao mesmo tempo transfigurar as faltas da realidade; em outras palavras, de que ela é aproveitada como ideologia. O papel ideológico das doutrinas do inconsciente é evidente em mais de um ponto de vista. Em primeiro lugar, todas essas doutrinas querem desviar a atenção das formas econômicas dominantes e da preponderância do econômico, ao demonstrarem que, para além dos poderes econômicos, existem outros, não menos atuantes, independentes da consciência em todo sentido, e, assim, subtraídos à tendência econômica da racionalização; que, portanto, restam ao indivíduo ilhas às quais ele pode se retirar, escapando da maré da luta na concorrência econômica. Vistas precisamente como tais realidades independentes do processo de produção econômica, as forças inconscientes da alma são o lugar para onde se pode escapar, a fim de encontrar um descanso perante a coerção econômica, em contemplação ou gozo, como em um veraneio da consciência. Assim se esquece que os fatos inconscientes, na medida em que se pode falar deles de forma significativa, não se restringem a uma determinada esfera independente da consciência, pois eles, na verdade, como leis mais gerais, determinam precisamente a vida desperta da consciência e certamente também em grande medida a vida da economia; mas se esquece, por outro lado, que quando se quer escapar para aquela reserva inconsciente, pressupõe-se uma certa medida mínima de independência das necessidades econômicas e // suficiente tempo livre; esquece-se, portanto, que a suposta liberdade perante a economia nada mais é do que liberdade econômica, e que se restringe a um pequeno círculo de indivíduos como seu luxo; sem falar que os fatos enfatizados aqui não são demonstráveis de forma alguma como sendo inconscientes. A função ideológica das doutrinas do inconsciente se prolonga no fato de que a avaliação positiva daquelas forças inconscientes remete o indivíduo a si mesmo e o desvia das relações sociais, das quais ele se pensa como independente, e das quais se subtrai em uma vida privada, em vez de se comprometer com a possibilidade de sua transformação. Com isso, porém, o significado ideológico das doutrinas do inconsciente não se esgota de forma alguma. Suas consequências últimas são muito mais perigosas. A exaltação dos poderes vitais, que escarnecem de sua demonstração própria na consciência, não tem em vista apenas desviar a atenção da realidade social, mas sim defender a sociedade, quando os empreendimentos econômicos ultrapassam a medida do que deve ser legitimado racionalmente e se deixam levar cegamente pelo poder e pelo impulso. É exatamente nesse momento que a força do inconsciente aparece, e não apenas a exploração egoísta ilimitada, mas também os perniciosos planos do imperialismo encontram sua proteção ideológica como irrupções naturais dos poderes vitais inconscientes. Que sejam esses os fatos nos quais a ordem econômica vigente cai em contradição consigo mesma, e que eles se integrem economicamente ao conceito de crise de vendas, isso pode ter sua razão mais profunda no fato de serem concebidos como necessidades inconscientes do destino, porque a razão não consegue explicá-los, e não resta à ordem econômica dominante nenhum outro caminho a não ser o que leva a tais consequências. Para se evadir de uma vez por todas à crítica racional, as tendências imperialistas – mais claramente na ideologia do fascismo – refugiam-se em entidades ontológicas, independentes da consciência, transcendentes e sagradas de alguma forma, que fazem a realização cega da dissolução da ordem econômica vigente aparecer como desejada por Deus e necessária – sempre sob a perspectiva de que, nas // catástrofes iminentes, nem todas as partes serão perdedoras, pois muitas serão vencedoras.

Em contraste com isso, devemos realizar, em todos os sentidos, um *desencantamento* do inconsciente, para entendermos o inconsciente como uma forma de construção conceitual que tem no consciente seu único e exclusivo fundamento e que precisa se legitimar no consciente; logo não cabe falar de poderes inconscientes da alma que se subtraiam ao poder da consciência ou o fundamentem. Quando se concebe o inconsciente como uma lei transcendental, universal e necessária, ele perde seu caráter valorativo e normativo, não se apresentando mais como uma prerrogativa de indivíduos superiores, mas sim como uma condição do complexo psíquico válida para todos, não oferecendo certamente nenhum descanso, mas tampouco alguma superioridade mítica. Não é possível se refugiar no inconsciente; ele não é qualitativamente distinto do consciente, mas sim uma forma geral do complexo do consciente. Na medida em que obscuros poderes pulsionais e pretensões de poder se escondem por trás das realidades inconscientes, não se trata apenas do desencantamento do *conceito* de inconsciente, que pensamos ter realizado de forma satisfatória, mas também do conhecimento das próprias realidades inconscientes. Nossa grande estima pelo significado da psicanálise provém do fato de que ela está a serviço do conhecimento do inconsciente, sem carregá-lo com um *páthos* metafísico que não lhe corresponde, e porque seu conhecimento se dirige à dissolução das próprias realidades inconscientes, representando, assim, uma poderosa arma contra toda a metafísica das pulsões e contra toda divinização da vida meramente turva e orgânica. Não por acaso se dirige contra a psicanálise a indignação levantada por todos aqueles que veem o esclarecimento psicanalítico ameaçar o inconsciente, que representa seu // refúgio ideológico e sua propriedade privada. Freud mostrou que a resistência à psicanálise confirma suas teses centrais; pode-se admitir isso também no sentido de que a psicanálise sempre encontra adversários onde o poder dos complexos inconscientes, e mais ainda dos interesses que se escondem sob o manto ideológico do inconsciente, são mais fortes do que a vontade de conhecer esses complexos. Não ignoramos que a psicanálise não se dirige de forma unívoca ao esclarecimento do inconsciente; tal como tivemos de criticar a disciplina psicanalítica em vários momentos, por ela pressupor um inconsciente de forma naturalista e incorrer no perigo de deixá-lo se transformar em uma transcendência, assim também a grande repercussão da psicanálise é possibilitada não apenas pela exigência de conhecimento das realidades inconscientes, mas também, em conjunto com a compreensão da importância dessas realidades, que tem razão de ser, pelo recurso aos complexos inconscientes como poderes do destino, a que nos contrapomos criticamente. Não se pode desconsiderar, entretanto, que a psicanálise, em suas intenções mais profundas, tal como se destacam na teoria *de Freud*, é capaz e deseja impor o primado do conhecimento sobre o inconsciente. Entretanto, se ela permanece ligada aos pressupostos dogmáticos do inconsciente em vários pontos, isso tem sua razão não apenas na insuficiência da teoria, a que remetemos várias vezes, mas também em uma dimensão social, a saber: que a descoberta de muitos conteúdos inconscientes decisivos tem como pressuposto a transformação da situação social atual, e que, em todo caso, nada se consegue com o conhecimento das realidades inconscientes enquanto a realidade social permanecer intacta. Depois de tudo o que discutimos sobre a possibilidade transcendental-idealista de um vínculo regular entre o mundo material e psíquico, não nos surpreende se não apenas o conhecimento das realidades inconscientes, mas também sua constituição dependa em parte do mundo material, ou seja, da sociedade. // O próprio Freud exprimiu, com brilhante simplicidade, aquele vínculo em relação ao conceito de recalque, central na dinâmica psicanalítica do inconsciente:

> A motivação da sociedade humana é, em última instância, econômica; uma vez que ela não possui meios de vida suficientes para manter seus membros sem que eles trabalhem, precisa restringir seu número e desviar suas energias da atividade sexual para o trabalho. Trata-se da eterna e arcaica necessidade da vida, que se mantém até o presente. (CIP 324)

Assim se prescrevem claramente os limites de toda a dissolução do inconsciente por meio de seu conhecimento em todos os casos em que a formação de leis inconscientes é também condicionada pelas relações do mundo material, que não podem ser transformadas apenas através de uma análise do complexo de consciência. Freud se defronta com essa mesma limitação quando explica que a terapia analítica deve se interromper naqueles casos em que a doença representa para o doente uma fuga das relações sociais, que não podem ser melhoradas pelo poder da terapia, de tal forma que se deveria admitir a doença como, por assim dizer, um mal menor.

O limite de que se fala é também o de todo esclarecimento e, assim, também de nossa investigação. Não acalentamos a esperança de termos atingido seriamente a validade as doutrinas do inconsciente dominantes; estão em jogo poderosos interesses que consolidam aquelas teorias na opinião pública.

Cremos, porém, que iniciamos com nosso esclarecimento nada que seja completamente em vão. A superação das consequências práticas de doutrinas falsas não pode, decerto, ser realizada apenas teoricamente, mas ela pressupõe a compreensão da falsidade das doutrinas e a construção de teorias mais corretas em seu lugar. Se conseguimos realizar a determinação e o desencantamento do conceito de inconsciente no âmbito restrito da crítica do conhecimento, então nos damos por satisfeitos.

Palestras e teses

// A atualidade da filosofia

Quem hoje escolhe o trabalho filosófico como profissão deve começar renunciando à ilusão com a qual os projetos filosóficos se iniciavam outrora, a saber: que seria possível apreender, com a força do pensamento, a totalidade do real. Nenhuma razão legitimadora poderia reencontrar a si mesma em uma realidade cuja ordenação e formas anulam toda pretensão da razão; ela se oferece somente de forma polêmica ao sujeito cognoscente como realidade total, ao passo que apenas em vestígios e ruínas é que ela sustenta a esperança de alcançarmos algum dia a realidade justa e correta. A filosofia, que hoje apresenta a realidade como tal, não serve para nada mais do que encobrir a realidade e perpetuar seu estado atual. Antes de toda resposta, essa função já está colocada na pergunta que hoje é chamada de radical, mas que é a menos radical de todas: a questão pelo ser pura e simplesmente, como a formulam explicitamente os novos projetos ontológicos, e como ela, apesar de toda oposição, também serviu de fundamento aos sistemas idealistas, supostamente ultrapassados. Pois essa questão pressupõe, como possibilidade de sua resposta, que o ser seja absolutamente adequado e acessível ao pensamento, e que a ideia do ente possa ser investigada. A adequação do pensamento ao ser como totalidade, porém, desmoronou-se, e assim a própria ideia do ente não pôde ser mais questionada, sendo capaz de se manter apenas sobre uma realidade redonda e fechada como uma estrela em clara transparência, e que, talvez, tenha se desvanecido ao olhar humano para sempre, desde o momento em que as imagens de nossa vida passaram a ser acessíveis apenas através da história. A ideia do ser tornou-se impotente na filosofia, não sendo nada mais do que um princípio formal vazio, cuja dignidade arcaica auxilia a mascarar conteúdos arbitrários. Nem a plenitude do real, como totalidade, submete-se à ideia do ser, // que lhe daria sentido, nem a ideia do ente pode ser construída a partir dos elementos do real. Essa ideia está perdida para a filosofia, e, assim, vê atingida na origem sua pretensão à totalidade do real.

A própria história da filosofia fornece um testemunho para isso. A crise do idealismo equivale a uma crise da pretensão filosófica à totalidade. A *ratio* [*razão*] autônoma – essa foi a tese de todos os sistemas idealistas – deveria ser capaz de desenvolver a partir de si mesma o conceito da realidade e toda a realidade ela mesma. Essa tese se dissolveu. O neokantianismo da Escola de Marburg, que tentou, de forma sumamente rigorosa, alcançar o conteúdo da realidade a partir de categorias lógicas, manteve seu fechamento sistemático, mas, em compensação, renunciou a todo direito sobre a realidade, e se viu remetido a uma região formal em que toda determinação de conteúdo dilui-se em um ponto final virtual de um processo infinito. A posição contrária à Escola de Marburg no âmbito do idealismo, ou seja, a filosofia da vida de [Georg] Simmel, de orientação psicologista e irracionalista, com certeza manteve contato com a realidade de que ela se ocupa, mas, em compensação, perdeu todo direito de conferir sentido à empiria premente e resignou-se a um cego e obscuro conceito natural do ser vivo, conceito que ela procurou elevar, em vão, a uma transcendência do mais-que-a-vida obscura e ilusória. Por fim, a escola de Rickert do Sudoeste alemão, que fez a mediação entre os extremos, pensa dispor, no âmbito dos valores, de critérios filosóficos mais concretos e mais manejáveis do que a escola de Marburg possui em suas ideias, e construiu um método que relaciona a empiria, sempre um tanto frágil, com aqueles valores. Permanecem indeterminados, porém, tanto o lugar quanto a origem dos valores, situando-se em algum lugar entre a necessidade lógica e a multiplicidade psicológica; sem validade no real, são incertos no plano espiritual; trata-se de uma pseudo-ontologia, que não fornece suporte à questão pelo "de onde" do valor, nem à questão por seu "para quê". – Trabalhando distantes das grandes tentativas de solução da filosofia idealista, as Filosofias científicas renunciam de antemão à pergunta idealista fundamental pela constituição do real, // conferindo-lhe validade apenas no âmbito de uma propedêutica às ciências particulares desenvolvidas, sobretudo às ciências da natureza, e, assim, consideram possuir um fundamento seguro nas realidades dadas, sejam elas do complexo da consciência, sejam as das pesquisas das ciências particulares. Tendo perdido o vínculo com os problemas históricos da filosofia, elas esqueceram que suas próprias afirmações estão indissoluvelmente ligadas, em cada uma de suas pressuposições, aos problemas históricos e à história desses problemas, não podendo ser solucionadas de forma independente deles.

Nesse contexto, o espírito filosófico inicia o empreendimento que atualmente denominamos fenomenologia: a tentativa de — após a decadência dos sistemas idealistas, mas servindo-se do instrumento do idealismo, ou seja, da *ratio* autônoma — alcançar uma ordem do ser suprassubjetivamente válida. O paradoxo mais profundo de todas as intenções fenomenológicas é que elas, através das mesmas categorias produzidas pelo pensamento subjetivo pós-cartesiano, tentaram alcançar precisamente aquela objetividade que essas intenções contradizem em sua origem. Assim, não é por acaso que a fenomenologia em Husserl tomou como ponto de partida o idealismo transcendental, e os produtos tardios da fenomenologia tanto menos podem negar essa origem quanto mais eles tentam escondê-la. A descoberta verdadeiramente produtiva de Husserl — e mais importante do que o método da "intuição das essências", que obteve mais sucesso externamente — consistiu no reconhecimento do significado do conceito da realidade dada irredutível — como havia sido construído pelas correntes positivistas — para o problema fundamental do vínculo entre razão e realidade, e o tornou frutífero. Ele tomou da psicologia o conceito da intuição originariamente doadora e, através da formação do método descritivo, recuperou à filosofia uma confiabilidade da análise restrita que ela há muito havia perdido nas ciências particulares. Não se pode ignorar, entretanto — e Husserl ter expresso isso publicamente é prova de sua grande e profunda honestidade —, que todas as análises husserlianas das realidades dadas permaneçam referidas a um implícito sistema do idealismo transcendental, // cuja ideia finalmente também foi formulada em Husserl; que a "jurisdição da razão" permaneça a última instância para se relacionar razão e realidade efetiva; que, portanto, todas as descrições husserlianas pertençam a essa circunscrição da razão. Husserl depurou o idealismo de todo excesso especulativo e o trouxe à medida da realidade mais elevada acessível a este, mas não o desagregou. Em Husserl, o espírito autônomo impera tal como em [Hermann] Cohen e [Paul] Nartorp; só que ele abdicou da pretensão da força produtiva do espírito, da espontaneidade de Kant e de Fichte, e se contentou, como apenas o próprio Kant o fez, em se assenhorar da esfera do que lhe era alcançável de forma adequada. A concepção usual da história da filosofia dos últimos trinta anos pretende ver nessa moderação da fenomenologia husserliana sua limitação, considerando-a o início de um desenvolvimento que conduz por fim ao projeto de realizar precisamente a ordem do ser que se insere apenas em termos formais na descrição de Husserl sobre a relação noético-noemática. Eu me oponho explicitamente a essa concepção. A transição para a "fenomenologia material" efetivou-se de forma apenas aparente, e ao preço daquela confiabilidade das conclusões que era o único fundamento de legitimação do método fenomenológico. Se no desenvolvimento de Max Scheler as verdades eternas se desataram em uma súbita mudança, para, enfim, serem banidas para a impotência de sua transcendência, então se pode ver aí certamente o incansável ímpeto questionador de um pensamento que se apodera da verdade tão somente se movendo de erro em erro. O enigmático e incansável desenvolvimento de Scheler, porém, pretende ser entendido de modo mais rigoroso do que apenas sob a categoria de um destino espiritual individual. Ele mostra mais que a transição da fenomenologia, de sua região formal-idealista para a material e objetiva, não poderia se efetivar sem salto e de forma indubitável, pois, na verdade, as imagens da verdade anistórica – que outrora a filosofia de Scheler esboçou de forma tão sedutora sobre o pano de fundo da doutrina católica fechada – confundiram-se e se desintegraram, tão logo foram procuradas precisamente naquela realidade // cuja apreensão constitui o programa da "fenomenologia material". A última mudança no pensamento de Scheler parece-me ter seu direito verdadeiramente exemplar, pelo fato de ter reconhecido como material-metafísico o abismo entre as ideias eternas e a realidade efetiva, que a fenomenologia pretendeu superar na esfera material, e abandonou a realidade efetiva a um "ímpeto" cego, cuja relação ao céu das ideias é obscura e problemática, e ainda abre espaço apenas para os vestígios mais tênues de esperança. Em Scheler, a fenomenologia material revogou a si mesma dialeticamente: de seu projeto ontológico restou-lhe apenas a metafísica do ímpeto; a última eternidade de que dispõe sua filosofia é a da dinâmica ilimitada e indômita. Vista de acordo com o aspecto dessa autorretomada da fenomenologia, a doutrina de Martin Heidegger também se apresenta de forma diferente do que o *páthos* do começo a mostra, o qual explica sua repercussão externa. Em Heidegger, pelo menos nos escritos publicados, em lugar da questão pelas ideias objetivas e pelo ser objetivo, surgiu a questão subjetiva; a exigência da ontologia material reduziu-se ao âmbito da subjetividade, e procura em sua profundidade o que não é capaz de encontrar na plenitude aberta da realidade efetiva. Por isso, não é mero acaso, tampouco no sentido histórico-filosófico, que Heidegger recorra precisamente ao último projeto de uma ontologia subjetiva que o pensamento ocidental produziu: a filosofia existencial de Sören

Kierkegaard. O projeto de Kierkegaard, porém, desmoronou-se e não é recuperável. A incansável dialética de Kierkegaard não foi capaz de alcançar na subjetividade nenhum ser firmemente fundado; a última profundidade que se abriu a ela foi a do desespero em que a subjetividade se desfaz; um desespero objetivo, que enfeitiça o projeto do ser na subjetividade como projeto do inferno; desse espaço infernal ela não sabe salvar a si mesma de outro modo a não ser através de um "salto" na transcendência, que permanece um ato de pensamento impróprio, desprovido de conteúdo e até mesmo subjetivo, encontrando sua suprema determinação no paradoxo de que aqui o espírito subjetivo precisa sacrificar a si mesmo, recebendo em troca uma fé // cujos conteúdos, contingentes para a subjetividade, derivam apenas da palavra bíblica. Apenas através da suposição de uma realidade por princípio não dialética e historicamente pré-dialética, "à mão" [*zuhanden*], é que Heidegger pôde se subtrair a tal consequência. Entretanto, salto e negação dialética [*dialektisches Negat*][1] do ser subjetivo também constituem aqui sua única legitimação: só que a análise do que está dado, através da qual Heidegger permanece ligado à fenomenologia e se diferencia essencialmente da especulação idealista de Kierkegaard, impede a transcendência da fé e sua assimilação espontânea pelo sacri-

---

[1] Aqui é estranho que Adorno empregue "negação dialética", uma vez que na frase anterior havia dito explicitamente de uma negação não dialética, que é a que existe reconhecidamente no pensamento de Heidegger. A tradução espanhola segue diretamente a letra do texto alemão, mas a edição de língua inglesa opta por "corrigir" o original, traduzindo como *undialectical negation*. De nosso ponto de vista, trata-se de um lapso de escrita de Adorno ou de falha na edição do texto, mas preferimos manter a tradução fiel ao original. (N. T.)

fício do espírito subjetivo e, em vez disso, só reconhece ainda uma transcendência ao ser-assim vital, que é cega e obscura: na morte. Com a metafísica heideggeriana da morte, a fenomenologia ratifica um desenvolvimento que Scheler já havia inaugurado com a doutrina do ímpeto. Não se pode deixar de dizer que com isso a fenomenologia está pronta para terminar precisamente naquele vitalismo que ela se propôs combater em sua origem: a transcendência da morte em Simmel distingue-se da heideggeriana apenas pelo fato de se manter em categorias psicológicas, enquanto Heidegger fala através de categorias ontológicas, sem que pudéssemos encontrar na coisa — como na análise do fenômeno da angústia — um meio seguro de distingui-las. Está em consonância com essa concepção — da transição da fenomenologia em vitalismo — o fato de que Heidegger só soube evadir à segunda grande ameaça da ontologia fenomenológica, a do historicismo, ao ontologizar o próprio tempo, supondo-o como essência do ser humano, o que anulou paradoxalmente o esforço da fenomenologia material de procurar o eterno no ser humano: como eterno resta tão somente a temporalidade. À pretensão ontológica ainda satisfazem apenas as categorias de cujo monopólio a fenomenologia pretendeu retirar o pensamento: a mera subjetividade e a mera temporalidade. Com o conceito de "ser lançado" [*Geworfenheit*], suposto como condição última do ser humano, a vida se torna tão cega e sem sentido em si mesma como somente o foi na filosofia da vida, e a morte consegue tão pouco lhe conferir um sentido aqui quanto lá. A pretensão de totalidade do pensamento // é remetida a ele próprio e finalmente se anula também aí. Basta apenas compreender a estreiteza das categorias existenciais heideggerianas de ser lançado, angústia e morte, que não conseguem conjurar a plenitude do ser vivo, e o puro conceito de vida se apodera completamente do projeto ontológico heideggeriano. Se não nos equivocamos aqui, então com essa ampliação já se prepara a ruína definitiva da filosofia fenomenológica. Pela segunda vez, a filosofia se coloca impotente diante da questão pelo ser. Ela pode tão pouco descrever o ser como autônomo e fundamental quanto não conseguiu outrora desdobrá-lo a partir de si mesmo.

Tratei da história da filosofia mais recente, não em virtude de uma perspectiva histórica geral das ideias, mas sim porque apenas a partir do entrelaçamento das questões e respostas é que a questão pela atualidade da filosofia pode ser colocada de forma precisa, e isso significa simplesmente, após o fracasso das tentativas de se construírem filosofias grandiosas e totais: se a própria filosofia pode, em algum sentido, ser atual. Entende-se com atualidade não sua "maturidade" e ou imaturidade com base em representações ilegítimas sobre a situação cultural em geral, mas sim: se ainda existe, depois do fracasso dos últimos grandes esforços, alguma adequação entre as questões filosóficas e a possibilidade de sua resposta, ou se, na verdade, o resultado mais próprio da história mais recente dos problemas seja a impossibilidade, por princípio, de se responder às questões filosóficas fundamentais. A questão não é retórica, pois, na verdade, deve ser tomada literalmente; toda filosofia impulsionada hoje, não pela segurança da situação espiritual e social existente, mas sim pela verdade, vê-se diante do problema de uma liquidação da própria filosofia. As ciências, sobretudo as lógicas e matemáticas, empreenderam a liquidação da filosofia com uma seriedade nunca vista e que tem seu verdadeiro peso devido ao fato de que há muito as ciências particulares, incluindo as ciências matemáticas da natureza, desfizeram-se do aparelho conceitual naturalista que as subordinou às epistemologias idealistas do século XIX, // e incorporaram completamente o conteúdo da epistemologia. Com o auxílio de métodos epistemológicos precisos, a lógica mais avançada – tenho em mente a nova escola de Viena, que começa em [Moritz] Schlick, passa por [Rudolf] Carnap e [Walter] Dubislav, e opera em estreita conexão com os lógicos e com [Bertrand] Russell – tenta manter todo conhecimento ampliável propriamente dito exclusivamente no âmbito da experiência, procurando apenas em tautologias e enunciados analíticos todos os princípios que ultrapassam o círculo da experiência e sua relatividade. De acordo com isso, a questão kantiana pela constituição de juízos sintéticos *a priori* seria simplesmente desprovida de objeto, pois tais juízos não existiriam de forma alguma; proíbe-se toda saída para além do que é verificável através da experiência; a filosofia torna-se apenas uma instância de ordenação e controle das ciências particulares, sem poder acrescentar a partir de si mesma nada essencial aos resultados das ciências particulares. A esse ideal de uma filosofia simplesmente científica – decerto não para a escola de Viena, mas para qualquer concepção que gostaria de defender a filosofia da pretensão de uma cientificidade exclusiva, mas que reconhece essa mesma pretensão – acrescenta-se como complemento e apêndice um conceito de poesia filosófica cuja ilegitimidade diante da verdade só é ultrapassada por seu distanciamento para com a arte e sua inferioridade estética; seria preferível liquidar definitivamente a filosofia e dissolvê-la nas ciências particulares do que socorrê-la com um ideal poético que nada mais significa que um revestimento ornamental ruim para pensamentos falsos.

É preciso dizer, porém, que a tese da dissolução, por princípio, de todos os questionamentos filosóficos em científicos ainda hoje não se estabeleceu de forma indubitável, e, sobretudo, que ela não é de forma alguma tão desprovida de pressupostos quanto pensa ser. Gostaria apenas de recordar dois problemas que não são solucionáveis com base nessa tese: por um lado, o problema do sentido da própria "realidade dada", a categoria fundamental de todo empirismo, segundo a qual a questão pelo correspondente sujeito sempre subsiste // e só pode ser respondida de um ponto de vista histórico-filosófico, pois o sujeito da realidade dada não é anistoricamente idêntico e transcendental, mas sim adquire na história uma forma cambiante e compreensível historicamente. Esse problema não é colocado de forma alguma no âmbito do empiriocriticismo, mesmo do mais moderno, pois, na verdade, este último acolheu de forma ingênua o ponto de partida kantiano. O outro problema é habitual para esse empiriocriticismo, mas foi resolvido apenas de forma arbitrária e sem rigor: o problema da consciência alheia, do outro eu, que para o empiriocriticismo só pode ser resolvido mediante analogia, ou seja, construído posteriormente com base nas próprias vivências, enquanto, porém, o método do empiriocriticismo já pressupõe necessariamente a consciência alheia na linguagem que ele domina e no postulado da verificabilidade. Já através da colocação de ambos os problemas, porém, a doutrina da escola de Viena é introduzida justamente naquela continuidade filosófica da qual ela gostaria de se manter afastada. Entretanto, isso nada diz sobre a extraordinária importância dessa escola. Vejo seu significado menos no fato de que ela tenha realmente conseguido realizar o projeto da conversão da filosofia em ciência, e mais no fato de que ela, através da precisão com que exprime o que seja ciência na filosofia, ressalta os contornos de tudo aquilo que, na filosofia, está submetido a outras instâncias além da lógica e das ciências particulares. A filosofia não se transformará em ciência, mas ela expulsará de si, sob a pressão do ataque empirista, todos os questionamentos que, sendo especificamente científicos, são próprios às ciências particulares, e obscurecem as problematizações filosóficas. Não quero dizer com isso que a filosofia deva novamente perder ou apenas reduzir o contato com as ciências particulares, que ela reconquistou depois de muito tempo e que conta como um dos resultados mais felizes da história cultural mais recente. Ao contrário. Plenitude material e concreção dos problemas são algo que a filosofia só obterá do patamar alcançado pelas ciências particulares em cada época. Ela não poderá se elevar acima de cada ciência ao admitir como prontos seus "resultados" // e meditar sobre eles em uma distância segura, pois, na verdade, os problemas filosóficos sempre permanecem encerrados, e em certo sentido de forma indissolúvel, nas questões científicas mais específicas. A filosofia não se distingue da ciência, como a opinião vulgar ainda hoje supõe, por um grau maior de universalidade; tampouco pelo caráter abstrato de suas categorias, nem pela constituição de seu material. Na verdade, a diferença reside centralmente no fato de que cada ciência toma seus resultados, pelo menos os últimos e mais avançados, como sendo inabaláveis e autossustentados, enquanto a filosofia já concebe o primeiro resultado que encontra como signo do que lhe cabe decifrar. Em suma: a ideia da ciência é pesquisa, a da filosofia, interpretação. Nisto permanece o grande paradoxo, talvez perene: que a filosofia sempre deverá proceder de forma interpretativa almejando a verdade, sem nunca possuir alguma chave de interpretação; e que não lhe são dadas mais do que indicações efêmeras e fugidias nas figuras enigmáticas do ente e em seus maravilhosos entrelaçamentos. A história da filosofia nada mais é do que a história de tais entrelaçamentos; por isso lhes são dados tão poucos "resultados"; por isso ela tem de começar sempre de novo; por isso não pode prescindir do menor fio que o tempo precedente teceu e que pode talvez preencher justamente a pauta capaz de transformar as cifras em um texto. Desse modo, a ideia de interpretação não coincide de forma alguma com o problema de um "sentido", com o qual ela é confundida na maioria das vezes. Por um lado, não é tarefa da filosofia demonstrar e justificar tal sentido como positivamente dado e a realidade como "dotada de sentido". Cada uma das justificações do ente é impedida pelo caráter fragmentário do ser; por mais que nossas imagens perceptivas sejam sempre apenas formas, o mundo em que vivemos não o é, constituindo-se de outro modo além de meras imagens perceptivas; o texto que a filosofia tem de ler é incompleto, contraditório e fragmentário, e muita coisa nele pode estar entregue a um demônio cego; sim, ler talvez seja precisamente nossa tarefa, para que, ao lermos, conheçamos melhor os poderes demoníacos // e saibamos conjurá-los. Por outro lado, a ideia da interpretação não exige a suposição de um segundo mundo, atrás do que aparece, e que deveria ser deduzido a partir da análise deste. O dualismo entre inteligível e empírico, tal como Kant o instituiu e que só a partir da perspectiva pós-kantiana foi atribuído a Platão, cujo céu das ideias permanece aberto e ainda não dissimulado ao espírito – esse dualismo pertence mais à ideia de pesquisa do que à de interpretação, uma ideia de pesquisa que almeja reduzir a questão a elementos dados e conhecidos, onde nada mais seria necessário além da resposta. Quem interpreta procurando um mundo em si atrás do fenomênico, que seria seu fundamento e suporte, procede como alguém que quer procurar no enigma a imagem de um ser que reside atrás desse enigma, que espelha esse ser e é sustentado por ele, ao passo que a função da resolução do enigma é iluminar como um relâmpago a figura do enigma e suprassumi-la [*aufheben*], não se fixar por detrás do enigma e igualar-se a ele. A autêntica interpretação filosófica não se dirige a um sentido já fixo e residente por trás da questão, mas sim ilumina repentina e instantaneamente essa questão e a desfaz ao mesmo tempo. E, tal como as soluções dos enigmas se formam, na medida em que os elementos singulares e dispersos da questão são postos em diversas ordenações até formarem uma figura, da qual emerge a solução enquanto a pergunta desvanece, assim também a filosofia deve colocar seus elementos, recebidos das ciências, em constelações, ou, para usar uma expressão menos astrológica e cientificamente mais atual: em tentativas de ordenações cambiantes, até que formem uma figura que se torne legível como resposta, enquanto, ao mesmo tempo, a questão desvanece. Não é tarefa da filosofia investigar intenções da realidade ocultas e manifestas, mas sim interpretar a realidade não intencional, na medida em que, impulsionada pela construção de figuras e imagens feitas a partir dos elementos isolados da realidade, supera [*aufheben*] as questões cuja formulação exata é tarefa da ciência; uma tarefa à qual a filosofia sempre permanece ligada, porque // sua energia luminosa não consegue se acender de outro modo do que através daquelas árduas questões. Pode-se procurar aqui a afinidade aparentemente tão impressionante e estranha que há entre a filosofia interpretativa e aquele tipo de pensamento que recusa mais enfaticamente a concepção de uma realidade intencional e significante: o materialismo. Interpretação do não intencional através da composição dos elementos analiticamente isolados e elucidação do real por força de tal interpretação: este é o programa de todo conhecimento genuinamente materialista; o procedimento materialista será tanto mais fiel a esse programa quanto mais se distanciar de todo "sentido" de seus objetos e quanto menos se referir a um sentido implícito, como o religioso, pois há muito a interpretação se separou de toda questão pelo sentido, ou, o que significa a mesma coisa: os símbolos da filosofia caducaram. Se a filosofia precisa aprender a renunciar à questão pela totalidade, então isso significa, antes de tudo, que ela precisa aprender tanto a atuar sem a função simbólica, na qual, até agora, pelo menos no idealismo, o particular pareceu representar o universal, quanto a abandonar ós grandes problemas, cuja grandeza quis outrora garantir a totalidade, enquanto hoje a interpretação escapa entre as amplas malhas dos grandes problemas. Se a interpretação ocorre verdadeiramente apenas por meio da composição do que é minúsculo, então ela não mais toma parte nos grandes problemas no sentido tradicional, ou apenas de tal forma que ela sedimente em um resultado concreto a questão total que esse resultado outrora pareceu representar em termos simbólicos. A construção abrangente de elementos pequenos e não intencionais, portanto, conta como uma das pressuposições fundamentais da interpretação filosófica; a inflexão para a "escória do mundo dos fenômenos" proclamada por Freud tem validade para além do âmbito da psicanálise, tal como a inflexão da filosofia social avançada em direção à economia não se deve meramente à preponderância empírica da economia, mas também à exigência imanente da interpretação filosófica. Se a filosofia perguntasse hoje pela relação absoluta entre coisa em si e fenômeno ou, para empregar uma formulação mais atual, pelo sentido do ser simplesmente, // ela se restringiria a arbitrariedades formais ou se cindiria em uma pluralidade de visões de mundo possíveis e contingentes. Darei um exemplo através de um experimento mental, sem afirmar que ele possa se realizar efetivamente: supondo-se ser possível agrupar os elementos de uma análise social, de modo que seu conjunto constitua uma figura em que cada momento singular esteja suprassumido – uma figura que, porém, ainda não existe organicamente, pois precisa ser produzida: a forma mercadoria –, desse modo certamente não se resolveria em hipótese alguma o problema da coisa em si, como tampouco se indicássemos as condições sociais em que emerge o problema da coisa em si, tal como Lukács ainda concebia a solução, pois o teor de verdade de um problema distingue-se, por princípio, das condições históricas e psicológicas das quais se origina. Seria possível, no entanto, que o problema da coisa em si simplesmente desaparecesse diante de uma suficiente construção da forma mercadoria; que a figura histórica da mercadoria e do valor de troca, qual uma fonte luminosa, desvelasse a forma de uma realidade, por cujo sentido oculto se esforça inutilmente a investigação do problema da coisa em si, pois ela não possui nenhum sentido oculto, que seria separável da primeira e única manifestação histórica dessa realidade. Não quero fazer aqui afirmações materiais, mas apenas apontar a direção na qual vejo as tarefas da interpretação filosófica. Se tais tarefas fossem formuladas corretamente, então se estabeleceria algo também para as questões filosóficas de princípios, cuja colocação explícita eu gostaria de evitar. A saber: que a função atribuída pela questão filosófica tradicional às ideias trans-históricas e simbolicamente significativas é efetivada pelas ideias constituídas intra-historicamente e não simbólicas. Com isso, porém, a relação entre ontologia e história também se colocaria de forma essencialmente diferente, sem que fosse necessário o artifício de ontologizar a história como totalidade, na forma de uma mera "historicidade", em que se perderia toda tensão específica entre interpretação e objeto, restando apenas um historicismo mascarado. Em vez disso, // segundo minha concepção, a história não mais seria o lugar a partir do qual as ideias emergem, impõem-se autonomamente e voltam a desaparecer, pois, na verdade, as imagens históricas seriam, por assim dizer, ideias cujo complexo constitui de forma não intencional a verdade, em vez de esta se estabelecer como intenção na história. Entretanto, interrompo aqui meus pensamentos, pois em nenhum outro lugar enunciados universais seriam mais questionáveis do que em uma filosofia que quer excluir de si enunciados abstratos e universais e que precisa deles tão somente diante da necessidade de uma transição. Em vez disso, gostaria de caracterizar um segundo vínculo essencial entre filosofia interpretativa e materialismo. Eu havia dito: a resposta ao enigma não seria o "sentido" do enigma de modo que ambos pudessem subsistir ao mesmo tempo; que a resposta estivesse contida no enigma; que o enigma apenas fosse sua manifestação e, como intenção, abrigasse em si a resposta. Na verdade, a resposta está em uma rigorosa antítese para com o enigma, necessita da construção a partir dos elementos enigmáticos e destrói o enigma – que não é dotado de sentido, mas sim desprovido dele – tão logo a resposta lhe seja dada decisivamente. O movimento que está em jogo aqui é realizado seriamente pelo materialismo. Seriedade significa aqui que a resposta ao enigma não se restringe ao espaço fechado do conhecimento, pois, na verdade, é a práxis que a fornece. A interpretação da realidade preexistente e sua suprassunção referem-se reciprocamente. Com certeza a realidade não é suprassumida no conceito, mas, a partir da construção da figura do real, sempre se segue de imediato a exigência por sua transformação efetiva. O gesto transformador do jogo do enigma, e não a mera solução como tal, fornece a imagem originária das soluções, das quais apenas a práxis materialista dispõe. Essa relação foi denominada pelo materialismo com um nome filosoficamente confiável: dialética. A interpretação filosófica só me parece possível dialeticamente. Se Marx reprovou aos filósofos que eles tenham apenas interpretado o mundo de diversas formas, e se lhes contrapôs que se trataria de transformá-lo, tal frase está legitimada não meramente pela práxis política, mas também pela teoria filosófica. Apenas a anulação da pergunta assegura o caráter genuíno da interpretação filosófica, e o puro pensamento não consegue // realizá-la por si mesmo: por isso ela exige a práxis. É supérfluo destacar explicitamente uma concepção do pragmatismo, na qual teoria e práxis se entrelaçam como na concepção dialética.

Estou perfeitamente consciente da impossibilidade de realizar esse programa que lhes apresentei – uma impossibilidade que não resulta apenas da escassez de tempo agora, mas que subsiste em geral, porque precisamente como programa, em sua completude e universalidade, ele não pode ser realizado –; da mesma forma vejo claramente a obrigação de lhes fornecer algumas indicações. Em primeiro lugar: a ideia da interpretação filosófica não retrocede diante da liquidação da filosofia, que me parece sinalizada pela ruína das últimas pretensões filosóficas à totalidade, pois a exclusão rigorosa de todas as questões ontológicas no sentido tradicional, a omissão de conceitos universais invariáveis – como também o de ser humano –, a invalidação de toda representação de uma totalidade autossuficiente do Espírito, e também de uma "história do Espírito" fechada em si; a concentração das questões filosóficas em complexos intra-históricos, dos quais elas não podem ser separadas: esses postulados tornam-se extremamente semelhantes a uma dissolução do que até agora se chamou filosofia. Uma vez que o pensamento filosófico atual, pelo menos o oficial, até hoje manteve essas exigências afastadas de si ou, em todo caso, tentou assimilar algumas de forma atenuada, então uma das primeiras e mais atuais tarefas parece ser a crítica radical do pensamento filosófico dominante. Eu não temo a repreensão de negatividade infrutífera, uma expressão que Gottfried Keller certa vez caracterizou como "expressão de confeitaria". Se, de fato, a interpretação filosófica só pode prosperar dialeticamente, então ela recebe seu primeiro ponto de ataque dialético de uma filosofia que cultiva justamente esses problemas, cuja remoção parece necessariamente mais urgente do que o acréscimo de uma nova resposta a outras tantas antigas. Apenas uma filosofia essencialmente não dialética, orientada a uma verdade anistórica, pensaria que se podem remover os antigos problemas na medida em que os esquecemos e começamos um novo caminho desde seu início. De fato, o engodo do início é precisamente o que se submete em primeiro lugar à crítica na filosofia de Heidegger. // Somente através de uma comunicação dialética rigorosa com as tentativas de solução mais recentes por parte da filosofia e da terminologia filosófica é possível impor-se uma transformação efetiva da consciência filosófica. Essa comunicação deverá tomar seu material das ciências particulares, sobretudo da Sociologia, que cristalizou os elementos diminutos, não intencionais, mas ligados ao material filosófico, tal como o agrupamento interpretativo necessita deles. Diz-se que um dos filósofos acadêmicos mais atuantes no presente [Heidegger] respondeu à questão pela relação entre filosofia e sociologia da seguinte maneira: enquanto o filósofo, igual a um mestre de obras, faz o projeto de uma casa e o realiza, o sociólogo seria o arrombador que escala por fora as paredes e retira o que ele consegue alcançar. Eu tenderia a reconhecer essa comparação e interpretar para a filosofia favoravelmente a função da Sociologia, pois a casa, essa grande casa, está há muito com seus fundamentos fragilizados e ameaça não apenas matar a todos que lá estão, mas também pôr a perder todas as coisas lá guardadas, das quais muitas são insubstituíveis. Quando o arrombador furta essas coisas, dispersas e frequentemente semiesquecidas, ele faz um bom trabalho, bastando apenas que elas sejam salvas; dificilmente ele as conservará consigo, pois possuem pouco valor para ele. O reconhecimento da Sociologia pela interpretação filosófica, entretanto, requer alguma restrição. Cabe à filosofia construir chaves para abrir a realidade. A extensão das categorias-chave, porém, é um problema especial. O antigo idealismo escolheu as grandes demais, que não entram na fechadura. O puro sociologismo filosófico escolhe as pequenas demais, de tal maneira que a chave é inserida, mas a porta não abre. Grande parte dos sociólogos pratica um nominalismo tão extremo que os conceitos se tornam pequenos demais para atrair os outros para si e entrar em constelação com eles. Um complexo inabarcável e inconsequente, composto de meras determinações que apontam para "isso aí", permanece restrito, escarnece de toda organização feita através do conhecimento e não oferece mais nenhuma medida crítica. // Assim, por exemplo, suprimiu-se o conceito de classe social, substituindo-o por inumeráveis descrições de grupos particulares, sem poder integrá-los em unidades mais abrangentes, por mais que eles se manifestem como tais empiricamente; ou se retirou toda agudez de um dos conceitos mais importantes, o de ideologia, na medida em que foi definido formalmente como ordenação de certos conteúdos de consciência em determinados grupos, sem que se permita mais levantar a questão pela verdade ou inverdade dos próprios conteúdos. Esse tipo de Sociologia integra-se a uma espécie de relativismo geral, cuja generalidade pode ser tão pouco reconhecida quanto qualquer outra pela interpretação filosófica, que tem no método dialético um instrumento eficaz para corrigir esse relativismo. No que concerne ao manuseio do material conceitual pela filosofia, falo intencionalmente de agrupamento e tentativa de ordenação, de constelação e construção, pois as imagens históricas – que não constituem o sentido da existência, mas que resolvem e dissolvem suas questões – não são meras realidades dadas por si mesmas. Elas não preexistem organicamente na história; não carecem de nenhuma visão nem intuição para ser percebidas, não são nenhuma divindade mágica da história que se deveria acolher e venerar. Ao contrário: elas precisam ser produzidas por seres humanos e se legitimam, por fim, apenas pelo fato de que a realidade se agrupa ao redor delas com uma evidência decisiva. Aqui elas se separam de forma central perante os arquétipos arcaicos e míticos, tal como a psicanálise as encontra, e como [Ludwig] Klages almeja estabelecê-las como categorias de nosso conhecimento. Elas podem ser semelhantes a tais arquétipos em uma centena de seus traços, mas se separam deles onde estes prescrevem seu curso inexorável às cabeças dos seres humanos; elas são manuseáveis e apreensíveis, instrumentos da razão humana mesmo quando parecem direcionar objetivamente para si, qual um centro magnético, o ser objetivo. Elas são modelos com os quais a *ratio*, examinando e testando, aproxima-se da realidade, que recusa a lei, mas que pode a cada vez imitar o esquema do modelo, desde que este seja corretamente construído.[2] Pode-se ver aqui uma tentativa de retomar aquela velha concepção da filosofia formulada por [Francis] Bacon e pela qual // Leibniz se esforçou ardorosamente durante toda a sua vida: uma concepção que o idealismo ridicularizou como extravagância: a da *ars inveniendi* [arte de inventar]. Qualquer outra concepção dos modelos seria gnóstica e indefensável. O *organon* dessa *ars inveniendi*, porém, é a fantasia, uma fantasia exata, que se atém estritamente ao material fornecido a ela pelas ciências, e que somente vai além delas nos menores traços de sua ordenação, os quais, porém, ela deve fornecer originariamente e por

---

2 "*Sie sind Modelle, mit denen die ratio prüfend, probierend einer Wirklichkeit sich nähert, die dem Gesetz sich versagt, das Schema des Modelles aber je und je nachahmen mag, wofern es recht geprägt ist.*" Essa frase contém uma ambiguidade, pois não está absolutamente claro se na oração que começa com "mas" [*aber*] é a realidade que imita o esquema do modelo, tal como traduzimos, ou se é esse esquema que imita a realidade. A edição de língua inglesa optou pela primeira alternativa, enquanto a espanhola optou pela segunda. Embora possa ser estranho dizer que a realidade imite o esquema do modelo, essa nos parece ser a formulação mais plausível de acordo com o contexto. (N. T.)

si mesma. Se for correta a ideia de interpretação filosófica que pretendi desenvolver para vocês, então ela pode ser expressa como a exigência de responder a cada momento as questões da realidade preexistente através de uma fantasia que agrupa os elementos da questão sem extrapolar o âmbito deles, e cuja exatidão torna-se controlável quando a pergunta desaparece.

Sei perfeitamente que muitos de vocês, talvez a maioria, não concordam com o que lhes apresento aqui. Não apenas o pensamento científico, mas ainda mais a ontologia fundamental contraria minha convicção das tarefas atuais da filosofia. Ora, um pensamento que se dirige às relações objetivas e não à coerência isolada consigo mesmo costuma comprovar seu direito de existência não ao refutar as objeções levantadas contra ele e ao se afirmar como irrefutável, mas sim através de sua fecundidade, no sentido em que Goethe empregou esse conceito. Entretanto, talvez eu deva dizer ainda mais uma palavra sobre as objeções mais atuais, não como eu as construí, mas sim como representantes da ontologia fundamental as exprimiram e me encaminharam pela primeira vez para a formulação de uma teoria segundo a qual eu procedi até agora na práxis da interpretação filosófica. É central a seguinte objeção: minha concepção também teria como fundamento um conceito de ser humano, um projeto de existência; só que eu, por um medo cego do poder da história, evitaria trazer a primeiro plano esses princípios invariáveis de forma clara e consequente e os deixaria na obscuridade; em vez disso, eu atribuiria à facticidade histórica ou à sua ordenação o poder que seria próprio aos princípios ontológicos invariáveis, idolatraria o ser historicamente produzido, // privaria a filosofia de todo critério constante, faria com que ela se evaporasse em um jogo de imagens estéticas e transformaria a *prima philosophia* em um ensaísmo filosófico. Por meu lado, só posso me posicionar diante dessas objeções reconhecendo a maior parte das coisas que elas dizem em termos de conteúdo, mas também defendê-las como filosoficamente legítimas. Não quero decidir sobre se minha teoria possui como fundamento uma determinada concepção de ser humano e da existência, mas contesto a necessidade de recorrer a essa concepção. Trata-se de uma exigência idealista, do começo absoluto, tal como apenas o pensamento puro poderia realizar em si mesmo; uma exigência cartesiana, que pensa ter a obrigação de reduzir o pensamento à forma de suas pressuposições conceituais, seus axiomas. Entretanto, a filosofia que não coloca mais a suposição de autonomia, que não crê que a realidade esteja fundada na *ratio*, mas sempre admite a interrupção da legislação autônoma e racional por um ser que não lhe é adequado e que não pode ser projetado racionalmente como totalidade, não segue até o fim o caminho para as pressuposições racionais, mas sim se detém onde irrompe a realidade irredutível; se ela adentra na região das pressuposições, somente poderá alcançá-las formalmente e à custa dessa realidade na qual estão postas suas verdadeiras tarefas. A irrupção do irredutível, porém, realiza-se concretamente de forma histórica, e é a história, portanto, que interrompe o movimento do pensamento em sua direção aos pressupostos. A produtividade do pensamento só garante a si mesma dialeticamente na concretude histórica. Ambas entram em comunicação nos modelos. Para o esforço em relação à forma de tal comunicação, aceito de bom grado a repreensão de ensaísmo. Os empiristas ingleses, tal como Leibniz, denominaram ensaios seus escritos filosóficos, pois a força da realidade recentemente franqueada e que rebateu em seu pensamento sempre lhes obrigou a ousadia do experimento. Somente o século pós-kantiano perdeu, junto com a força da realidade, a ousadia do experimento. Por isso, o ensaio transformou-se, de uma forma da grande filosofia, em uma pequena da estética, em cuja aparência, entretanto, refugiou-se a concretude da interpretação, // da qual a filosofia propriamente dita há muito não mais dispôs nas grandes dimensões de seus problemas. Se com a ruína de toda segurança na grande filosofia o ensaio é acolhido; se ele se vincula às interpretações limitadas, circunscritas e não simbólicas do ensaio estético, então isso não me parece condenável, desde que os objetos sejam escolhidos corretamente, isto é, sejam reais. Pois o pensamento não consegue produzir ou conceituar a totalidade do real, mas consegue adentrá-lo em suas pequenas partes, desagregar em pequenas porções a massa do meramente existente.

// Ideia da história natural

Permitam-me antecipar que o que direi não é uma "palestra" no sentido próprio do termo, tampouco uma comunicação de resultados nem uma apresentação sistemática e concisa, pois, na verdade, situa-se no plano do experimento, não sendo nada mais do que um esforço de acolher e prosseguir a problemática da assim chamada discussão frankfurtiana. Estou consciente de quantas coisas ruins se disseram sobre essa discussão, mas também de que seu ponto central está, sim, corretamente estabelecido, e que seria errôneo sempre e de novo começar totalmente pelo início.

Gostaria de fazer algumas observações sobre terminologia. Quando se fala aqui de história natural, não se trata da concepção pensada segundo a perspectiva tradicional pré-científica, tampouco da história da natureza, tal como a natureza é objeto das ciências naturais. O conceito de natureza empregado aqui não tem nada a ver com o das ciências naturais matemáticas. Não posso desenvolver antecipadamente o que significa natureza e história em minha apresentação. Não revelarei coisas demais, porém, ao afirmar que a verdadeira intenção do que direi pretende suprassumir a antítese usual entre natureza e história. Portanto, sempre que opero com os conceitos de natureza e de história, não tenho em vista determinações essenciais últimas, pois, na verdade, sigo a intenção de impelir ambos os conceitos a um ponto em que sejam suprassumidos em sua pura exclusão recíproca. Para a elucidação do conceito de natureza que pretendo dissolver, basta afirmar que se trata de um conceito que, caso eu quisesse traduzi-lo na linguagem conceitual filosófica usual, poderia ser traduzido preferencialmente pelo de mítico. Esse conceito // também é totalmente vago e sua determinação exata não pode ser dada em definições prévias, mas somente por meio da análise. Ele significa o que existe desde sempre, o que sustenta a história humana como um ser imposto de forma predestinada e preexistente, manifestando-se nela como o que lhe é substancial. O que se delimita com essas expressões é o que entendo aqui por natureza. A questão que se coloca é sobre a relação dessa natureza com o que entendemos por história, de tal forma que esta significa um modo de comportamento do ser humano proveniente da tradição, caracterizado sobretudo pelo fato de nele se manifestar algo qualitativamente novo, sendo um movimento que não se desenrola em pura identidade, em pura reprodução do que sempre já existiu, mas sim no qual ocorre algo novo e que obtém seu verdadeiro caráter através do que se manifesta nele como novo.

Eu gostaria de desenvolver o que denomino ideia da história natural com base em uma análise, ou melhor: uma visão panorâmica, sobre o questionamento ontológico no interior da discussão atual. Isso significa tomar como ponto de partida o "natural", pois a questão segundo a ontologia, como é posta hoje, é tão somente o que entendo por natureza. – Em seguida, iniciarei por outro ponto e tentarei desenvolver o conceito de história natural a partir da problemática histórico-filosófica, momento em que esse conceito ganhará conteúdo e concretude significativos. Assim que ambos os questionamentos tiverem sido expostos sucintamente, tentarei articular o próprio conceito de história natural e lhes apresentar os momentos através dos quais ela se manifesta de forma característica.

I. Em primeiro lugar, a questão da situação ontológica atual. Se seguirmos o questionamento ontológico, tal como se desenvolveu no âmbito da assim chamada fenomenologia, sobretudo da pós-husserliana, portanto a partir de Scheler, poderemos então dizer que a verdadeira intenção inicial desse questionamento ontológico é superar o ponto de vista subjetivista da filosofia, substituir uma filosofia que tenta dissolver todas as determinações do ser em determinações do pensamento, e que // crê poder fundar toda a objetividade em determinadas estruturas fundamentais da subjetividade, através de um questionamento tal que se obtém um ser diferente, diferente por princípio, uma região do ser essencialmente outra, transubjetiva, ôntica. E só se fala de ontologia quando se deve alcançar o *lógos* desse *ón* [ser]. Ora, o paradoxo fundamental de todo questionamento ontológico na filosofia atual é que o meio com que se tenta alcançar o ser transubjetivo nada mais é do que a mesma *ratio* subjetiva que outrora havia constituído a estrutura do idealismo crítico. Os esforços fenomenológico-ontológicos apresentam-se como uma tentativa de alcançar o ser transubjetivo com os meios da *ratio* autônoma e a linguagem da *ratio*, pois não há nenhum outro meio e nenhuma outra linguagem disponíveis. Portanto, essa questão ontológica pelo ser articula-se duplamente: por um lado, como questão pelo *próprio ser*, como aquilo que, desde a *Crítica* de Kant, foi colocado como coisa em si para trás do questionamento filosófico e agora é retirado de lá. Por outro lado, ela se articula ao mesmo tempo como questão pelo *sentido* do ser, pela significatividade do ente ou pelo sentido do ser como possibilidade pura e simplesmente. Essa duplicidade testemunha enfaticamente a favor da tese defendida por mim de que o questionamento ontológico do qual tratamos aqui assume o ponto de partida inicial da *ratio* autônoma; apenas onde a *ratio* reconhece a realidade, que se lhe contrapõe, como algo alheio a ela, perdido, coisificado, apenas onde ela não mais é acessível imediatamente, e onde o sentido não é partilhado pela realidade e pela *ratio*, apenas lá se pode em geral colocar a questão pelo sentido do ser. A questão pelo sentido resulta da posição inicial da *ratio*, mas, ao mesmo tempo, essa questão pelo sentido do ser, que se situa no ponto central nas fases iniciais da fenomenologia (Scheler), produz uma problemática bastante ampla, devido à sua origem subjetivista – uma vez que essa doação de sentido nada mais é do que uma inserção de significados, tal como estabelecidos pela subjetividade. A compreensão de que a questão pelo sentido nada mais é do que uma inserção de significados subjetivos no ente conduz // à crise desse primeiro estágio da fenomenologia. A expressão drástica para isso é a inconsistência das determinações ontológicas fundamentais, que precisam ser feitas pela *ratio* em sua tentativa de alcançar uma ordem do ser como experiência. Na medida em que se mostrou que os fatores reconhecidos como fundadores e significativos, como no caso de Scheler, já são oriundos de outra esfera objetiva, não sendo de forma alguma possibilidades próprias do ser, pois, na verdade, são tomados do ente e, assim, são tão questionáveis quanto ele, logo toda a questão pelo ser se torna problemática no interior da fenomenologia. Na medida em que a questão pelo *sentido* ainda pode ser colocada, ela não significa a obtenção de uma esfera de significados estabelecidos e resguardados perante o empírico, que seria válida e sempre acessível, mas sim nada mais do que a questão *tí hén ón*, a questão por aquilo que o ser mesmo propriamente *é*. As expressões "sentido" ou "significado" estão concebidas aqui de forma ambígua. "Sentido" pode significar um conteúdo transcendente, denotado pelo ser, residente atrás dele e desenvolvido por meio da análise. Por outro lado, entretanto, o sentido também pode ser a interpretação do próprio ente de acordo com o que o caracteriza como ser, sem que se demonstre que esse ser assim interpretado já possui sentido. É possível, assim, que se questione pelo sentido do ser como pelo significado da *categoria* ser, por aquilo que o ser é propriamente, mas é possível que, no sentido daquela primeira questão, o ente se mostre não como dotado de sentido, mas sim desprovido dele, tal como se coloca no sentido do desenvolvimento atual.

Quando ocorre essa reversão da pergunta pelo ser, desaparece a intenção inicial da reversão ontológica originária, a saber: a de uma inflexão para a *anistoricidade*. Assim ocorreu em Scheler, pelo menos em sua obra inicial (cuja influência foi a decisiva), de tal forma que ele procurou construir um céu das ideias com base em uma visão puramente racional dos conteúdos anistóricos e eternos, um céu que brilha sobre todo o âmbito empírico, possui caráter normativo e é translúcido ao empírico. Ao mesmo tempo, porém, na origem da fenomenologia estabeleceu-se uma tensão essencial entre esse significativo e essencial, que // reside por trás do que se manifesta historicamente, e a esfera da própria história. Nas origens da fenomenologia situa-se uma dualidade entre natureza e história. Essa dualidade (compreendendo-se aqui por natureza o anistórico, platonicamente ontológico) e a intenção inicial da reversão ontológica posta nela foram corrigidas. A questão pelo ser não possui mais o significado de uma questão platônica pela extensão de ideias estáticas e qualitativamente diferentes, que estariam em uma relação tensa ou normativa perante o ente, ou seja, a empiria. Na verdade, a tensão desaparece: o próprio ente torna-se o sentido, e, em vez de uma fundação anistórica do ser, surge o projeto do ser como historicidade.

Com isso, a situação do problema se desloca. Em primeiro lugar, desaparece aparentemente a problemática entre ontologia e historicismo. Do ponto de vista da história, da crítica histórica, a ontologia aparece como um âmbito meramente formal, que nada afirma sobre o conteúdo da história e que pode se distender arbitrariamente sobre o que é concreto, ou a intenção ontológica, tal como era uma ontologia material em Scheler, manifesta-se como absolutização arbitrária de fatos intra-históricos, que poderiam obter, talvez até mesmo para fins ideológicos, o estatuto de valores eternos e universalmente válidos. Inversamente, para a posição ontológica, o problema se apresenta de tal forma – e essa antitética é a que domina nossa discussão frankfurtiana – que todo pensamento radicalmente histórico, ou seja, todo pensamento que procura remeter todos os conteúdos emergentes exclusivamente às condições históricas, pressuporia um projeto do ser mesmo, através do qual a história seria previamente dada como estrutura do ser; somente assim, no âmbito de tal projeto, seria possível, em geral, a ordenação histórica de conteúdos de fenômenos particulares.

Ora, a reversão mais recente da fenomenologia – se é que podemos chamá-la ainda de fenomenologia – efetuou aqui uma correção, a saber: ao ter afastado a pura antítese entre história e ser. Por um lado, ao ter abdicado ao céu das ideias platônicas e ao considerar o ser como algo vivo, // essa fenomenologia afastou, junto com a falsa estática, também o formalismo, pois o projeto do ser aparentemente acolhe a plenitude de suas determinações, e também desaparece a suspeita de absolutização de algo contingente, pois agora a própria história, em sua extrema mobilidade, tornou-se estrutura fundamental ontológica. Por outro lado, o próprio pensamento histórico aparentemente sofreu uma reversão essencial, pois ele é reduzido a uma estrutura de historicidade, que o suporta filosoficamente, como estrutura de uma determinação fundamental de existência, pelo menos da humana, única determinação a possibilitar que haja algo como a história, sem que isso que "é" história se contraponha a ela como algo pronto, fixo e alheio. Esse é o estado da discussão que tomo como ponto de partida. Aqui introduzirei os motivos críticos.

Aparentemente, é como se o ponto de partida alcançado aqui, que unifica as questões ontológica e histórica sob a categoria da historicidade, tampouco é suficiente para lidar com os problemas concretos, ou o faz apenas na medida em que ele modifica sua própria coerência e acolhe em si, como conteúdos, motivos que não derivam necessariamente do princípio projetado. Quero apresentar isso apenas em dois pontos.

Em primeiro lugar, esse projeto também se restringe a *determinações gerais*. O problema da *contingência* histórica não pode ser dominado com a categoria da historicidade. É possível estabelecer uma determinação estrutural geral da condição de ser vivo, mas quando se interpreta um fenômeno específico, como a Revolução Francesa, embora seja possível encontrar aí todos os momentos possíveis desse plano vital, como, por exemplo, que o que se passou retorna e é acolhido; possa-se constatar o significado da espontaneidade que surge no ser humano, encontrar relações causais etc., não se conseguirá, porém, apreender a facticidade da Revolução Francesa, em sua radical dimensão factual, através dessas determinações, pois, na verdade, haverá, na extensão mais ampla, um âmbito de "facticidade" que ficará de fora. Obviamente, isso não é uma descoberta minha, pois foi demonstrado há muito no âmbito da discussão ontológica, mas não foi expresso // com a mesma franqueza, ou melhor: foi elaborado na problemática através de meios auxiliares, na medida em que a facticidade que não se insere no próprio projeto ontológico reduz-se a uma categoria, a da contingência, da casualidade, e na medida em que esta é acolhida no projeto como determinação do histórico. Isso, porém, por mais que seja consequente, contém em si a admissão de que não se consegue lidar com o material empírico. Ao mesmo tempo, essa inflexão fornece o esquema para uma que se dá no interior da questão ontológica: a inflexão para a tautologia.

O que quero dizer é apenas que a tentativa do pensamento neo-ontológico de lidar com a inacessibilidade do empírico sempre e invariavelmente procede segundo o esquema segundo o qual precisamente onde quaisquer momentos não se conformem a determinações conceituais e não possam ser elucidados, resistindo em sua pura exterioridade, justamente essa resistência dos próprios fenômenos é transformada em um conceito geral, e atribui-se dignidade ontológica a essa resistência como tal. Assim ocorre com o conceito do ser para a morte em Heidegger e também com o próprio conceito de historicidade. O problema da reconciliação entre natureza e história no questionamento neo-ontológico foi resolvido apenas *de forma aparente* na estrutura da historicidade, pois certamente se reconhece aqui a existência de um fenômeno fundamental da história, mas sua determinação ontológica ou interpretação ontológica é impedida, pois o próprio fenômeno é transfigurado em ontologia. Em Heidegger, isso ocorre de tal maneira que a história, entendida como uma estrutura abrangente do ser, equivale à sua própria ontologia. Daí provêm tais antíteses insípidas como entre história e historicidade, nas quais nada existe além do fato de que quaisquer qualidades de ser observadas na existência, ao serem extraídas do ente, são transpostas para o âmbito da ontologia e convertidas em determinação ontológica, devendo contribuir para a interpretação do que, na verdade, somente é dito mais uma vez. Esse momento de tautologia não é devido a casualidades da forma linguística, // mas sim adere necessariamente ao questionamento ontológico, que insiste no esforço ontológico, mas cuja posição inicial racional não lhe permite apresentar a si mesmo como o que ele é, a saber: como produzido pela posição inicial da *ratio* idealista e tendo seu sentido vinculado a ela. Isso requer explicação. Se há um caminho que pode nos fazer avançar, então ele, de fato, só pode ser delineado por uma "revisão da questão". Entretanto, essa revisão não deve ser aplicada apenas ao questionamento histórico, mas também ao próprio questionamento neo-ontológico. Pode-se esboçar aqui pelo menos uma indicação de por que me parece que essa problemática provenha do fato de que a posição inicial idealista tampouco foi abandonada no pensamento neo-ontológico. A saber: porque há aqui duas determinações que são especificamente inerentes ao pensamento idealista.

A primeira é a determinação da totalidade abrangente perante os particulares nela apreendidos, não mais concebida como totalidade do sistema, mas agora sob a categoria da totalidade estrutural, da unidade estrutural ou totalidade. Quando, porém, se crê poder sintetizar univocamente toda a realidade, mesmo que em uma estrutura, então na possibilidade de tal síntese de toda a realidade dada em uma estrutura esconde-se a pretensão de que a síntese de todo ente nessa estrutura dá o direito e o poder de conhecer o ente em si adequadamente e de dar-lhe forma. No instante em que não mais se levanta essa pretensão, torna-se impossível falar de uma totalidade estrutural. Sei que os conteúdos da nova ontologia diferem em muito do que acabei de afirmar. A inflexão mais recente da fenomenologia seria justamente não racionalista, poderíamos dizer, mas sim a tentativa de, mediante a "condição de ser vivo", acolher o momento irracional de forma totalmente diferente do que foi feito até então. Entretanto, parece haver uma grande diferença entre, por um lado, conteúdos irracionais serem inseridos em uma filosofia fundada essencialmente no princípio da autonomia, e, por outro, a filosofia não mais partir da concepção de que a realidade seria adequadamente acessível. Recordo apenas que uma filosofia como a de Schopenhauer não chega a seu irracionalismo // a não ser através da estrita adesão aos motivos fundamentais do idealismo racional, ou seja, do sujeito transcendental de Fichte. Isso me parece testemunhar a favor da possibilidade da presença do idealismo nos conteúdos irracionalistas.

A segunda determinação é o momento da ênfase na *possibilidade* em contraste com a realidade. Ele se dá de tal forma que no próprio âmbito do questionamento neo-ontológico esse problema da relação entre possibilidade e realidade é sentido como o mais difícil. Quero estar atento aqui para não colocar a nova ontologia em posições que nela mesma são controvertidas. Em todo caso, a primeira é aceita unanimemente, a saber: que o "projeto" do ser sempre assume uma prioridade diante da *facticidade* de que ele trata, e que o hiato para com a facticidade é assumido mediante um tal *prius*; a facticidade deve ser incluída posteriormente, e quando não o é, submete-se à crítica. Vejo momentos idealistas na supremacia do reino das possibilidades, pois a oposição entre possibilidade e realidade é, no âmbito da *Crítica da razão pura*, somente a estrutura categorial subjetiva perante a multiplicidade empírica. Através dessa atribuição da nova ontologia à posição idealista, não se explica apenas o formalismo, a necessária universalidade das determinações neo-ontológicas às quais a facticidade não se submete, pois essa atribuição é também a chave para o problema da tautologia. Heidegger diz que não é um erro incorrer em um círculo; trata-se apenas da maneira correta de entrar nesse círculo. Tendo a dar razão a Heidegger aqui, mas, se a filosofia permanece fiel a sua própria tarefa, essa entrada correta nada mais significa que o ser, que se determina a si mesmo como ser ou interpreta a si mesmo, esclarece no ato da interpretação os momentos através dos quais ele se interpreta como tal. A tendência tautológica não me parece explicável a não ser através do velho motivo idealista da identidade. Ela surge na medida em que um ser histórico é apreendido sob uma categoria subjetiva, a historicidade. O ser histórico apreendido sob a categoria subjetiva da historicidade deve ser idêntico à história. Ele deve se adequar // às determinações que lhe são atribuídas pela historicidade. Parece-me que a tautologia é menos uma auto-investigação da profundidade mítica da linguagem do que um novo encobrimento da antiga tese clássica da identidade entre sujeito e objeto. E se recentemente vemos em Heidegger uma inflexão para Hegel, isso parece confirmar essa interpretação.

Após essa revisão da questão, deve-se revisar o próprio ponto de partida. Permanece a necessidade de se afirmar que a divisão do mundo em um ser natural e outro espiritual, ou em um ser natural e outro histórico, tal como legado pelo idealismo subjetivo, precisa ser suprassumida, e que em seu lugar deve surgir um questionamento que efetue em si a unidade concreta de natureza e história, mas unidade *concreta*: uma que não seja regida pela oposição entre o ser possível e o ser real, mas sim criada a partir das determinações do próprio ser real. O projeto de história na nova ontologia só tem chance de obter dignidade ontológica e perspectiva de chegar a uma interpretação real do ser se ele se dirigir radicalmente, não às possibilidades do ser, mas sim ao ente como tal em sua determinidade intra-histórica concreta. Excluir toda estática natural da dinâmica histórica conduz a falsas absolutizações, isolar toda dinâmica histórica do natural que está posto nela de forma insuperável conduz a um mau espiritualismo. É mérito do questionamento ontológico ter salientado de forma radical o entrelaçamento insuperável entre os elementos natureza e história. Por outro lado, esse projeto precisa ser depurado da representação de uma totalidade abrangente, e também devemos criticar, do ponto de vista da realidade, a separação entre realidade e possibilidade, ao passo que até hoje ambas se excluem reciprocamente. Essas são, de início, exigências metodológicas gerais. Deve-se, porém, postular muito mais. Se a questão pela relação entre natureza e história deve ser colocada seriamente, ela só oferece perspectiva de resposta *quando o próprio ser histórico, em sua máxima determinidade histórica, onde ele é mais histórico, puder ser concebido como um ser natural, ou se a natureza, // onde ela aparentemente se fixa o mais profundamente em si mesma como natureza, pudesse ser concebida como um ser histórico*. Não mais se trata de apenas conceber universalmente o fato da história sob a categoria historicidade como um fato natural *toto coelo* [em sua totalidade], mas sim de retransformar a conectividade [*Gefügtheit*] dos eventos intra-históricos em uma conexão [*Gefügtsein*] de eventos naturais. Não se deve procurar um ser puro que fundamente, isto é, seja inerente ao, ser histórico, pois este mesmo deve ser entendido como ontológico, isto é, como um ser-natureza. A retransformação da história concreta em natureza dialética é a tarefa da reorientação ontológica da filosofia da história: a ideia de história natural.

II. Partirei agora da problemática histórico-filosófica, tal como ela já foi efetivamente desenvolvida para a formação do conceito de história natural. A concepção da história natural não caiu do céu, mas sim tem sua comprovação válida no âmbito do trabalho histórico-filosófico em determinado material, sobretudo, até o presente, no material estético. A fim de fornecer uma representação dessa espécie de concepção histórica da natureza, o mais simples é fornecer as fontes das quais surge esse conceito de história natural. Refiro-me aos trabalhos de Georg Lukács e Walter Benjamin. Na *Teoria do romance*, Lukács empregou o conceito de segunda natureza, que conduz ao que tratamos aqui. O marco do conceito de segunda natureza é o seguinte: Lukács tem uma representação histórico-filosófica geral de um mundo preenchido e um desprovido de sentido (o mundo imediato e o alienado, das mercadorias) e procura apresentar esse mundo alienado. Esse mundo, como das coisas produzidas pelo ser humano e perdidas para ele, é denominado por Lukács como mundo da convenção. "Onde nenhum objetivo é dado imediatamente, as obras – com as quais a alma se defronta, em sua humanização, como palco e substrato de sua atividade entre os homens – perdem seu enraizamento evidente nas necessidades suprapessoais do dever-ser; elas são algo simplesmente existente, talvez poderosas, talvez frágeis, mas não portam em si a celebração do absoluto, nem são os receptáculos naturais // para a interioridade transbordante da alma. Elas formam o mundo da convenção: um mundo de cuja onipotência somente se esquiva o mais profundo da alma; que está presente em toda parte em uma multiplicidade inabarcável; cuja estrita legalidade, tanto no devir quanto no ser, torna-se necessariamente evidente para o sujeito cognoscente, mas que, em toda essa conformidade a leis, não se oferece, seja como sentido para o sujeito que busca um objetivo, seja na imediatidade sensível como matéria para o sujeito que age. Ela é uma segunda natureza; como a primeira" – "primeira natureza", para Lukács, igualmente alienada, é a natureza no sentido da ciência da natureza –, "é determinável apenas como o conjunto de necessidades conhecidas e alheias aos sentidos, e, por isso, é inapreensível e incognoscível em sua substância efetiva."[1] Essa realidade do mundo da convenção, tal como produzida historicamente, a das coisas alienadas de nós que não podem ser decifradas, mas com que nos defrontamos como cifras – esse é o ponto de partida da problemática que apresento aqui. Visto a partir da filosofia da história, o problema

---

[1] Lukács, *Die Theorie des Romans*, p.52.

da história natural coloca-se, inicialmente, como a questão de como é possível conhecer e interpretar esse mundo alienado, coisificado e morto. Lukács já havia visto esse problema em seu caráter estranho e enigmático. Se eu conseguir lhes fornecer uma representação da ideia de história natural, vocês deveriam inicialmente experimentar algo do *taumázein* [espanto] que essa questão significa. A história natural não é uma síntese de métodos naturalistas e históricos, mas sim uma mudança de perspectiva. A passagem na qual Lukács mais se aproxima dessa problemática é a seguinte: "A segunda natureza das obras humanas não tem substancialidade lírica: suas formas são rígidas demais para se acomodarem ao instante criador de símbolos; o conteúdo sedimentado de suas leis é determinado demais para poder libertar-se dos elementos que, na lírica, precisam se tornar motivações ensaísticas; esses elementos, porém, vivem tão exclusivamente à mercê das leis, possuem tão pouco da valência sensível da existência independente destas, que sem elas necessariamente seriam aniquilados. Essa natureza não é muda, compreensível e alheia aos sentidos, tal como a primeira: ela // é um complexo dos sentidos enrijecido, alienado e que não mais desperta a interioridade; ela é um calvário de interioridades putrefatas e, por isso, seria despertável — caso isso fosse possível — apenas mediante o ato metafísico de uma ressurreição do anímico, que a criou ou manteve em sua existência anterior ou ideal, mas nunca seria vivenciável por outra interioridade".[2] O problema desse despertar, que aqui é admitido como possibilidade metafísica, é o problema que constitui o que entendemos aqui como história natural. Lukács visa a me-

---

2 Ibid., p.54.

tamorfose do histórico, concebido como passado, em natureza; a história paralisada é natureza, ou o ser vivo paralisado da natureza é o mero devir histórico. Na fala sobre o calvário reside o momento da cifragem: tudo isso significa alguma coisa que, porém, precisa antes ser extraída. Esse calvário não pode ser pensado por Lukács de outra forma que sob a categoria da ressurreição teológica, em um horizonte escatológico. A inflexão decisiva perante o problema da história natural realizada por Benjamin é que ele trouxe a ressurreição da segunda natureza, de uma distância infinita, para a proximidade infinita, e a tornou objeto da interpretação filosófica. E na medida em que a filosofia apreende esse motivo do despertar do que está cifrado e paralisado, ela consegue formar de modo mais preciso o conceito de história natural. Há inicialmente duas passagens em Benjamin que complementam as de Lukács. "A natureza é contemplada por eles (os poetas alegóricos) como um transiente [*Vergängnis*] eterno, no qual unicamente o olhar saturnal daquelas gerações conheceu a história".[3] "Se a história entra no palco através do drama, ela o faz como escrita. A 'história' manifesta-se na face da natureza através da escrita cifrada do transiente [*Vergängnis*]".[4] Em relação à filosofia da história de Lukács, acrescenta-se algo essencialmente diferente; em ambas as vezes aparecem as palavras "transiente" [*Vergängnis*] e "transitoriedade" [*Vergänglichkeit*]. O // ponto mais profundo no qual história e natureza convergem situa-se precisamente naquele momento da transitoriedade. Se Lukács retransformou o histórico (concebido como passado) em natureza, aqui se ofere-

---

3 Benjamin, *Ursprung des deutschen Trauerspiels*, p.178.
4 Ibid., p.176.

ce a outra face do fenômeno: a própria natureza apresenta-se como transiente, como história.

Os questionamentos do ponto de vista da história natural não são possíveis como estruturas gerais, mas somente como interpretação da história concreta. Benjamin parte da ideia de que a alegoria não é uma relação entre meras casualidades secundárias; o alegórico não é um signo contingente para um conteúdo nele apreendido; pois, na verdade, existe uma relação objetiva entre alegoria e o que é visado alegoricamente: "alegoria seria expressão".[5] Usualmente, alegoria significa apresentação sensível de um conceito, e, por isso, ela é considerada abstrata e contingente. A relação entre o que se manifesta alegoricamente e o que é significado, porém, não é uma relação sígnica contingente, pois, na verdade, está em jogo um particular, ela é expressão, e o que está em jogo em seu espaço, que se exprime, nada mais é do que uma relação histórica. O tema do alegórico é simplesmente a história. Trata-se de uma relação histórica, entre o que se manifesta – a natureza – e o que é significado – a transitoriedade –; isso se explicita da seguinte maneira: "Sob a categoria decisiva do tempo, cuja inserção no âmbito da semiótica foi a grande intuição romântica desses pensadores, pode-se estabelecer enfática e formalmente a relação entre símbolo e alegoria. Enquanto no símbolo, através da transfiguração da decadência, a face transfigurada da natureza se manifesta de forma fugidia à luz da redenção, na alegoria a *facies hippocratica*[6] da história jaz diante dos olhos do espectador

---

5 Ibid., p.160.
6 Essa face foi assim descrita por Hipócrates: "O nariz agudo, os olhos fundos, as têmporas encovadas, orelhas frias, murchas e com os ló-

como paisagem originária petrificada. A história, em tudo o que ela tem de atemporal, doloroso e falho desde o princípio, mostra-se não em sua face: em uma caveira. E embora a esta falte toda liberdade 'simbólica' da expressão, toda a harmonia clássica da forma e tudo que é humano, ela exprime não apenas a natureza da existência humana simplesmente, mas sim, de forma significativa e como questão enigmática, a historicidade biográfica de um // indivíduo nessa sua figura natural mais decaída. Esse é o cerne da perspectiva alegórica, da exposição barroca e mundana da história como história do sofrimento do mundo; ela é significativa apenas nas estações de sua decadência. Tanto mais significado, tanto mais ruína mortal, pois, no fundo, a morte sulca a linha de demarcação incisiva entre a *phýsis* [natureza] e o significado".[7] O que quer dizer aqui falar de transitoriedade e o que significa história originária do significar? Não posso desenvolver esses conceitos do modo tradicional, um a partir do outro. Aquilo de que se trata aqui tem, por princípio, uma forma lógica diferente do desenvolvimento a partir de um "projeto", fundamentado de forma constitutiva por elementos de uma estrutura conceitual geral. Essa outra estrutura lógica não será analisada aqui: é forma da constelação. Trata-se, não de explicar um conceito pelo outro, mas sim de constelação de ideias, e na verdade da ideia de transitoriedade, do significar, da ideia da natureza e da história. Não se recorre a tais ideias como "invariantes"; a intenção da pergunta não é

---

bulos distorcidos, a pele da face dura, distendida e seca, e a cor do rosto pálida ou escura, e se não houver uma melhora dentro [de um período de tempo determinado], pode-se perceber que esses sinais indicam a morte". Chadwick, *Hippocratic writings*, p.170-1. (N. T.)

7 Benjamin, op. cit., p.164ss.

procurá-las, pois na verdade elas se agrupam ao redor da facticidade histórica concreta, que é franqueada na conexão daqueles momentos em sua unicidade. Como tais momentos se coadunam aqui? A natureza como criação é pensada pelo próprio Benjamin como marcada pela transitoriedade. A própria natureza é transitória, mas, assim, abriga em si o momento da história. Sempre que o histórico se manifesta, ele é remetido ao natural que nele se desvanece. Inversamente, sempre que a "segunda natureza" aparece – quando aquele mundo da convenção se chega a nós –, ela é decifrada na medida em que se torna claro que seu significado é precisamente sua transitoriedade. Em Benjamin, isso é concebido inicialmente de tal modo – e aqui devemos avançar –, que há alguns fenômenos fundamentais da história primordial que existiam originariamente, desapareceram, são significados no alegórico e neste retornam como literais. Não é o caso de meramente mostrar que na própria história sempre retornam motivos da história primordial, mas sim que a própria história primordial, // como transitoriedade, contém em si o motivo da história. A determinação fundamental da transitoriedade do terrestre nada mais significa que uma tal relação entre natureza e história; que todo ser e todo ente deve ser apreendido apenas como cruzamento do ser histórico e natural. A história primordial está absolutamente presente como transitoriedade. Ela está sob o signo do "significado". O termo "significado" não quer dizer que os momentos natureza e história se dissolvam um no outro, mas sim que eles, ao mesmo tempo, excluem-se mutuamente e se cruzam de tal forma que o natural aparece como signo para a história e esta, onde ela se oferece de modo mais histórico, como signo para natureza. Todo ser, ou pelo menos tudo o que veio a ser, todo ser passado, transforma-se em alegoria, e assim esta deixa de ser meramente uma categoria de história da arte. Do mesmo modo, o próprio "significar" transforma-se, de um problema da hermenêutica histórico-filosófica ou até mesmo do problema do sentido transcendente, em um momento que transubstancia constitutivamente a história em história primordial. Daí provém a "história primordial do significar". Segundo a linguagem barroca, a queda de um tirano, por exemplo, equivale ao pôr do sol. Essa relação alegórica já comporta em si o prenúncio de um procedimento que conseguiria interpretar a história concreta, através de seus traços, como natureza, e tornar dialética a natureza sob o signo da história. O desenvolvimento dessa concepção é, por sua vez, a ideia da história natural.

III. Depois de ter esboçado a origem da ideia de história natural, quero avançar. O que conecta esses três lugares[8] reside na representação do calvário. Em Lukács, trata-se de algo meramente enigmático; em Benjamin, torna-se cifra a ser lida. Para o pensamento radical da história da natureza, porém, todo ser transforma-se em ruínas e destroços, em um tal calvário em que se encontra o significado, onde natureza e história se entrelaçam, e a filosofia da história obtém a tarefa de sua interpretação intencional. Realiza-se, portanto, uma dupla inflexão. Por um lado, eu exprimi a problemática ontológica através da fórmula histórica e tentei mostrar de que modo o questionamento ontológico deve ser // radicalizado concreta e historicamente. Por outro lado, mostrei, sob a figura da transitoriedade, como a própria história impele em certo sentido a uma inflexão on-

---

8 Quais sejam: a posição de Lukács, a de Benjamin e a ideia de história natural. (N. T.)

tológica. O que entendo aqui por inflexão ontológica é algo completamente distinto do que hoje em dia se costuma entender. Por isso, não me apropriarei dessa expressão por mais tempo, introduzindo-a apenas de forma dialética. O que tenho em mente por história natural não é, porém, "ontologia historicista", nem a tentativa de apreender um complexo de realidades históricas e hipostasiá-las ontologicamente, as quais deveriam abranger a totalidade de uma época como seu sentido ou estrutura fundamental, como, por exemplo, Dilthey fez. Essa tentativa de Dilthey de uma ontologia historicista fracassou, pois ele não levou a sério suficientemente a facticidade, permaneceu no âmbito da história do espírito e, à maneira de conceitos arbitrários de estilo de pensamento, não apreendeu de forma alguma a realidade materialmente preenchida. Em vez disso, trata-se, não de obter construções de arquétipos históricos segundo as diversas épocas, mas sim de compreender a facticidade histórica em sua própria historicidade como histórico-natural.

Para a articulação da história natural, tomarei um segundo problema, a partir do lado oposto. (Isso se situa no sentido de uma continuação direta da discussão frankfurtiana.) Alguém poderia dizer que tenho em vista uma espécie de *encantamento* da história. O histórico, em todas as suas contingências, passaria por natural e histórico originário. Uma vez que se manifesta alegoricamente, o que encontramos historicamente deveria ser transfigurado em algo dotado de sentido. Não é o que eu penso. Na verdade, o que causa estranheza é o ponto de partida do questionamento, o caráter natural da história. Se a filosofia, porém, quisesse ser nada mais que tal acolhida do choque, a saber, de que aquilo que é história se apresenta ao mesmo tempo como natureza, então se daria tal como

Hegel reprovou a Schelling, ou seja, como a noite da indiferença, em que todos os gatos são pardos. Como nos evadimos dessa noite? Pretendo ainda esclarecer isso.

O ponto de partida aqui é que a história, como a // encontramos, apresenta-se como algo completamente *descontínuo*, porque contém não apenas realidades e fatos díspares, mas também disparidades estruturais. Quando [Kurt] Riezler fala de três determinações da historicidade opostas e que se mesclam: *tyché* [acaso], *ananke* [necessidade] e espontaneidade, eu não tentaria sintetizar, através de uma assim chamada unidade, essa divisão da estrutura da história nessas determinações. Creio precisamente que a nova ontologia produziu algo bastante frutífero na concepção dessa conexão [*Gefügtsein*]. Ora, essa descontinuidade – cuja conversão em uma *totalidade* estrutural não me parece legítima – apresenta-se inicialmente como uma segunda descontinuidade entre a matéria mítico-arcaica, natural, da história, do passado, e o novo que emerge dialeticamente nela; novo em sentido estrito. Essas são categorias cuja problemática me é clara. O procedimento diferencial, porém, de alcançar a história natural sem antecipá-la como unidade consiste em aceitar e acolher inicialmente ambas as estruturas problemáticas e indeterminadas em sua oposição, tal como ocorrem na linguagem da filosofia. Isso pode ser feito na medida em que se mostre que esse entrelaçamento do originariamente existente e do que se torna novo é cada vez mais alcançado pela filosofia da história mediante os resultados oferecidos pela pesquisa. Recordo a partir do âmbito da pesquisa que na psicanálise essa oposição aparece com toda a clareza: na diferença entre símbolos *arcaicos*, aos quais não se liga nenhuma associação, e os símbolos intrassubjetivos, dinâmicos e intra-históricos, que podem ser todos eliminados e transpostos na atualidade psíquica, no saber atual. A primeira tarefa da filosofia da história é explicitar ambos os momentos, separá-los e contrapor um ao outro; somente quando essa antítese for explicitada haverá uma chance de realizar a construção completa da história natural. A indicação para isso é dada pelos resultados pragmáticos, que se apresentam quando se consideram o próprio mítico-arcaico e o historicamente-novo. Nesse momento, vemos que o // mítico-arcaico fundador, esse mítico supostamente substancial e permanente, não é de forma alguma um fundamento tão estático, pois, na verdade, em todos os grandes mitos, como também em todas as imagens míticas que nossa consciência ainda tem, já está presente o momento da dinâmica histórica, e certamente de uma forma dialética, de tal modo que as realidades dadas fundamentais do mito são em si mesmas contraditórias e se movem contraditoriamente (recorde-se o fenômeno da ambivalência, o "contrassentido" das palavras originárias). O mito de Cronos é dessa espécie, em que a extrema força de criação do deus é ao mesmo tempo igualada ao fato de ele aniquilar suas criaturas, seus filhos. Isso se dá também de tal forma que a mitologia que fundamenta a tragédia é sempre dialética em si, pois ela, por um lado, contém a queda do ser humano culpado no complexo da natureza e, ao mesmo tempo, reconcilia esse destino por si mesma; o ser humano emerge do destino como ser humano. O momento da dialética reside em que os mitos trágicos contêm em si, junto com a queda na culpa e na natureza, ao mesmo tempo o momento da reconciliação, a saída essencial do complexo da natureza. A concepção de um mundo das ideias não apenas não dialético e estático, mas também de mitos não dialéticos, que interrompem a dialética, remete-se a Platão como sua origem.⁹ Em Platão, o próprio mundo dos fenômenos permanece verdadeiramente baldio. Um mundo abandonado, mas visivelmente dominado pelas ideias. Entretanto, estas não tomam parte nele, e como não participam em seu movimento devido ao alheamento do mundo da experiência humana perante elas, são necessariamente deslocadas para as estrelas para poderem se manter frente a essa dinâmica. Elas se tornam estáticas: petrificam-se. Isso, porém, já é expressão para um estado da consciência no qual esta perdeu sua substância natural como imediatidade. No momento de Platão, a consciência já sucumbiu à tentação do *idealismo*: o espírito, banido do mundo e alheio à história, torna-se absoluto ao preço de // sua condição de ser vivo. E o engodo do caráter estático dos elementos míticos é aquilo de que devemos nos desfazer se quisermos chegar a uma imagem concreta da história natural.

Por outro lado, o "novo a cada momento", dialeticamente produzido na história, apresenta-se, na verdade, como *arcaico*. A história é "mais mítica onde ela é mais histórica". Aqui residem as maiores dificuldades. Em vez de desenvolver em geral os pensamentos, darei um exemplo: o da aparência; e na verdade refiro-me à aparência no sentido de uma segunda natureza, da qual já falamos. Essa segunda natureza, na medida em que se dá como dotada de sentido, é a da aparência, e esta é historicamente produzida nela. Essa segunda natureza é aparente,¹⁰

---

9 Sobre o que se segue, cf. Kierkegaard, *Begriff der Ironie*, p.78ss.
10 *scheinhaft*; a tradução por "aparente" se dá por meio de um dos sentidos desse adjetivo, tal como apontado pelo dicionário Houaiss: "cuja aparência não corresponde à realidade; suposto, fictício. Ex.: o movimento aparente do Sol". (N. T.)

porque a realidade está perdida para nós – e cremos compreendê-la de forma significativa, ao passo que ela está esvaziada –, ou porque nessa realidade que se tornou estranha inserimos intenções subjetivas como seu significado, tal como na alegoria. Ora, o que é notável é que a essência intra-histórica seja uma aparência propriamente mítica. Tal como o momento da aparência é inerente a todos os mitos; tal como a dialética do destino mítico, sob as formas da *hýbris* [desmedida, excesso] e da ofuscação, é sempre inaugurada pela aparência, os conteúdos da aparência produzidos historicamente são sempre míticos, e não apenas de tal forma que remetam ao arcaico-histórico-originário e que na arte tudo que é aparente tenha a ver com os mitos (pense-se em Wagner), mas sim que o próprio caráter do mítico retorne nesse fenômeno histórico da aparência. Sua elucidação seria um genuíno problema de história natural. Deveríamos mostrar, por exemplo, que se vocês percebem o caráter de aparência em algumas casas,[11] a essa aparência se liga intimamente o pensamento do que desde sempre havia sido, e que agora é apenas re-conhecido. O fenômeno do *déjà-vu*, do re-conhecer, deveria ser analisado aqui. Além disso, perante tal aparência intra-histórica alienada retorna o fenômeno mítico originário do medo [*Angst*].[12] Sempre nos acomete um medo

---

11 A palavra *Schein*, que traduzimos por *aparência* em todo este parágrafo, possui também o sentido de uma imagem ilusória, de algo que nos dá a impressão enganosa de ser outra coisa, tal como salientamos na nota anterior, relativa ao adjetivo *scheinhaft*. É nesse sentido específico que o termo é empregado nessa frase. Nas próximas, esse sentido está em jogo, pelo fato de essas aparências ilusórias se ligarem a uma aparição, a algo fantasmático, fantasmagórico, assustador. (N. T.)

12 A palavra alemã *Angst* pode ser traduzida por "medo" ou por "angústia", e em certos momentos é muito difícil saber qual dos dois

arcaico onde nos defrontamos com esse mundo aparente das convenções. Some-se a isso o caráter ameaçador, que sempre é próprio dessa aparência; e é também um momento mítico dela o poder de absorver tudo como em um funil. // Ou, ainda, o momento da realidade da aparência em contraste com seu mero caráter imagético: que sempre a sentimos como expressão onde nos defrontamos com ela; que não devemos afastá-la como algo apenas aparente, pois exprime algo que nela aparece, mas que não pode ser descrito independentemente dela. Isso também é um momento mítico da aparência. E por fim: o motivo decisivo e transcendente do mito, o da reconciliação, também é próprio da aparência. Recordo que a comoção sempre acompanha as obras de arte menores, mas não as maiores. Tenho em mente o momento da reconciliação, que sempre existe quando o mundo se apresenta de forma mais aparente; onde a promessa de reconciliação é dada de forma mais perfeita é ao mesmo tempo onde o mundo é mais fortemente isolado de todo "sentido". Com isso reenvio vocês à estrutura do histórico originário na própria aparência, onde esta se mostra, em seu ser-assim, como algo produzido historicamente; na linguagem usual da filosofia: onde a aparência é produzida pela dialética sujeito-objeto. Na verdade, a segunda natureza é a primeira. A dialética histórica não é uma mera retomada de materiais históricos origi-

---

sentidos está em jogo. Em Freud, por exemplo, traduzimos por "angústia" na maioria das vezes, mas em outras o sentido é propriamente de medo. As três traduções com que cotejamos a nossa optaram por traduzir *Angst* por angústia nessas passagens, mas, segundo pensamos, o que Adorno tem em vista é propriamente o sentimento diante do aspecto pavoroso, amedrontador, da aparência mítica, e não a angústia, que tem um significado menos específico. (N. T.)

nários reinterpretados, pois, na verdade, os próprios materiais históricos transformam-se em algo mítico e histórico natural.

Eu gostaria de falar ainda sobre a relação dessas coisas ao materialismo histórico, mas somente posso dizer o seguinte: não se trata do complemento de uma teoria por outra, mas sim da interpretação imanente de uma teoria. Eu me coloco, por assim dizer, submetido à instância julgadora da dialética materialista. Poderia ser mostrado que o que apresentei é apenas uma interpretação de certos elementos fundamentais da dialética materialista.

// Teses sobre a linguagem do filósofo

1. A distinção entre forma e conteúdo da linguagem filosófica não é uma disjunção anistórica e eterna. Ela pertence especificamente ao pensamento idealista: corresponde à distinção idealista entre forma e conteúdo do conhecimento. Baseia-se na noção de que os conceitos, e com eles as palavras, seriam abreviaturas de uma pluralidade de características cuja unidade seria meramente constituída pela consciência. Se ao múltiplo imprime-se subjetivamente sua unidade como forma, então esta é necessariamente pensada como separável do conteúdo. No âmbito das coisas, essa separabilidade é negada, uma vez que elas próprias só podem ser produtos da subjetividade. No plano da linguagem, não se pode disfarçá-la. Que as coisas possam receber quaisquer nomes é sinal de toda coisificação pela consciência idealista: perante a linguagem, a pretensa objetividade da constituição espiritual das coisas permanece formal e não é capaz de determinar a estrutura linguística [*Sprachgestalt*]. Para um pensamento que concebe as coisas exclusivamente como funções do pensamento, os nomes se tornaram arbitrários: são estabelecidos livremente pela consciência. A "contingência" ôn-

tica da unidade dos conceitos constituída subjetivamente torna-se evidente na permutabilidade dos nomes desses conceitos. No idealismo, os nomes estão apenas em uma relação figurada e não concretamente objetiva com o que é visado através deles. Para um pensamento que não se dispõe mais a reconhecer a autonomia e espontaneidade como fundamento legítimo do conhecimento, torna-se radicalmente problemática a contingência da correlação significativa entre linguagem e coisas.

2. A linguagem filosófica que busca a verdade não conhece nenhum signo. A história toma parte na verdade mediante a linguagem, e as palavras jamais são meros signos do que é pensado através delas, pois a história irrompe nelas e constitui seu caráter de verdade; a porção de história na palavra determina pura e simplesmente a escolha de cada uma, pois história e verdade convergem na palavra.

3. A linguagem da filosofia é predeterminada por seu teor objetivo [*Sachhaltigkeit*]. O filósofo não deve exprimir pensamentos selecionando palavras, pois, na verdade, tem de encontrar aquelas que, segundo o estado da verdade nelas alcançado, unicamente estão legitimadas a portar a intenção que o filósofo quer expressar, o qual não o pode fazer de outra forma além de encontrar a palavra à qual é inerente tal verdade, de acordo com o momento histórico.

4. A exigência de "compreensibilidade" da linguagem filosófica, de sua comunicabilidade social, é idealista, pois parte necessariamente do caráter significativo da linguagem, e supõe que esta é separável do objeto, de tal forma que o mesmo objeto poderia ser dado adequadamente de diversos modos. Os objetos, porém, não são em hipótese alguma adequadamente dados através da linguagem, pois, na verdade, vinculam-se estritamen-

te a ela e estão em uma unidade histórica com ela. Em uma sociedade homogênea, nunca se exige a compreensibilidade da linguagem filosófica, mas, em todo caso, ela é preestabelecida, a saber: quando o poder ontológico das palavras é tão grande, que a elas se atribui dignidade objetiva na sociedade. Essa objetividade jamais resulta de uma adaptação da linguagem filosófica à compreensão da sociedade. Em vez disso, a objetividade que torna a linguagem "compreensível" é a mesma que ordena inequivocamente as palavras ao filósofo. Ela não pode ser exigida; onde se tornou problemática, ela simplesmente inexiste, e está tão pouco predeterminada para o filósofo quanto deva ser apenas perceptível na sociedade. A exigência abstratamente idealista da adequação da linguagem ao objeto e à sociedade é o exato oposto da realidade efetiva da linguagem. Em uma sociedade atomizada e fragmentada, conformar a linguagem à percepção que se tem dela significa simular romanticamente um estado de autoridade ontológica das palavras, o qual é imediatamente desmentido pela impotência das próprias palavras. Sem uma sociedade fechada, não há nenhuma linguagem objetiva, e portanto nenhuma verdadeiramente compreensível.

5. A pretendida compreensibilidade da linguagem filosófica deve ser desmascarada hoje em todas as suas partes como um engodo. Ou ela é // banal: supõe ingenuamente as palavras como preestabelecidas e válidas, mas cuja relação ao objeto, na verdade, tornou-se problemática; ou ela é falsa, na medida em que tenta ocultar essa problemática. Ela utiliza o *páthos* de palavras que parecem ter se subtraído à dinâmica histórica para lhes reivindicar validade anistórica e igualmente compreensibilidade. A única compreensibilidade legítima da linguagem filosófica, hoje, é a da consonância fiel com as coisas visadas e do fiel

emprego de palavras segundo o estágio histórico da verdade nelas alcançado. Toda a compreensibilidade procurada intencionalmente submete-se radicalmente à crítica da linguagem.

6. Em oposição a isso, pode-se dizer que esse é um procedimento que avalia de modo correto a problemática histórica das palavras, mas que tenta desviar dela ao procurar estabelecer uma nova linguagem da filosofia a partir do indivíduo, e de forma igualmente inadmissível. A linguagem de Heidegger esquiva-se da história, sem, no entanto, escapar dela. Os lugares que sua terminologia ocupa são todos da terminologia filosófica – e teológica – tradicional, que transparece nas palavras e as pré-forma, antes de elas surgirem; ao passo que a linguagem manifesta de Heidegger deixa de revelar completamente a ruína da linguagem tradicional da filosofia, por estar em conexão dialética com ela. A linguagem criada livremente levanta a pretensão de uma liberdade do filósofo perante a coerção da história, liberdade que já é refutada de forma imanente em Heidegger através da compreensão da necessidade de ter uma postura crítica perante essa linguagem, uma vez que sua problemática atual só possui seu fundamento na história. A terminologia tradicional, mesmo arruinada, deve ser mantida, e novas palavras do filósofo formam-se hoje apenas modificando-se a configuração das palavras que estão na história, e não através da invenção de uma linguagem que certamente reconhece o poder da história sobre a palavra, mas que tenta desviar dela em uma "concretude" privada, que apenas aparentemente está a salvo da história.

7. Hoje, o filósofo se defronta com a linguagem decomposta. Seu material são os destroços das palavras, aos quais ele é ligado pela história; sua liberdade é apenas a possibilidade de configurá-las segundo a coerção da verdade nelas. // Ele deve

tão pouco pensar uma palavra como dada previamente quanto inventar uma.

8. O procedimento linguístico do filósofo, hoje em dia dificilmente designável de forma abstrata, em todo caso deve ser pensado apenas dialeticamente. Na situação social hoje, não há nenhuma palavra preestabelecida para sua própria intenção, e as palavras objetivamente existentes da filosofia estão esvaziadas de sentido, não têm valor para ele. A tentativa de comunicar de forma esclarecedora novos conteúdos através da antiga linguagem padece da pressuposição idealista da separabilidade de forma e conteúdo e, por isso, é *objetivamente* [*sachlich*] ilegítima; falsifica os conteúdos. Ao filósofo não resta nenhuma outra esperança além de dispor as palavras ao redor da nova verdade, de tal forma que sua mera configuração produza essa nova verdade. Esse procedimento não deve ser identificado com a intenção de "explicar" a nova verdade por meio de palavras tradicionais; a linguagem configurativa, na verdade, terá de evitar totalmente o procedimento explícito que pressupõe a dignidade íntegra das palavras. Perante as palavras tradicionais e a intenção subjetiva sem linguagem, a configuração é um terceiro elemento, mas não através de mediação, pois, por exemplo, a intenção não é objetivada por meio da linguagem. Na verdade, a linguagem configurativa representa um terceiro elemento como unidade dialeticamente entrelaçada e explicativamente indissolúvel entre conceito e coisa. A indissolubilidade explicativa de tal unidade, que se subtrai a categorias gerais da lógica, determina hoje, necessariamente, a radical dificuldade de toda linguagem filosófica séria.

9. Na esfera da dualidade forma-conteúdo, a linguagem da filosofia poderia tornar-se indiferente, porque precisamente sua

irrelevância foi predefinida pela estrutura específica do pensamento coisificado. Hoje, tornou-se novamente manifesta sua participação fundamental no conhecimento, a qual subsistiria também na época idealista, na medida em que a ausência de linguagem daquela época sabotou todo genuíno conteúdo objetivo [*Sachhaltigkeit*]. Toda crítica filosófica hoje é possível como crítica da linguagem, que deve se dirigir não apenas à "adequação" das palavras às coisas, mas também à situação das palavras em si mesmas; deve-se questionar, nas palavras, o quanto elas são capazes de comportar as intenções que lhes são atribuídas, o quanto sua // força se apagou historicamente e o quanto esta pode ser conservada, por exemplo, de forma configurativa. O critério para isso é essencialmente a dignidade *estética* das palavras. Pode-se reconhecer como palavras sem força aquelas que, na obra de arte linguística – a única que conservou a unidade entre palavra e coisa, diante da dualidade científica –, sucumbem flagrantemente à crítica estética, ao passo que elas poderiam usufruir integralmente até hoje a aprovação filosófica. Disso resulta o significado constitutivo da crítica estética para o conhecimento. A esse significado corresponde que a genuína arte, hoje, não tem mais caráter metafísico, pois se volta imediatamente à apresentação de conteúdos reais de ser [*realer Seinsgehalte*]. Pode-se formular o crescente significado da crítica filosófica da linguagem como convergência incipiente entre arte e conhecimento. Enquanto a filosofia deve se voltar para a unidade imediata entre linguagem e verdade, pensada até agora apenas de forma estética, e precisa avaliar dialeticamente sua verdade através da linguagem, a arte obtém caráter cognitivo: sua linguagem é esteticamente consonante [*stimmig*] apenas se ela é "verdadeira": se suas palavras existem segundo a situação histórica objetiva.

10. Onde a estrutura objetiva [*sachliche*] de uma obra filosófica não coincidir com sua estrutura linguística, pode pelo menos estar em uma relação configurada de forma tensa com ela. Um pensamento que, por exemplo, levante a pretensão de fornecer conteúdos ontológicos, mas que se sirva da forma de definições lógicas gerais, de deduções sistemático-idealistas e de relações superficiais e abstratas, não apenas possui uma forma linguística inadequada, mas também é objetivamente [*sachlich*] falso: pois os resultados ontológicos estabelecidos não têm a força de atrair para si o movimento dos pensamentos, permanecendo, em vez disso, transcendentes perante a *forma* do pensamento como intenções flutuantes. Isso pode ser rastreado nas menores células da postura linguística: a linguagem é uma prova de legitimidade significativa. Abstraindo inicialmente de todo "teor objetivo" [*Sachhaltigkeit*], poderíamos fazer uma crítica a Scheler, por exemplo, mostrando que a delimitação ontológica recíproca das ideias proposta por ele é contradita por um procedimento expositivo que sempre opera com os meios lógicos de dedução e silogismo, // "constrói" antinomias abstratas entre as ideias e ininterruptamente aplica, sobretudo nas investigações materiais, a desgastada linguagem justamente da ciência nominalista da qual ele se declara filosoficamente o inimigo mortal. Em uma análise da linguagem de Scheler, deveríamos mostrar a inadequação de sua intenção ontológica à situação efetiva do conhecimento com que ele se defronta, ou, dito de forma menos psicológica: a impossibilidade da constituição de uma pura ordem do ser com os meios da *ratio* emancipada. Deve-se desmascarar toda ontologia enganosa, sobretudo através da crítica da linguagem.

Anexo

// Resumo da dissertação

Como uma teoria geral do conhecimento, as *Ideias* de Husserl gostariam de elucidar também o conceito de coisa em si. Na doutrina da coisa em si fornecida por ele, entretanto, encontra-se uma contradição fundamental: por um lado, Husserl exige a fundamentação de todo ser coisal unicamente pela remissão às realidades dadas imediatas, e por outro lado as coisas são para ele "transcendências absolutas", que só se legitimam epistemologicamente por se referirem à consciência, mas cujo próprio ser deve, por princípio, não depender dela. Devido a essa contradição, o conceito de coisa torna-se ambíguo; ao mesmo tempo, Husserl cai em conflito com sua pressuposição da "intuição originariamente doadora como única fonte legítima do conhecimento". O objetivo da dissertação é, inicialmente, ressaltar de forma efetiva essa contradição como estando presente em todas as *Ideias*; logo depois, rastrear seu surgimento no âmbito da sistemática de Husserl partindo de seus princípios; em seguida, explicitar criticamente suas consequências para a construção de uma "fenomenologia pura"; por fim, em conjunto com essa crítica, fornecer os elementos da correção, avaliando especialmente o que o próprio Husserl contribui para ela.

A *Introdução* explicita a contradição, ao confrontar as teses das *Ideias* que se opõem reciprocamente.

A apresentação e a crítica no primeiro capítulo revelam a *origem* da contradição: na medida em que Husserl caracteriza toda consciência como saber *de* alguma coisa, sem levar em consideração o lugar da vivência singular no complexo conforme a leis das vivências, ele já pressupõe aquele ser coisal que teria de ser fundamentado precisamente pelo recurso a esse complexo conforme a leis. O fato de a descrição de Husserl do complexo da consciência não fornecer nenhuma explicação do ser coisal // tem seu fundamento nos resquícios de uma "psicologia de mosaico", que desconhece a importância fundamental das "qualidades de forma" para o complexo da consciência. Sem as qualidades de forma, a conformidade a leis das funções de re-conhecimento e de expectativa torna-se simplesmente um milagre, para cuja explicação nada mais resta do que supor um ser coisal independente da consciência e do qual as vivências dependem como de um "transcendente". — Ao desdobramento dessa crítica liga-se outra, da divisão husserliana entre ser como consciência e ser como realidade, que surge com base na suposição da "transcendência absoluta" do mundo das coisas. Em contraste com essa separação, vale dizer: as coisas nunca são vivências, mas sim regras *para* vivências, não causas *de* vivências, e, por isso, são estritamente *imanentes* à consciência. Ao mesmo tempo, a fala de Husserl sobre a dubiedade e contingência do mundo das coisas invalida a si mesma.

A distinção entre ser como consciência e ser como realidade torna-se a distinção fundamental da teoria husserliana do conhecimento na oposição entre "noeses" (as vivências que são consciência *de* alguma coisa) e "noemas" (os objetos constituídos de alguma forma, dos quais as vivências intencionais são consciência). Essa oposição também sucumbe à crítica. Inicialmente, no conceito de noema não se separam a coisa que é mediatamente dada e o fenomênico. O noema de coisa, porém, é um híbrido da coisa em si imanente e naturalista. Na medida em que o noema de coisa pretende satisfazer ao conceito da coisa em si imanente, ele é insatisfatório, pois é confundido com meros componentes do complexo de vivências. Isso é elucidado por uma análise do conceito husserliano do "percebido como tal". Por outro lado, entretanto, o noema de coisa deveria ser, não a coisa em si naturalista, mas sim a "reduzida". Como, porém, ele não é entendido como regra constituída pelo complexo da consciência para o curso dos fenômenos, mas sim como dado "corporeamente" para a consciência, torna-se por fim incompreensível onde o noema de coisa possui, de alguma forma, seu lugar. O conceito de noema, portanto, deve ser totalmente eliminado, e o noema de coisa // deve ser substituído pelo conceito de coisa em si imanente no sentido da *Sistemática transcendental*. Uma vez que o recurso às realidades dadas imediatas é a única legitimação dos juízos sobre coisas, não se pode falar de coisa "natural", "não reduzida", e, assim, tampouco é necessária qualquer "*epoché*" heurística para alcançar a "região da consciência pura"; e como o recurso ao imediatamente dado não prescinde do juízo sobre a "realidade efetiva do mundo das coisas", pois, na verdade, fornece o fundamento último para a verdade dos juízos sobre coisas, deve-se evitar totalmente a expressão "*epoché* fenomenológica".

Com isso, torna-se inválida a exigência de Husserl de uma específica "jurisdição da razão" sobre a "realidade" ou "irrealidade" do mundo das coisas. Como exposto no terceiro capítulo, a introdução dessa "jurisdição da razão" por Husserl significa um círculo metodológico. Entretanto, esse procedimento circular corrige em parte a suposição ilegítima da transcendência da coisa. Apesar disso, essa suposição reaparece na ideia de uma consciência na qual a coisa poderia ser originariamente dada e adequadamente apreendida, pois apenas a coisa "transcendente" poderia ser pensada como completamente dada, enquanto a coisa, como regra para os fenômenos, submete-se a uma correção perpétua através da experiência. Como último resultado crítico, tem-se que: a ideia da coisa não prescreve regras às multiplicidades de fenômenos, pois, na verdade, a própria coisa é a regra ideal para a conexão dos fenômenos.

Índice onomástico

A
Adler, Alfred, 326

B
Bacon, Francis, 452
Benjamin, Walter, 14, 34, 36, 469, 472-6
Bergson, Henri, 19, 149, 170, 182, 190, 281-4
Brentano, Franz, 65, 90, 341

C
Carnap, Rudolf, 32, 440
Cohen, Hermann, 435
Cornelius, Hans, 13, 23, 44, 51, 128, 134, 156, 161, 195, 200n.8, 210, 211, 246-7, 266, 271, 282, 412-4

D
Dilthey, Wilhelm, 477
Dubislav, Walter, 32, 440

E
Espinoza, Baruch, 138

F
Fechner, Gustav Theodor, 359
Fichte, Johann Gottlieb, 148, 435, 466
Freud, Sigmund, 13, 25-7, 29-31, 37, 313-8, 320-1, 326-7, 329-32, 334-5, 338-43, 346-9, 351-62, 377-85, 387-9, 392, 394-7, 400-2, 418, 425-6, 445, 481-2n.12

G
Geiger, Moritz, 248

H
Haas, Karl Wilhelm, 271
Hamann, Johann Georg, 141
Hartmann, Karl, 302
Heidegger, Martin, 32, 34-5, 38, 53n.1, 436-9, 449-50, 465, 467-8, 488

Helmholtz, Hermann von, 160
Herder, Johann Gottfried von, 139, 141
Horkheimer, Max, 12, 128
Hume, David, 266, 275, 310, 408
Husserl, Edmund, 13, 15-8, 32, 34, 41, 43-8, 50-1, 53-77, 80-105, 107-17, 119-22, 176, 242, 364, 434-5, 495-6, 498

J
Jacobi, Friedrich Heinrich, 139, 141
Jung, Carl Gustav, 326

K
Kant, Immanuel, 14, 20, 22-5, 117, 128, 137, 139-152, 154-5, 157, 160-3, 167-8, 170-1, 174, 186, 194-7, 206, 209, 212-3, 215, 219, 221-2, 224-8, 230-45, 250, 255, 403-4, 407, 420, 435, 443, 460
Keller, Gottfried, 449
Kierkegaard, Sören, 32, 437, 480n.9
Klages, Ludwig, 270, 452
König, Josef, 182

L
Leibniz, Gottfried Wilhelm, 22, 138, 171, 190, 197, 221, 226, 247, 407-8, 452, 454
Lukács, Georg, 14, 34, 36, 446, 469-72, 476

M
Mach, Ernst, 31, 339
Maimon, Salomon, 143

N
Nartorp, Paul, 435

R
Rickert, Heinrich, 368, 433
Riezler, Kurt, 478
Russell, Bertrand, 440

S
Scheler, Max, 32, 34, 435-6, 438, 459-62, 491
Schelling, Friedrich Wilhelm Joseph von, 144, 478
Schlick, Moritz, 32, 56, 440
Schopenhauer, 19, 21, 144, 148-9, 190, 199, 302, 466
Simmel, Georg, 32, 153, 432, 438

T
Troeltsch, Ernst, 153

U
Utitz, Emil, 270

W
Weber, Ernst Heinrich, 359
Weber, Max, 153
Wolff, Christian, 22, 171, 190, 197, 221, 223, 225-6, 230

SOBRE O LIVRO

Formato: 14 x 21 cm
Mancha: 23 x 44 paicas
Tipologia: Venetian 301 12,5/16
Papel: Off-white 80 g/m² (miolo)
Cartão Supremo 250g/m² (capa)
1ª edição Editora Unesp: 2018

EQUIPE DE REALIZAÇÃO

Edição de texto
Silvia Massimini Felix (Preparação de texto)
Marcelo Porto (Revisão)

Capa
Vicente Pimenta

Editoração eletrônica
Eduardo Seiji Seki (Diagramação)

Assistência editorial
Alberto Bononi